NÎMES SANS VISA

DU MÊME AUTEUR

Sacrifice, NRF, Juillet-Août 1961.
Les Noces de Psyché, Gallimard, 1963.
La Tour d'Einstein, NRF, Août 1968.
Chronique de la vie et de la mort d'Hitler, Le Seuil, 1969.
Le fauteuil suspendu, 1977 (Bourse Goncourt de la nouvelle).
Histoire d'une famille nîmoise, Les Paulhan, Gallimard, 1984.

CHRISTIAN LIGER

NÎMES SANS VISA

Portrait d'une ville

Photographies de
Vincent Liger

Nouvelle édition augmentée

SEGHERS

ISBN 2-232-10315-3

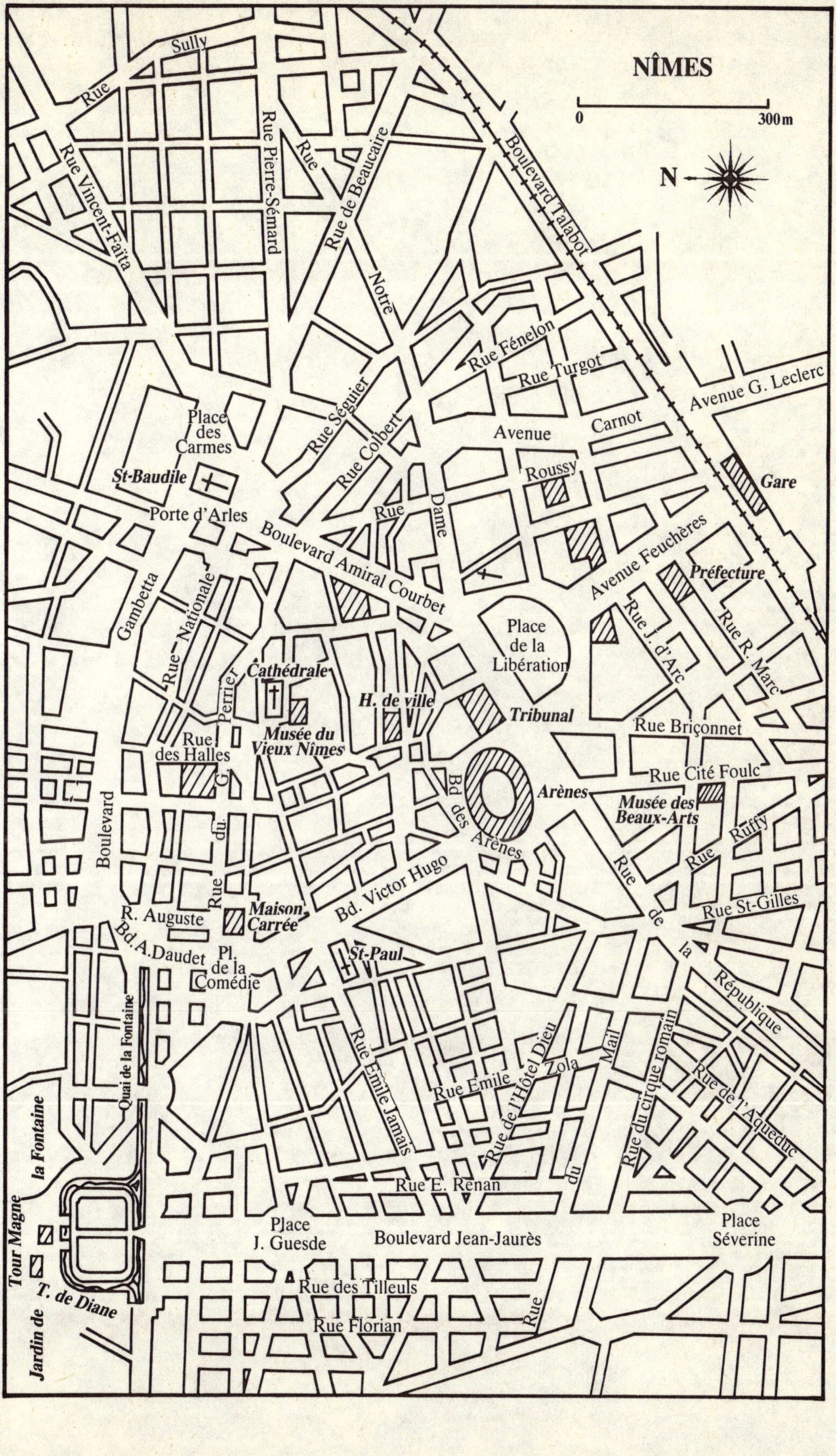

NÎMES
0
300 m
N
Rue Sully
Rue Vincent-Faïta
Rue Pierre-Sémard
Rue de Beaucaire
Rue Notre Dame
Boulevard Talabot
Rue Fénelon
Rue Turgot
Avenue G. Leclerc
Avenue Carnot
Rue Roussy
Gare
Place des Carmes
St-Baudile
Rue Séguier
Rue Colbert
Porte d'Arles
Boulevard Amiral Courbet
Avenue Feuchères
Préfecture
Boulevard Gambetta
Rue Nationale
Rue G. Perrier
Cathédrale
Place de la Libération
Rue J. d'Arc
Rue R. Marc
H. de ville
Tribunal
Rue des Halles
Musée du Vieux Nîmes
Rue Briçonnet
Rue Cité Foulc
Arènes
Musée des Beaux-Arts
Rue Ruffy
Rue du
Bd des Arènes
Rue de la République
Bd Victor Hugo
Rue St-Gilles
R. Auguste
Maison Carrée
Bd A. Daudet
Pl. de la Comédie
St-Paul
Quai de la Fontaine
Rue Emile Jamais
Rue Emile Zola
Rue de l'Hôtel Dieu
Rue du Mail
Rue du cirque romain
Rue de l'Aqueduc
Tour Magne
la Fontaine
Jardin de
T. de Diane
Rue E. Renan
Place J. Guesde
Boulevard Jean-Jaurès
Place Séverine
Rue des Tilleuls
Rue Florian

I

ENTRÉES

Dans la lumière dorée d'une fin d'après-midi, l'avion vous offre Nîmes entre le vert et l'ocre de la plaine, et le gris des garrigues. A vingt kilomètres à peine, la barre bleu foncé de la Méditerranée annonce la frontière des légendes. Nîmes se tient un peu à l'écart, séparée par le scintillement d'un chapelet d'étangs et de paluds frappé des sombres touffes de pins maritimes. Un univers lacustre resté heureusement fermé et mystérieux derrière la frange de béton et de ciment qui brutalise les plages.

Survols

L'avion fait une boucle pour atterrir sur un plateau au sud de la ville : bascule alors le quadrillage des vignes à peine piqué de villages clairs et de gros mas. Là, sur des collines de galets rouges, un vin frais, gouleyant, de ces vins que l'on peut boire et emporter en joie, s'élabore : le cru des Costières. Il y a quelques millions d'années, dit-on, un Rhône sans digue errait longuement dans cette plaine avant de trouver la Méditerranée ; il y laissa ces collines rouge et vert sombre ; et l'occasion de ce vin spirituel.

C'est de ces vignes perchées, au moment où les routes plongent vers la ville, que l'on peut le mieux contempler Nîmes. Ce n'est pas qu'elle se donne là, tout de suite, cette cité secrète. Ce que vous voyez d'abord de la ville, ce sont, aux deux extrémités, ses ZUP : celle de l'ouest particulièrement spectaculaire, juchée sur une éminence : des tours et des remparts de béton aux allures de monuments. De loin, le jour à cause des volumes et la nuit par les fastes électriques, cela a même quelque grandeur. Illusion à suivre.

Sinon, Nîmes, entre la ZUP de l'ouest, dite Nîmes-Ouest, et la ZUP de l'est, dite Chemin-Bas-d'Avignon, c'est une houle de toits de tuiles claires, quelques clochers simples qui y pointent, deux tours carrées qui sont sans doute celle de la Cathédrale et celle de l'Horloge ; et, au-dessus de tout, au sommet d'une colline noire de pins, de cyprès et de cèdres, voici celle qui attend depuis plus de deux mille ans, celle de tous les guets et de tous les signaux, celle qui, plus qu'un repère concret, est devenue un élément psychologique, un étai moral, un signe protecteur quasi mystique : une tour massive, Babel octogonale s'amincissant vers le haut par tailles successives : la Tour Magne.

En fait, Nîmes, vue de ces lointains, est déjà la cité des ambiguïtés et de l'insaisissable : étendue ainsi au pied des garrigues, elle peut paraître très vaste : sept kilomètres d'une cité HLM à l'autre. Mais cette expansion est très récente et n'est pas différente de celle de quelques centaines d'autres agglomérations. La ville proprement dite, celle qui entre sept collines s'est développée au XIXe siècle, forme une sorte de losange compact : à peine deux kilomètres sur deux. Quant au noyau central, le cœur médiéval et l'actuel centre commerçant, c'est tout juste s'il a cinq cents mètres de rayon. Pour aller de la gare aux jardins de la Fontaine, on passe les avenues les plus importantes, on longe presque tous les bâtiments officiels, on côtoie les Arènes et la Maison Carrée, et c'est pourtant tout juste si l'on a parcouru un kilomètre et demi. C'est dans cet espace, et entre cent cinquante mille Nîmois, que tiennent les secrets de la ville : c'est dire la densité. Nîmes est un fruit un peu mystérieux : plus succulent à mesure qu'on approche le cœur.

Du haut du plateau où l'avion vous a posé, rien ne paraît

encore, sinon ce doigt de pierre levé comme un avertissement. Rien, sinon la certitude qu'entre ces toits, sous ces tuiles encore cuites selon la méthode romaine, bougent des mystères, une mémoire enfouie que ne vont pas tarder à révéler des têtes de marbre, des aigles encore incrustés dans les murs, des stèles funéraires scellées dans des cours du XVIIIe siècle, des légendes d'eaux enfouies et de souterrains perdus dont on ne peut douter qu'elles soient comme les restes pétrifiés de cultes antiques venus des bords orientaux de la Méditerranée.

Au-delà de la ville, vers le nord, commencent les garrigues : les couleurs tournent aux gris rares, aux bleus pudiques. A cent quatre-vingts, deux cents mètres d'altitude, ces brûlantes collines parfois s'embrasent l'été et jettent sur la ville huguenote des pluies de cendre. Plus au nord encore, on distingue par temps clair d'autres monts, d'autres lignes bleues : à quarante kilomètres ce sont les Cévennes d'où descendirent si souvent les révoltes, les convictions, les colères et parfois les crimes de cette ville rebelle.

Etoile des routes

C'est que Nîmes est posée sur un carrefour d'Histoire et d'échanges humains. Depuis plus de 2 000 ans aussi, elle est tout étoilée de routes un peu fabuleuses, parties de ses portes de pierre pour remonter les vallées, escalader des pentes drues jusqu'à plusieurs centaines de kilomètres au cœur du Gévaudan, de l'Auvergne ou du Cantal. Leurs traces sont encore visibles : ornières creusées dans le rocher des garrigues, pavages retrouvés sous les champs, les vignes et les chênes verts de la banlieue, ponts découverts par des pêcheurs sur les berges des rivières : quelque chose attend de dire...

Il ne faut pas entrer tout de suite dans la ville ; on risquerait de la trouver close. Il faut errer dans cette étoile des vents qui a nourri Nîmes pendant des millénaires : ces routes nationales qui sont toutes d'anciennes voies romaines ou celtes : cette route des laitages qui descendait du Massif central pour apporter dans la capitale des Volsques un fromage dont parle Strabon, c'est, à quelques mètres près, la route d'Alès, nationale 106 ; on l'appelait la route des Arvernes. A l'opposé, la nationale 86, qui rejoint le Gardon puis remonte vers le nord le long du Rhône, c'est la route des Voconces qui, un siècle avant l'ère chrétienne, conduisait au seul pont qui permît de franchir le grand fleuve, au même lieu où débarquèrent beaucoup plus tard Stendhal, Mérimée et Racine : Pont-Saint-Esprit. Passage obligé du Rhône vers l'Espagne, de l'Espagne vers l'Italie, de l'Océan à Rome ou à Venise, Nîmes a bien été obligée d'épouser l'histoire de l'Europe : tous les pèlerinages, toutes les guerres, toutes les invasions, tous les commerces sont passés dans sa plaine. Le chemin de fer lui-même ne pouvait ignorer ces fatalités ; et ses voies parties de Nîmes doublèrent les voies phéniciennes et celtes. Il y a quatre-vingts ans, on citait comme une aventure épique la fameuse ligne ferroviaire Nîmes-Paris par le Massif central qui comptait tellement de tunnels, et si longs, que les mécaniciens, pris de malaises, étaient obligés de s'allonger au fond de leur cabine pour éviter l'asphyxie.

La Domitienne

Et puis Nîmes était traversée — et l'est sans doute encore secrètement — par la route des dieux : la voie domitienne, dite aussi voie héracléenne : pas moins que la route d'Hercule ! Car il a bien fallu ce demi-dieu pour tracer la route qui, d'Italie en Espagne, traversait tout le sud de la France. Il allait, dit la légende, vers le jardin des Hespérides, en Andalousie, laissant derrière lui ce chemin fabuleux. Le même que gardaient et entretenaient soigneusement, trois siècles avant Jésus-Christ, les très réels Ioniens pour assurer leur commerce. Le même encore par lequel, dit-on, la tribu des Volsques Arécomiques qui dominait la région autorisa, en −218, Annibal à mener sa conquête, ses 59 000 soldats, ses milliers de cavaliers et ses 37 éléphants. La même route, enfin, que consolida le proconsul Cneius Domitius Ahenobarbus à la conquête du sud de la Gaule entre −122 et −117. D'où son nom de voie domitienne. Route si évidente que la grande nationale du sud de la France, la 113, suit le même parcours de Narbonne à Arles, ainsi que l'autoroute A6, de Perpignan à Nîmes. Les conquérants, les marchandises et les dieux traversaient Nîmes, entrant par la monumentale Porte d'Auguste, continuant droit jusqu'au Forum, c'est-à-dire à l'actuelle Maison Carrée, et tournant en pleine ville à angle droit vers le sud, vers ces quelques blocs de pierre abîmés disposés en portique, coincés entre des maisons, que l'on appela plus tard Porte d'Espagne ou Porte de France. « La ville de Nîmes, écrit Strabon, est bâtie sur la route d'Espagne en Italie ; le chemin est commode en été ; il est plein de boue et inondé par plusieurs rivières au printemps et en hiver... »

Il y a quelque chose de surréaliste à vouloir rassembler en un seul lieu ce qui représente des territoires et des espaces : c'est ce qui arrive à Nîmes. Au musée archéologique et à la Porte d'Auguste, de hauts cylindres de pierre, parfois beaucoup plus grands qu'un homme, témoignent de l'espace romain : ce sont les bornes miliaires qui balisaient tous les 1 480 mètres la voie domitienne : les inscriptions disent les noms et les titres des hommes publics qui construisirent ou restaurèrent la route, ainsi que la distance par rapport au chef-lieu de province. Depuis le Rhône et Beaucaire, la route des dieux était tracée presque tout droit vers Nîmes, et aussitôt la Tour Magne en vue, on sent bien que les bâtisseurs antiques l'avaient prise pour repère. Des miliaires restent plantées dans les campagnes nîmoises, parfois à quelques dizaines de mètres des routes actuelles : au-dessus de Beaucaire, juste avant que l'on quitte la vue sur le Rhône : un chemin sur la droite qui mène vers d'anciennes carrières ; tout près, en pleine campagne, passait la domitienne, entre les vergers et les vignes; et là, au lieu-dit les Colonnes de César, quatre bornes géantes sont plantées côte à côte, à peu près ignorées; elles portent les marques de quatre règnes, Auguste, Tibère, Antonin et Claude : c'est le seul endroit au monde où soient réunis les emblèmes de tant de siècles, tant de règnes et tant de despotes. On n'est pas encore entré dans Nîmes que sur ces simples blocs de pierre, le temps commence de vibrer et de se mêler étrangement : de l'autre côté de la ville, à huit kilomètres, à l'entrée du petit village d'Uchaud, une borne porte le chiffre VIII. On est précisément au lieu-dit la Pierre Plantée. Huit : *ad octavo*, c'est-à-dire huitième mille après Nîmes; le chiffre même d'où le village, Uchaud, tire son nom.

On n'en finit plus de la familiarité des gens de ce pays avec les mots et les choses les plus anciens et vénérables : dans ce même Uchaud, une autre borne miliaire est insérée dans l'une des colonnes de l'église. Dans la belle petite chapelle romane de Saint-Laurent, près de Jonquières, une autre sert de pilier d'autel. Portails, ornements de cour de château, après avoir longtemps jalonné des conquêtes d'empereurs, les bornes de la voie domitienne balisent la vanité des petits seigneurs languedociens et la ténacité des curés de campagne. Mais celui qui voudrait, comme les fils d'Antonin ou l'écrivain Cneius Domitius Afer revenant de Rome vers sa ville natale, se donner l'illusion d'entrer dans Nîmes à la romaine, n'aurait qu'à se rendre à une vingtaine de kilomètres à l'ouest, suivre un chemin discret sur la rive droite du petit fleuve Vidourle : la domitienne le franchissait là par un pont à quatre arches dont il ne reste plus qu'une, plantée au milieu des eaux et que les seuls pêcheurs de brochets et de perches peuvent contempler. Tout près, en pleine garrigue, au pied d'une colline qui porte les traces d'une cité romaine dépendante de Nîmes, on a dégagé quelques centaines de mètres de voie antique : un magnifique pavement serré, de six mètres de large, marqué du passage des chars par des ornières profondes : les marchandises grecques puis latines ont creusé ces rails; alors qu'à quelques dizaines de mètres, les poids lourds du Marché Commun grondent sur l'autoroute A6. Le rêve s'ouvre sur le vide, en plein dans la garrigue austère de ce Midi languedocien : il est temps de pénétrer dans la ville.

Attention cependant : Nîmes a toujours dissuadé le voyageur. Bien appuyée contre les contreforts des garrigues, elle a regardé passer dans la plaine les pèlerins, les armées, les voyageurs et les aventuriers. Elle n'a pas cherché à les attirer ou à leur interdire le passage. Sa situation l'a amenée à se méfier de l'étranger plutôt qu'à l'appeler de loin. Posée aux pleins vents de l'Histoire, elle a longtemps eu quelque chose de frileux, d'enveloppé, de raidi. De là sans doute cette volupté à savoir en dévoiler les mystères et les grandeurs.

Combien de bandes de hors-la-loi, combien de prophètes vaudois ou de professeurs réformés, combien d'envahisseurs anglais ou espagnols, miquelets ou dragons du roi, sont passés dans cette plaine du sud et ont aperçu les murailles dorées de Nîmes, ses remparts, ses tours, ses portes, à peu près comme aujourd'hui on peut entrevoir la ville par un de ces jours miraculeux de janvier où l'hiver est vaincu par la poussière dorée d'un soleil neuf? Combien se sont arrêtés du côté des villages de Caissargues ou de Garons par une de ces fins de journée où la lumière brusquement s'éclaircit avec la fraîcheur revenue, et révèle l'étendue de la cité romaine ?

C'est l'heure où l'on peut voir des vols serrés de moineaux s'élever au-dessus des rangées de cyprès ou de peupliers et revenir vers la ville où ils vont souiller les avenues du tour des boulevards et de la gare. L'heure où de longs bouchons se forment aux entrées de la ville pour franchir le périphérique; comme s'il s'agissait de l'entrée ordinaire d'une ville banale. L'heure où l'on voit depuis la plaine, à la place des anciennes portes, et à la limite des ZUP, s'allumer les enseignes bleues, mauves et rouges des chaînes d'hôtels qui signalent la ville comme autrefois les feux sur la Tour Magne, ou sur la colline avancée du Puech du Teil. Oui, c'est alors que le voyageur, qu'il soit sur l'autoroute qui l'amène de Montpellier ou d'Avignon, ou sur la route d'Arles, précisément face au panoramique de cette cité pesant au sol de plus de deux mille ans d'attente et de patience, peut appuyer sur l'accélérateur pour la rejoindre.

Baudile l'enragé

Nîmes a cependant ses entrées impossibles, ses entrées légendaires, ses entrées fabuleuses que vous ne recommencerez jamais. C'était dans les années 280 : un homme d'épée, un de ces guerriers antiques que des voix et des paraboles venues de la Palestine venaient de traverser arriva par les garrigues du nord, à travers les bois de chênes. Il put lui aussi contempler cette grande capitale romaine connue de tout le bassin méditerranéen : une promesse, avec ses basiliques, ses temples, ses bains et cette immense enceinte marquée de tours massives que l'on voyait courir sur tous les sommets de collines. Il s'appelait Baudile. Là, près des murailles, aux limites de l'une de ces portes qui s'ouvraient vers les Cévennes, il dut tomber par hasard — ou bien s'y était-il rendu volontairement ? — sur un rassemblement religieux. Je veux dire de la religion ancienne, la vraie, celle de Jupiter et de Mercure ; la légende dit même qu'il s'agissait d'un sacrifice ; ou bien peut-être encore d'un culte à une source, à un arbre, à une pierre levée. Toujours est-il que ce soldat prosélyte se conduit très mal, parle d'un Christ qui là-bas aurait prêché que... renverse les autels, blasphème... un chrétien quoi ! un insolent, que les Nîmois massacrent aussitôt : on dit même qu'ils le décapitent.

Ainsi entrait dans Nîmes le christianisme ; ainsi commençait dans la ville, puis dans toute la Gaule, le culte de saint Baudile martyr, qui devait durer plus de dix siècles, provoquer la construction d'une basilique et d'un monastère aujourd'hui complètement disparus. Inquiétant d'ailleurs ce monastère, qui vers la fin des années 500 était un lieu d'éducation, de pénitence où l'on envoyait les religieux et les laïcs qui avaient besoin d'être redressés et de réformer leurs mœurs ! Ce guerrier solitaire, ce soldat chrétien avait décidément secoué Nîmes : l'histoire de son corps dure mille ans et relève de ce surréalisme spontané que seules les grandes fois savent inventer : en 878, on creusa pour exhumer ce qui restait de lui ; lorsqu'on ouvrit le cercueil de plomb, une odeur délicieuse embauma toute l'église, les campagnes redevinrent fertiles et les Sarrasins reculèrent. C'est alors que les moines nîmois donnèrent à leurs collègues de l'abbaye de Saissi-les-Bois, près d'Auxerre, « une partie considérable » des restes. On ne dit pas laquelle. Et à mesure que les morceaux du saint avançaient vers la Bourgogne, les miracles se multipliaient : fièvres guéries, aveugles recouvrant la vue, paralytiques se levant ; chez une jeune fille, on entendit, tandis que le miracle s'opérait en elle, le cliquetis des os... Merveilleux temps de l'imaginaire.

De cette présence vivante, de ce peuple nîmois prêt à prendre les armes pour conserver les os de son saint entre ses murailles, il ne reste au fond presque rien dans la mémoire comme trace tangible. Cependant, tout petit Nîmois apprend par la voix publique qu'il y a, là-haut, au nord, dans les collines, tout près des riches villas qui cernent la Tour Magne, une combe protégée. C'est là, sous les arbres, que la tête coupée de saint Baudile a rebondi trois fois, donnant naissance à trois fontaines.

Lorsque tous les monuments auront été épuisés, tous les boulevards parcourus, tous les bars testés, on pourra encore monter derrière le fort Vauban, prendre l'une de ces rues étroites qui grimpent entre de petites maisons ocres sous un ciel très bleu vers un creux de pins presque toujours désert : elles sont là les trois sources, dans un petit oratoire en rocailles. Dans ce silence, on peut rêver à l'arrivée tumultueuse du saint farouche, qui ressemble si peu aux entrées contemporaines. Comme si par là, peut-être, on accédait à d'autres mystères qu'à la trop apparente puissance romaine.

II

A LA SOURCE...

DES EAUX

Par le métro et le TGV, la Tour Magne est à cinq heures de la tour Eiffel. La pire des choses en arrivant dans Nîmes serait de se précipiter sur les monuments romains : vous n'y rencontreriez que des cartes postales. Ceux-là, il faut savoir les approcher, choisir l'heure et la lumière ; s'y être préparé par un chemin initiatique vers ce qu'ils recèlent encore de magique. Allez donc tranquillement à votre hôtel : le chauffeur de taxi vous racontera peut-être qu'il a bien du souci parce que sa fille va épouser un catholique ; et vous vous direz qu'il rôde ici des problèmes bien étranges. Ou bien il vous montrera les dernières initiatives du maire en matière de construction et de mobilier urbain ; il évitera de prendre parti, vous dira qu'il ne fait pas de politique ; mais s'il laisse paraître une opinion, ce sera presque sûrement en faveur de la conservation de ce qui a toujours été... et pour peu que la conversation dure un peu, vous vous apercevrez que ce « toujours été » c'est tout ce qu'il a vu depuis sa jeunesse. Quant à la nouveauté, ses « oui mais » vaudront les refus les plus obstinés.

De l'hôtel, faites la démarche essentielle : allez à la Source. Ici, les mots et les choses coïncident. Source, à Nîmes, prend tous ses sens : géologique, hydraulique, sacré, originel. Tout vient de la Source, et tout y conduit : les quais aux parapets dorés, qui partent du cœur de la vieille ville, s'élargissent par bouffées en bassins, divergent pour cerner des jardins plantés de marronniers ; l'eau vert sombre, qui bouge à peine et dans laquelle se reflètent les rangées de platanes et d'ormeaux qui selon les heures et les alignements du soleil sur le canal essaient de très beaux et très paisibles effets de moirures et de reflets ; des maisons de maître à trois étages de hautes fenêtres, qui longent les quais, toisent les jardins, ouvrent des cours pavées et dressent des grilles attentives. Vous apercevrez de lourds rideaux de velours doublés d'autres voiles de dentelle ; les plaques et les marteaux de cuivre chaque jour astiqués luisent doucement ; quelques fenêtres de rez-de-chaussée laissent voir de grandes pièces meublées d'ancien ou de design. Quelque chose s'est passé là, qui persiste ; il faudra y revenir.

Nemausa

Mais il faut passer ces quais, les grilles des jardins, traverser l'ordre parfait des esplanades et des terrasses entre de très beaux marronniers aux couleurs des saisons : tout se passe comme si un dernier charme essayait de vous retenir dans ces jardins à la française entre les vases de pierre, les dallages dorés, les statues de faunes, les balustres de pierre tournées au-dessus des voûtes mouillées sous lesquelles une eau mystérieuse se déplace à peine. Ne pas se laisser détourner : à la Source ! à la Source ! Elle est là, d'ailleurs, tout près, coincée, ou plutôt tapie dans un creux au pied de la colline : un bassin d'eau verte, dont le centre ne bouillonne qu'après les gros orages. Quelques marches s'enfoncent sous ces eaux, accentuant encore l'impression d'un univers mystérieux et mortel où l'on serait tenté de descendre : deux demi-cercles de pierre qui ne mènent à rien. De l'autre côté de l'eau, contre la colline, un mur de dalles, d'autres terre-pleins, d'autres escaliers... comme si les architectes rationalistes du siècle des Lumières avaient tenté de maîtriser cette résurgence, cette eau venue du cœur de la montagne, cette origine mystérieuse de la ville. Elle reste pourtant glauque et opaque cette source : sans espoir que l'on puisse en apercevoir le fond. Et le jour où Gide proposa à son ami Alibert d'aller s'y baigner ensemble les paupières il risquait fort de se barbouiller de mousse et d'herbes aquatiques.

De cette opacité sans doute sont nées les légendes sur sa profondeur bien sûr « insondable », et sur ceux qui s'y sont perdus. Ne dit-on pas qu'un char romain y bascula tout entier, chevaux, véhicule et cocher compris, et qu'on ne le revit jamais ? Char qui, rapidement, devint d'or dans les fausses mémoires. Innombrables aussi les jeunes filles désespérées dont le corps n'est jamais remonté ; et les histoires de canaux mystérieux qui s'en vont courir sous la ville. Comme si une conscience obscure entretenait le souvenir de ces deux mille quatre cents ans pendant lesquels cette eau surgissant des plateaux calcaires fut l'âme sacrée, mais aussi économique et ouvrière de la cité. L'eau magique n'est pourtant plus qu'un canal ordinaire, souvent vaseux, distribué en bassins d'agrément puis entraîné en sous-sol sous les maisons et précipité à quelques kilomètres de là en même temps que les déchets de la ville, dans une rivière surpolluée. Tout à l'égout, même la légende.

Hercule en passant...

Elle est jolie pourtant, la légende. Hercule traçant sa voie héracléenne vers le jardin des Hespérides trouve néanmoins des ressources pour mener à bien des amours innombrables. De l'un de ceux-ci — mais avec qui ? — descendrait Némausus, dieu tutélaire de la ville. Au reste, Hercule n'a-t-il pas vaincu un lion extraordinaire dans la forêt de Némée ? L'allusion est claire, même si toutes les étymologies la démentent et si la géographie s'offusque. Sur ce creux d'eau de vingt mètres de diamètre s'accumulent les histoires qui courent ensuite le bassin méditerranéen :

le premier à parler de l'origine mythique de Nîmes aurait été Parthénius, un Phocéen du Ier siècle avant notre ère, disciple d'un Grec d'Alexandrie. Oui, mais les écrits sont perdus et l'on ne connaît ses dires que par un grammairien, Etienne de Byzance, qui les rapporte au Ve siècle : des manuscrits perdus aux inscriptions à demi effacées, et des bois de l'Argolide à ce creux de plaine languedocienne, toute la fable méditerranéenne de notre ère assiste à la naissance merveilleuse d'une ville, et la propage. Et de Némausus en Nemse, puis en Nismes et en Nîmes, la forte personnalité de cette bourgade singulière s'impose. « Mais, écrit un historien du XVIIIe siècle dont l'esprit rationnel est agacé par ces fantaisies, on sait que le goût de la plupart des auteurs grecs était de débiter beaucoup de fables et de n'en rendre jamais raison... », et « qu'il n'est rien de si frivole que les raisons qu'on emploie pour établir cette chimère ».

Reste que la chimère persiste étrangement et que le dieu de la Source n'a pas été dispersé dans l'esprit nîmois par le grondement des Boeing. Les enfants des écoles lui dédient encore des poèmes ; il y a quelques années, lors de la célébration du bimillénaire de la ville — mais était-ce bien le bimillénaire ? —, des équipes de théâtre firent surgir du creux de la Source à grand renfort de poulies et de contrepoids la statue emblématique du dieu ; en 1985 de graves notables de la ville se rendirent au bord des marches de la Source, et, pour protéger quelques vestiges menacés par le modernisme, jetèrent dans l'eau sacrée une offrande au dieu aquatique en l'invoquant de leurs voix chevrotantes ; dérisoire, mais significatif d'une présence obscure.

C'est que cette Source, qui n'est désormais qu'un plan harmonieux dans le creux d'un beau jardin, a bien été le cœur battant de la ville. Sans elle, Nîmes existerait-elle ? Sans doute pas en ce lieu ; sans doute pas dans ces formes et cette histoire. Et il y a toutes les chances pour que quelque autre gros bourg romain des alentours, à présent disparu, se soit emparé de sa qualité de capitale régionale.

Siphon

A l'origine, un phénomène géologique bien connu : une source dite « vauclusienne », et dont le prototype se trouve à moins de cent kilomètres : précisément cette Fontaine de Vaucluse plus bouillonnante, plus démonstrative et plus claire que celle de Némausus, et devant laquelle Pétrarque venait invoquer le passage furtif de Laure de Nove.

La source nîmoise est le résultat d'un accident géologique : sur dix kilomètres au nord et à l'ouest-nord-ouest de Nîmes, les vallonnements calcaires recueillent les eaux par tout un réseau de fissures et d'étroites galeries. Celles-ci convergent sous la colline de la Fontaine. Là, une faille et un glissement de terrain ont créé un barrage imperméable : les eaux souterraines se réunissent, buttent, et ne pouvant aller plus loin s'accumulent sous la colline dans une grotte réservoir qui communique avec l'extérieur par un siphon. La source, c'est l'exutoire.

Ces fissures, ces avens, ces gouffres qui à dix kilomètres à la ronde alimentent Némausus sont devenus pour les jeunes gens de la ville un terrain d'aventure : ils se glissent dans ces trous ouverts dans les carrières et les garrigues, descendent dans le noir de quelques dizaines de mètres et rencontrent au fond de ces souterrains les eaux qui vont alimenter la Source. Mais les galeries sont trop étroites, les ruisseaux trop minces : on ne peut espérer les suivre longtemps. Les entrailles de Némausus n'ont rien de mystérieux, et si le réseau de galeries et de canaux existe bien, il est géologique plutôt que sorcier.

Semblables aux cosmonautes qui firent voler en éclats la poésie lunaire, les spéléologues nîmois achevèrent la légende et traquèrent Némausus dans son repaire : ils pompèrent l'eau de la résurgence et firent apparaître dans sa nudité visqueuse le réceptacle de la source : un entonnoir de roc, englué de vase, au fond duquel les plongeurs ont ensuite tenté de remonter dans la grotte sous la colline. Ils ont trouvé un système relativement banal de cavités successives ni plus ni moins intéressant qu'une dizaine d'autres réseaux des alentours. Du char romain en or, des jeunes noyées, pas de traces. Par contre, l'expédition de 1957 ramena... un buste de Napoléon III. Il était noyé là depuis quatre-vingt-sept ans : depuis ce 5 septembre 1870 où les Républicains apprenant à la fois la défaite de la France et la chute de l'Empire se répandirent violemment sur les boulevards de la ville, brandissant du rouge puis du bleu blanc rouge, menaçant la préfecture et traquant les signes du pouvoir impérial. C'est dans la Source qu'ils choisirent de précipiter l'effigie de l'empereur.

La Source n'est qu'un vulgaire système de vases communicants. Qu'une pluie soudaine tombe sur la garrigue environnante et le réservoir souterrain s'emplit, le siphon fonctionne à plein, le centre de la vasque bouillonne, l'eau coule dru entre les parapets dorés et monte dans les bassins ; elle passe l'arche des ponts du canal ; en se penchant sur les rembardes on peut la toucher. « La Fontaine est arrivée », disent alors les Nîmois. Parfois, le système s'emplit tellement que c'est tout le corps du rocher qui recrache l'eau par les fissures. Le 12 septembre 1868, un énorme orage fit déborder en torrents furieux des ruisseaux de garrigue où personne n'aurait soupçonné qu'il puisse un jour passer de l'eau. Ces oueds, que l'on appelle dans la région des cadereaux, traversaient alors les faubourgs de la ville. D'un aven situé dans une carrière à l'arrière de la Fontaine surgit une colonne d'eau. Trois enfants qui s'en allaient rejoindre leurs parents dans un mazet en garrigue voulurent traverser ce cours d'eau inconnu. L'aîné, 16 ans, portait le benjamin sur ses épaules, ils furent tous deux emportés et noyés.

Nîmes, ville sans rivière, ville sèche, torride en été, balayée de mistral, a connu des inondations mémorables. Au fond, les légendes étaient fondées : quelque chose de puissant et de violent court dans ses entrailles ; et les faiseurs de contes se trompent à peine. Voici comment un chroniqueur décrit une de ces colères en 1599 : « Il y eut cette année à Nîmes, le 29 d'août, jour de la décollation de saint Jean-Baptiste, un si grand débordement d'eaux, causé par les pluies, que la ville en fut presque couverte et inondée. La rapidité des eaux abattit des pans de mur considérables en divers endroits des murailles et des fossés de la ville. L'épouvante générale se mit parmi les habitants. Ils crurent toucher au moment de se voir engloutis par les eaux... » Les Nîmois savent-ils que Nostradamus lui-même a prédit la fin de leur ville par les eaux ? Il écrit dans le dixième livre de ses centuries :

« Gardon, Nyme, eaux si hautement déborderont,
Qu'on croira Deucalion renaître.
Dans le colosse la plupart fuiront. »

Le colosse, c'est probablement la Tour Magne, encore. Et en 1557, on crut bien que la prédiction se réalisait : le sous-sol de cette ville sans fleuve se mit à cracher l'eau avec tant de force que le cœur même de la ville, écoles, et marchés en furent submergés. Après un gros orage : « L'impétuosité des eaux, qui venaient à grands flots du chemin de Sauve et des collines qui sont au nord-ouest de Nîmes, démolit les murailles de la ville en divers endroits... les champs du territoire de Nîmes furent couverts de pierres et de ruines d'édifices abattus par la pluie que les torrents entraînèrent ; et les vignes furent rompues et remplies de sable. Les eaux firent dans la terre des dégradations si profondes qu'elles découvrirent quantité d'anciens monuments romains qui étaient jusque-là demeurés cachés, tels que des tombeaux, des colonnes, des cippes, des lampes sépulcrales, des urnes, des pavés de mosaïque et des médailles de tout métal. »

De cette présence obstinée des eaux souterraines du réseau de la Source, on eut encore la démonstration en 1984 : un concours fut ouvert entre plusieurs architectes internationaux pour la construction d'une médiathèque-musée ultra-moderne en face de la Maison Carrée. Tous se heurtèrent au problème que posaient les courants d'eau qui passaient sous la ville venant de la Fontaine. Et l'un des projets les plus originaux et les plus beaux fut finalement écarté parce que trop enfoncé dans un sous-sol parcouru de courants invisibles. Némausus résiste, dans un esprit un tantinet conservateur.

Naissance d'une ville

Cette eau, ce miracle de l'eau, loin de toute rivière, en pleine terre aride, c'est cela Némausus, beaucoup plus que la légendaire paternité d'Hercule. L'eau de la source se répandait au hasard, créant un espace d'humidité et de végétation. Nîmes n'existait pas ; les tribus restaient nomades ; mais elles campaient régulièrement autour de ce lieu qui fut aussitôt divinisé. Comment étaient-ils, comment vivaient-ils ces premiers grands errants rêvant sourdement devant cette eau qui surgissait de la colline ? Le site sur lequel à présent les enfants se poursuivent et les touristes se photographient a été, en vingt-cinq siècles, tellement exploité, tellement bâti, modifié, utilisé à des usages aussi divers que les cultes païens et chrétiens, thermes et monastère, verger, lavoir et promenade, que l'on ne peut guère espérer en trouver trace. Et même au bord de la source primitive, il est bien difficile parmi ces rampes, ces pelouses, ces statues et ces vases d'imaginer la petite ville originelle.

Il y a, sous les voûtes d'un cloître du vieux Nîmes, un Martien : un buste d'homme au visage effacé comme par une profanation, deux séries de boucles de cheveux jusqu'au milieu des joues sous une capuche ou un casque qui tombe jusqu'aux épaules. Sur le torse de pierre, une cuirasse ciselée, dont le poitrail porte en sautoir un emblème solaire : étoile éclatée au centre fortement marqué de cercles concentriques. On l'appelle « le Guerrier de Grézan » du nom du quartier où il a été déterré. Cet homme vient d'une autre civilisation : celle de ces Gaulois soumis au grand port de Phocée ; de cet étrange amalgame entre la vieille racine celte et le grand port marseillais qui imposait à tout le Sud ses commerces, ses monnaies et sa culture. Cet homme sans visage adorait les bouillonnements de la Source, construisait la première version de la Tour Magne, et priait Némausus,

Nemoz, le dieu de l'eau qui guérit. Les peuples, depuis la préhistoire, se repassaient le dieu comme une nécessité vitale. Et lorsque les Romains à leur tour colonisèrent le Celte à la cuirasse solaire, eux qui avaient déjà, dit-on, intégré et assimilé à leur culte treize mille divinités locales, s'emparèrent de celle-ci. Dès lors, bien sûr, et avant tout, c'est Rome qui rôde autour de ce bassin d'eau verte ; Rome, ses ombres et son génie.

Et pourtant ici même, aux origines, à la source encore, on oublia Rome pendant très longtemps.

DES DIEUX

Vers la fin de 1730, sous le règne de Louis XV, les marchands et fabricants vinrent présenter à l'assemblée de la ville une vieille réclamation : il s'agissait de remodeler et de contrôler le cours et le débit des eaux de la Fontaine, afin que ce courant qui traversait la ville à ciel ouvert fût plus efficace et plus régulier pour le lavage des soies et des laines teintes.

Nîmes était alors l'une des plus grandes villes industrielles du royaume et cette prospérité reposait presque uniquement sur les textiles : il fallut bien prendre en considération cette requête. La Source et ses abords ne présentaient alors ni canaux, ni esplanades, ni plantations d'agrément. Les lavandières venaient battre le linge tout près du trou et l'étendaient ensuite sur les premiers contreforts de la colline, qui était encore totalement aride jusqu'à la Tour Magne. On n'était plus en ville ici, mais dans des vergers, et des jardins. Hors des remparts ; et les moulins coupaient en maints endroits le cours des eaux. La part la plus importante de ces prés et de ces arbres appartenait à une abbesse. Depuis l'an 991 un couvent s'était établi près de la Source : on avait appuyé ses logements sur un temple païen appelé faussement Temple de Diane. Le couvent était devenu Saint-Sauveur-de-la-Fontaine.

Temple de Diane

S'il y a un point sur lequel les archéologues sont d'accord depuis longtemps, c'est sur le fait qu'ils ne savent pratiquement rien de ce que l'on appelle Temple de Diane. Ni si ce fut un temple; et moins encore s'il fut dédié à Diane. Sanctuaire, temple, maison luxueuse, sauna mystique ?... Il n'offre plus qu'une grande salle, qu'une moitié de voûte. Sa galerie latérale n'aboutit plus à rien; ses niches alternées sont vides de statues depuis longtemps. Sur celle de la paroi latérale, l'architecte a alterné les frontons en arc de cercle et en triangle : il donnait ainsi à ses confrères du futur une étrange maladie : pendant tout les XVIIe, XVIIIe et XIXe siècles, à mesure que la ville s'étendait, que des quartiers neufs se constituaient, on voyait revenir avec une fidélité obstinée à l'idéal antique, cette alternance de fenêtres couronnées d'arcs et de triangles : allez dans la très vieille cour de l'Hôtel de Bernis en plein centre ville, ou bien, au début de l'avenue Feuchères, levez le nez à droite vers le grand immeuble XIXe siècle : les fenêtres sont là : on dit « à la Palladio », parce que le grand architecte italien en a usé et abusé à Vicenza. Mais Palladio était venu à Nîmes; il avait longuement dessiné le Temple de Diane vers 1570; il en a publié des croquis dans ses livres d'architecture. Etrange circulation des idées, des hommes et de la beauté; à partir d'un monument cassé, de restes hétéroclites qui escaladent un peu la colline — puits en demi-cercle, rigoles incertaines, restes de pilastres —, tout veut raconter l'histoire d'une fonction étrange que l'on ne comprend plus. Quelque chose d'important et de riche, car il suffit d'aller vers la grande niche qui clôt la salle, de lever la tête : on aperçoit l'emplacement de caissons dont il n'en reste qu'un intact; un autre est déposé au sol : ceux-là aussi, le grand Palladio les a vus en place, dessinés. Le luxe.

Le Temple de Diane a beaucoup plu aux gens du XIXe siècle :

il était le type même de la ruine romantique, de l'antique démoli qui a perdu sa splendeur sans perdre son charme. Il n'y a peut-être pas de lieu à Nîmes qui provoque une telle frustration : la première salle en annonce d'autres que l'on ne trouve pas ; les couloirs débouchent sur rien, ou sont murés. Plutôt qu'un temple, c'est le désir d'une architecture parfaite ; un monument que l'on rêve et qu'on ne trouve pas ; d'où peut-être sa dédicace à la déesse vierge qui ne cédait rien. A la limite de l'eau et des arbres sombres, cette belle ruine ne pouvait qu'entraîner à la mélancolie les âmes sensibles.

Ce périmètre du Temple de Diane est celui du désordre : désordre des dieux et désordre des hommes ; désordre de l'Histoire surtout : c'est le seul édifice romain dans ce site de la source primitive qui ait subsisté et n'ait cessé de participer à la vie nîmoise. Lorsqu'en 991 un évêque y fonda un monastère de filles de l'ordre de saint Benoît, on nous dit qu'il était « bien situé à la tête de la belle plaine qui fait face à la ville ». C'est dire que les Romains, les temples, colonnades, galeries et frontons qui devaient avoir été là étaient oubliés depuis longtemps : enfouis sous plusieurs mètres d'alluvions ; et bétails et cochons grattaient par-dessus. L'établissement religieux, bâti directement sur l'édifice romain, protégea celui-ci. Pendant plus de cinq cents ans, ces murs à blocs purs posés directement les uns sur les autres, ces voûtes savantes, furent enchâssés dans les constructions des Dames de la Fontaine. Qui ne cessaient d'étendre leurs domaines entre la Source et les murailles de la ville.

Entre 1000 et 1200, il était très chic dans la région d'avoir une fille nonne au couvent de Saint-Sauveur-de-la-Fontaine ; et on dotait richement les postulantes. Moulins, prés, gravières, potagers se multipliaient, qui devaient donner un paysage très différent des canaux et des parapets actuels. Les trafics de privilèges y étaient si évidents qu'un évêque, après avoir visité le couvent, interdit la pratique des dotations : « Simonie ! » s'écrie-t-il.

Le prestige de l'abbaye fut tel qu'en 1272, il y entra la fille... d'un pape : Cécile Foulques, fille de Guy Foulques, devenu le pape Clément IV. Elles n'étaient pas nombreuses, les nonnes, une quinzaine à peine ; mais leurs noms étaient ceux des premières familles du pays, et sonnaient comme un roman courtois : Audiberte et Ricarde d'Aramon, Bérangère d'Aussène, Bédossie et Gardie, Bérangère de Génestoux. Elles possédaient aussi la puissance : de l'an 1000 de sa fondation à la construction des actuels jardins, l'histoire de l'abbaye de la Fontaine n'est qu'un long conflit avec les pouvoirs municipaux. Autour de la Source, bien sûr : au gré de leurs intérêts et de leurs colères, les nonnes enragées coupent l'eau à la ville, assèchent l'évêque lui-même, empêchent les chanoines d'arroser leurs potagers. Elles plantent des saules autour de la Source ; les consuls de ville les font arracher ; elles font valoir qu'elles tirent médecine des feuilles et que le bois sert à chauffer les pauvres nîmois : les consuls replantent les saules... Des procès, des délibérations cocasses eurent parfois lieu sur le terrain même, entre les arbres contestés, au bord de la source et sur des centaines d'ex-voto, de socles de statues, de frises romaines, de frontons de temples ensevelis sous les alluvions, oubliés. Némausus dormait toujours. Peut-être se réveilla-t-il un peu pour sourire, lorsque, en 1531, l'élection d'une nouvelle abbesse fut contestée par les Nîmois parce qu'elle « n'était pas femme de bien ». Peut-être s'éveilla-t-il tout à fait lorsque, en 1532, la rumeur publique propagea que « la licence et le relâchement s'étaient glissés parmi les religieuses de l'Abbaye » ; le Parlement de Toulouse demanda même la fermeture de l'établissement jusqu'à l'« arrêt du scandale ». Le paganisme aurait-il suinté des murs antiques ? Dyonisos, Diane et Némausus prenaient-ils leur revanche ? C'était, après tout, l'époque de Rabelais. Dans le même temps, et dans un autre lieu de la ville, n'accusait-on pas les Cordeliers de montrer trop d'affection pour les Clarisses ? Le Temple de Diane devenant l'Abbaye de Thélème, ce ne serait pas si mal.

Mais ce qui était entré sous ces belles voûtes et ces plafonds romains, ce n'était sans doute pas un paganisme libérateur. Quelques années plus tard, près de la moitié des religieuses demanderont à devenir réformées ; et l'on peut se demander si, dès ce début de siècle, ce qui choquait si fort les notables nîmois, ce n'était pas un certain état d'esprit favorable aux théories de Luther. La Réforme après le catholicisme, et après Némausus : la foi ne cesse de hanter les abords de la Source sacrée.

Le dieu des réformés hâta d'ailleurs la ruine du Temple païen : un capitaine protestant s'empara du monastère, chassa les nonnes et détruisit systématiquement tous les signes qui en faisaient un couvent. Le bâtiment devint une remise à bois, et... prit feu. Quelques années plus tard, les réformés encore, menacés dans Nîmes par des armées catholiques, craignirent que les restes du monument ne servissent de fortifications à l'ennemi : volontairement, ils détruisirent la moitié sud : la voûte centrale fut effondrée ; on ne conserva qu'une galerie au nord : le Temple de Diane avait désormais son allure définitive de ruine nostalgique.

Mais il continuait d'impressionner par la science de ses voûtes décalées, de ses murs bâtis à sec. Entrez dans la galerie : parmi des graffiti divers, vous distinguerez rapidement de belles gravures régulières, accompagnées de signes géométriques : le compas, l'équerre. Ce sont les traces des compagnons maçons qui, dès le début du XVIIIe siècle, se donnaient pour étape de leur tour de France ce temple romain. Ils y laissaient leurs noms en de belles graphies : Pascalitte, tailleur de pierre, 1733 ; La Douceur ; La Jeunesse ; Sans Souci, de Chinon ; L'Assurance, de Châteauneuf : hommages spontanés de ces artisans qui faisaient un détour connu d'eux seuls pour visiter ce lieu encore ignoré.

Avant de quitter le monument, juste au sortir de la grande salle et à peine franchi le porche, une très vieille dalle avancée et évidée ; on la prend pour un banc, et on s'y repose. Autant s'asseoir dans un tombeau : il s'agit d'un sarcophage chrétien dont un bord est cassé : l'une des premières petites bénédictines, un siècle avant l'an mille, a reposé là : une alvéole a été creusée dans la pierre antique pour sa tête chrétienne. Dernier désordre dans les affaires saintes de ce lieu.

Reste que vers 1740, quand les fabricants et marchands drapiers vont trouver leurs consuls pour leur faire modifier le cours de la Fontaine, il y avait toujours une abbesse de la Fontaine, et que, sans couvent ni nonnes, elle restait une puissance temporelle redoutable. Elle avait fait maçonner directement la Source sacrée, la transformant en un vulgaire réservoir pour l'arrosage de ses terres ; elle possédait le premier moulin à la sortie même des eaux ; et plus loin, d'autres prés, d'autres moulins. Au-delà et jusqu'à l'entrée dans la ville proprement dite, d'autres riverains se partageaient les droits d'arrosage et divisaient à l'infini le cours de l'eau. De temps en temps, on exhumait par hasard quelques morceaux d'aqueduc romain, quelque pierre gravée pour oublier aussitôt ces traces, comme un souvenir persistant que l'on ne veut pas laisser revenir.

Cette fois, cependant, les négociants insistent sur les droits de la ville. On somme la dame abbesse de prouver ses droits de propriété sur la Source et ses environs ; on fouille les archives municipales pour prouver le contraire : dans ce XVIIIe siècle, l'industrie l'emporte sur la métaphysique : on achète à main forcée les champs, les vignes, les vergers, les moulins. Sous ce paysage paysan, sous cette campagne relativement éloignée des murailles de la ville, Némausus commence de frémir : il va peut-être reparaître. Dans un jardin inédit.

Fouilles

La grande métamorphose de cette affaire, c'est que d'un projet avant tout économique et technique, on aboutit à l'une des plus belles promenades de France.

Car dès qu'on commence à sonder le creux de la Source puis à dégager ses abords pour mieux canaliser et utiliser le courant, Rome surgit partout : statues, inscriptions, monnaies, socles, colonnes, frontispices sont exhumés. Les deux demi-cercles de marches descendant vers l'eau sacrée apparaissent, ainsi que des arches de ponts, des fondations de bains, un vaste système hydraulique d'où le culte ni les dieux ne sont pas absents. On ne s'attendait pas du tout à cela; c'est une surprise puis un événement. L'Europe entière s'intéresse à la découverte; des savants anglais, allemands viennent travailler sur place; la société savante internationale de Vérone est alertée par un Nîmois, Séguier, qui réside là-bas. On vient visiter le chantier et s'extasier lorsqu'une belle pièce est mise à jour. Un véritable sanctuaire, immense, divers, d'une ancienne beauté incomparable est là, à fleur de terre.

Il est vrai que Nîmes, même en 1987, est loin d'avoir livré toutes ses caches. Il suffit encore, sur toute la commune, d'ouvrir un chantier, de creuser des fondations ou des tranchées pour que des tombes, des inscriptions, des mosaïques apparaissent. L'archéologie devient la rivale des promoteurs, entrepreneurs et travaux publics : toute excavation doit en principe être faite sous le contrôle des représentants des monuments. Une course s'engage entre la vigilance des archéologues et le zèle d'ouvriers qui ont souvent pour ordre d'éventrer rapidement la mosaïque qui se montre, la murette vestige d'un atrium romain, et de disperser les tombes.

Trouve-t-on des vestiges? Il faut arrêter le chantier; des jeunes gens barbus surgissent avec de petits pinceaux, qui se mettent à caresser pierre à pierre et à compter fragments et morceaux des vases brisés. Des mois de retard pour l'entrepreneur : de là sa hâte à précipiter pour la seconde fois, la fin de Rome.

Pendant les creusements du tout-à-l'égout, il y a une trentaine d'années, les conflits se sont multipliés; les pelles mécaniques ont éventré des mosaïques; et maint fragment a bien souvent fini chez un particulier. Nîmes, depuis quatre cents ans — c'est-à-dire à peu près depuis que des érudits s'intéressent avec plus ou moins de bonheur et de science aux « antiques » —, est un prodigieux réservoir. Il y a encore quelques dizaines d'années, on prétendait qu'après un gros orage, on pouvait trouver des monnaies romaines au pied de la Tour Magne. Rome persiste, alimentant l'imaginaire d'une population qui vit avec elle au quotidien.

Résurrection

A la source, donc, dans les boues et les alluvions, attendait une population endormie, relogée à présent dans les musées nîmois : en bronze, en marbre, en pierre, en ivoire, des Bacchus, des Vénus, des Amours, des Minerve, des Ganymède, et tout un peuple plus ordinaire : un athlète, un échanson, un prêtre égyptien et même un ibis, qui rappelait soudain que la romanité apportait avec elle non seulement ses pratiques, mais l'histoire entière du bassin méditerranéen.

En août 1739, comme on fouillait doucement ce que l'on appelait déjà des « bains romains », une tête de marbre blanc commença de se montrer : des cheveux frisés en grosses boucles tombant sur la nuque, des yeux fendus à merveille, un beau nez, une bouche petite, le tout sur un torse magnifiquement nu, à la musculature, celle du dos surtout, à la fois fine et tendue. Sur une épaule, le jeune homme nu de marbre blanc portait une pièce d'étoffe courte : signe de sa divinité. Il était mutilé à mi-cuisses, mais debout, il avait dû mesurer deux mètres quarante, on l'appela Apollon.

Elle dut être bien fascinante l'aventure de ces archéologues-notables qui, à mesure que les travaux avançaient, voyaient paraître le plus vaste et le plus ancien des ensembles architecturaux nîmois. Les Arènes, la Maison Carrée n'étonnaient plus ; mais ce sanctuaire, ces frontons écroulés, ces frises, ces fonds de colonnades, ces blocs ornés d'acanthes : tout racontait, sur des hectares, une vie fervente, intense, autour de la source mère. En creusant le bassin de la source, toujours dans le but pratique de favoriser le débit des eaux, on remontait des centaines de monnaies, comme on en jette encore à Rome dans les fontaines. Des monnaies frappées à Nîmes et faisant allusion à Némausus comme dieu et comme cité : des monnaies plus anciennes que l'occupation romaine, avec des cavaliers ou des sangliers pour emblèmes ; pièces du peuple volsque : un aigle, une roue, et déjà ces mots : Nemay, Namat. Mais surtout, des monnaies de la colonie romaine : des têtes de soldats, des palmes ; et puis enfin, la fameuse inscription : Col Nem — Colonia Nemausensis — et le crocodile attaché à une palme. Et puis, la vie.

Nous voici au cœur du sanctuaire : c'est le lieu de la cité romaine où l'on vient faire ses vœux, ses offrandes et ses sacrifices : des dizaines d'inscriptions, ex-voto, autels votifs, paraissent.

Les hommes de Némausus

Une des plus belles paraboles de la littérature française se trouve dans le *Quart Livre* de Rabelais. Pantagruel et Panurge traversent une mer glacée lorsque leur parviennent les bruits d'un combat et les gémissements des blessés. Le pilote leur explique que ce sont les fracas gelés d'une bataille qui s'est déroulée l'hiver précédent, et qui, le printemps revenu, dégèlent et se font entendre. Le milieu du XVIIIe siècle, c'est le printemps de Nîmes : les vies pétrifiées depuis quatorze siècles semblent s'animer : Gaulois et Romains, affranchis et fonctionnaires impériaux, inconnus qui sont venus dans cet espace sanctifié exaucer un vœu, honorer un patron, prier un dieu lointain et parfois trois ou quatre à la fois. Ils glissent entre les rambardes bien tournées, croisent les retraités en promenade, les vieilles qui bavardent, les jeunes mamans qui surveillent les premiers pas de leurs enfants : et à tous ces Nîmois des années 1980, des Nîmois deux fois millénaires, parlent sourdement :

« A Mercure, dit un petit autel dont la statue a été arrachée, Lucius Pompeius Puer, affranchi de Lucius, avec reconnaissance, en accomplissement de son vœu. »

« A la Victoire Auguste, Marcus Valerius Severus a fait faire cet édicule — c'est un autel plus sophistiqué qui cachait une statuette sous des rideaux —, aux frais du Collège dont il est le pontife » : voici un homme à la tête d'une confrérie romaine et qui honore un dieu aux frais de sa communauté. Mais la divinité reste mystérieuse.

Sur ce lieu aquatique, bien sûr, les nymphes sont invoquées : « Consacré aux Nymphes Auguste. Licinia Severina en accomplissement de son vœu. » Et encore : « Tertius, fils de Baebius, Lucius Decumius Decumanus, Lucius Pomtinus Martialis, Lucius Annius Allobrox ont, à leurs frais, élevé cet autel consacré aux Nymphes Augustes. » Et un petit autel, tout simple, sans nom : « Aux Nymphes »... Quel inconnu établissait ainsi une relation intime avec les jeunes puissances naturelles de la source ? Et puis la plus émouvante, la plus mystérieuse des traces, sur le haut d'un chapiteau cassé :

« Karta, de Bedilhan, a consacré cet autel aux Mères nîmoises, par leur ordre. »

On les imagine ces gens, pas tous nobles, pas tous notables, venant comme plus tard on mettra un cierge ou un ex-voto à l'église, remercier un dieu, leur dieu, celui qu'ils aiment, celui avec lequel ils se sentent une relation particulière. Pour ces gens-là, la vie publique, la vie privée et la vie religieuse n'étaient pas séparables. Et voici enfin Némausus, le plus évident, le plus proche des populations locales. Un socle consacré à « Némausus par N... fils de Réniccius » ; un socle d'un « Caius Andolatius à Némausus en accomplissement de son vœu » ; sur la base d'une statue de marbre cassée : « A Némausus Quintus Crassius Secundinus questeur de la colonie » (les questeurs étaient des sortes de percepteurs municipaux). Or, le paradoxe de ce petit dieu qui veille sur la ville depuis la préhistoire, c'est qu'on ne lui connaît pas de visage : quelle figure était posée sur ces socles ? Quelle silhouette, quelle allure ?

Il existe à Nîmes un monument fantôme. Tous les archéologues en parlent ; il a laissé traîner quelques fragments épars, mais rien de ses fondements ni du lieu où il était bâti : c'est une basilique dédiée à l'impératrice Plotine. Monument en creux, mais attesté : un historien romain, Spartien, raconte que l'empereur Adrien, passant par les Gaules à son retour d'Angleterre, fit construire à Nîmes une « superbe et admirable basilique » en l'honneur de l'impératrice Plotine. Les basiliques romaines étaient des sortes de Palais de justice composées surtout de deux immenses salles dans lesquelles se tenait un grand concours de commerces et de passants. La mémoire nîmoise veut aussi que ce soit Charles Martel, le roi franc, qui, en 737, furieux de la résistance de cette ville dont les habitants avaient l'air de préférer l'occupant sarrasin à l'occupant français, fit abattre le monument, au même instant où il mettait le feu aux structures de bois des arènes, et où il détruisait quantité de vestiges propres à dissimuler le terroriste. Depuis, les archéologues nîmois ont promené la basilique par toute la ville : était-ce la Maison Carrée ? La Cathédrale a-t-elle été bâtie sur son emplacement ? L'ancien château de Nîmes l'a-t-il remplacée ? La plus récente hypothèse, mais que des fouilles récentes ont infirmée, la plaçait face à l'Esplanade, sous l'actuel Palais de justice ; comme si une logique infuse avait continué pendant des millénaires de réserver cet emplacement à la Loi. Et Némausus, qu'en sait-il ? Eh bien, son nom est étroitement lié à la construction de l'édifice.

Lorsque vers l'an 122, l'édification fut décidée, elle supposait une quantité énorme de marbre. Celui-ci, dans tout l'Empire, était soumis à des contrôles fiscaux rigoureux. Rome nommait dans tout le bassin méditerranéen des surveillants de travaux ; à plus forte raison pour un bâtiment somptueux, voulu par l'empereur. Quelques mois, ou quelques années après 122, un haut fonctionnaire impérial se rend au sanctuaire de la Fontaine : les travaux sont terminés, la basilique est belle. Cet homme en était à maints égards responsable ; il avait fait un vœu si le chantier se déroulait sans accident. Et il élève un autel à Jupiter et... à Némausus maître du lieu. C'est cet autel votif que l'on retrouve pendant les travaux du XVIIIe siècle :

« A Jupiter et Némausus, Titus Flavius Hermès, surveillant

de l'œuvre de la basilique pour les travaux de marbre et de pierre, en accomplissement de son vœu. »

Religion et affaires mêlées, les maîtres d'œuvre romains prenaient leurs assurances dans les cieux et dans les sources.

Mais l'apparition la plus symbolique du dieu de cette ville, symbolique aussi de sa population et des hommes qui devaient la traverser, c'est une belle stèle que l'on trouve dans les boues de la source un jour de 1753 : elle porte une étrange figure debout, tenant dans la main droite un fouet et dans la gauche un bouquet d'épis; le personnage est debout sur un animal. Sur la face opposée, un bouclier ovale, un glaive. Une troisième face porte :

« Caius Julius Tiberinus, fils de Tiberius, de la tribu Fabia, primipile, natif de Beryte, accomplit le vœu qu'il avait fait au Jupiter très bon, très grand d'Héliopolis et à Némausus. »

Une telle pierre, lorsqu'on sait la déchiffrer, porte la matière d'un roman façon Ben-Hur ou Spartacus. Mais il n'est pas aussi lisible qu'un livre de poche. Pierres brutes ou polies, ocres ou blanches, de cinquante, soixante, quatre-vingts centimètres de haut, et gravées d'abréviations codées, qui font allusion à des fonctions mal connues, à des honneurs insolites et à des royaumes disparus. Oui, il y a toute une histoire derrière chacune de ces stèles et de ces formules, mais comme Sherlock Holmes déduisait des vêtements, des mains, du visage et du comportement d'un inconnu son métier, ses voyages et sa vie, il faut à la fois l'apprentissage et le flair des archéologues pour comprendre ces textes lapidaires. Si l'on ajoute qu'ils sont parfois mutilés, cassés, à demi effacés, on voit bien que ce murmure pétrifié qui sortit des boues de la Fontaine n'était pas accessible au premier venu.

Le message destiné à Jupiter d'Héliopolis par exemple, ainsi qu'à Némausus se présente ainsi; sur une pierre de 90 cm de haut, large de 48 cm et épaisse de 36 :

I — O — MHE LIOPOLTAN
ET — NEMAVSO
C - IVLIVS — TIB — FIL — FAB
TIBERNUS — P — P — DOMO
BERYTO — VOTVM — SOLVIT

Noms, surnoms, allusions à des contrées lointaines, fonctions militaires, appartenance à des groupes sociaux : c'est un message secret. Cela nous raconte qu'un ancien centurion, un primipile, un officier vétéran de troisième ligne, c'est-à-dire des plus braves et des plus expérimentés — la vieille garde en somme —, est alors dans Nîmes. Qu'il est né et qu'il réside habituellement en Phénicie, c'est dire qu'il s'agirait actuellement d'un Libanais. Il est sans doute arrivé à Nîmes après avoir combattu dans les armées d'Octave-Auguste en Egypte. Dans cette ville, son vœu se tourne vers son propre dieu originel, celui de son enfance et de son peuple : Jupiter d'Héliopolis — l'actuelle Baalbek. C'est à ce Jupiter oriental que fut élevé à Baalbek le temple dans lequel se déroula pendant longtemps un festival prestigieux. Et c'est cette divinité dont cette pierre offre une des très rares représentations connues. Quant au bouclier et au glaive, ce sont des emblèmes celtes, et des allusions à Némausus. Voici donc à travers un officier de l'empereur, l'Orient et Nîmes reliés ; deux civilisations, deux modes de vie. Voici aussi Némausus « sous-entendu », non représenté sinon par deux pièces d'armes.

Imaginons que vous entriez dans une cathédrale bourrée d'ex-voto à la Vierge ou à des saints ; et que sur les plaques figurent les noms et les fonctions de ceux qui ont offert ces hommages de marbre : c'est ce qui arrive lorsque l'on fouille la Fontaine : ces inscriptions racontent les honneurs et les tribus que l'on rendait aux notables ; elles font surgir des carrières politiques et publiques ; des magistrats et des gouverneurs de province, des personnages tout à fait semblables aussi à ces puissants laïques proches du Vatican, moitié prêtres moitié hommes d'affaires. Un chef de la police, un contremaître de travaux, un officier du génie. On y rencontre de très hauts fonctionnaires du bassin méditerranéen comme cet inconnu — son nom est cassé — qui fut curateur de la Cité de — le nom est effacé —, corrector de l'Ombrie, légat impérial d'Asturie et de Gallicie, proconsul de la province bétique. On y devine des carrières publiques retorses : Caius Aemilius Postumus fils de Caius, dont le titre de tribun non accompagné d'un autre grade militaire prouve qu'il n'a accompli qu'un service guerrier fictif de six mois ; faveur accordée par l'empereur à ses protégés, pour leur permettre de devenir Chevalier romain, et de voir s'ouvrir les avantages financiers.

Théâtre

Mais, auprès de la Source sacrée, apparaissent des activités beaucoup plus singulières. Un socle de statue porte une dédicace offerte par un certain Lucius Sammius Maternus, élève de Lucius Sammius Eutychus, « grand prêtre du synode »... Il s'agit d'une sorte d'acteur-prêtre. Une autre pierre est offerte par « la sacrée confrérie thymélique adriennale instituée dans la ville de Naples à l'honneur de Bacchus et à l'honneur de l'empereur Cesar Trajan Hadrien Sébaste, nouveau Bacchus ». Il s'agit encore de théâtre ; et du plus sacré : celui de Dionysos. Depuis très longtemps, dans tout l'Orient, des associations d'acteurs et de musiciens s'étaient établies. Bien avant l'Empire, à Théos, à Ephèse, à Eleusis, les confréries possédaient même des sanctuaires. Elles se multiplièrent dans tout le bassin méditerranéen et les empereurs Auguste, Caligula, Néron reprirent ces jeux périodiques. Mais c'est Hadrien qui, passionné d'esthétique grecque, regroupa les acteurs de Dionysos précisément sous le titre de synode sacré de Naples : l'expression même trouvée à Nîmes. La corporation se répandit ; plusieurs villes romaines se dotèrent de jeux et rencontres théâtrales ; dont, semble-t-il, Nîmes. Présence confirmée par une inscription trouvée ailleurs dans la ville, et faisant allusion à une « troupe thymélique séant à Nîmes, des acteurs de l'association universelle placée sous le patronage de l'empereur Nerva Trajan Cesar Auguste ».

Ainsi y aurait-il eu à mi-chemin du profane des comédiens et du sacré des prêtres, une compagnie chargée de célébrer des représentations du répertoire grec ; une secte dans laquelle spectateurs et acteurs ou officiants, auraient participé du recueillement et du plaisir.

Il se trouve que cette confrérie avait son théâtre.

Un théâtre romain. Il est là, mais vous ne le voyez pas. C'est à croire que les Nîmois, saturés de romanité, gaspillent parfois des monuments. Quand on est devant la Source, on aperçoit en regardant vers le haut à droite, juste au-dessus de l'escalier, une pelouse sur les premières pentes de la colline. Elle recouvre les restes d'un théâtre antique : neuf marches, l'amorce d'un couloir de passage, et d'un orchestra. Dès le début du XIXe siècle, on avait aperçu quelques traces à fleur de terre et on les avait laissées là, comme des pierres quelconques qui s'intégraient vaguement au paysage. En 1854, on se décida à l'exhumer totalement, mais cela parut si peu de chose à cette ville qui, en fait de gradins, avait toutes les Arènes, qu'on le réenfouit aussitôt. Vers 1940, on le découvrit à nouveau ; pour le réenterrer. La guerre vint, et depuis nul ne l'a plus revu : une maquette au musée archéologique, une photo à demi effacée en donnent une idée : en fait, il n'est pas très reluisant le théâtre antique. Des neufs gradins, il ne reste que les traces taillées dans le rocher : les plaques de marbre qui les recouvraient ont été enlevées. On reconnaît les bases d'un couloir d'entrée, l'esquisse d'une scène. Il existe cependant dans la ville de très vieux érudits qui prétendent que le monument était beaucoup plus vaste ; que tel vestige trouvé vingt mètres plus haut, et que l'on a pris pour un aqueduc, est une travée et l'amorce des voûtes supérieures.

C'est tout cela que cache à quelques mètres d'une rocaille de pacotille, une pelouse bien ordinaire.

Sanctuaire

Ils devaient être moins nombreux qu'aux Arènes, les auditeurs cultivés qui se rendaient à la rencontre de ces confréries étranges pour y entendre les chants alternés de la tragédie grecque. On les imagine dans la lumière d'une fin d'après-midi, sur les premières pentes de la colline encore aride, sur les marches étincelantes du petit théâtre, dominant l'ensemble impressionnant des galeries, statues, temples, voûtes, canaux et frontons à la gloire des dieux de Rome, de l'empereur-dieu, et de Némausus tapi dans l'eau verte de la source.

En écoutant les scansions des mètres de la tragédie grecque, ils voient le double demi-cercle des marches de marbre qui s'enfonce dans le creux mystérieux. Ils voient sur la gauche, vers l'est, le large canal par lequel s'écoule l'essentiel des eaux ; celles-ci passent sous un pont à trois arches puis obliquent au sud vers un ensemble monumental impressionnant. La partie centrale est massive ; un bloc cuirassé de pierres de taille parfaitement lisses, couronné d'une frise : c'est une terrasse énorme, portant à ses quatre coins de grandes colonnes cannelées, très travaillées en feuilles d'acanthe et couronnées de chapiteaux corinthiens. Entre ces colonnes, au centre du terre-plein, ils aperçoivent l'autel sacré sur lequel se déroulent des rites qui leur sont familiers et que nous ignorons. Cette terrasse est sans doute le cœur du sanctuaire.

L'eau se divise autour de ce bloc, le cerne, l'imprègne, court dans des rigoles de pierre, le long de galeries semi-souterraines supportées par des centaines de colonnettes et sous lesquelles sont aménagées de petites chambres, des alvéoles : un univers enfoui et aquatique, bruissant de la rumeur des eaux, et dans lequel ils peuvent voir passer les toges immaculées des citoyens, à la recherche de quel rite ? de quelles prières ? quelle promenade hygiénique ou mystique ? Les spectateurs de Dionysos le savent, les archéologues contemporains l'ignorent, ou se disputent. Ayant traversé cet étrange royaume, l'eau sacrée se déverse au sud, vers un bassin qui reçoit également, par des conduits souterrains, le trop-plein de la source.

Tout à côté, un autre temple impressionnant. Un parvis immense. Il ne reste rien : un morceau du fronton traîne du côté de la Maison Carrée. De là, l'eau, ayant apparemment achevé sa fonction sacrée, est reprise par un réseau d'aqueducs et de tuyaux de plomb et s'en va alimenter la ville, ou bien se mêler à d'autres eaux arrivées dans Némausus de beaucoup plus loin, par le Pont du Gard.

Les spectateurs du théâtre voient encore dans le soir qui tombe le petit temple qui domine directement la source sur sa gauche, et, sur la droite, ce que l'on appellera plus tard le Temple de Diane.

Comme pour satisfaire leur goût de la mesure allié à la grandeur, leur regard suit à présent un long portique : il cerne tout le territoire sacré sur des centaines de mètres. C'est une immense galerie qui, du Temple de Diane part vers le sud, encadre bains et temples, tourne à angle droit vers l'est, puis revient juste au pied du théâtre. Bien que de là où ils sont, les spectateurs ne puissent en apprécier le détail, ils connaissent bien ces galeries sous lesquelles des autels de pierre, des plaques gravées traduisent les vœux et les prières des Nîmois, vers des dieux venus de tout l'Empire, et même de l'Orient. Ils peuvent imaginer les dizaines de statues en hommage à leurs chefs, leurs patrons, leurs soldats, leurs notables : tribuns, questeurs, flamines, cavaliers, quadrium virs, consuls, proconsuls, artistes. Sans doute ne sont-ils pas dupes : ils savent aussi que beaucoup de ces notables ont acheté leurs honneurs et leurs charges, et bâti des fortunes là-dessus : ils savent que cette terre sacrée réunit les signes de la vraie foi et ceux du pouvoir : la politique, la religion, l'intrigue, l'argent, le destin de la ville ne sont pas séparables.

Plus loin, vers le sud, ils aperçoivent les villas de ces gens : les plus cossues de la ville ; et ils peuvent en imaginer les atriums tranquilles et les mosaïques représentant des dieux occupés à des chasses exotiques. Dans le soir, arrivent des groupes de citoyens pour des cérémonies particulières; des fumées d'encens et de sacrifices montent lentement. L'ombre des statues de marbre s'allonge. Des prêtres se penchent sur les marches de la source des urnes à la main. Comment pourraient-ils deviner que cet ordre des choses, cet ordre de la ville, cette évidence de leur vie ne seront plus vingt siècles plus tard qu'un gigantesque puzzle dont on paraît avoir à jamais perdu le sens total?

Marchant dans le bas des jardins de la Fontaine parmi les boulistes et les tricycles des gamins, on parcourt l'un des plus vastes territoires sacrés du monde romain; et l'on n'en sait déchiffrer que des bribes, isoler quelques personnages; sans connaître le sens de la pièce qui s'y jouait.

Est-ce cela qui, depuis, trouble la mémoire obscure de la ville, fascine ses enfants; les attire vers ces canaux et cette Source? Pour des jeux bien sûr, et des pêches interdites de vairons; mais aussi pour une interrogation inconsciente. Vers 1910, un petit garçon se penche sur l'eau; il est venu pêcher le têtard. Trente ans plus tard, Marc Bernard racontera cette pêche et cette rêverie : « ... Je ne tardais pas à oublier pourquoi j'étais là. Accroupi au bord du bassin, je contemplais l'eau aux nuances vertes, depuis celle qui tirait sur le bleu, à l'endroit même où jaillissait la source, jusqu'aux teintes plus légères du pourtour. A travers le cristal de l'eau, je découvrais le fond d'algues, de rochers recouverts d'une sorte de crème visqueuse; les buissons marins aux couleurs fraîches dans lesquels les poissons entraient et sortaient ainsi que dans un jardin merveilleux. Cela me suffisait. Les cris mêmes de mes camarades : “J'en ai un! J'en ai un!” ne me tiraient pas de mon enchantement. Je trouvais plus amusant de regarder les poissons se laisser emporter mollement par le courant, nageoires repliées, immobiles, avec les deux petites gouttes de lumière qui brillaient avec des éclats de perle de chaque côté de ouïes. Tout cela me paraissait si frais, si paisible qu'il me prenait des envies de descendre là-dedans, de me coucher dans cette eau si pure, de me laisser emporter par elle. »

Depuis l'enfance de Marc Bernard, l'eau de la source a sans doute plus changé qu'elle ne l'avait fait en deux mille ans. Victime de son réseau secret : la garrigue environnante a été bâtie ; ce qui n'étaient que maisonnettes de week-end — mazets, dit-on — s'est transformé en villas, avec fosses septiques, drainages, vidanges. Le tout-à-l'égout des nantis nîmois du nord de la ville, ce sont toutes les fissures, avens et failles qui recueillent l'eau pour la Fontaine : si bien que celle-ci, très souvent, crache d'étranges cercles mordorés d'huiles et de carburants ; et que les herbes aquatiques s'alourdissent de matières noirâtres.

DES JARDINS

Mais enfin, vers 1750, l'eau de la source était encore limpide et elle était vitale pour la ville et son économie. Voilà que s'y ajoutaient ces stupéfiantes apparitions, cette révélation d'un sanctuaire qui bouleversait l'Europe et apparaissait aussi important que les fouilles que l'on commençait de faire à Pompéi. On devine la fascination de ces hommes du siècle des Lumières, nourris de culture gréco-latine, lorsqu'ils comprirent l'étendue et la complexité de ce qui s'offrait sur le site de la Fontaine. Le projet simplement industriel et technique changea. A mesure que l'on sortait statues, colonnes et frises, non seulement la ville, mais la province et le cabinet du roi furent alertés. Il fallait préserver ce que l'on découvrait, site compris, sans renoncer au dessein premier. Une autre aventure, mercantile, commença de se jouer : l'affaire devint énorme et dépassa la ville. Le creusement des canaux, leur harmonisation avec les restes romains, suscita et mit en jeu des intérêts tels que, dit un historien du temps : « On vit se former de tous côtés de nouveaux projets. Il en parut entre autres, qui avaient été dressés par des personnes dénuées de la connaissance des premiers principes de la géométrie, de l'hydraulique, de l'architecture civile, de l'antiquité, en un mot des parties les plus essentielles pour concevoir et conduire en ce genre un système utile et solide. »

Quatre projets solides s'imposent tour à tour, qui essaient de concilier l'Histoire, l'esthétique et l'industriel. Les expropriations s'étendent : les procès abondent ; Montpellier, déjà, prétend s'en mêler parce que là-bas réside le pouvoir provincial. On nomme un fonctionnaire, pour apprécier et départager les projets. Il s'appelle Jacques-Philippe Maréchal ; il est ingénieur, directeur des fortifications de la Province. Maréchal élimine les plans l'un après l'autre, et leur substitue... le sien. Lui associant cependant, par diplomatie sans doute, un architecte nîmois. L'abjudication des travaux aux entrepreneurs se fait à Montpellier, et ce sont des gens de cette ville qui en sont chargés : Hilaire Ricard, Jacques et Jean-Antoine Girard.

Les découvertes archéologiques et le projet de jardin ne font d'ailleurs pas oublier le but premier : régulariser les eaux ; éviter l'effet des sécheresses. C'est précisément à cause de leur usage industriel autant qu'esthétique que les canaux et les bassins de la Fontaine peuvent être encore aujourd'hui emplis ou vidés indépendamment ; que le niveau peut en être contrôlé et l'eau de la source maîtrisée. Tandis que l'on se promène sous les ormeaux des quais au-dessus de l'eau verte, on ne peut pas se douter que d'autres conduits parallèles et invisibles peuvent à tout moment dévier les eaux et en doser le cours. Ainsi les teinturiers, soyeux et lainiers de Nîmes pouvaient-ils conserver dans des bassins selon leurs besoins professionnels les dons capricieux de Némausus.

Promotion

Sur le projet des canaux et des jardins, l'immobilier se greffe : les propriétaires des terrains alentour devront pour bâtir s'aligner sur des rangées de façades imposées par le plan directeur. On planifie un faubourg nouveau et immense : c'est le début d'un quartier résidentiel de grand standing. Il conservera pour l'essentiel ses caractéristiques élitistes et financières ; et l'essort capitaliste du XIXe siècle ne fera que le renforcer. L'esprit « quai de la Fontaine » pose ses fondations. Après tout, un directeur de travaux proche du pouvoir, à qui on adjuge un énorme projet immobilier, et qui associe quelques entrepreneurs locaux pour calmer les esprits, voilà qui n'est pas pour surprendre au XXe siècle.

Le descriptif des travaux et des devis à l'usage des entrepreneurs vint du Conseil d'État lui-même : il fixait les matériaux, leurs dimensions, leur nature ; et même l'espèce et la plantation des grands arbres qui à présent nous accompagnent le long des canaux : « De jeunes ormeaux de Lyon, ou des marronniers d'Indes bien droits et bien sains, qu'on plantera bien à plomb et plombera dans les tranchées de largeur et profondeur suffisantes pour donner aux racines la liberté de s'étendre. »

L'exécution des travaux fut autorisée par un Conseil royal tenu en guerre, devant... Fribourg, le 26 octobre 1744 ; et les grands travaux des jardins de la Fontaine commencèrent le 22 avril 1745. Est-ce le souvenir de ces tractations, ou bien l'intervention de Montpellier ? Il se trouve encore des Nîmois pour se souvenir que Maréchal était un architecte militaire, et trouver que ses canaux ont des allures de fortifications.

Vanité

Ils ont tort : Maréchal, aidé de ses assistants et de ses artistes, va réussir l'une des mises en scène les plus remarquables de l'histoire des jardins : mise en scène de l'exploitation rationnelle des eaux, mise en scène d'une adaptation de l'antique : c'est celle que vous voyez lorsque, arrivant par les allées Jean-Jaurès et la grande grille centrale, vous pénétrez sur une esplanade blanche, escortée de marronniers et de leurs allées d'ombres qui épousent la forme des canaux et des courants de l'eau. Par paliers imperceptibles, les terrasses s'élèvent doucement entre des balustres, des bassins, des statues mythologiques et de grands vases de pierre vers l'ensemble monumental que l'on appelle le Nymphéa ou les Bains romains — qui n'ont sans doute jamais été des bains, et qui ne sont plus du tout romains — ; puis s'ouvre le double escalier monumental et le grand mur de pierres blanches qui achève les jardins de Louis XV au pied de la colline.

Mise en scène, oui ; mais avant tout mise en scène de la puissance de la ville : car on peut s'étonner que Nîmes, qui n'est tout de même qu'une ville moyenne, dans une province lointaine, se soit dotée de l'une des plus belles promenades d'Europe... jusqu'au moment où l'on s'aperçoit qu'il s'agit au fond de la gloire de ces bourgeois entreprenants, de ces fabricants de tissus et de châles. Pour eux, Maréchal a réussi l'amalgame de la gloire antique et de la force industrielle. Il a même réussi à substituer la seconde à la première.

Car si tous les vestiges romains ont été soigneusement répertoriés, ils ont été aussitôt enlevés. Quelques savants locaux, qui apportent aux méthodes archéologiques l'esprit des Lumières, hurlent de rage devant la dispersion et même le commerce qui est fait de ces vestiges. Le duc de Richelieu lui-même intervient pour que l'on réserve les meilleurs morceaux au Cabinet du roi. Les constructeurs des jardins se servent. Des savants étrangers emportent. Un marché de l'antiquité se constitue. Pire : les ordres officiels préconisent d'utiliser certains matériaux antiques, les marbres en particulier, pour bâtir les nouveaux ensembles architecturaux. Il y a chez ces Nîmois que le négoce et l'érudition lient à la capitale un curieux mélange de sens pratique, de mercantilisme et de réelle vénération pour le passé de leur ville. Et l'on assiste alors à un phénomène tout à fait extraordinaire : on supprime ce qui reste du sanctuaire de la Fontaine pour le rebâtir sur le même modèle, mais en neuf. « Non point avec la même beauté »... soupire un contemporain lucide ; et un autre crie : « Oh barbarie ! on a détruit ces restes précieux, on a renversé avec de la poudre ces masses anciennes que le temps avait respectés, et pourquoi ? Pour les revêtir à la française ? »

Ou plutôt, à la nîmoise ; car chose plus étonnante encore, si l'on tente de reconstituer le cadre antique de la source et des bains romains, on en change les signes. L'autel monumental qui devait être le centre du culte d'Auguste devient ce groupe, surmonté d'une nymphe façon XVIIIe : tête fine un peu penchée, quelque chose d'alangui sinon de pervers, c'est la source Némausa. Elle est appuyée contre un palmier auquel est lié un crocodile. A ses pieds sont sculptés un caducée, un ballot de marchandises, un livre de commerce et une ancre : c'est l'essor de la fabrique et de la science nîmoises, de ses étoffes de soie, de ses métiers à tisser, de ses bas et de son commerce.

La vanité n'est pas exclue : en 1753, les jardins presque terminés, on décida de rappeler les circonstances de cette grande entreprise par une inscription latine gravée sur une plaque de marbre gigantesque scellée dans le grand mur. On s'adressa à l'historien de Nîmes, Léon Ménard, qui résidait à Paris ; il appartenait à l'Académie des Belles-Lettres, et soumit le problème à ses confrères. Lesquels proposèrent une formule assez conventionnelle célébrant le règne de Louis XV et la beauté du site antique. Mais ces messieurs de l'Hôtel de Ville n'étaient pas satisfaits, il leur manquait quelque chose. Enfin, ils osèrent proposer une seconde inscription, en symétrie avec la première et qui mentionnerait les noms des personnes qui avaient pris part à l'entreprise. C'est-à-dire, les leurs.

Les académiciens répondirent que cela relevait du détail et ne méritait pas d'être gravé dans le marbre. Les consuls de ville — l'équivalent des adjoints au maire —, qui ne se prenaient pas pour des détails, insistèrent. Et c'est ainsi que quinze siècles après les flamines, les centurions et les empereurs figurent sur une plaque en marbre à gauche du grand escalier les noms de Pierre Rouvière de Dions, maire de Nîmes, Charles-Louis Joubert, son « lieutenant », Pierre Isaac Deydier, médecin, Jacques Mirande, marchand bourgeois, Jacques Charpin, chirurgien et François Durant, tondeur de drap.

De plus grands ne dédaignent pas de marquer les nouveaux jardins de leur pouvoir : sur chaque canal, chaque bassin, les ponts étaient décorés d'écussons aux armes du roi Louis XV, du Premier ministre le duc de Richelieu, et de l'intendant de province, Le Nain ; si ces écussons sont à présent vides au-dessus de l'eau, c'est que les pouvoirs suivants, la Révolution d'abord, les ont martelés. Tout près de la source, juste au niveau des marches qui descendent dans l'eau, retournez-vous : sur le mur ont été conservées deux plaques d'origine romaine célébrant la divinité de l'empereur Auguste. Entre elles, les architectes ont intercalé une inscription moderne à la gloire de Louis XV : « Autre César ».

Ordre et beauté

A ce régime, Rome, la vraie, fut chassée du jardin : vous pouvez à présent vous promener sur l'emplacement de l'un des plus grands sanctuaires romains, il n'en reste rien mis à part le Temple de Diane : rien, pas une colonne, pas une statue, pas un autel votif. Tout est du XVIIIe siècle authentique : les vases et les statues viennent du château des Bonniers de la Mosson, anciens fermiers généraux qui bradaient le patrimoine familial : grâce à eux, les satyres, les faunes et les nymphes animent les allées. Le groupe central du Nymphée, avec sa nymphe perverse, est du sculpteur Dominique Raché ; mais Maréchal n'était pas satisfait, il commanda quatre ans plus tard à un pensionnaire de l'Académie de Rome, Hubert Larchevêque, d'achever l'ensemble : les génies grassouillets et lourdaux qui encadrent l'ensemble appuyés sur de grands vases ornés sont de lui : c'est le même sculpteur qui a modelé la Fontaine de la rue de Grenelle à Paris. Mais qu'importent les rivalités et les désirs de gloire : comme toutes les grandes créations esthétiques, et surtout comme tous les ensembles architecturaux, la partie basse des jardins de la Fontaine a été bâtie sur des vanités, des intrigues et des profanations. De cela, et même du saccage d'une beauté plus ancienne est née cette harmonie tranquille, ce petit Versailles apaisé dans lequel on ne sent plus le pouvoir ivre de sa propre puissance mais plutôt un ordre et un équilibre qui semblent avoir pour aboutissement le double escalier, le grand mur, subtil dosage d'avancées et d'angles ouverts; pour le plaisir plus que pour l'orgueil.

Qui semble seulement : car à mesure que l'on s'approche, que l'on passe les bassins, les terre-pleins, que l'on atteint ce qui paraît le lieu central, le Nymphée, puis que l'on est attiré vers ce double escalier qui monte dans la colline comme vers le néant, la source — elle, encore! — se révèle.

Tout se passe comme si le jardin bas offrait deux ordres superposés : l'un, serein et beau, d'une symétrie classique, vise à s'emparer de la montagne, projetant ses terrasses le plus large et le plus haut possible — au reste, les plans de Maréchal en ce sens ne furent jamais achevés. La raison et l'esprit clairs sont là satisfaits. L'autre, creusant brusquement à côté de ce décor lumineux, cette dissymétrie : la Source, qui propose sa dénivellation, son creux sombre, son eau verte; qui vous jette dans le déséquilibre comme le rappel du mystère originel. Au moment où l'on croit atteindre le double escalier monumental et ses terrasses Louis XV, l'incertaine surface de l'eau, en contrebas, vous fait broncher l'œil et l'âme.

Je marchais, un jour d'hiver charitable aux pauvres et aux enfants, sur ces esplanades. Il avait durement gelé pendant une semaine, et d'un coup le soleil et une certaine tiédeur de l'air étaient revenus : des centaines de Nîmois étaient alors apparus dans les jardins et s'y promenaient dans une paix soleilleuse. Une rumeur bourdonnait sur les allées et les bassins. Mais inévitablement, c'est autour de la Source qu'on venait s'arrêter : penché sur les rambardes ou descendu tout près de l'eau, on scrutait le creux; non pas surpris par cette surface attentive que la plupart connaissaient depuis l'enfance, mais comme pour un recueillement, ou plutôt comme si on était venu s'assurer de la bonne marche des affaires de la ville. Une promenade sacrée, encore, 2500 ans après...

Vie

Les Nîmois ont une familiarité avec la Fontaine. Non qu'ils y viennent quotidiennement, mais elle marque chaque étape de leur vie : c'est sur les allées du bas que les jeunes mamans viennent faire rouler leurs landeaux. C'est depuis les bancs de pierre, sous le regard des faunes, qu'elles surveillent les premiers pas de leurs bébés. C'est près de la source ou dans les buissons qui entourent la Tour Magne que les bandes de petits garçons jouent à l'aventure, pêchent le têtard ou défient le garde. Et dans l'adolescence, les mêmes buissons sont refuge de l'initiation amoureuse et des jeunes gens en quête d'isolement. Dont on pourrait dire qu'ils aboutissent logiquement à ces mariages en blanc du samedi qui viennent se faire photographier, en noces tonitruantes, devant les rambardes du Nymphée, les blocs du Temple de Diane, ou l'arc double de la source. Lesquels couples vont avoir des enfants qui à leur tour... Convalescent, c'est aussi dans ces allées et du côté du Cèdre et de la Tour Magne qu'on vient se promener. Les retraités s'y retrouvent ; les vieilles dames viennent y nourrir d'énormes chats bagarreurs près des rocailles, sur les bancs de bois cannelés.

Boules

Les retraités, on les retrouve à l'entrée est des jardins, au jeu de boules du Bosquet : Bosquet, parce qu'à la construction des jardins, ce fut l'un des premiers espaces à être planté d'arbres ; et le nom commun est devenu le nom propre de cet endroit tranquille, entre les grands immeubles bourgeois et le canal : le Bosquet, c'est la Capitale de la Pétanque. Les parties de boules s'organisent par dizaines entre les ormeaux, chacune accompagnée par une double file de spectateurs penchés vers les sphères métalliques et accompagnant leurs subtiles trajectoires de brèves grimaces et d'exclamations étouffées.

On joue aux boules partout dans la ville : derrière les ponts du chemin de fer et le long des boulevards périphériques ; dans les allées des HLM et sur toutes les petites places près du centre, le long des hangars du dépôt des machines à la pause, et dans les cours des cafés. Pour le bon achèvement d'un mazet, le rectangle du jeu de boules est nécessaire, avec la tonnelle, les deux cyprès et les buissons de lilas. Et dans les lotissements des ZUP, l'architecte un peu avisé doit savoir voler sur l'espace des parkings et des plantations celui du terrain de pétanque.

Car c'est à la pétanque que l'on joue presque toujours : c'est-à-dire à un jeu beaucoup plus rapproché, avec beaucoup moins de démonstrations gestuelles, de courses et de pas de côté que le jeu provençal, mais avec une concentration dramatique beaucoup plus forte. On est là dans le domaine du sérieux extrême : qui croirait que l'on s'amuse commettrait un sacrilège qui lui vaudrait non seulement l'hostilité des joueurs, mais de l'ensemble du public. Le rustre serait raccompagné sans politesse à la frontière.

En tricot de corps l'été, en canadienne l'hiver, mais toujours sous une casquette, ces hommes se livrent totalement à une algèbre et à une géométrie intérieure, à un rapport du corps avec cette lourde boule d'acier longuement soupesée et roulée sur la paume comme si à chaque fois ils la découvraient, et qui soudain s'en va vers le but entre les aspérités du terrain, les pentes subtiles et les forces contraires mises en œuvre par le bras : parcours symbolique suivi par vingt, trente, quarante célébrants qui ont tous tendance à se contorsionner comme s'ils épousaient le parcours aventureux du projectile.

A Nîmes, tout le monde joue, a joué, ou jouera aux boules. Les enfants et les femmes, les jeunes gens, les instituteurs, les gitans et les cadres. Et les hommes politiques locaux ne dédaignent pas de se montrer dans les parties aux heures propices. Une hiérarchie existe qui va du joueur de vacances à l'amateur dominical, passant ensuite par le retraité quotidien puis par le champion. A partir du printemps, de grands concours réunissent régulièrement les « vedettes ». Organisés par les grands quotidiens et les marques d'apéritifs anisés, ils envahissent les avenues Jean-Jaurès face à l'entrée principale de la Fontaine, et le bas des jardins. Les grandes finales ont lieu généralement au centre des arènes où ces gladiateurs en casquette, évoluant en équipes de trois, attirent quelques milliers de spectateurs. C'est que les prix finaux sont souvent élevés et aussi que les parties vedettes sont accompagnées de primes offertes par le public, si tel ou tel joueur réussit un point.

La pétanque a ses traditions, son vocabulaire, sa gestuelle et ses accessoires : un chiffon doux pour ôter à la boule ses impuretés ; un aimant au bout d'une ficelle pour éviter aux sexagénaires à problèmes lombaires de se baisser trop souvent. Dans ce rituel, le Bosquet de la Fontaine est le temple ; le territoire sur lequel, même si le mistral glacé, une neige rare ou des averses ont ailleurs chassé l'amateur, vous serez encore sûr de trouver une partie en train : quelques fanatiques jouant leur honneur et leur vie sur douze mètres de terrain hasardeux. Leur honneur, mais aussi, disent les mauvaises langues, bien autre chose. Car ils ne sont pas tous chômeurs, retraités ou en congé de maladie, les boulistes du Bosquet : de vigoureux jeunes gens, de robustes quadragénaires sont là, en plein après-midi, à faire tinter le métal. Et d'aucun prétendent qu'ils n'y jouent pas seulement le pastis du soir.

Il peut arriver, en plein après-midi, au Bosquet, d'étranges mélodrames : je passais un jour d'automne près d'une partie importante ; parmi les deux « triplettes » — c'est le nom des équipes de trois joueurs — un gros homme tenait la vedette. Il mettait un temps infini à préparer ses coups ; y ajoutait une mimique et des grimaces, prenait encore le luxe de répondre du geste et de la voix à chaque spectateur qui l'interpellait. Un spectacle. Il jouait bien d'ailleurs, si bien que la plupart du temps ses boules allaient flirter de très près avec le but; parfois même, elles « têtaient », c'est-à-dire qu'elles touchaient le bouchon. L'adversaire devait alors tirer pour l'expulser violemment de sa position imbattable. C'est sous l'un de ces chocs, et à la stupeur du grand serpent des quatre-vingts spectateurs, qu'une des boules du gros homme s'ouvrit en deux. Événement : une boule ne se casse pas. Pire, du centre de la sphère tomba un bloc de matière indéfinissable, à la fois poreuse et dure. Il fallait bien appeler les choses par leur nom : les boules du Gros étaient truquées, « plombées » dit-on. De ces crimes qui, à Marseille, peuvent vous valoir la prison ou une bonne dérouillée par quelques petits gars du milieu. On vit le propriétaire de la boule « tomber la figure », comme dit un de ses collègues; il se réfugia dans sa voiture pour y méditer; puis il revint et expliqua que ces boules, il les avait achetées à un vieux quinze jours avant; parce qu'il se doutait qu'il y avait quelque chose de louche et qu'il voulait en avoir le cœur net, au risque de passer pour un tricheur : un saint bouliste quoi. Et quand on lui demanda où était le vieux : « Ah, dit-il d'un air accablé; il est mort trois jours plus tard. »

Il y a enfin un homme qui a fait jouer aux boules tout Paris; un homme avec qui il est bon, pour une carrière littéraire, de prétendre avoir fait une partie de pétanque dans les Arènes... de Lutèce : c'est Jean Paulhan. Or, cet académicien français, ce prodigieux découvreur d'Écritures, celui que l'on a appelé d'un drôle de cliché : « l'Éminence grise des Lettres françaises », avait été initié à la pétanque et au jeu provencal... au Bosquet de la Fontaine; et son plaisir aux boules relevait de l'éducation nîmoise; du souvenir très ancien de ce petit Nîmois sur un territoire sacré, entre des hommes simples jouant à un rite à la fois très primitif et très subtil.

De sanctuaire, la Fontaine est devenue un lieu ludique avec tout ce que le jeu implique de profond et de grave : jeux de boules, jeux d'enfants, jeux de mains, jeux de mots ; jeux du théâtre, l'été contre le grand mur, ou sous la demi-voûte du Temple de Diane. Là ont retenti les répliques d'Aristophane et de Sartre, de Dom Juan et de Phèdre. Mais aussi le flamenco et le jazz, le folklore et Mozart. Nîmes a souvent été violente, mais la Fontaine calmait presque toujours le jeu : on s'y est rassemblé, on y a planté des arbres de la liberté, mais on s'y est rarement battu ; et lorsque l'on vit des gens du petit peuple nîmois menacer de jeter au canal en 1792 quelques bourgeois girondins, ils étaient, les uns et les autres, en promenade. C'est d'ailleurs dans les jardins de la Fontaine que culmina la fête donnée pour le premier anniversaire du 14 Juillet, en 1790. Après un grand Te Deum et une Messe à l'Esplanade, tout le monde, écrit François Rouvière, va pique-niquer aux alentours de la source :

« Là, sans aucune table que les bancs de pierre, ou un peu de gazon, on mange, on boit, on chante, et l'on se livre à la gaieté la plus franche et la plus expressive. La foule immense de spectateurs répandue soit dans les allées ombragées du parterre, soit autour du Nymphée, soit sur le roc de la source et sur les terrasses, formait une infinité de groupes variés, un spectacle enchanteur, unique... Le repas champêtre fini, on propose la danse ; et le plaisir, comme le feu électrique, circulant avec rapidité, pénètre, anime, embrase tous les citoyens : hommes, femmes, filles, prêtres, moines, abbés, soldats, officiers, tous sans distinction d'âge et d'état se confondent, s'embrassent, s'enchaînent mutuellement ; tous se jurent une amitié éternelle... »

Statues

En 1841, l'éclairage au gaz atteignit les jardins, et les Nîmois vinrent en foule chaque soir s'étonner du spectacle. Vers la fin du siècle, on organisa des promenades en bateau sur les canaux, et l'on put voir des crinolines et des chapeaux claque glisser entre les hauts parapets. La Fontaine est le livre ouvert d'une culture populaire. Les Nîmois ne savent pas forcément les significations des allégories du Nymphée, ni quels trésors archéologiques furent trouvés là. Mais dès le milieu de février, parfois fin janvier, ils viennent voir si l'amandier de la Fontaine, à mi-hauteur du grand escalier de droite, est en fleur. Ils ne connaissent pas l'origine des statues qui parsèment les allées, mais ils ont inventé à leur sujet des histoires simples. Les deux premières par exemple, celles qui font face à l'entrée centrale : celle de gauche représente un chasseur à carquois au côté duquel est assis un chien sans queue ; celle de droite est un faune aux pieds fourchus, aux jambes poilues et à la petite queue. Le chasseur, racontent les Nîmois, demande : « Où est passée la queue de mon chien ? », et le faune, un bras replié sur la poitrine, répond : « C'est moi qui l'ai. » La réflexion ne relève pas de la grande analyse statuaire mais traduit assez bien la familiarité de ces gens avec « leur » jardin.

Le souvenir d'une autre statue hante les Nîmois : celle de « La jeune fille au chevreau ». Vous ne la trouverez plus ; elle est morte. Au centre d'une pelouse en pente, près des rocailles de la grotte artificielle, une jeune fille de pierre à genoux, main tendue, donnait à manger à un chevreau. Cible des touristes, elle était comme l'effigie de ces pelouses, de ces terrasses : un symbole de l'amabilité et de la tendresse du jardin : puérilité, grâce et innocence. Des soldats de la Libération voulurent se faire photographier sur l'animal, et le cassèrent. La jeune fille resta longtemps la main tendue vers le vide. Puis elle disparut. Depuis, la pelouse est vide, mais le fantôme gracile continue de rôder.

Enfin, dans le bas des jardins, deux statues, ou plutôt deux bustes, symbolisent quelques-uns des états d'esprit et des conflits nîmois. Ce sont deux poètes ; tous deux de la seconde partie du XIXe siècle. On les trouve sur la droite du grand mur, tous deux contre le rocher et la verdure. L'un, Antoine Bigot, à mi-hauteur de l'escalier, précisément tout près de l'amandier ; l'autre, Jean Reboul, à cinquante mètres de là, contre les rochers et les derniers mètres de la colline. Ce ne sont pas des chefs-d'œuvre de la statuaire que ces deux messieurs à moustaches. Mais leur présence commune ressemble à une fable dans une cité lourdement marquée de batailles religieuses. L'un était protestant, républicain, et écrivait dans la langue du petit peuple nîmois ; l'autre était catholique et monarchiste et écrivait en provençal. Bigot écrivait des poèmes sur les petits métiers nîmois ; Reboul écrivait des poèmes à la Vierge. Si bien que l'inauguration de la triste statue de ce dernier poète, assis les mains sur ses genoux de pierre, l'air un peu accablé, donna lieu à d'étranges combats. C'était en 1876 : la municipalité, conservatrice et monarchiste ainsi que l'évêché, firent de la cérémonie une grande fête catholique, qui ne dura pas moins de quatre jours : avec défilé en corporation des boulangers — Reboul était boulanger-poète — portant une couronne de chêne et de laurier en or et argent ; avec les autorités civiles, militaires et religieuses ; le tout, nous dit-on, devant une foule immense qui s'agglutina en grappes sur les hauteurs. Il y eut ensuite un concert au théâtre, l'hommage du chef des félibres, Roumanille ; un banquet offert par la famille de Bernis ; et le dimanche un spectacle aux arènes et des illuminations générales avec retraite aux flambeaux jusqu'à la maison du poète qui se trouvait à cent mètres de l'amphithéâtre. Cela suffisait amplement pour provoquer une contre-manifestation du clan protestant et républicain. Qui organisa un cortège dans l'autre sens, chanta la *Marseillaise* et le *Chant du départ* devant la même maison du poète et s'en fut provoquer quelques bagarres dans les cafés avoisinants.

Ironie en balance : en juillet 1903, ce fut au tour de la statue de Bigot d'être inaugurée par une municipalité républicaine, en présence de Gaston Doumergue, ministre des colonies et futur président de la République, qui était né à quinze kilomètres de Nîmes et avait été professeur au lycée.

Par-dessus les jeux des enfants et les groupes de touristes, ces deux moustachus de pierre, légèrement tournés l'un vers l'autre, sont comme l'image des divisions mais aussi du consensus sur lequel vit encore cette cité ambiguë. Dans un autre quartier, les deux rues dédiées à ces deux poètes contraires se croisent.

La colline inspirée

La mise en scène de l'ingénieur Maréchal pour la puissance marchande nîmoise n'était pas, à l'origine, aussi belle que la promenade actuelle : les feuillages des marronniers n'avaient pas toute leur épaisseur d'ombre ; et surtout cette harmonie de balustres et d'espaces ouverts, cet épanouissement progressif d'escaliers et de rampes, n'avaient pas de fond. Ils ne se détachaient pas comme aujourd'hui sur cette colline complètement boisée par le vert profond des cèdres, des buis et des pins. La colline, des premières terrasses jusqu'à la Tour Magne, était une garrigue, un roc pelé tout juste bon à ce que les lavandières de la fontaine y étendent leur linge.

L'image des jardins, telle qu'on peut la voir aujourd'hui sur fond éternellement vert, date du début du XIXe siècle. On la doit à un préfet du Gard qui fit tracer les premières allées vers les hauteurs, et à un maire qui faisait des essais de plantations de pins d'Alep dans sa propriété située sur la même colline. Les résultats transformèrent si totalement ce « rocher aride », qu'il décida d'étendre les plantations et les jardins à tout le flanc sud du mont. En quelques dizaines d'années, par des achats successifs et des boisements systématiques, le paysage fut totalement transformé ; la belle masse vert sombre envahit la colline ; des sentiers l'escaladèrent entre pins, lauriers, et sapins. Le décor se développa et le jardin prit du mystère. Car ce n'était pas seulement un équilibre esthétique qui était trouvé, c'était l'autre face du lieu. Dans les jardins du bas, nulle place où se cacher ; montrer et être vu, c'est la règle ; les murs sont des écrans pour projeter le social ; les esplanades des promontoires pour s'y montrer. La colline boisée, c'est bien autre chose : c'est précisément la cachette, le réceptacle des fantasmes. Un réservoir de nature, bien sûr : réponse romantique au classicisme des jardins d'en bas : touffeur des bosquets, senteur des lauriers, calme des bois, écureuils, oiseaux paisibles, découpage des pins sur ciel bleu vif, échappées sur les toits ocres de la ville, montée tranquille pas après pas sur les aiguilles sèches des cèdres et des épicéas. Avec de beaux repos tels que l'espace du cèdre. C'est un arbre si énorme, si vieux, si trapu avec ses branches velues qui traînent à terre que, malgré les autres cèdres relativement nombreux dans le jardin et dans la ville, on l'appelle : « Le Cèdre », un archétype. Les Nîmois vous expliqueront qu'il fut planté par un légionnaire romain qui l'avait ramené d'Orient — pourquoi pas celui qui venait de Bethile et qui dédia une stèle à Némausus et à Jupiter Héliopolitain ? Que ce soldat avait rapporté la bouture dans son casque... Certes, le cèdre n'a été introduit en France que beaucoup plus tard; mais avec ce vieux monstre, sait-on jamais : il couvre une surface énorme autour de laquelle on vient s'asseoir pour rêver; pour regarder au loin les terrasses de la ville, ou pour lire. Cet espace tranquille, un peu à l'écart, est le lieu de la méditation.

Le terre-plein du Cèdre est le dernier repos avant d'autres secrets; et l'arbre lui-même, peut-être, le gardien de territoires plus mystérieux. Réponse à l'ordre clair d'en bas, les taillis et les bosquets qui couvrent la colline jusqu'à la tour deviennent dans le soir le lieu des couples furtifs et des initiations amoureuses; et du même coup attire les rôdeurs, les fiévreux et nourrit l'imaginaire nîmois d'images équivoques. Les jardins de la Fontaine ne sont pas le bois de Boulogne, tout juste celui de Chaville. Mais il suffit de cette masse forestière qui domine cette ville huguenote pour évoquer le péché : exutoire ou menace ?

La Tour Magne

Et puis, au-dessus de ces buissons équivoques, de ces jardins clairs, de ces canaux, au-dessus de Nîmes et de la plaine du sud et des garrigues du nord : la Tour Magne.

Le haut de la colline est de roc pur. Seuls quelques pins d'Alep très tourmentés et très beaux se tordent encore sur le ciel. La Tour octogonale, bâtie comme le phare d'Alexandrie en paliers successifs se rétrécissant vers le haut, domine des dizaines de kilomètres de paysage. Si la source est l'âme secrète de la ville, la Tour Magne en est l'emblème, le signe viril, la référence. C'est sur elle que les Nîmois s'orientent : les vents changent de nom suivant qu'ils soufflent de sa droite ou de sa gauche ; nombre de rues et de boulevards nord-sud ont été tracés vers elle. Elle est un argument de vente pour les agents immobiliers : une fenêtre sur la Tour Magne, fût-ce en se penchant beaucoup, fait monter les prix. Et bon nombre de Nîmois de souche, qui ne sont pas naturellement voyageurs, prétendent frôler la dépression nerveuse si leur Tour n'est plus à portée de vue. Au reste, on ne dit pas : « Quand je suis loin de Nîmes », mais : « Quand je suis loin de la Tour Magne ».

Octogonale à l'origine, c'est à présent une élégante ruine irrégulière. Ses caprices sont esthétiques : selon qu'on l'observe des garrigues sur les plateaux du nord, des collines du quartier est, du boulevard Jean-Jaurès étalé comme en hommage ou de la plaine lointaine, elle propose d'élégantes versions d'elle-même : fantôme romantique, vignette gravée, dorée sur un ciel bleu vif ou gris, bleutée, hantée de grands pans d'ombre dans une brume uniforme ou violemment contrastée de soleil rasant : le plus immuable des signes nîmois est aussi le plus changeant et le plus mystérieux.

Que de destinations depuis que des velléités d'archéologie existent ! Mausolée luxueux d'une famille grecque, tombeau pour un chef gaulois, phare pour un hypothétique port marin qui supposerait contre toute vraisemblance que la Méditerranée ait un jour baigné le pied de la colline, monument pour commémorer une victoire, temple contenant un trésor... Les fouilles les plus récentes prouvent que cette tour a des origines pré-romaines, prégauloises même, et sans doute de ce même âge du fer qui vit la première agglomération nîmoise. Les limites de la préhistoire, où l'on bâtit une tour pleine, de dix-huit mètres environ, en pierre sèche accumulée autour de terre agglomérée : tour de guet, symbole de la première organisation de la cité autour de sa source.

Mais il est inutile de s'interroger sur la destination du monument ; c'est son absence qui serait étonnante : sur cette hauteur, au-dessus d'une source, avec la grande plaine jusqu'à la mer, et le passage est-ouest obligé, l'évidence d'un repère s'imposait. La vie et la force de la cité pouvaient en dépendre à travers les siècles et les civilisations.

Les Romains d'ailleurs l'utilisèrent aussitôt, et bâtirent autour de la tour celte une fortification à leur manière, plus haute, en belles pierres taillées. Elle devint le point culminant d'une enceinte fortifiée de plus de six kilomètres. Les gamins qui grimpent sur les énormes blocs et morceaux de remparts un peu en contrebas de la tour savent-ils qu'ils escaladent les premières rampes d'une pente en spirale qui escaladait la tour par l'extérieur ?

Le jardinier et l'aigle d'or

Lorsqu'on entre dans la Tour Magne, on a une étrange impression : l'odeur, d'abord ; une odeur de terre, de grotte, que vient confirmer le sol de terre battue, comme ouvert par des fouilles, creusé et marqué de terrassements divers. Au centre, l'escalier moderne à vis qui grimpe autour d'un pilier de béton ne cache rien de son aspect rapporté. Cette tour, symbole de la solidité et de la continuité nîmoises — au point que comparer une jeune fille de la ville à une Tour Magne peut apparaître comme l'injure suprême —, serait-elle un faux-semblant, un décor sans épaisseur ?

Il est vrai que la Tour a été évidée ; en des circonstances bien étranges. Dans le milieu du XVIe siècle, un jardinier nîmois, François Traucat, passait pour l'un des plus habiles pépiniéristes de France. La bourgeoisie de la ville était en train de reconvertir, avec une intelligence industrielle remarquable, ses procédés et ses produits : de la laine, on passait à la soie : changements techniques, de machines, de spécialistes. Ainsi se préparait la richesse de la ville et de la région pour le XVIIIe siècle ; cette même richesse dont les jardins de la Fontaine sont la marque. La soie, cependant, venait de loin ; difficile à importer, donc chère. C'est alors que François Traucat eut l'idée d'exploiter un arbre jusqu'alors importé aussi, et que l'on n'utilisait guère que comme ornement : le mûrier. Certes, on connaissait le procédé, l'élevage du vers à soie sur les feuilles, le mûrissement des cocons ; mais on ne l'avait guère expérimenté que comme une curiosité de la nature. Traucat, en un demi-siècle, va « promouvoir », c'est-à-dire convaincre de planter et vendre en Provence et en Languedoc, particulièrement dans les Cévennes, quatre millions d'arbres. Dès lors, la soie produite sur place va créer des milliers d'emplois et permettre une production, puis des industries de transformations, qui vont bouleverser l'économie de la région. Olivier de Serres lui-même, agronome officiel de la cour, et qui, parce qu'il était proche d'Henri IV et de Paris, fut longtemps considéré comme le promoteur de la culture du mûrier, reconnaissait que Nîmes avait, la première, donné l'exemple de telles plantations. En 1556, il en était aux premières expériences alors que Traucat avait déjà installé des pépinières.

François Traucat est donc un bel exemple de cette dynamique bourgeoisie réformée qui va faire de Nîmes l'une des premières villes industrielles du royaume. Au reste, Henri IV accepta la dédicace du livre au titre aussi pittoresque que significatif que le « jardinier nîmois » fit paraître en 1606 :

« Discours abrégé, tant sur les vertus et propriétés des mûriers, tant blancs que noirs, ayant petites mûres blanches et petites noires, qui ont semblables feuilles propres à nourrir les vers à soie, et aussi propres à servir, tant aux corps humains qu'à faire beaux meubles et ustensiles de ménage. »

Traucat est donc loin d'être un « fou », comme le veut la légende nîmoise ; mais ce chef d'entreprise éclairé avait aussi ses imprudences ; ce perspicace bourgeois, qui possédait plusieurs immeubles en ville, avait ses visions : et elles concernaient la Tour

Magne. Il avait lu les prophéties de Nostradamus, l'imprudent. Et il y était dit, dans le langage ambigu qui caractérise le grand Mystificateur de Salon-de-Provence, qu'un jardinier ferait un jour fortune en découvrant un coq d'or. Traucat connaissait aussi la légende selon laquelle un aigle d'or aurait été enfoui au sein de la Tour Magne par les Romains. De l'aigle au coq, et sa réussite personnelle aidant, Traucat se persuada qu'il était le Jardinier ; et qu'il allait trouver le volatile d'or. Il demanda à fouiller le cœur de la Tour Magne qui était alors encore pleine de terre agglomérée. Et par lettres patentes du 22 mai 1601, l'administration d'Henri IV le lui accorda. Le Conseil de ville, les notables et toute la population nîmoise s'alarmèrent : la Tour n'allait-elle pas s'effondrer ? Signe grave pour la cité qui la contemplait depuis au moins 1800 ans. On exigea que les fouilles aient lieu sous la surveillance d'un inspecteur représentant les consuls, les prud-hommes et les voyers de la ville — mobilisés eux aussi aux frais de Traucat. Les fouilles commencèrent — car dans cet état d'esprit tout est symbolique — « le jour de la fête de Marie », en 1601. Et ce furent les ouvriers du pépiniériste qui évidèrent la Tour Magne, déblayant des tonnes de terre antique et du même coup dispersant sans doute les restes les plus anciens de la cité, et des signes primordiaux pour l'histoire de la ville. Et la Tour menaça ruine. Traucat, au bord de la faillite, interrompit les recherches. Ni l'aigle ni le coq d'or n'avaient pris leur vol. Et la Tour Magne était creuse.

Vigilance de Nîmes

Un peu plus élevée qu'elle ne l'est actuellement, la Tour romaine a dû avoir grande allure et ressemble effectivement à un phare phénicien : de grandes niches contenant des statues sur ses bases, la rampe d'accès de soixante-dix mètres supportée par cinq arches dont la dernière est encore visible au sud du monument, de part et d'autre l'immense rempart qui allait courir sur les collines environnant la ville. La partie la plus haute, qui comportait, elle, un escalier intérieur, était ornée de délicates colonnes : cœur préhistorique, architecture alexandrine et néo-grecque, certitudes romaines, la Tour Magne, point culminant du système de défense nîmois, apparaissait à la fois comme le signe du génie romain, et le symbole de l'esprit méditerranéen : Nîmes pouvait vivre sous des patronages fabuleux.

Dès lors, la Tour ne cessa plus d'être un lieu de guet et de signaux. Invasions successives, guerres de religions, bandes incontrôlées, et même pendant les épidémies de pestes : c'est de la Tour que l'on observe, dans la plaine, vers Beaucaire, vers Saint-Gilles, ce qui peut mettre la ville en péril. Pendant tout le Moyen Age et la Renaissance, le réflexe nîmois est de mettre des guetteurs sur la Tour Magne et sur une colline avancée, le Puech du Teil. Derrière la Tour, descendant vers la ville, une rue à petites villas porte le nom de rue de la Lampèze : la tradition nîmoise veut que cette « Lampèze » ou lampe, soit une allusion au signal de feu que l'on entretenait au sommet du monument pour correspondre avec d'autres cimes et d'autres tours : Bellegarde à dix kilomètres au sud, Redessan, au sud-est, et même Arles. On dit que les habitants de ce quartier devaient payer un tribu spécial pour l'huile de cette « lampe ». Au XIXe siècle, bien sûr, la Tour Magne supporta un télégraphe. Et pendant la guerre de 1939-1945, les occupants allemands en firent un poste d'observation... comme les Romains.

Que vous soyez voyageur ou amoureux, rêveur ou voyeur, petit garçon aventureux ou vieux Nîmois qui vient s'assurer de ces hauteurs que la ville conserve sa sérénité, vous êtes monté à la Tour Magne. Peut-être oserez-vous en outre l'ascension de la Tour elle-même, qui, par beau temps, vous montrera l'étendue brillante des étangs et la barre bleu foncé de la mer. Ou bien vous vous serez contenté de rêver sur l'un de ces promontoires intermédiaires. Ceux qui sont cachés par exemple, sur la gauche de la Tour en montant, et qui dominent les quartiers ouest de garrigues et de pins. Au printemps, c'est la splendeur : après les amandiers et les aubépines, les arbres de Judée posent sur le vert sombre leurs panaches violets. Vallonnements et carrières rouges, bois et saignées éclatantes du calcaire : c'est la Palestine. Ou bien, vous êtes passé près de la seule maison totalement incluse dans les jardins : le Mas Rouge, ancien pavillon de chasse perché ; du temps où les garrigues étaient le lieu de plaisir réservé de quelques privilégiés ; et vous vous êtes arrêté sur un autre petit terre-plein qui domine le plus grand boulevard nîmois : les allées Jean-Jaurès. De là dit-on — tout au moins une plaque l'affirme — une montgolfière s'est envolée. De là, vous avez en panorama la grande tentative urbaine avortée du XVIIIe siècle : ces rues à angles droits, cette avenue d'un kilomètre cinq cents où les initiatives immobilières sont restées sporadiques depuis deux siècles. Le projet de Maréchal et de ses commanditaires : un grand quartier d'affaires et d'immeubles bourgeois, ne s'est jamais totalement réalisé. Ville rétive, qui a envie de résister aussitôt qu'on la force. Le Nîmois, dit-on, est « réboussié », c'est-à-dire méfiant et opposant, réticent d'emblée à ce qu'on lui propose et proposant volontiers autre chose.

Une percée récente à l'autre bout des allées Jean-Jaurès, a ouvert la ville vers le Sud et les boulevards périphériques. Le projet d'un immense carrefour d'affaires, la construction d'un grand stade, devraient peut-être donner à cette voie l'importance capitale dont rêvaient les Marchands du siècle des Lumières. Elle risque de devenir d'ici peu l'entrée majeure ; et il n'est pas indifférent que celle-ci s'oriente droit sur la Source.

III

FORUMS

SUR LES QUAIS

A Nîmes, il faut suivre l'eau. Après l'initiation à la source, les canaux de Maréchal vous conduisent au cœur de la ville par une voûte d'ormeaux et de platanes au-dessus des beaux parapets de pierre. Les « quais de la Fontaine » sont synonymes depuis cent cinquante ans d'opulence affairiste et protestante. C'est en effet autour de la circulation des eaux, qui ont fait leur fortune passée, que les négociants et financiers nîmois ont fait bâtir leurs maisons familiales. Ils délaissaient ainsi le cœur de la cité, ses étroites rues insalubres et les hôtels particuliers de leurs ancêtres, et se tournaient vers les jardins signes de leur gloire. Dans ces immeubles cossus de deux ou trois étages, s'installèrent les patrons textiles et viticoles, les banquiers régionaux, spéculateurs habiles qui avaient su épouser la révolution ferroviaire et industrielle. Si bien que ces cours pavées fermées de belles grilles, ces façades discrètement mais solidement ouvrées, ces vastes pièces où l'on entrevoit des lustres brillants sous des plafonds moulurés et au-dessus de lambris, sont devenus pour les Nîmois le signe et le siège de leur aristocratie. Aristocratie toute récente d'ailleurs — au mieux deux siècles d'installation marchande — et déjà fort mêlée. Mais on veut continuer de croire que n'habite là que la « HSP », haute société protestante, qui aurait régné sur la ville, comme à La Rochelle ou à Montauban, et à laquelle on prête beaucoup plus qu'il n'en subsiste.

Des justes

Il est vrai que depuis quatre cents ans, les Réformés ont tenu dans l'histoire de Nîmes un rôle essentiel. Il est vrai que, triomphants, comme à la fin du XVIe siècle, ou persécutés et écartés de tous les pouvoirs comme à la fin du XVIIe, humbles voituriers et colporteurs, ou notables, ils ont épousé plus vite l'esprit cartésien, adhéré plus rapidement à la philosophie des Lumières, conçu plus âprement une certaine idée de la liberté et compris plus rapidement les mécanismes du capitalisme. Si bien que pendant la Révolution de 89, et surtout à partir de 1880, ils ont joué dans la ville un rôle politique et économique de premier plan. Tout le XIXe siècle nîmois oscille entre deux communautés, qui ont chacune leur petit peuple et leurs patrons : les catholiques monarchistes et les protestants républicains. La rivalité des statues de poètes du jardin de la Fontaine s'insinue partout : dans les choix municipaux, dans les cultures, dans les alliances, dans les amours. Le quai de la Fontaine a été véritablement le signe d'une puissance politique, d'une idéologie, d'un groupe d'intérêts autant que d'une foi. C'est autour du quai que s'établirent les établissements d'enseignement réformé et les institutions charitables et hospitalières protestantes. Ce n'est pas par hasard qu'à deux cents mètres des parapets de pierre blanche, à l'angle des rues Grétry et Rabaud-Saint-Étienne, au numéro 2 de cette dernière, on trouve la maison et le tombeau de l'un des grands ancêtres de cette communauté : le pasteur Paul Rabaud.

Les Rabaud

Autour d'un pareil symbole, on ne peut oublier que l'on est ici dans le clan des Justes : cet homme, dans la pire époque de persécution religieuse, celle qui suivit la révocation de l'Édit de Nantes, s'obstina à prêcher parmi les siens. Il refusa cette sorte de facilité qu'était l'exil à Genève, battant les garrigues, rejoignant certaines nuits sa famille en ville grâce à un réseau de complicités. Pendant près de quarante ans, entre 1750 et la Révolution, il parcourut clandestinement la région de Nîmes et le Languedoc, caché dans les villages, protégé par sa communauté, courant la campagne pour bénir et noter les baptêmes et les mariages que les Réformés continuaient de pratiquer. Tout ceci au risque des galères. Le pasteur disait qu'il n'avait « que la terre pour lit et le ciel pour couverture ». La police royale le cherchait, sa famille était surveillée, son quartier souvent perquisitionné. Comme le XVIIIe siècle s'achevait, les persécutions diminuèrent. On parla de tolérance ; les pouvoirs furent contraints d'adoucir leurs interdits. Et c'est alors que dans cette maison nîmoise près du canal, en 1785, un autre combattant pour la liberté vint tout exprès rencontrer le vieux chef huguenot : Lafayette, retour des Amériques, voulait aider cette communauté opprimée. Ce qu'il était allé donner au-delà de l'océan, il voulait que ses compatriotes le conquièrent aussi. 1789 était tout proche.

Les trois fils de ce grand rebelle, tous trois également pasteurs, participèrent aux négociations sur la liberté de conscience. C'est donc tout naturellement qu'en 1789, ils furent élus comme représentants du peuple nîmois à la Constituante. L'un d'eux, Rabaud-Saint-Étienne, participa de très près à la rédaction du chapitre de la Déclaration des droits de l'homme concernant la liberté de conscience. Le 23 août 1789, il prononça à l'Assemblée constituante un discours resté célèbre, sur la liberté d'opinion et de culte. C'est ainsi qu'un petit garçon qui avait couru dans les rues des faubourgs nîmois se trouva devenir l'auteur de l'article X de la Déclaration des droits de l'homme. Les bannis et les persécutés avaient enfin leur revanche. Qui fut complète lorsque dans cette même maison proche de la Fontaine, le vieux pasteur

Rabaud reçut de son fils un bref message : « Mon Père, le président de l'Assemblée nationale est à vos pieds. » Le petit réformé était devenu le premier président de la première assemblée française démocratiquement élue : la famille Rabaud devenait un symbole légendaire pour toute la communauté protestante européenne.

L'histoire de ces hommes ne s'arrête pas là, comme s'il fallait encore que la boucle des martyrs soit refermée : élus par la Révolution, ils vont être poursuivis par elle. Lorsque les jacobins succèdent aux girondins, ces bourgeois nîmois apparaissent trop tièdes, trop près des propriétaires, trop enclins à reprendre envers la ville les manières autoritaires d'antan. En 1793-1794, cette nouvelle aristocratie va être mise à mal : les procès se succèdent, la guillotine fonctionne sur l'Esplanade. Les fils Rabaud sont arrêtés à Nîmes et à Paris ; on ose même arrêter et incarcérer quelque temps le vieux pasteur Rabaud : lui qui s'est tant battu pour la liberté de conscience n'y veut pas renoncer. Presque paralytique, on l'emmène au fort sur un âne. Il n'y restera qu'un mois et demi. Mais entre-temps, Rabaud-Saint-Étienne a été exécuté à Paris. Son père en mourra treize jours après sa libération.

L'esprit protestant subsiste-t-il dans Nîmes ? Sans aucun doute. Certes, on n'en est plus à déconseiller les mariages mixtes aux catéchumènes réformés comme il y a quelques décennies ; mais certains équilibres sont encore soigneusement préservés : il y a quelques années, le conseil d'administration de la Caisse d'Épargne était soigneusement équilibré entre protestants et catholiques ; les coopératives viticoles des villages environnants sont encore sous ce régime. L'Académie de Nîmes se perpétue dans un tel consensus depuis un siècle. Nouveau venu à Nîmes, on ne tardera pas à s'informer sur vos origines. Ce n'est pas tant la pratique d'un culte, qui compte, ni la ferveur, mais plutôt le groupe socio-culturel auquel on vous rattache aussitôt. Les élections, surtout locales, sont presque toutes, au-delà des partis, des idéologies et même de la droite et de la gauche, marquées des appartenances des candidats à l'un ou l'autre clan. Il n'est pas jusqu'à une récente célébration du bimillénaire de la ville qui n'ait, six mois à l'avance, provoqué les inquiétudes du consistoire et de l'évêché, soucieux de savoir comment on allait traiter l'histoire d'une ville tout empreinte de batailles sinon de massacres où l'un et l'autre camp ont leurs martyrs et leurs bourreaux.

On prétend qu'un protestant nîmois se reconnaît à une certaine allure retenue, à une certaine manière un peu froide d'aborder l'autre, à une certaine attitude vis-à-vis des vêtements, des fêtes et des plaisirs : discrétion, pudeur, disent les uns ; manque de contact humain, hypocrisie, refoulement, disent les autres. On ne cesse d'annoncer que ces clivages sont terminés, dépassés ; et on ne cesse de les rencontrer.

Les amours de Marc

C'est précisément le long de ces quais et de cette eau verte, sous les balcons de ces maisons cossues, que se déroula vers 1920 une sorte de conte bleu et gris qui a le mérite d'être vrai : un très jeune apprenti, Marc Bernard, un peu rêveur, grand fou de lecture, écrivant déjà un peu dans un grenier surchauffé. Il aime à regarder les gens ; le spectacle de sa ville ne cesse de l'étonner. Il flâne dans les allées bien ordonnées de la Fontaine, et soudain, près de l'entrée des jardins, sur le pont qui enjambe le canal, il voit venir vers lui une jeune fille : « Les deux lèvres du ciel viennent de s'élargir, les bouquets d'arbres noirs explosent sans bruit, la foule s'évanouit en poudre sans fumée, la rivière s'accoude dans sa robe verte à la balustrade de pierre et regarde curieusement, tout en démêlant d'une main chargée de bagues poissonneuses sa chevelure ruisselante... Cette jeune fille de dix-sept ans qu'il n'a jamais vue, comment se fait-il qu'il la reconnaisse et se sente projeté vers elle par une force irrésistible ? D'elle à lui, un pont d'effluves vient se tendre. Leurs cœurs, leurs pensées, leurs ventres battent au même rythme... » C'est cela que le jeune homme, plus tard, a raconté. Ici, l'histoire tourne fâcheusement au conte de fées : le jeune homme est apprenti, catholique, très pauvre, très seul et plutôt communiste. La jeune fille est protestante, elle appartient à ces familles qui habitent les quais ; elle est très riche, bien sûr, d'une tout autre culture, d'un tout autre milieu, séparée du jeune homme par dix valets (en 1920). C'est presque une histoire sans parole : le jeune homme suit la jeune fille ; pas très loin puisque sa maison est là, en angle de proue entre deux avenues, avec ses balcons ouvrés, sa façade à larges fenêtres et à frontons, sa porte cirée. « Sostène vécut deux ans entre la vie et la mort, passant de la joie la plus folle à la plus lamentable des détresses. Il devina son nom sans aucun secours et un jour un témoignage confirma l'exactitude de son intuition : Yvonne. »

Le conte tourne ensuite à la parodie de *Roméo et Juliette* : dès que la nuit tombait, il venait se promener sous les fenêtres d'Yvonne, soupirant et tenant à la main un bouquet qu'il lançait sur le balcon. La fille, il ne la connaît pas ; il ne lui a jamais parlé. Quand elle sort de chez elle, elle regarde cependant le petit jeune homme roux et costaud qui la guette. Une nuit, il est poursuivi par les domestiques ; un jour, il voit partir la jeune fille dans une grosse voiture ; elle va se marier ; dans son milieu. Dès lors, il déraisonne : « Il marqua à la craie une dalle, un endroit précis où il l'avait vue un jour dans un nouveau costume qui lui allait à ravir. Mais le lieu de pèlerinage par excellence devint le jardin public où ils s'étaient rencontrés pour la première fois. Là, il n'y avait pas un pouce de terre, pas un grain de poussière, pas une statue, pas un banc, un arbre, une goutte d'eau de la source qui ne la rappelât, qui ne la fit surgir tout entière du sol. »

Cette adoration impossible d'un petit ouvrier nîmois pour une belle jeune fille de la haute société protestante ne serait rien qu'un sentiment qui passe et le symptôme de certains états d'esprit si elle n'avait eu des prolongements littéraires. Le jeune homme, qui est entièrement autodidacte, écrit : des poèmes d'abord, puis cette histoire d'amour. Comme on est dans les années 20, il la teinte de surréalisme ; il l'appelle *Zig-zag* et il l'envoie à la plus prestigieuse maison d'édition : Gallimard. Là, un autre nîmois accueille le manuscrit, encourage le débutant, le publie, le conseille, en fait son ami. C'est ainsi que Marc Bernard devint écrivain sous la houlette de Jean Paulhan. L'adolescent, de radio en journaux, et du prix Interallié au Goncourt, devint l'un des meilleurs romanciers français tout en bâtissant son œuvre sur l'unique milieu nîmois. Vers la fin de sa vie, il avoua à des amis qu'il avait tenté de revoir la jeune fille du quai de la Fontaine. Elle n'habitait pas bien loin de là, dans l'une des grandes maisons bourgeoises des boulevards. Lui célèbre, elle mariée dans sa caste et sa religion : il avait demandé à être reçu par la dame. Celle-ci l'avait convié dans une fin d'après-midi. Et il racontait qu'il avait retrouvé une vieille dame très sereine, sans trace d'émotion ni souvenir. On lui avait offert une tasse de thé, on avait bavardé. Le temps de l'adolescence était définitivement mort ce jour-là pour le vieil enfant.

Prudence bourgeoise et vraie foi : Rabaud est encore là, au cœur de son quartier. Sa maison est devenue un orphelinat protestant. D'une façon, bien sûr, un peu hagiographique, le souvenir de la famille y est conservé et entretenu. En 1880, on a même exhumé des caves les restes du vieux pasteur pour lui offrir un tombeau digne de son courage : et au fond de cette maison qu'on remarque peu, dans une crypte ignorée de la grande majorité des Nîmois, un tombeau, des plaques d'hommages scellées aux murs rappellent silencieusement quelques-uns des noms de cette population obstinée qui refusa de céder à la force, pour conserver sa foi.

Hôtel des Toréros

Nîmes est le territoire des contrastes. Le jardin de la maison du pasteur Rabaud n'est séparé que par un haut mur d'un autre jardin tranquille : celui de l'hôtel le plus cossu de Nîmes, l'Impérator. A tort ou à raison, car cela peut varier d'une année à l'autre selon les chefs engagés, l'Impérator passe pour l'une des meilleures tables de la région : il est vrai que l'on vous y servira un redoutable cocktail au nom romain, le César ; et que la brandade y est pilée selon les recettes du XVIIIe siècle. Peut-être à cause de son site, directement face aux jardins de la Fontaine, sans doute à cause du bel immeuble qu'il occupe, l'Impérator est le lieu des invitations raffinées, des repas d'affaires dans des jardins tranquilles sous des arbres centenaires.

Et puis, c'est l'hôtel des Toréros. Pendant très longtemps, ce fut dans cet établissement que descendirent les matadors avant d'aller livrer combat dans les arènes. C'est dans ces chambres calfeutrées que se déroule encore le rituel de l'habillage compliqué de celui qui va affronter la mort : silence, recueillement, amis tendus, désordre, gestes renouvelés comme les signes d'une messe, ceinture longuement tournée autour de la taille, gilet enfilé comme un caparaçon ; et l'homme qui se raidit, qui se charge d'un poids d'angoisse et de prestige dans un début d'après-midi sur lequel on a tiré les volets. Le toréro s'insère à grands efforts, devant une cour qui l'observe et le vénère comme à Versailles aux grands couchers du roi, dans cet étrange et dérisoire costume, armure de pacotille rose ou bleu tendre, avec des dorures, des culottes Louis XV passementées et des bas au-dessus d'escarpins : tout cela pour aller affronter cinq cents kilos de muscles noirs et de sauvagerie furieuse d'avoir été longtemps contenue. Tous ceux qui ont eu le privilège d'assister à l'habillage d'un toréro savent ce qu'il y a d'apparente banalité, et de gravité dans ces préparatifs ponctués par les sons gutturaux de la langue espagnole. Et tout cela, au fond de chambres d'hôtel anonymes, où l'on passe comme n'importe quel acteur en tournée. Il y a l'ennui, la promiscuité, l'anonymat, le temps à tuer avant l'Heure. Ces hommes attendent la corrida avec les automatismes, les gestes professionnels, les préparatifs machinaux de tous les gens du spectacle. Mais ce qui les sépare des comédiens ou des chanteurs, c'est la religion et la mort. L'attirail plus superstitieux que religieux dans un coin de la chambre ; l'épreuve redoutable qu'il va falloir traverser ; le souffle brutal à frôler ; l'odeur, le petit œil du fauve qui cherche l'adversaire et comprend peu à peu la règle du jeu. Ce n'est pas le trac qu'ils ont les toréros, c'est la peur. Et les chambres de l'Impérator sont ainsi, parfois, des territoires où se joue l'acte d'exposition d'une tragédie.

D'autres hôtels : le Cheval Blanc, sur la place des Arènes, le Lisita de l'autre côté du monument, ont le privilège d'abriter des rites semblables. Avant et après les corridas, on voit devant l'entrée des groupes guettant l'éventuel passage du maestro, ou observant le manège des servants qui chargent ou déchargent les capes pliées en trapèze et les épées liées en faisceau sur le dos de malles anciennes. La coutume s'en perd un peu, mais il y a quelques années, on repérait la présence du toréro dans un hôtel à son énorme voiture, en général une limousine ancienne et solennelle, commode par ses dimensions qui permettaient d'emporter sur les routes d'Espagne et du sud de la France, d'arène en arène, le matador et ses assesseurs : péons, valets d'épée, homme de confiance... et cette panoplie étrange d'épées et de chiffons rouges et jaunes. L'une des heures de gloire de l'Impérator se situe ce dimanche du printemps 1958 où, après un affrontement mémorable entre les deux plus grands maîtres en tauromachie, Ordonez et Dominguin furent ramenés à leur hôtel, à travers boulevards et rues en folie, sur les épaules du public. En Algérie et à Paris, la République chancelait ; De Gaulle affirmait qu'on ne devient pas dictateur à son âge ; on parlait de coup d'État. Mais les Nîmois jouaient une autre pièce.

MAISON DE LA BEAUTÉ

Suivre l'eau, encore, puisque c'est elle qui a mis la ville au monde. Le canal vous conduira vers le cœur : soit que vous le suiviez jusqu'à ce que les parapets s'achèvent et que l'eau s'enfonce sous terre à la manière d'un vulgaire égoût; sous terre, mais aussi sous la statue de l'empereur Antonin qui est là, le bras tendu, à saluer les quais de la Fontaine. Soit que par des avenues adjacentes, vous pénétriez directement sur le site de la Maison Carrée. Mais tout cela à vrai dire tient en quelques centaines de mètres : la modernité, l'Histoire et l'antique se superposent ou plutôt existent ensemble, indissociables : l'empereur en pierre de pacotille taillé au XIXe siècle, le forum romain, lieu sacré et public de la politique nîmoise depuis deux mille ans, un théâtre brûlé receleur de cent quarante ans d'extases, et le bâtiment de verre et d'acier qui doit le remplacer.

A Nîmes, il n'y a pas d'événement ou d'objet qui ne soit porteur d'une densité historique. Ainsi cette statue d'Antonin, sans valeur esthétique, et qui a l'air de bénir le bon écoulement des eaux de la fontaine, réunit un certain nombre de signes : celui du progrès urbain et social; on décide en 1863 de l'édifier sur la voûte d'un lavoir public un peu sordide. Le choix de l'empereur Antonin est lui aussi symbole : Antonin le Pieux est le petit-fils d'un sénateur illustre, Titus Aurelius Fulvus, originaire de Nîmes. Et aussitôt, Nîmes devient « la Cité des Antonins ». Déjà soi-disant favorite du puissant et divin Auguste, elle se place sous le signe du plus sage : celui qui mit fin aux persécutions des chrétiens, qui améliora la condition des esclaves et établit dans son empire une sorte d'humanisme actif. Et pourtant, mis à part les bornes routières qui prouvent son souci d'entretenir les routes romaines et en particulier la voie domitienne, aucune inscription, aucune stèle ne prouve la présence, ou un intérêt particulier d'Antonin pour la cité de ses pères; rien ne prouve non plus, comme on l'a prétendu, que les Arènes aient été bâties sur son désir ou même sous son règne. Et pourtant, la légende reste. Antonin devient le type du Nîmois éternel : mesuré, modéré, humain, serein; à moins que ce ne soit l'image que l'inconscient nîmois désire projeter de lui-même. Il est vrai qu'on ne la prend pas trop au sérieux, cette statue. Lorsque le sculpteur Auguste Bosc la taille dans un bloc de marbre de Carrare, le salut romain est aussitôt interprété à la nîmoise : « Espincho se plou »... Il regarde s'il pleut. Les vers de mirliton dont le poète Reboul accompagne l'œuvre sont devenus en un siècle comme la devise de la ville :

« Le Nîmois est à demi romain
Sa ville fut aussi la ville aux sept collines,
Un beau soleil y luit sur de grandes ruines,
Et l'un de ses enfants se nommait Antonin. »

A rapprocher ainsi le mauvais goût de l'essentiel, et le dérisoire du merveilleux, les Nîmois perdent parfois de leur crédibilité. Et pourtant...

Oui, c'est elle...

Cinquante mètres vers le sud, et on est en pleine merveille. La Maison Carrée, sur son socle, est le dernier élément, le roc émergé d'un ensemble complexe, vaste, où battait la vie de la cité romaine : le Forum. Nîmes était l'une des très rares villes romaines à posséder deux grands lieux sacrés de rassemblement : le sanctuaire de la Fontaine et celui-ci, plus courant dans le bassin méditerranéen : le Forum. Tous les autres composants de la ville lui étaient liés : quartiers militaires, sanctuaires, basilique, amphithéâtre et même la voie domitienne qui venait ici changer de direction à angle droit. Mais avec la fin de l'Empire, les galeries marchandes, les monuments adjacents, temples et basiliques ont disparu, ne laissant que quelques bases de colonnes. Et on a l'impression que la Maison Carrée est restée, seule et dorée, sur son socle de pierre blanche, au bout de sa volée de marches raides, avec ses colonnes si féminines et si légères dans leurs cannelures et leurs chapiteaux corinthiens moussants ; avec ses frises et ses corniches bruissantes de fruits, de géométrie et de médaillons absurdes ; avec ses lignes pures et cette apparente symétrie où de subtiles courbures et des déséquilibres secrets achèvent son raffinement.

Les archéologues sont des poètes surréalistes : ils regardent la Maison Carrée et ils l'appellent « Temple pseudo périptère hexastyle » ; ils y voient des mordillons, des rinceaux... Grâce à quoi ils ont réussi à déterminer que la Maison Carrée avait été bâtie par plusieurs équipes : ces frises, ces frontons, ces corniches qui d'en bas paraissent si unies dans la délicatesse, trahissent, de près, des différences. On est à peu près certain que cinq équipes travaillèrent à la frise, chacune de son côté, sur une longueur déterminée : on leur fournissait des motifs ornementaux connus, dont les modèles couraient autour de la Méditerranée ; et chaque groupe travaillait à sa manière, plus ou moins raffinée, sans s'occuper des autres. L'assemblage se faisait ensuite. Mais ce que l'on sait aussi, c'est que le maître d'œuvre inconnu qui donna les modèles à ces équipes avait assez de personnalité pour, tout en s'inspirant de Rome, ajouter aux motifs officiels des thèmes floraux ou fruitiers qui lui étaient propres. De la personnalité, et aussi, bien sûr, à l'évidence, du génie.

Car il suffit du plaisir : celui par exemple de contempler la Maison Carrée longuement dans la lumière du soir ; où plus tard lorsque les projecteurs ocres la laissent flotter dans la nuit sur son radeau de pavages et de dalles : de la beauté pure sur 26 mètres de long, 15 de large et 17 de haut. Non pas en marbre, comme en Grèce ou en Sicile : le marbre est rare en Languedoc ; mais les colonnes sont taillées dans le seul calcaire qui puisse lui être comparé : la Pierre de Lens, du nom d'un bois situé à une quinzaine de kilomètres dans les garrigues, au nord-ouest.

Cette pierre, d'une blancheur éclatante lors de son extraction, a la qualité de dorer au soleil en vieillissant. Dès l'antiquité, sa réputation était telle qu'on venait en chercher de fort loin. On croit même la retrouver dans certains monuments lyonnais. Si les chapiteaux, les arêtes et les frises de la Maison Carrée ont cette légèreté et cette finition, c'est par la qualité du grain de la pierre de Lens ; l'irremplaçable patine vient aussi de là.

La Maison Carrée est pur objet de beauté : le seul monument nîmois peut-être dont on ait envie qu'il ne serve à rien qu'à se laisser contempler. Mais il ne faut pas s'y tromper ; elle n'a pas été présentée depuis 2000 ans sur un site et dans des conditions aussi privilégiées. Elle n'a pas toujours eu ce podium ni ces espaces autour d'elle pour que respirent ses proportions. Une marée de décombres et de ruines est montée à hauteur de ses murs ; des maisons de torchis ou de bois se sont appuyées sur elle. Toiture effondrée, elle a parfois été réduite à ses quatre murs, sur un terrain vague. Un rempart a manqué l'étouffer, une duchesse la mutiler, des moines la ruiner. Le second miracle de la Maison Carrée, outre sa beauté, c'est qu'elle ait survécu. Son raffinement même la rendait vulnérable. Or, si elle a quelques cicatrices, elle ne présente pas de mutilation majeure. Son secret, c'est d'avoir servi. En plein cœur de la cité, de Rome au Moyen Age, de la Renaissance au siècle des philosophes, la Maison Carrée a été utilisée : parce que quatre beaux murs en pierre de taille, cela ne se néglige pas. D'autres monuments disparaissaient, des marbres étaient pillés : la Maison Carrée servait.

Ravages

Les aventures d'un monument, ou les métamorphoses de la Maison Carrée : un roman-feuilleton. L'Empire romain s'en va par bribes, les derniers notables régionaux se terrent dans leurs villas et sur les restes d'une splendide culture ; la ville rétrécit, sa richesse décroît : c'est alors, dans le très haut Moyen Age, que la Maison Carrée est prise pour maison communale. Capitole disait-on ; ou plutôt, en occitan, « Capdueil » ; nom que l'on retrouva dans de très anciens documents et que l'on confondit aussitôt avec le Capitole de Rome.

Viennent les invasions dites « barbares » : les Vandales d'abord : aqueducs, sanctuaires, thermes, villas sont bousculés ; les traces romaines sont détruites comme le souvenir confus d'une domination que l'on veut effacer. La Maison Carrée reste debout. Avec les Wisigoths arrivent les premiers grands manipulateurs du monument. Ils ne se conduisent pas autrement que des promoteurs contemporains coupant en mezzanines et chambres de HLM les immenses salles des hôtels particuliers du centre ville. La grande salle est divisée en deux étages voûtés soutenus par un pilier central. Est-ce eux ou l'administration du comte de Toulouse qui percèrent des fenêtres à chacun de ces étages entre les pilastres ? Est-ce les Wisigoths ou les Francs qui ouvrirent un puits au centre du bâtiment ? Et firent grimper un escalier à vis du côté ouest, éclairé par de nouvelles ouvertures. Parcellée, percée, la Maison Carrée souffre et craque. On bâtit contre elle une petite église. Selon les administrations franques, toulousaines ou musulmanes, on la remodèle, partage autrement ses espaces. Le péristyle est bientôt muré d'une colonne à l'autre, et ce nouvel espace est à son tour cloisonné. On ouvre une nouvelle porte, vers l'est, c'est-à-dire vers le centre de la cité médiévale. Toute la beauté du site et du monument a disparu : sans toit, colonnes cachées, chapiteaux ignorés. On a alors l'impression que la Maison Carrée va s'abandonner à la mort. Sous le poids de la voûte qu'on a construite à l'intérieur, les murs se bombent lentement, comme un ventre de navire. Cette courbure, vous pouvez encore la voir en vous plaçant sur l'arrière du bâtiment, dans la lumière rasante d'un projecteur. Et pourtant, les outrages ne font que commencer. Cependant, la Maison Carrée, dans sa gangue à présent millénaire de scories et d'affronts, séduit encore les hommes de qualité. En août 1535, François Ier séjourne à Nîmes : ses conquêtes latines, ses amitiés esthétiques, l'ont préparé aux fortes émotions artistiques qui l'attendent ici. On nous dit qu'il visita tous les monuments, qu'il « entra dans les plus beaux caveaux de l'amphithéâtre, qu'il monta sur les masures de la Tour Magne », et même qu'on le vit un genou en terre nettoyer avec un mouchoir des inscriptions antiques. Mais aussi — et les Nîmois n'ont sans doute pas à en être fiers — qu'« il parut comme indigné du peu de soin qu'on apportait à les (les monuments romains) conserver et témoigna publiquement le déplaisir qu'il ressentait à cette négligence». Avant son départ, François Ier ordonna la démolition de certains bâtiments modernes, «qu'on avait ajoutés à la Maison Carrée, soit dans l'intérieur soit au-dehors de ce superbe édifice dont les beautés se trouvaient par là comme anéanties et ensevelies dans un tas de mauvaises maçonneries qui le défiguraient».

Les Nîmois sont parfois égoïstes et brutaux : entre l'idéal de beauté et leurs intérêts immédiats, ils ont souvent choisi au cours de l'Histoire les seconds. Sans doute s'inclinent-ils devant le roi de France le temps qu'il est là; mais les actes qui suivent ressemblent fort à un défi ou à une grossière réponse aux soucis esthétiques du Prince-Mécène.

Injures

En 1540, l'assemblée municipale vend la Maison Carrée à un particulier, Pierre Boys, en échange d'un vaste local dans le centre de la ville. Malgré les hurlements d'un érudit nîmois, Poldo d'Albenas, qui fut le plus ancien historien de la cité, Pierre Boys, pour premier exploit, fait adosser une maison contre le versant méridional, masquant de ce côté-là colonnes et chapiteaux. Et il fait appuyer un escalier tout au long du mur pour monter à l'étage. Contre la façade, il fait construire un pigeonnier. Autour du monument, les décombres de dix siècles sont accumulés. Le sol romain, le socle ont disparu; l'église médiévale elle-même s'est effondrée et ajoute aux ruines. Le sol de la ville bat contre les colonnes du péristyle.

Cependant, à deux pas de là, le 29 novembre 1576, dans la Maison commune et consulaire de Nîmes, se tient un conseil extraordinaire, «assemblée à son de cloche». Représentants de la ville, juges et procéduriers vont examiner une bien étrange proposition : elle vient d'une grande dame, Louise de Clairmont, comtesse de Tonnerre et duchesse d'Uzès. Par l'intermédiaire de ses hommes de loi, elle demande l'autorisation d'acheter la Maison Carrée aux deux demoiselles qui en sont les propriétaires d'alors, pour en faire le tombeau de son défunt mari, Antoine de Crussol, premier duc d'Uzès, mort trois ans plus tôt. Si la ville est favorable à sa requête, elle restaurera le monument, fondera de part et d'autre deux hôpitaux, l'un pour les hommes, l'autre pour les femmes, et consacrera deux mille livres à leur entretien. Aidez-moi, dit-elle aux municipaux, et « la ville en ressentira les bienfaits tant miens que d'autruy par mes propres relations ». On ne saurait mieux peser de son influence sociale ! Mais les demoiselles propriétaires sont trop gourmandes ; après un an d'efforts et de propositions, la duchesse renoncera : la Maison Carrée ne sera pas un tombeau.

Seize ans plus tard, les voûtes ajoutées à l'intérieur s'effondrent et fissurent le mur est déjà gravement ébranlé par des ouvertures. A cette époque, la Maison Carrée est tombée aux mains des Brueys, seigneurs de Saint-Chaptes. Leur titre n'a d'égal que leur rusticité puisqu'ils ont fait du temple romain... une écurie. Le péristyle est à nouveau muré ; les colonnes du centre sont carrément tronquées pour permettre le passage du bétail ; les cannelures sont brisées à coups de marteau car on installe à mi-hauteur un auvent pour protéger les bêtes les jours de foire trop ensoleillés. En hauteur, on ajoute des combles en bois pour y tenir le foin. Les murs sont percés, une fois encore, de poutres qui portent auges et mangeoires. La vision devait être bizarre, car la nouvelle toiture est plus basse que le sommet des murs et des colonnades, qui se dressent nus, surmontés de l'ancien pigeonnier. Sur le faîte, on peut aller se promener...

Rapt

La Maison Carrée a du génie ; elle épouse l'histoire des mentalités et des cultures. Le XVIIe siècle a revalorisé la romanité ; les grands bourgeois érudits sont plus nombreux qui tentent, avec les moyens et le savoir de l'époque, de protéger les vestiges de l'Empire. De passage à Nîmes, le jeune Louis XIV visite les restes romains avant d'aller se marier à Saint-Jean-de-Luz. Un immense cortège, des centaines de personnages et tous les notables du royaume. Quatre ans plus tard arrive de la cour un ordre qui aurait pu changer la face de Nîmes : il faut démonter la Maison Carrée pour la rebâtir à Paris ou à Versailles. Ordre de Colbert, qui est alors, au début de sa carrière, surintendant des bâtiments. Les Nîmois, au fond, n'ont que ce qu'ils méritent : la cour a vu ce monument défiguré, enlaidi, en voie de destruction ; on imagine, au XVIIe siècle, ce que l'on a dû dire dans les milieux érudits parisiens, de ces provinciaux mal dégrossis : des perles aux pourceaux. Les instructions sont assez précises pour que des architectes viennent étudier l'affaire, examiner minutieusement le monument et envisager de numéroter chaque moellon. Mais ils trouvent le tout dans un si mauvais état qu'ils estiment ne pas pouvoir le reconstituer à Paris. Trop de pierres abîmées, trop de morceaux fragiles : ce qui donne une idée de l'état de délabrement.

Mais désormais, de l'Intendant de province aux consuls locaux, il faudra veiller sur ce trésor archéologique. Le goût du temps le veut. C'est le moment que choisit le très politique et très habile évêque de Nîmes, Cohon, pour se porter acquéreur du bâtiment. Cet orateur prestigieux était tout jeune encore, dit-on, lorsqu'il provoqua, par l'un de ses sermons, un rassemblement et un embouteillage monstre devant l'église parisienne où il prêchait. Le cardinal de Richelieu passant par là s'enquit des choses, voulut connaître le prêcheur. Fidèle à la monarchie contre les seigneurs de la Fronde, Cohon était allé jusqu'à l'emprisonnement plutôt que de renier Louis XIV. Il est l'homme de confiance du pouvoir ; on l'a installé dans cette ville rebelle pour y reconquérir âmes et pouvoirs. C'est avec de tels émissaires que le roi préparait la Révocation de l'Édit de Nantes. Et du coup, cette proposition d'achat prend dans le contexte nîmois de multiples significations : dans une ville où depuis trente ans les congrégations, les institutions hospitalières et charitables se multiplient, et où l'on reconquiert pied à pied ce que les réformés ont pris ou confisqué au siècle précédent, la transformation de la Maison Carrée en église ou en couvent ne saurait être indifférente : c'est un acte politique, religieux autant qu'esthétique. L'achat dure trois ans. On sent des réticences du côté de l'Hôtel de Ville ; à chaque fois, Cohon fait appel à son roi et son roi le soutient. Après tout, Louis XIV et Colbert se souviennent peut-être aussi de l'état dans lequel ils ont trouvé le temple dix ans auparavant. Peut-être se souvient-on aussi que l'ancêtre prestigieux, François Ier, y a pris une belle colère. Signe des temps, on vend donc la Maison Carrée aux augustins, mais on la protège : « Le Roy étant en son conseil a ordonné et ordonne que lesdits religieux Augustins bâtiront leur église dans ladite Maison Carrée et leur monastère tout auprès... sans qu'ils puissent rien rompre de l'ancien édifice. » Colbert veille lui-même à ce que les plans de l'église et du monastère n'altèrent pas le monument.

La construction durera vingt ans, au milieu des querelles entre protecteurs du site et religieux soucieux d'étendre leurs domaines.

Dès 1684, le directeur de la toute jeune Académie de Nîmes protestera au nom des érudits nîmois : les augustins ont commencé d'ébranler le monument. Il demande, en vain, que le bâtiment soit affecté à sa société savante. Mais tout de même, la surveillance et les interdits royaux sont efficaces. Et aboutissent à un très curieux monstre : une incroyable petite église, enchâssée dans la Maison Carrée, invisible de l'extérieur et ne s'appuyant en rien sur les murs romains. Ce que l'évêque de Nîmes et l'intendant de province inaugurent le 26 janvier 1691 comprend bien un chœur, quatre chapelles, des galeries et deux escaliers tournants pour y accéder ; sans parler de l'appareil baroque ordinaire des églises du XVIIe siècle. Mais tout ceci est bâti en poupée russe, à la manière de certains théâtres contemporains inclus dans des monuments plus anciens sans jamais s'appuyer sur eux : la cour du Palais des Papes d'Avignon, par exemple, ou le théâtre de Chaillot.

Autour de la Maison Carrée, les maisons adjacentes ont été abattues, les espaces dégagés. Le temple romain avec son église catholique dans le ventre commence à respirer. D'autant que les pouvoirs sont à présent vigilants : on a restauré la charpente et le toit, consolidé certaines colonnes, réparé deux frontons. Épisode digne du *Mariage de Figaro*, les moines tentent une finasserie pour gagner du terrain en jouant sur les mots : on leur a ordonné de ne pas bâtir leur couvent contre la Maison Carrée, mais « tout auprès ». Comment mesurer tout auprès ? Ils le réduisent à quelques pas. Sournoisement, ils rapprochent les fondations du couvent des murs du monument... « tout auprès ». Et finalement, pour franchir les quelques pas qui restent à faire, relient quand même le nouveau monastère à la Maison Carrée par une galerie voûtée de six mètres de haut, couronnée de balustres et qui bien sûr nécessite un nouveau percement des murs du monument.

Ce ne sera pas leur dernière injure : les moines infernaux vont se lancer, dans le milieu du XVIIIe siècle, dans une histoire rocambolesque, qui rappelle plus les feuilletons de Zévaco que les *Confessions* de leur saint patron.

Enfin Séguier parut...

Mais nous n'en sommes pas encore à ces folies. Pour l'instant, la Maison Carrée continue d'épouser son temps : les mêmes notables érudits qui ont su faire émerger des boues de la source le sanctuaire de la Fontaine tournent autour de la Maison Carrée : après tant d'utilisateurs, tant de légendes, tant de suppositions parfois cabalistiques, ces rationalistes veulent une vérité historique. Et après tout, on ne sait rien sur l'usage et les dates. Il faut les imaginer, ces magistrats en dentelles, culottes et bas noirs, ces fins latinistes qui vivaient intellectuellement autant à Rome qu'à Nîmes. Ils se font bâtir des échafaudages pour aller scruter frises et corniches ; ils mesurent les espaces, comptent les volutes, comparent avec les monuments italiens. C'est alors qu'un détective survient. Quelqu'un qui, à toutes les questions que l'on peut se poser sur la destination, la datation, l'aspect sacré ou profane, va se contenter d'appliquer une méthode — précisément celle de Descartes —, les causes et les effets. Cet homme s'appelle Jean-François Séguier.

C'est le fils d'un magistrat nîmois. Né en 1703, il va devenir l'un de ces érudits européens tels que le siècle des Lumières et l'apogée du cartésianisme vont en produire. Études au Collège des jésuites, puis à la faculté de droit de Montpellier, il devient l'ami et le secrétaire d'un voyageur italien de passage, le marquis de Maffei, qui fait le tour de l'Europe à la recherche d'inscriptions latines. Séguier le suit. Languedoc, Bourgogne, vallée du Rhône, Paris : dans le sillage de Maffei, Séguier rencontre tout ce qui compte en Europe de savants, philosophes, cardinaux, ambassadeurs et grands de ce monde. L'Angleterre, les Pays-Bas, l'Allemagne, Vienne, Venise, Padoue, Vérone enfin, où Séguier pendant vingt ans réside avec son marquis. Là, une société érudite diffuse jusqu'en Russie ses découvertes et ses questions. Séguier ne rentre à Nîmes que vers la cinquantaine. Il s'est constitué une bibliothèque fabuleuse, parfois suspecte quant aux idées ou au libertinage. En 1765, il est le secrétaire de l'Académie de Nîmes, et son savoir, en botanique, en géologie, en archéologie, sa correspondance mondiale avec au moins trois cent trente-huit savants, font de lui l'un de ces êtres encyclopédiques tels que seul le XVIIIe siècle en produisit. Sur l'itinéraire savant de l'Europe des Lumières, Nîmes et Séguier deviennent une étape obligée. Plus de mille cinq cents érudits sont venus visiter l'archéologue-botaniste et sa maison-musée-bibliothèque, à partir de 1768. Voilà pour l'enquêteur.

Des princes de la jeunesse

Et voici l'énigme : elle est sur le frontispice de la Maison Carrée : des trous irrégulièrement répartis sur toute sa longueur. Séguier et ses amis se doutent bien qu'ils ont dû être les supports de crampons de métal ; lesquels crampons devaient supporter des lettres arrachées dès les premiers siècles. A partir du tracé de ces trous, l'énigme à la Arsène Lupin, c'est de reconstituer l'inscription. Et par là sans doute, le nom de la divinité ou du personnage à qui est dédié le lieu. On saura ainsi s'il s'agit d'un temple, d'un capitole ou d'une basilique. D'autant que Séguier connaît, en Italie, des déchiffrements semblables. Homme de science, il commence par observer les trous d'en bas, avec une lunette d'approche. Mais les traces sont irrégulières ; les injures de dix-huit siècles nîmois ont provoqué pas mal d'autres accidents : bref, il y a trou et trou. Il faut grimper. Et voici, au milieu du mois d'août 1758, le savant quinquagénaire, monté par une longue échelle à quinze mètres de haut, sur un échafaudage instable, avec planches, crayons, calques que quelques domestiques escaladeurs lui portent. On espère qu'il choisissait les heures où la chaleur d'août est la plus indulgente. Au-dessous, les Nîmois, les pieds dans leurs potagers, contemplent leurs notables en précaire position. Et les Nîmois sont volontiers ironiques ! Séguier, enfin à la hauteur de sa recherche, prend calque sur de grandes fouilles, des marques où il reconnaît le burin romain. De près, il s'aperçoit que le métal a marqué la pierre, et que celle-ci a même conservé une légère empreinte de certaines lettres. Le détective est content. On imagine son excitation lorsqu'il descend de son perchoir : il va non seulement résoudre un problème qui agite les archéologues du temps ; mais, plus profondément, il va révéler à sa ville le nom de ses patrons antiques. Et en effet, les trous reliés selon des méthodes empruntées à d'autres expériences sur des monuments italiens révèlent cette inscription :

C. CAESARI. AUGUSTI. F. COS. L. CAESARI. AUGUSTI.
F. COS DESIGNATO PRINCIPIBUS IUVENTUTIS

A Caius Cesar consul et Lucius Cesar consul désigné, fils d'Auguste, princes de la jeunesse.

Et aussitôt l'érudit latiniste prend le relai de l'observateur scientifique. Pour lui, cette inscription est très claire et raconte toute une histoire : Auguste, l'empereur-dieu, le bienfaiteur lointain de Nîmes, avait un fils, Agrippa, et deux petits-fils, Caius et Lucius, nés respectivement en −19 et −16. Auguste les adopta tous deux pour leur assurer la succession de l'Empire. Vers quatorze ans, ils sont « désignés » consuls, ce qui signifie qu'ils entreront dans la fonction cinq ans plus tard. Dans l'inscription donc, le premier a passé ces cinq ans, le second, Lucius, est encore « désignato », en attente de fonction. En même temps, on donnait aux enfants de l'empereur le très beau titre de « princes de la jeunesse » : une manière de mettre ces jeunes gens qui ont entre quinze et vingt ans à la tête de la brillante jeunesse aristocrate romaine. Ce titre pouvait être conservé jusqu'à vingt-huit ans. Ainsi, les Nîmois auraient choisi pour patrons les petits-fils du puissant empereur. C'est ce que supposent nos enquêteurs du XVIIIe siècle. Qui ne sauront jamais qu'un demi-siècle plus tard, en déblayant les Arènes, on trouvera un fragment de frise leur donnant entièrement raison : l'inscription disait « Caius Cesar, fils d'Auguste, consul désigné, patron de la Colonie Augusta de Nîmes, donne ce xyste ».

Les petits-fils de l'empereur étaient donc bien les patrons de Némausus, et l'aîné offrait à la ville un bâtiment important, puisqu'un xyste était une longue galerie couverte qui protégeait des installations sportives, et en particulier une piste d'athlétisme. Caius est-il venu à Nîmes ? On l'ignore. Mais nos érudits détectives voient enfin surgir des figures concrètes : deux très jeunes gens, d'autant plus légendaires pour les populations que, comme James Dean ou Saint-Just, ils sont morts avant trente ans : Caius à 22 ans aux frontières de l'Asie, et Lucius à 18 ans, à Marseille ; et on sait que dans tout l'Empire, l'émotion fut considérable. Au terme de son enquête, le notable Séguier peut retourner dans sa bibliothèque et rêver à ces jeunes gens, brillants fantômes du passé nîmois, parcourant dix-huit cents ans auparavant des territoires qu'ils ne gouverneraient jamais. Et du même coup, entre leur consulat, octroyé entre −2 et −4, et leur mort, entre + 2 et + 4 se situe la dédicace, et sans doute la construction de la Maison Carrée.

Le trésor des moines

Comment les moines augustins observaient-ils les évolutions du secrétaire perpétuel de l'Académie de Nîmes au-dessus de leurs têtes ? Avec méfiance sans doute, car au moment où ces savants rationalistes grimpaient vers le ciel pour y déchiffrer des énigmes, ces bons moines, eux, s'enfonçaient mystérieusement en terre.

Le goût du souterrain, à Nîmes, est constant. Ainsi que celui des trésors qui y sont associés. Depuis le haut Moyen Age, c'est-à-dire depuis que les monuments romains sont devenus les fantômes d'une civilisation disparue, mal connue des peuples, les histoires fantastiques courent sur des passages qui relieraient la Maison Carrée aux Arènes, le Temple de Diane à la Maison Carrée ; s'y ajoutent des étages de caves impénétrables qui grouilleraient jusque sous l'« hôpital général » — l'actuel lycée Daudet — et sous le Palais de justice. Nîmes, ville sereine dans son dessin urbain, harmonieuse dans sa couronne de boulevards, ses jardins et son esplanade, ville relativement traditionnelle sinon routinière, agite dans son inconscient collectif d'inquiétants fantasmes souterrains et aquatiques. Ces boulistes dont rien ne parvient à accélérer les gestes de sénateurs, délirent quand on leur parle caches, trésors, galeries, canaux, eaux de la Fontaine et autres souterrains qui troueraient la ville.

La Maison Carrée a elle aussi ses entrailles mystérieuses. Et même le très sérieux historien Ménard écrit au très érudit Séguier pour qu'il vérifie s'il est vrai « qu'il y eut un aqueduc ou chemin couvert suivant l'opinion publique, qui conduit de Nîmes à

Arles ». Trente kilomètres ! Séguier se présente donc chez les moines ; ils refusent de le laisser fouiller. C'est qu'ils ont des raisons secrètes.

Le roman-feuilleton commence par un radiesthésiste. Dans ce XVIIIe siècle à mi-chemin du rationalisme pur et des pires superstitions, un ex-greffier en chef, Laurent Carmagnole, rôde dans l'église de la Maison Carrée sous prétexte de prière ; mais il cache, en réalité, une baguette de coudrier sous sa veste. Il a son idée : on dit que la Maison Carrée a été le Capitole des Romains — sans doute ignore-t-il les récents travaux de Séguier ! Le Capitole, lieu de gouvernement, renfermait le trésor de la cité. Il peut, il doit donc y avoir, quelque part là-dessous, des milliers de pièces d'or. Et dès qu'il se trouve seul dans la petite église augustine, il fait vibrer sa baguette. Deuxième épisode : il faut convaincre les moines. Ils ne sont pas nombreux : cinq ou six, un prieur à la direction, un cuisinier à tout faire. Carmagnole fait trembler sa baguette devant ce dernier, vers le sol de l'église. Moine cupide, mais moine naïf, le cuisinier accepte de convaincre son supérieur, contre la promesse d'une part personnelle sur le trésor. A son tour le prieur s'excite : on fait venir un greffier ; on signe un contrat aux termes duquel il y aura la moitié du pécule pour le couvent, l'autre pour le sourcier ; qui partagera à son tour secrètement avec le moine cuisinier. On évalue même la découverte à dix millions de livres-or. Ceci se passe le 17 février 1764. Troisième épisode : un trésor, ça se cherche en douce. Il faut agir de nuit et sans que les autorités nîmoises ou régionales n'en aient vent. Car, véritablement, des souterrains existent sous la Maison Carrée. On les connaît depuis mille ans : le parvis du monument est creux, il contient un caveau. Et les archéologues du XXe siècle se disputent encore pour savoir s'il est romain ou médiéval. Affaire de voûtes et de disposition de celles-ci. Un autre caveau fait pendant à celui-ci, à l'autre extrémité du monument. Les cryptes sont donc bien là ; les moines avides aussi, et le chercheur illuminé. Les premiers se servent des caves pour enterrer leurs morts et quelques amis ; et aussi... pour entreposer leur vin. Ils ont même découvert un boyau ancien qui était peut-être un système de drainage romain des eaux sous le Temple — et ils l'ont dégagé et élargi de manière à relier le caveau du devant à celui de l'arrière. Ce qui risque d'en souffrir, bien sûr, c'est à nouveau la stabilité du monument. Voici donc tout le monde, de nuit, au pied nord-ouest de la Maison Carrée, dans la lueur de feux étouffés, deux ouvriers, le greffier-sourcier, le prieur et son cuisinier, penchés sur une dalle. Et comme dans les romans de Lewis ou de Lovecraft, ils s'enfoncent sous le Temple romain. On creuse pendant un mois ; on avance dans un substrat de pierraille et de ciment, qui est le soubassement antique. Au bout de quatre semaines de ces expéditions, le prieur s'impatiente ; il se querelle avec son sourcier-sorcier ; d'autant qu'il sent son secret s'éventer. Il n'a pas tort.

Le quatrième épisode voit arriver chez l'intendant du Languedoc (le représentant du pouvoir royal, une sorte de super-préfet avec des pouvoirs quasi monarchiques) une lettre anonyme dénonçant les travaux nocturnes des augustins et annonçant qu'ils ont trouvé un trésor. C'est l'épisode de l'espion : l'intendant alerte son subdélégué à Nîmes. Celui-ci se sert d'un citoyen nîmois dont on ne connaît que les initiales et l'envoie rôder dans l'église : il observe le sol, aperçoit la dalle mal scellée. De vieux Nîmois lui confirment l'existence du souterrain et lui indiquent son entrée : c'est bien à l'emplacement de la dalle branlante. Plus de doute, les augustins sont à la chasse au trésor.

Le cinquième épisode relève de l'opération de police rocambolesque. On a songé d'abord, du côté des autorités royales, à un officier sûr, qui conduirait des hommes de main ; on se présenterait de nuit à la porte du couvent sous prétexte de faire soigner un malade. La porte ouverte, on neutraliserait les quelques moines ; on les terroriserait ; et sous prétexte qu'ils ont enterré vivant l'un des leurs, on fouillerait de fond en comble couvent, église et souterrains. Document authentique : la lettre est du subdélégué Tempié, datée du 15 mars 1764. L'intendant, qui ne peut avoir lu Ponson du Terail, doit tout de même trouver l'opération un peu romanesque. Il ordonne simplement une perqui sition dirigée par le lieutenant général de la sénéchaussée — un chef de la police, doublé d'un juge. Elle a lieu le soir, quand les rues sont vides. Le prieur reconnaît qu'il a autorisé des fouilles, dit qu'il n'y croit guère, et qu'il prend grand soin que l'on ne mette pas en péril la sécurité du monument. Mais l'or a tinté dans l'imagination de tous les pouvoirs : royal, religieux, municipal, populaire. Le soir suivant, le juge-mage, son greffier et un artisan se glissent encore une fois dans le crépuscule : ils viennent poser les scellés sur la dalle afin que les fouilles ne puissent continuer que sous contrôle royal. Le prieur proteste ; le sourcier aussi : on le prive d'un gain prévu par contrat et droit... romain. Quelques jours encore et la municipalité de Nîmes rappelle ses droits sur le monument. Zévaco s'éloigne, Chicanneau s'avance. Pendant vingt ans, on va plaider autour de la Maison Carrée. Les trois pouvoirs vont s'affronter sans d'ailleurs que le moindre ducat soit trouvé. Vingt ans de chicane, d'appels au roi, de documents exhumés ou perdus exprès.

Comme le siècle avance, le pouvoir religieux recule : les moines augustins ne sont guère crédibles. La beauté, l'intérêt mondial du monument est de plus en plus sensible aux autorités. On oblige les religieux à démolir leur prétentieuse galerie ; à respecter l'espace du monument. En 1788 encore, des lettres sont échangées entre Montpellier, Versailles, le maire de Nîmes, l'évêché ; il y est toujours question de caveaux, de fouilles, mais aussi de fondations ébranlées et de la propriété des lieux. Il faudra pourtant la Révolution pour que les quatre ou cinq augustins restants soient expulsés. Employée quelque temps — mais avec respect ! — comme entrepôt de vivres, la Maison Carrée est vendue au département dans le cadre des biens nationaux. Et elle devient... la première préfecture du Gard. Jusqu'en 1802, elle est affectée au dépôt des archives. Chose curieuse, l'église bâtie à l'intérieur subsiste ; et il faut attendre 1806 pour que les murs primitifs réapparaissent et que le volume de la « cella » antique, telle qu'on peut la voir aujourd'hui, soit reconstitué. Les remparts médiévaux tombent, un boulevard les remplace ; et le monument voit enfin l'espace ouest s'ouvrir définitivement. Les maisons assez minables qui le serraient sont achetées et démolies ; un plan d'urbanisme apparaît qui impose certaines contraintes de distances et d'architecture. La toiture est reconstituée, les brèches colmatées, les fûts de colonnes sont restaurés. Tout autour, des fouilles systématiques sont entreprises ; et peu à peu, comme des indices, des bases de colonnes, des débris d'ardoises, des morceaux de chapiteaux, viennent dire que la Maison Carrée n'était que le point culminant d'un très vaste ensemble : un forum romain, avec des galeries doubles soutenues par des centaines de colonnes de huit mètres de haut, entourait le temple.

Renaissance

Dès lors, oubliez les morceaux de frises rapportés d'ailleurs, les inscriptions déplacées : promenez-vous sur les pavés autour de la Maison Carrée en ne cherchant que ces socles de colonnes qui dépassent à peine du sol ; ils disent la dimension énorme de cette galerie marchande qui cernait le temple et délimitait un immense espace public : le cœur politique et économique de la ville.

Entre 1816 et 1820, on décide de ramener le pourtour à son niveau antique et de le paver. Le grand escalier est rebâti ; le plafond à caissons du péristyle est reconstitué en moulages... Éphémères d'ailleurs : cent cinquante ans ont suffi à l'abîmer : au moment de pénétrer dans la grande salle, il suffit de lever les yeux pour apercevoir derrière les plâtres pseudo-antiques des lattes qui tiennent plus de l'appartement à rénover du XIXe siècle que des bâtisseurs de l'empereur Auguste.

C'est un ingénieur des Ponts et Chaussées, Grangent, qui modèle l'espace autour du monument : le théâtre est déjà là, mais sans la colonnade qui le rendra célèbre. Les maisons sont bâties selon un plan relativement harmonieux ; on perce une large rue face à la Maison Carrée, dans le sens de l'ancien forum, et pour la première fois depuis dix-neuf siècles, on peut voir le Temple de Cassius et Lucius dans sa vraie perspective, comme les Nîmois du Ier siècle le voyaient.

C'est alors qu'au niveau du square Antonin, on trouve les fondations d'un autre temple en marbre jaune, blanc et gris, à la porte aussi large que celle de la Maison Carrée : la démonstration est presque achevée : ici était bien l'espace du forum où commerce, fête, religion et politique se mêlaient.

Forum

Que de bruits, d'intrigues, de tractations, d'odeurs fortes, de castes, de classes, de races, de nations, de dieux ont dû se croiser sur cet espace décisif qui tient à présent entre le chantier de la médiathèque, le square de l'empereur Auguste et la Maison Carrée.

Ce forum, les jours de célébration d'un dieu et surtout d'un empereur, ou de ses enfants divinisés, d'étranges cortèges le traversent. Ils vont vers les autels posés auprès des temples. On a parfois supposé que le premier perron qui précède les marches de la Maison Carrée a servi à de telles cérémonies. Dans les deux angles des grilles, sur des marches qui à présent ne mènent plus à rien, les plates-formes sont percées de cavités carrées. Peu de visiteurs rôdent dans ces coins, et on ne fait guère attention à ces accidents. C'est pourtant là, peut-être, que se déroulaient les sacrifices : la bête, un bœuf en général, qui devait être d'une qualité parfaite, était égorgée au pied des marches ; puis on portait les beaux morceaux sur la plate-forme. Le sang s'écoulait par des alvéoles carrées et un petit conduit que l'on a retrouvé sous le monument.

Autour, toute une panoplie d'instruments et de récipients : chaudrons de bronze, vases de terre, couteaux à saigner, maillets, haches, louches, des boîtes de métal contenant l'encens du sacrifice, et d'étranges goupillons dont le manche était un pied de cheval, pour les lustrations rituelles. Devant un peuple endimanché, en vêtement blanc, parfois couronné de fleurs, devant des notables aussi, aux habits brodés d'or, de rouge, où des signes tels que le faisceau ou la hache disaient à chacun quelle était leur fonction, le flamine officie. Il est drapé d'un manteau rouge ; le peuple ne pénètre pas dans le temple ; c'est cet homme-là, et ses assesseurs, qui y entrent pour se recueillir devant les statues des dieux qui l'habitent : à Nîmes, vers l'an II, ce devaient être les statues de Caius et Lucius. Les victimes — bouc, bélier, porc, génisse, veau, taureau, suivant l'importance de la cérémonie et du dieu — sont parées de fleurs, d'étoles brodées et de bandelettes pourpres. Des laines sont accrochées à leurs cornes dorées. Curieuse messe, où, une fois l'animal abattu, on va le dépecer sur place et le consommer selon des rituels après que les devins auront recueilli le sang, l'auront répandu sur les pavés environnants, puis auront examiné les viscères. C'est d'abord le Dieu qui mange : on lui compose un plat avec les morceaux du foie, du cœur, des poumons ; on y répand le vin sacré, et on va brûler le tout sur l'autel. Là encore, la manière dont brûle la viande et les odeurs qu'elle porte sur la place bondée vont annoncer le pire ou le meilleur. Le reste de l'animal est partagé d'abord entre les auxiliaires des prêtres, puis est mis en vente dans les auberges. Ainsi, après le sacrifice des corridas, voit-on dans Nîmes la tête des taureaux abattus, pendant aux étals des boucheries ; et les Nîmois mangent en « gardianne » la chair des bêtes qui viennent de combattre dans l'arène. La mémoire de cette ville a des profondeurs sacrées.

Cette place de la Maison Carrée a donc dû sentir très fort la graisse cuite, la fumée noire ; ses marches et ses pavés ont été tachés de sang ; des prêtres ont fouillé les entrailles et les ont élevées dans le soleil. Après, on festoyait sur place : l'été, les mouches grouillaient, l'ivresse se répandait. Messe ou Féria, allez savoir.

Flavilla et Adgennius

Les jours plus paisibles, toutes les boutiques sous les galeries sont ouvertes : il y a là des tanneurs, des ciseleurs, des scribes, des marchands de beignets, de tablettes de cire, mais aussi des écoles minuscules, des cabaretiers, des bronziers, des fleuristes.

Lorsque l'on a pris conscience de ce tumulte du temps et de l'histoire sur cet hectare de ville, il est temps d'entrer dans la Maison Carrée. Oubliez qu'elle est un musée archéologique, ne regardez pas les pièces, statues, mosaïques — par ailleurs très belles. Glissez tout de suite sur la gauche de l'entrée : un couple vous attend. Elle paraît avoir conservé sur le visage l'arrondi de l'enfance. La petite bouche, le grand œil qui a l'air de regarder un spectacle lointain, sont, eux aussi, presque d'une fillette. Cette femme est dans l'hésitation d'un passage : une petite crispation au coin de la lèvre lui donne l'air de vouloir sourire ou d'être sur le point de pleurer. C'est pourtant une grande dame : sa coiffure la trahit. Deux tresses jusqu'à la poitrine partent de la nuque derrière une chevelure en petites boucles étagées de manière à bâtir un diadème. Il a dû falloir un temps fou pour inventer cela; sans doute s'impatienter, s'emporter contre les servantes. C'est presque une coiffure d'impératrice, de celles qui sont à la mode à Rome. Il est vrai que cette femme compte dans la ville : ses promenades dans Nîmes et sur ce forum même où trône à présent son effigie, ne doivent pas passer inaperçues : l'inscription nous dit qu'elle s'appelle Licinia Flavilla, fille de Lucius; et qu'elle est flaminique augustale, c'est-à-dire prêtresse du culte d'Auguste, et des filles de sang impérial. Elle occupe des fonctions sacrées très importantes dans la ville, ce qui signifie aussi chez les Romains des fonctions mondaines et civiques. Étrange femme, femme double : ce visage contemporain nous appelle autant que celui des étudiantes qui, à trois cents mètres de là, dégringolent en riant les marches du lycée; et cette jeune femme participait cependant de rites, de fêtes, de tabous, de mentalités qui paraissent relever d'une autre planète : ne pas toucher un mort, un chien, une fève, du fer... Cette femme a conduit, sans doute au bas de ce temple même, des cérémonies sacrées ; elle a assisté de très haut aux beuveries qui suivaient : et c'est elle qui a dû déclarer que la fête était close. Elle a porté l'étrange cape de laine rouge et un bien bizarre bonnet de fourrure surmonté d'une baguette d'olivier recouverte de laine. Mais on le voit bien à cette bouche prête à trembler, c'est une femme vulnérable. On le voit bien à cette coiffure, c'est une grande dame. Élue pour un an à ces fonctions sacrées, la vie l'emporte en elle sur le rite.

L'homme, son époux, paraît plus âgé. Deux rides d'amertume descendent des ailes du nez et cernent la bouche qui est large, bien dessinée, dure dans ses convictions. Le bas de ce visage n'est que mâchoire ; le haut n'est que puissance des os temporaux et des orbites. Ce trapèze raconte la force de l'Empire ; le regard de la femme contemple la force des choses. Sur le front bas de l'homme, de courtes mèches césariennes disent la certitude plutôt que la pensée. Sa cuirasse solaire affirme la fonction militaire. Il s'appelle Sextus Adgennius. Son visage est plus nîmois que toute autre effigie : car Adgennius est un nom gaulois, et ce citoyen romain important sort sans doute tout droit de la grande tribu volsque qui tenait le Midi avant que Rome ne le soumette. Sa fonction de tribun d'une légion lui donne le titre de chevalier romain ; peut-être est-ce seulement une fonction fictive. Des écrivains latins comme Suétone se moquent de ces « chevaliers » qui, nommés pour la frime et le profit, commandaient des milices qui n'existaient pas. Il y a cependant de la violence dans cet homme. Son visage, son expression, la force de ses traits ne sont pas si différents de ceux de certains officiers légionnaires en garnison à Nîmes depuis 1983. Mais Adgennius est également quadriumvir ; c'est-à-dire qu'il a atteint la plus haute fonction municipale de la colonie nîmoise, confirmée par celle de « préfet » des ouvriers. Et comme sa femme, il a eu, à un certain moment de sa vie, une fonction sociale très importante : pontife.

Voilà le couple à demi sorti d'une coquille d'ombre. Voilà affrontés ces deux visages vivants : vous saurez tout d'eux. De leur tendresse, de leur violence, du cynisme de l'un, de la sourde inquiétude de l'autre. Venus d'un autre monde, ils sont nos semblables. Et ce qu'ils regardent tous deux, c'est peut-être la mort : elle avec une petite angoisse, lui avec un besoin d'affrontement. Car ils sont taillés sur une pierre funéraire qu'ils ont fait préparer de leur vivant. Ce couple à demi caché, et qui malgré tout s'impose, c'est quelque chose du peuple nîmois dans ses grandes profondeurs.

Vénus de Nîmes

A peu près à l'opposé dans la grande salle de la Maison Carrée, une sirène vous appelle : une tête charmante, à demi penchée ; un sourire ambigu sur un visage parfait auquel le marbre ocre donne un teint de miel. C'est une petite déesse d'un mètre de haut. La main gauche tient contre le sexe le beau drapé d'une étoffe qui ne monte que jusqu'aux hanches ; le buste est nu, parfaitement lisse et fragile, d'une harmonie absolue dans un mouvement du torse et des épaules qui la fléchit un peu et la tourne comme par pudeur pour rattraper sa tunique, ou pour vous entraîner dans on ne sait quelle aventure : c'est Vénus ! C'est la Vénus de Nîmes. « Elle est toute cassée », dit un enfant qui passe. Alors vous la regardez de plus près : des dizaines de stries la brisent et la lézardent : elle a été découverte en 1873. En cent trois morceaux. Lorsqu'à Nîmes, on trouve une femme coupée en morceaux, elle est en marbre, et c'est Vénus. Car du marbre blond ressort, malgré les cicatrices, le mouvement miraculeusement arrêté et poursuivi ; au-dessus duquel la tête un peu penchée nous regarde avec un certain sourire : on pense au conte de Mérimée, la Vénus d'Ille ; à cette statue à la beauté parfaite et au sourire cruel qui un jour décida d'aimer un jeune homme imprudent et le brisa.

La Maison Carrée, dès lors, ne peut plus être contemplée du même regard. Ou plutôt, deux regards s'y superposent qui prennent en compte l'Histoire et la Beauté. L'un voit l'harmonie du bâtiment, ses proportions qui donnent à l'œil une satisfaction absolue, ses teintes qui vont du blanc transparent dans la lumière du matin, au doré dans l'après-midi et au spectacle d'ombres subtiles et de reliefs miraculeux sous les projecteurs des monuments historiques. Parfois, lors de certaines fêtes païennes que se donne encore cette ville paradoxale, on projette sur ses murs et contre ses colonnes des flammes et des mouvements rouges et noirs qui paraîssent venus des cultes de Baal et de Mithra. Et puis il y a cet autre regard, le regard de celui qui sait, et qui va repérer les blessures de l'histoire : les traces des ouvertures de portes et de galeries, les ombres de fenêtres, les trous colmatés de mangeoires anciennes, les colonnes blessées, les murs gonflés par le poids de voûtes barbares.

Entrant dans la Maison Carrée, regardez le sol, à gauche. Vous y verrez une grille de fer à travers laquelle vous distinguerez un escalier qui s'enfonce sous le péristyle : c'est le chemin vers les souterrains. Peut-être pourrez-vous, avec une autorisation des conservateurs ou de la mairie, faire déverrouiller la grille et descendre un petit escalier scabreux. Vous arriverez dans un premier petit caveau voûté aux pierres aiguës et à l'odeur de caverne. Une porte murée : c'est celle qu'empruntaient les moines chercheurs de trésor. Le couloir tortueux — l'ancienne canalisation romaine — vous mènera vers le sud, à l'autre cave. Ni les dépouilles des moines morts, ni leur vin n'y sont plus, mais les traces de leurs travaux absurdes sont encore visibles.

Belle sous la neige, sous la pluie, sous la fête, sous les dimanches gris : la Maison Carrée est une star. Rien ne paraît pouvoir altérer sa tranquille harmonie d'ensemble ni la perfection de ses détails. C'est sans doute pour cela qu'elle a obsédé les architectes de toutes les générations. Du pilastre cannelé, du chapiteau corinthien, vous allez en retrouver dans toute la ville ; dans les hôtels du XVIe et du XVIIe ; dans les bâtiments de la révolution industrielle, à la Préfecture, au Palais de justice, sur les maisons des grands bourgeois du textile du XIXe siècle. Ce qui est accablant, c'est qu'aucun chapiteau, aucune colonne ne réussit à approcher le grain, le velouté, la volupté d'une courbe de feuille d'acanthe de la Maison Carrée. Sa beauté empoisonne la ville de doute et de regret. Le mérite de l'architecte britannique qui proposa une médiathèque-musée en face d'elle, est d'oser affirmer les matériaux de son temps ; et surtout rompre avec colonnes et chapiteaux.

De laid, la Maison Carrée n'a que son nom. Que l'on trouve en outre absurde ; d'une part parce qu'elle est le contraire de l'imbécile symétrie que l'adjectif suggère ; de l'autre parce qu'elle n'a rien de carré dans ses éléments. C'est oublier qu'au XVe siècle, « carré » signifie simplement posséder quatre angles droits, et pas forcément quatre côtés égaux. Cela signifie que dans une ville médiévale pauvre, qui avait failli disparaître plusieurs fois, au milieu des maisons de pierrailles, de torchis, parfois de bois, cette grande bâtisse en pierre de taille était le seul bâtiment solide, à l'architecture nette, aux angles « droits ».

En pleine vie

A présent, dans son espace retrouvé, elle domine un carrefour urbain dont le mouvement, la vitalité, l'économie, ne sont pas si éloignés du Forum. Trente mètres sur la gauche, vous êtes en plein dans le vieux Nîmes, avec ses passages commerçants, ses petits restaurants et ses places tranquilles, mais aussi ses grands magasins, ses halles folles et sa rue haussmannienne. Cinquante mètres en avant, vous retrouvez Antonin bénissant le canal et la Fontaine. Trente mètres en arrière, sur le boulevard Victor

Hugo, trois cafés, le Cygne, le Napoléon, le Parisien : chacun sa clientèle, son style, ses conciliabules. Cafés des jeunes gens à la mode, des dragueurs de fin de semaine, des lycéennes chics en voie d'émancipation. J'en connais qui font croire qu'elles vont au catéchisme pour aller « boire un coup au Napo ».

Ces trois cafés sont à coup sûr les meilleurs postes d'observation de la vie nîmoise dans ce coin stratégique. Vous y verrez en terrasse les minettes à la bouche pointue qui travaillent dans les magasins des environs ; et vers le fond, de vieux nîmois à l'accent bien posé, bourrés de savoureuses et scabreuses histoires. Suivant les heures, vous y verrez débarquer les employés de banque ou les lycéens ; et suivant les jours, les vignerons et courtiers des environs venus le lundi à la bourse aux vins ; ou les spectateurs du théâtre voisin venus boire un dernier coup avant que la trop tranquille nuit nîmoise ne s'installe. Là, il faut savoir que le café est meilleur vers 13 heures qu'en plein après-midi ; qu'en pleine saison touristique, il vaut mieux se réfugier à l'intérieur plutôt que de s'asseoir parmi les cuisses rose jambon des passagers hollandais ou allemands ; que le fin du fin, quand on a vingt ans et des moyens, c'est de stationner en double ou triple file, vers 11 heures du soir, devant le Napoléon et de voir courir vers soi deux ou trois visages de porcelaine.

Si vous glissez de l'autre côté du boulevard, juste derrière le chantier de la médiathèque, vous risquez d'apercevoir de grandes ombres furtives, des jupes serrées au-dessus de mollets un peu trop forts, d'équivoques androgynes qui scrutent l'intérieur des automobiles : ce sont les « Brésiliennes » de Nîmes, sur fond de Maison Carrée illuminée et de quai de la Fontaine planqué derrière ses volets clos.

LE DERNIER SPECTACLE

Le 27 octobre 1952, vers 19 heures, des milliers de Nîmois étaient silencieusement rassemblés sur le grand trottoir et la chaussée qui s'ouvrent à l'ouest de la Maison Carrée. Ils commentaient à voix basse un événement terrible. Et pour une fois, ce n'était pas le monument qu'ils contemplaient ; ils lui tournaient même le dos. Un peu hagards, ils regardaient de l'autre côté de la place, leur théâtre qui donnait sa dernière représentation dans un incendie gigantesque. Un théâtre à l'italienne du XIXe siècle, ça brûle bien : ce n'est que bois, charpentes, toiles, velours et étoffes. Non, ce soir-là, personne ne regardait la Maison Carrée, mais une autre colonnade, celle que cent cinquante ans plus tôt on s'était décidé à bâtir, comme une réponse — ou un repoussoir ! — à celles, incomparables, des Romains.

Bel Canto

En un siècle, le théâtre était devenu à la fois un paysage urbain familier mais aussi un lieu sacré du chant lyrique pour cinq générations de petites gens. Et le voilà qui brûlait : non pas à grandes flammes. Ce qu'on voyait, c'était un immense souffle rouge, une colonne de braise qui montait droit vers le ciel, derrière les dix colonnes simili-ioniques. Comme si, dans un creux caché là derrière, des machinistes infernaux s'activaient pour un dernier effet dramatique. On pleurait dans la foule en regardant les efforts inutiles des pompiers : Il ne devait pas y avoir une personne présente qui n'ait, un jour, pénétré dans ce théâtre : pour une représentation scolaire, pour un gala de danse, pour une tournée parisienne, pour un bal — on couvrait alors les fauteuils d'orchestre d'un plancher qui rejoignait la scène —, pour quelque opérette marseillaise ou un vaudeville bien vulgaire ; mais surtout, avant tout, pour l'Opéra. Dans l'éducation des Nîmois, les musiques de l'Opéra italien et français du XIXe siècle, les voix, les chœurs, tiennent une place essentielle.

Lorsque l'architecte Meunier avait bâti ce théâtre, à la suite d'un concours, le style néo-antique, genre Odéon, battait son plein. La colonne était à la mode. En fait, à la suite d'ennuis financiers, la colonnade du théâtre ne fut terminée qu'en 1827 alors que la salle fonctionnait déjà depuis huit ans. La scène était l'une des plus vastes de France ; et dans les glaces du foyer, ses dorures et ses velours, le peuple nîmois se donnait plusieurs fois par semaine l'illusion du luxe. Le théâtre, avec ses moulages de plâtre, ses boiseries, ses balcons, ses loges, ses baignoires, devint comme partout en Languedoc l'image projetée de la ville : Stendhal, Visconti, Balzac nous ont habitués à ces représentations où le spectacle de la salle et les affaires qui s'y traitent comptent autant que le drame de la scène. Dans un décor qui n'était pas si différent de celui de La Fenice, ce n'étaient pas les aristocrates vénitiens, les officiers autrichiens et les révolutionnaires italiens qui s'exhibaient, mais les propriétaires terriens des environs, en train de se reconvertir à la vigne, les industriels du textile, les spéculateurs sur les nouveaux chemins de fer ; et, dans les étages, une population ouvrière du vêtement, de la chaussure ou du cuir.

Il y a à peine cent ans, ce public dirigeait pratiquement l'Opéra : après trois représentations, il votait pour accepter ou refuser les ténors, barytons, basses, chanteuses légères ; mais aussi, dans le domaine de l'art dramatique, il agréait ou renvoyait jeunes premiers, soubrettes, grands premiers rôles comiques et troisième amoureux... Et les éléments engagés constituaient la troupe pour l'année. Situation inimaginable de nos jours, tant de la part d'un directeur que de comédiens, mais qui prouve combien ce qui se passait dans ce théâtre appartenait à la cité. Inimaginable aussi, ce cahier des charges, qui exigeait que Nîmes ait une troupe permanente capable de jouer le grand opéra, l'opéra-comique ; et une autre pour le drame, le vaudeville ; plus un orchestre de quarante-quatre musiciens et un chœur de vingt-sept personnes.

Le directeur s'obligeait à un spectacle tous les lundis, mardis, jeudis, samedis et dimanches. Soit à peu près cent quarante représentations pour une saison. Pendant toute la fin du XIXe siècle, les spectacles populaires, du genre roman-feuilleton, étaient joués devant des salles combles, à moitié prix. Il y a cent ans, le répertoire c'était *La Tour de Nesles*, *La Voleuse d'enfants*, *Les Pirates de la savane*, *Le Bossu*, *La Poissarde*, *Les Chevaliers du brouillard*, *Marianne ou la vivandière de la 84e brigade.* Les acteurs que l'on reconnaît et que l'on interpelle ; un public qui intervient, soupire, crie, frémit, participe à l'action : un théâtre vivant, avec une réelle fonction dans la cité. On joue même parfois la pièce d'un auteur local, comme *Le Mazet*, peinture de mœurs locales de M. Gazay.

Les plus grands acteurs ont joué sur ce brasier, devant lequel à présent pleurent des milliers de Nîmois : Talma en 1818, Mademoiselle Mars en 1823, Marie Dorval en 1836, Coquelin en 1867, Sarah Bernhardt en 1882, qui y interpréta à deux jours d'intervalle *La Dame aux camélias* et *Hernani* ; Mounet Sully, en 1892 ; et même Raimu qui vint y jouer *La Petite Chocolatière.*

La colonne de feu soudain rebondit plus haut : c'est le lustre qui vient de s'effondrer. Tous ceux qui sont là, ce soir d'octobre, savent que depuis longtemps le rideau de scène a dû se calciner : il représentait un autre immense rideau rouge et or dont les larges plis s'ouvraient sur un paysage nîmois mythique : la Maison Carrée, la Tour Magne, les Arènes et même le Pont du Gard, regroupés en un paysage romantique. C'est en contemplant ce paysage idéal qu'ils attendaient de satisfaire leur passion. Le public du lyrique à Nîmes, de père en fils, était devenu « aficionado », avec des passions, de violents rejets, des partis pris atroces, des cris de joie. On n'est pas loin de la passion amoureuse, sinon sexuelle. Dans ce décor rouge et or, de vieilles sauvageries reparaissent. L'œuvre dans son économie générale, la qualité du décor, de la mise en scène, parfois les chœurs, étaient choses secondaires à côté de l'éjaculation suprême du grand air poussé, du contre-ut lâché. Chéreau et Vitez seraient bien surpris de voir apporter sur scène, comme cela se fit parfois dans ce théâtre, une tasse d'infusion à un ténor enrhumé avant qu'il n'entame son morceau de bravoure. L'Opéra nîmois de la première moitié du XXe siècle a été plus souvent celui de la Castafiore que celui de la Callas. Vedettes mises à part, on sait d'ailleurs tout de la vie des choristes, danseuses et musiciens engagés pour la saison : leurs dettes, leur passé, leurs amants. Même théâtre brûlé et colonnade disparue, certaines voix restent encore des mythes nîmois : Mado Robin dans l'air des Clochettes de *Lakmé*, Geori Boué dans celui des Bijoux du *Faust* de Gounod. Les noms de Georges Thil, Raoul Jobin, Michel Dens restent sacrés.

Dans ce théâtre en flammes et étincelles, *Le Barbier de Séville* a été créé presque en même temps qu'à Paris ; les œuvres d'Offenbach, les grands opéras de Verdi ont suivi de très près leur présentation dans la capitale. Un an après la création de *Louise*, Gustave Charpentier vint assister à la première nîmoise tant était grand le succès de son ouvrage. « Tu ne peux pas te figurer le populo qui avait pris la salle d'assaut, écrit un Nîmois à son ami ; tous les cordonniers de nos faubourgs étaient descendus. C'était plus curieux à voir que le spectacle. Et des cris, des vociférations et des "A pas pagua !". Enfin, un vacarme insensé, un potin digne du royaume de Lucifer. »

Le bâtiment du théâtre lui-même était devenu un poste d'observation privilégié. Sur une terrasse à gauche de son perron, un café occupait une position dominante au-dessus de la place et du départ des boulevards. De là, pendant toute la première partie du siècle, dans cette ville qui n'a pas encore cent mille habitants, quelques bons Nîmois guettent leurs concitoyens et en font des gorges chaudes. Grand foyer de rumeur que ce café de la Comédie. Pendant plus d'un siècle, il a été un foyer politique et journalistique. Des journaux satiriques y ont leur siège ; la franc-maçonnerie, dit-on, y règne. Des caricaturistes, des échotiers locaux y échangent informations et ragots. Cela parfois confinait à la diffamation. On était dans les années 1920 ; et pour peu qu'une personnalité en vue fît une entorse à la morale ordinaire, elle pouvait s'attendre à être publiquement épinglée : ainsi ces « échos » : « Le rusé chasseur parti de chez lui, rue C..., le 14 au soir, afin de faire l'ouverture et qui a passé la nuit pas très loin de la gare en compagnie d'une blonde peu farouche, a-t-il eu assez de munitions ? », ou bien : « La charmante demoiselle qui a été vue mercredi soir, à 9 heures au mont Duplan en compagnie d'un membre dirigeant d'un de nos plus grands clubs sportifs, est priée de changer ses jours de rendez-vous, sous peine d'être poursuivie pour "détournement de meneur". » Ce n'est pas très fin, mais cela peut devenir redoutable.

Ce théâtre-là fut finalement pendant un siècle et demi beaucoup plus qu'une salle de spectacle : en février 1848, les jeunes gens républicains de la ville l'envahirent et exigèrent que le public chantât la *Marseillaise*. Le 1er octobre 1854, en pleine représentation, le régisseur du théâtre vint annoncer la victoire de l'Alma en Crimée et le public hurla : « Vive l'empereur ! » En 1864, une pièce d'Émile Augier, *Le Fils du Giboyer*, considérée comme anticléricale et violemment outrageante pour le catholicisme, venait de faire en France une tournée agitée lorsqu'elle arriva à Nîmes. La représentation du 3 février au théâtre prit des allures de siège : fantassins l'arme au pied sur le péristyle, gendarmes à cheval sur la place, foule nettement hostile autour de la Maison Carrée. Il fallut charger sabre au clair un cortège qui envahissait l'actuel boulevard Victor Hugo, tandis qu'à l'intérieur, le parti républicain et protestant avait pris toutes les places. Ce fut encore dans le théâtre que fut célébrée par un immense banquet officiel la reprise des courses de taureaux « à l'espagnole ». De Frédéric Mistral à Louis Blanc, innombrables sont les idéologues, les chefs de clans ou de partis qui ont pris la parole sur cette scène. Le théâtre de Nîmes croisait la vie des citoyens comme celle des mélomanes, celle des mondains comme celle des érudits.

Il n'était pas une innocente distraction : dans un contexte où protestants et catholiques se massacraient encore en 1815 et en 1830, il faudra quarante ans après la création parisienne pour que l'opéra des *Huguenots* soit représenté. Décrivant Nîmes vers 1840, un pasteur voyageur a une phrase révélatrice : « Le plaisir et la dissipation ont aussi leurs temples. Parmi ces lieux de réunion, le plus remarquable est sans doute le théâtre construit sur les plans de Meunier, dont le style est simple et majestueux mais qui a le tort d'être trop près de la Maison Carrée. » Le théâtre comme « lieu de dissipation », voilà bien le sentiment de la part protestante de la population.

Ce qui meurt ce soir-là comme sur un bûcher, ce sont des traditions, des mentalités, des souvenirs, de l'Histoire ; mais aussi pas mal de préjugés, de mauvais goût, de privilèges... Pour l'instant, les Nîmois pleurent...

Le crime d'Éva

Ce soir d'octobre 1952, lorsque le chef d'orchestre, venu répéter seul au piano les prochaines partitions, entendit des crépitements derrière le rideau de fer, lorsque au même instant, le chef électricien du théâtre qui habitait sur place perçut une petite explosion, se précipita et vit les flammes s'emparer des cintres au-dessus de la scène, la saison lyrique venait de commencer. La veille, une « idole » des Nîmois avait chanté en matinée dans son rôle vedette : Mado Robin dans *Lakmé*. En soirée, on avait donné *Les Pêcheurs de perles*, avec un jeune baryton qui allait devenir l'un des grands chanteurs français : Ernest Blanc. Ce lundi, c'était relâche : ni répétition, ni travail technique. Le théâtre était presque vide. Dans l'après-midi, pourtant, quelqu'un est venu voir le directeur : une choriste, Éva Closset. Elle a été engagée en début de saison, en même temps que son beau-fils, qui vit avec elle. Au bout de quelque temps, le talent de celui-ci a paru si insuffisant qu'il est remercié. Éva Closset s'est démenée, a multiplié les démarches. Elle a même réussi à provoquer une nouvelle audition. Mais le jeune homme doit décidément être un très mauvais chanteur : il est définitivement repoussé. Éva essaie encore de voir le directeur, elle tempête. La légende veut qu'à la fin, un secrétaire imprudent lui ait répondu : « Si vous n'êtes pas contente, vous n'avez qu'à mettre le feu au théâtre. »

Le 27 octobre, c'était sa dernière tentative : le directeur l'a reçue, mais c'était pour lui remettre une somme de dédommagement pour son protégé ; ensuite, il lui a fait traverser le théâtre vide vers les loges des choristes pour qu'elle y reprenne les affaires du jeune homme. Il n'y a plus d'espoir. Destin : au moment où ils traversent le plateau, l'employé qui reconduit Éva Closset est appelé ailleurs et laisse la chanteuse toute seule. Dans un coin, des décors sont entassés : toile, papier huilé, peinture, boiseries : comment ne pas penser à ce qui doit se passer en cette femme mûre, qui a toujours eu de vagues ambitions artistiques, qui a dû renoncer à une carrière de modèle à cause de son embonpoint, qui n'a pas eu une voix suffisante pour être une véritable chanteuse et doit se fondre dans l'anonymat des chœurs ? Dans son sac, elle a une bouteille d'alcool à brûler. Préméditation ? Pas du tout dira plus tard la dame : c'est pour une lampe à alcool dans la chambre meublée qu'elle occupe à deux pas du théâtre : rue de la Maison Carrée. Éva vide sa bouteille en deux points du décor, craque une allumette et court vers la sortie.

En mettant le feu à l'un des plus beaux opéras du Midi, brûle-t-elle aussi sa carrière ratée, ses ambitions déçues et l'échec de sa vie ? Joue-t-elle son dernier rôle ?

Non, car il lui restait à assumer sa responsabilité. Cette femme passionnée et emportée le fut aussi dans le remords. L'étendue de l'incendie, son retentissement dans la ville la bouleversèrent. Elle pouvait les mesurer : elle était là, dans la foule. Elle alla dire son désarroi au curé de l'église la plus proche, Saint-Paul. Celui-ci lui conseilla de se dénoncer. Comme s'il fallait encore à son histoire des formes dramatiques, Éva Closset s'accusa en effet, par deux lettres anonymes qui arrivèrent au commissariat le mercredi 29. Et comme on ne venait pas la chercher, ce fut Éva elle-même qui, dans l'après-midi du jeudi, se rendit à la police. Dès lors, la ville tenait le bouc émissaire qui venait de la priver d'une partie de sa mémoire. Peu de personnages ont dû, au cours de l'histoire de Nîmes, être l'objet d'une telle hargne. Les faits divers passent, le geste d'Éva Closset reste : elle est guettée au fond de sa prison ; ses sorties vers l'instruction sont huées. Son procès, qui a lieu au mois de juillet suivant, est suivi avec passion : le public — pour une fois celui du Palais de justice est aussi celui de l'Opéra — attend la coupable pour hurler. La salle d'audience est comble. Les musiciens et artistes lyriques se sont portés partie civile ; l'avocat général demande vingt ans de travaux forcés. L'avocat, Me de Montaud Manse, figure nîmoise et camargaise très connue, lié lui aussi à cent ans de tradition théâtrale, fait une plaidoirie éblouissante. Pour un peu, il remercierait Éva d'avoir permis la construction d'un théâtre neuf. Non sans avoir tout de même reproché au passage à sa cliente d'avoir détruit la loge dans laquelle ses propres grands-pères et grands-mères se délectaient aux belles voix. Toute la mentalité nîmoise est là !

La condamnation d'Éva Closset à sept ans d'incarcération fut considérée comme un scandale judiciaire et une victoire de la défense. Elle sortit de prison dans la fin des années 50 ; il y aura encore des Nîmois pour s'en indigner. Au début des années 80, sa mort lointaine, en Belgique, fut annoncée par les quotidiens locaux comme un événement.

Trente-deux ans plus tard, un jour d'octobre 1984, dans la très antique Maison Carrée, une dizaine de maquettes ultra-contemporaines sont exposées : les vieux murs qui ont été l'objet de tant d'outrages n'en reviennent pas : les matériaux prévus sont le verre, l'acier et le béton ; les formes vont de la tour de Babel au cube enfoncé en terre, du palais transparent au village lunaire. Des hommes et des femmes tournent là autour : un jury chargé de choisir, après un tiers de siècle d'hésitations, ce qui, juste en face, sur le terrain vague de l'incendie passé, va remplacer le théâtre. Il y a là les projets de bâtisseurs internationaux ; les meilleurs ; les plus proches des techniques et de l'esprit de cette fin de XXe siècle. Ceux qui bâtissent New York, Tokyo ou Bombay ; et qui ont accepté d'affronter l'incomparable bâtisseur de la Maison Carrée. Il était temps.

Vous avez dit « colonnes » ?

Car, au fond, Éva Closset avait raté son coup : le théâtre avait sombré corps et biens dans un gouffre d'étincelles, mais il restait sa façade ; sa façade et, surtout, sa colonnade. La choriste amère avait brutalement signé la fin d'une ère qui de toute façon se serait lentement close. Les nouveaux codes de l'art lyrique, l'intervention des metteurs en scène prestigieux, les statuts des artistes lyriques ont depuis trente ans complètement changé le paysage lyrique européen. L'Opéra tel qu'on l'aima dans cette ville et dans ce bâtiment de père en fils pendant un siècle et demi, était destiné à disparaître. Oui mais voilà : les colonnes ioniques, elles, étaient restées ; et la volée de marches qui y conduisait ; et même la façade avec ses lourdes portes de bois qui n'ouvraient plus que sur des flaques, un peu d'herbe, un terrain vague en pleine ville. Et ces deux colonnades : la magique, la voluptueuse, la miraculeuse colonnade de la Maison Carrée, et la lourde, sans grâce, la colonnade raide comme un censeur et grise comme un exercice de style, du théâtre brûlé, restèrent face à face, constituant un paysage urbain, une perspective assez agréable d'ailleurs, que personne n'osait toucher. Oui, Éva Closset avait raté son coup, parce que la colonnade du théâtre devint receleuse de toutes les nostalgies, de tous les souvenirs familiaux, des regrets d'enfance et des conservatismes viscéraux. En plus de trente ans, gauche, centrisme, droite libérale et communistes ont tour à tour élaboré des projets, commandé parfois des plans, exposé maquettes et schémas ; puis ont hésité au moment de lever la pioche sur les colonnes sacrées : des pétitions, des menaces, des pleurs et surtout des comptes électoraux paralysèrent les initiatives. On murmure qu'il y a une vingtaine d'années, un maire nîmois avait décidé de faire table rase. Il devait faire son coup au petit matin, et tel un roi de Shakespeare, frapper avant que l'ennemi ne s'éveille ; les bulldozers étaient commandés, l'entrepreneur à pied d'œuvre. Aux premières heures, dit-on aussi, après une nuit tourmentée de coups de téléphone mystérieux qui lui prédisaient la ruine de sa carrière politique non seulement locale mais nationale, le maire décommanda l'opération.

On parla même du sexe des colonnes : un académicien démontra que l'ordre ionique de la colonnade du théâtre était d'ordre masculin, tandis que l'ordre corinthien de celle de la Maison Carrée était féminin, et que l'on allait détruire là un équilibre vital. Et voilà pourquoi il fallut attendre cet octobre de 1984 pour qu'une décision soit prise, et janvier 1987 pour que les sacrées colonnes disparaissent — encore avait-il fallu en numéroter soigneusement les pierres pour que les Nîmois conservent l'illusion que l'ensemble existait encore quelque part, et qu'un jour, peut-être, on le verrait resurgir comme une construction enfantine sort d'un Meccano.

Le pari de Norman Foster

A la place, Nîmes vient de faire un pari : retrouver dans des matériaux et des techniques du XXe siècle un bâtiment aussi prestigieux et aussi culturellement signifiant pour toute la France méditerranéenne que l'étaient le sanctuaire de la Source ou le Forum. Mutation des générations, mutation des cultures : les Nîmois vont échanger leur théâtre du XIXe siècle contre la lecture et l'art contemporains. Le chantier qui, jusqu'à la fin des années 80, occupera l'ouest de la Maison Carrée est l'un des plus ambitieux des grands travaux français actuels : une médiathèque, associée à un centre d'art contemporain. Huit étages : quatre dans le sol, quatre au-dessus, de façon à ne pas écraser la fragile beauté du Temple de Caius et Lucius. Une bibliothèque-vidéothèque-artothèque, où l'on prêtera du son, de l'image, et les livres de la très riche bibliothèque municipale jusqu'alors menacée d'embolie ; et un musée qui présentera, en liaison avec une École des beaux-arts tout à fait à l'avant-garde des recherches actuelles, des expositions temporaires et des collections permanentes. Ce mariage culturel a déjà fait surnommer le lieu, « le Beaubourg nîmois ». Architecturalement, il n'aura rien à voir avec le Centre Pompidou, même si ses destinations sont un peu semblables.

Ce jour de 1984, le jury réuni dans la Maison Carrée, choisit, parmi les maquettes, le projet de Norman Foster, un Britannique qui bâtit dans le monde entier, l'auteur du centre Renault à Swindon, de la Shangaï-Bank à Hong Kong : un jongleur avec la lumière ; un passionné des matériaux neufs, des plastiques, des aciers spéciaux, des mécaniques complexes et raffinées. Il est celui qui réussit à rendre les boulonnages légers, les voûtes de béton aériennes et les espaces intérieurs lumineux. Presque entièrement transparente, animée d'ascenseurs eux-mêmes cristallins, la médiathèque devrait être, en elle-même, un spectacle. Mais aussi, proche de plusieurs lycées, en plein quartier touristique, et sur le passage obligé des trois-quarts des Nîmois, cet ensemble, avec ses salles de lecture, ses espaces d'exposition, sa cour intérieure modulable à ciel ouvert, risque de devenir le lieu des rencontres et des agitations intellectuelles, des contemplations et du travail. Et ses terrasses offriront sur la ville et sur la Maison Carrée une vue incomparable. En attendant, il faut rôder autour des hautes palissades qui cernent le chantier. Une raison pour revenir dans la ville vers 1990.

TOUR DE BOUL'

Entre la médiathèque en devenir et la Maison Carrée ressuscitée, passe la chaussée. Au-delà et en deçà, de beaux arbres, de larges trottoirs : on est là sur la couronne de boulevards si caractéristique de Nîmes, et qui contribue essentiellement à sa beauté urbaine : à mesure que la ville démolissait ses remparts devenus inutiles, elle les remplaçait par ces promenades qui tracèrent autour de la vieille ville un cercle continu. On eut l'intelligence d'harmoniser leurs proportions — maisons, trottoirs et pavements — avec celles des monuments. On les planta de platanes et de micocouliers qui, après plus d'un siècle, encerclent la ville ancienne d'une verdure continue ponctuée de quelques squares. Si bien que l'on peut en faire le tour et retrouver son point de départ sans jamais avoir éprouvé la proximité oppressante de la circulation ou la chaleur, accablante l'été, des espaces trop ouverts. Montpellier a sans doute plus de beaux hôtels particuliers, Avignon est plus confite de jardins de cardinaux, Arles a des places secrètes incomparables ; mais aucune de ces villes ne peut offrir cette logique citadine, cette clarté de plan, ce centre ancien débarrassé de la circulation par sa ceinture d'avenues. On dirait qu'un architecte exceptionnel, plus habité de l'humain et de l'harmonie que de théories sociologiques, a réussi d'un coup le dessin général nîmois. C'est une nécessité inventée année après année pendant deux mille ans. Le cercle des boulevards, précisément parce qu'il favorise la promenade, a créé des rites urbains. Que de jeunes gens y ont débattu, tard dans la nuit, marchant comme si leurs pas repassant aux mêmes carrefours favorisaient leur découverte du monde. D'autres parcourent plus lentement le cercle : de vieux messieurs qui se connaissent depuis quarante ans et agitent au rythme de leur promenade régulière les dernières nouvelles de ces profondeurs citadines qu'ils sont seuls à connaître : ils parcourent lentement l'anneau, se tenant parfois par le bras, comme s'ils craignaient que leur interlocuteur ne leur échappât, pareils à ces vieux Vénitiens qui arpentent vers onze heures la place Saint-Marc, indifférents aux touristes qui coupent leurs trajectoires bavardes.

On fait un « tour de boul' » : lieu d'initiation, de contacts, de relations. Il peut arriver, à Nîmes, que vous connaissiez certaines personnes, uniquement pour les croiser régulièrement sur les boulevards ; que vous ne sachiez d'elles, de leurs activités, de leur réputation, que ce que l'on en dit sur les boulevards. Et que vous les voyiez évoluer et vieillir avec vous, sans avoir eu jamais d'autres rapports que ceux du regard au hasard des croisements.

Mais ce cercle a aussi ses repères et ses territoires : le boulevard de l'Esplanade, dit boulevard de la Libération, n'est qu'un lieu de passage, et d'attente des bus, devant le Palais de justice. Mais la terrasse du café Le Palace devient vers midi le repaire des avocats, des commerçants du quartier et de quelques notables de l'Hôtel de Ville. Et un peu plus loin, le café de l'Esplanade fut pendant toute la première moitié du siècle un poste d'observation privilégié de la vie nîmoise. Il faudra y revenir. Le boulevard Amiral-Courbet, peut-être parce qu'il commence par un Prisunic et s'achève par un cinéma à plusieurs salles qui préfère Rambo à Visconti, est le plus prolétaire. Longtemps, une rivalité un peu hargneuse opposa les lycéens du boulevard Victor Hugo aux jeunes apprentis, ouvriers et vendeuses du boulevard Amiral-Courbet.

Foot

C'est sur ce boulevard, au café de l'Industrie, que se tient le siège de l'équipe de football locale : le Nîmes-Olympique, presque en face de la rédaction locale du quotidien *Midi Libre* : deux institutions nîmoises.

La passion du foot, à Nîmes, a été à peine moins grande que celle de l'Opéra et du taureau. Pendant les années 50, Nîmes-Olympique a été l'une des toutes premières équipes françaises dont la gloire coïncida, malheureusement pour elle, avec celle de l'équipe de Reims. Sur ce boulevard Amiral-Courbet, les joueurs de l'équipe étaient les vedettes de la ville ; reconnus, poursuivis, menant, comme les chanteurs et chanteuses de l'Opéra des vies qui ne pouvaient être que publiques et dont on connaissait les tribulations intimes. Nîmes-Olympique alla deux fois en finale de la Coupe de France et resta longtemps dans les premières places du championnat national. Ses rivalités avec la voisine équipe d'Alès prirent parfois les dimensions de la haine. Un peu comme pour l'Opéra, le coût des grandes équipes qui ne peut être assumé que par de très grandes villes ou par des capitaux privés comme la région n'en possède pas, réduisit considérablement la force et la réputation du club. Qui n'en reste pas moins, par son école de football, une pépinière de jeunes joueurs ; le lycée Daudet, par ailleurs, possède l'une des trois ou quatre sections françaises de sport-études, spécialisées dans le foot : de très jeunes espoirs viennent s'y inscrire de fort loin. Ces prémices, et la construction en cours, au sud de la ville, d'un grand stade rendront peut-être à Nîmes-Olympique sa pleine gloire.

Midi Libre *for ever*

En face du café de l'Industrie se trouvent les locaux de *Midi Libre*. *Midi Libre*, à Nîmes, au même titre que la mairie ou l'évêché, est une institution. C'est, à sa manière, un phénomène culturel : des milliers de Nîmois qui n'ouvrent ni livre ni revue le lisent chaque matin : de la grand-mère qui l'épluche en commençant par les décès jusqu'aux nouvelles des villages, aux petites annonces et au feuilleton ; à celui qui commente les pages sportives en faisant son tiercé au bar Pantel ; ou au sexagénaire qui soupire à haute voix sur les dernières innovations annoncées ; ou bien encore au politicien local qui pèse commentaires et déclarations et mesure la place accordée à chacun ; chaque Nîmois est concerné, et chacun le sait. On lit *Midi Libre* pour applaudir ou s'indigner, pour dire qu'il n'y a rien à lire ou pour approuver le feuilletonniste, pour insulter le critique taurin ou apprendre les dernières nouvelles du lyrique ; et surtout, peut-être, pour ces échos, comme au hasard des pages locales : ceux qui vont vous apprendre que votre voisin a eu l'ordre du Mérite, que cet autre a gagné un concours de boules ou qu'un tel part à la retraite. De ces nouvelles qui font la substance des relations humaines dans une ville. Il suffit de ne pas l'acheter un jour pour rater le détail local, l'information infime qui vous manqueront ensuite dans vos relations et votre compréhension de la cité. Si vous voulez être connu à Nîmes, mieux vaut un article dans la chronique locale ou régionale de *Midi Libre* qu'un pavé dans *Le Figaro* ou *Le Monde*. Et au moindre écho de vos activités, qu'elles soient viticoles, commerçantes ou culturelles, vos amis vous arrêteront en disant : « J'ai vu dans *Midi Libre* que tu... »

Ce quotidien n'est ni le mieux mis en page, ni le plus clair, ni le plus impartial des journaux de province ; mais le patchwork qu'il propose est celui-là même des mentalités, des activités et sans doute des cultures profondes de la région. Ce n'est pas la splendeur de leur ville qu'y cherchent les Nîmois, ni ses épaisseurs historiques, mais sans doute leur propre image ambiguë.

Hôtels du Nord

Ensuite, les remparts tournaient vers la gauche ; cela a donné deux boulevards successifs : le Grand-Cours et le Petit-Cours, qui devinrent le boulevard Gambetta. C'est le boulevard du nord, le moins ensoleillé, le plus venté ; celui où le mistral gèle en hiver. Longtemps il a été le cours le moins fréquenté ; on l'appelait le « boulevard des veufs ». Il porte cependant quelques beaux hôtels particuliers du XIXe siècle ; ce sont pratiquement les négociants en bas, châles et soies des années 1840 qui ont tracé ce cours, sur des terrains relativement neufs et à l'écart. Là, on fit assaut de fastes bourgeois, d'escaliers monumentaux et de façades travaillées. La maison la plus remarquable est au numéro 52. C'est l'ancien immeuble de fabricants de châles puis de tissus de soie, la fabrique Bertrand-Boulla. Le tissu, comme le protestantisme, on les retrouve partout dans Nîmes. Les Bertrand-Boulla sont loin d'être les plus anciens ; leur maison fut fondée vers 1840.

Mais en 1900 encore, leurs produits textiles obtenaient une médaille d'or et étaient mis hors concours à l'Exposition universelle de Paris ; et leurs tissus étaient achetés par les grands couturiers de Londres et de New York. Cette prospérité donne cette façade baroque, ces festons de pierre, ces cariatides voisinant avec des pilastres et des chapiteaux imités de la Maison Carrée — encore elle ! —, et plus haut des fenêtres Renaissance. L'ensemble est beau pourtant, pour qui aime les fastes rococo. La même famille a fait dresser dans le cimetière catholique un tombeau tout aussi travaillé, et fort peu connu : une grande mosaïque dressée y célèbre l'industrie textile de la ville, en une allégorie colorée : suite normale aux pavements des notables romains.

Quant au numéro 38 du même boulevard, il offre une splendide cage d'escalier monumentale : oh, ce ne sont pas les raffinements discrets des très vieux hôtels particuliers du centre de la ville, mais l'ampleur de l'ambition, la volée des étages, a tout de même quelque grandeur.

Le boulevard Gambetta s'achève par un square, le square de la Bouquerie, du nom d'une ancienne porte de la ville. Que l'on n'aille pas croire qu'il s'agit de la porte des Boucs : seulement de l'entrée par laquelle arrivait la viande des Cévennes ; et le quartier, donc, de la « boucherie ». De là, on aperçoit le canal de la Fontaine, l'empereur Antonin saluant sur son socle, et au loin la Maison Carrée. Vous voici à l'entrée de la plus belle avenue de la ville, la voie royale qui conduit de la Maison Carrée aux Arènes : le boulevard Victor Hugo.

Le boulevard bien tempéré

Pourquoi a-t-il un tel charme ? Bien sûr, c'est le passage touristique obligé, bien sûr, toute manifestation sortie des Arènes se déverse là. Mais les maisons n'y sont guère élevées ; les façades peu travaillées. Au plus trois étages d'une architecture ordinaire. Le charme est ailleurs. Il tient aux proportions : l'été, ses arbres joignent leurs branches par-dessus la chaussée et forment une voûte vert tendre : de la Maison Carrée, on peut apercevoir au bout de ce tunnel tranquille les premières arches des Arènes. Son orientation, pas tout à fait nord-sud, dévie les grands coups glacés du mistral d'hiver, mais le protège à chaque heure du jour des verticales du soleil : Victor-Hugo, c'est le boulevard bien tempéré.

Et puis, il réunit des commerces anciens, qui ont, comme on dit, pignon sur rue, depuis au moins trois générations : vous trouverez sur le boulevard Victor Hugo l'un des meilleurs liquoristes de la ville : ses whiskys, ses cognacs et ses champagnes sont sans reproche. Mais à deux cents mètres de là, derrière l'église Saint-Paul, une autre cave où on vous vendra les très bons Côtes du Rhône du nord du département, dont le meilleur rosé de France — Gault et Millau dixit —, le Tavel, et le blanc remarquable de Laudun, à des prix tout à fait raisonnables.

Sur le Victor Hugo encore, l'un des trois meilleurs chemisiers, l'un des meilleurs maroquiniers, et la maison de papeterie la plus ancienne et la plus cossue. Presque en face, un vieux monsieur, avec une courtoisie d'un autre âge, vous proposera des cartes introuvables, du ciel, du Parc des Cévennes, ou de la campagne nîmoise au 25/1000e. Ajoutez-y quelques façades de banques XIXe siècle qui prouvent que le capitalisme triomphant du Second Empire a prospéré aussi à Nîmes, et vous devinerez la quiétude bourgeoise, la tranquillité des vieilles certitudes. Il faut le parcourir vers neuf heures du matin, dans la lumière blanche, quand les commises arrosent et balayent devant les vitrines ; ou à midi pile, quand les banques, la mairie, le lycée laissent grouiller employés et étudiants sous les arbres ; ou le soir, vers 18 heures, lorsque les mêmes prennent le temps de flâner un peu avant de rejoindre des ZUP ou des lotissements. Il y a alors sur le boulevard une effervescence heureuse, comme si ces gens ordinaires, employés à des tâches banales, prenaient soudain conscience de jouer leur partie dans le décor un peu miraculeux d'une ville de haute civilisation.

THÉLÈME 87

Mais le boulevard Victor Hugo est d'abord celui des lycéens. Ce sont eux qui donnent à ces trottoirs cet air de fête tranquille. L'aire de sport que Caius, prince de la jeunesse, avait offerte à Némausus, se trouvait sans doute sur l'emplacement de l'actuel lycée Daudet ; et en 1987, les princes de la jeunesse dégringolent les marches du lycée ; traversent aussitôt en narguant les automobilistes : l'essentiel se passe de l'autre côté ; et si beaucoup vont vers leurs arrêts d'autobus ou s'enfoncent dans les ruelles du centre, un bon nombre investissent le boulevard. Vers le café de Lyon, le plus proche ; vers la boutique de hamburgers voisine, quartier général des crêtes, brosses noires, yeux caves et bouches écarlates. Le reste se répand vers les cafés proches de la Maison Carrée ou vers la Petite Bourse, le bar légendaire, proche des Arènes.

La bonne abbaye

Le boulevard Victor Hugo peut tenir une place capitale dans la vie d'un jeune Nîmois : c'est là qu'il ébauche ses liens sociaux, qu'il compare ses modes, gagne sa liberté d'adolescent. Le poids du lycée Daudet dans la ville s'impose sur ce boulevard. Il suffit de longer son immense façade — plus d'un tiers de l'espace entre la Maison Carrée et les Arènes — pour apprécier son importance à la fois urbaine et sociale. Si, entre les lycéens qui surgissent par la grande porte, vous guettez l'intérieur de cette cité dans la ville, vous apercevrez un grand hall planté de colonnes et au-delà, une trouée de lumière et de verdure sur fond de galeries à arches. Portées par de légères structures d'acier façon fin du XIXe siècle, ce sont peut-être ces galeries qui donnent au lycée sa sérénité sans tristesse, et cette manière d'en imposer sans écraser, si séduisantes pour ceux qui se laissent prendre à ce piège. Elles courent autour de quatre cours sur cinq et s'ouvrent sur des classes profondes, aux hauts plafonds travaillés en petites voûtes de céramique. Ces classes sont trop sombres ; des barreaux épais les séparent des rues ; la voix y résonne et s'y perd ; et pourtant, là aussi, le charme — au sens fort — l'emporte sur les obscurités, le mystère sur l'incarcération. Au-dehors, la lumière, les feuillages clairs des micocouliers, les touffes des lauriers et le soleil sur certaines corniches, certaines frises et sur les fenêtres hautes des dortoirs. Le génie du lieu impose le recueillement plutôt que la brutalité. Non que tous ces jeunes gens se conduisent en auditeurs parfaits et en candidats bacheliers exemplaires. Mais au hasard de ces couloirs, de ces escaliers souvent monumentaux, de ces cours aux proportions harmonieuses, c'est à un cloître que l'on pense. Et à croiser ces jeunes gens tranquilles, ces couples que la présence des adultes ne dérange nullement dans leur rêve, on se dit que le lycée Daudet est peut-être, en pleine ville, cette abbaye de Thélème à laquelle rêvait Rabelais et qui réunissait dans ses murs le savoir du temps et les plaisirs de la vie. A la fois imposant et délabré, moderne par ses laboratoires de physique et croulant dans sa salle des fêtes, c'est un peu plus que l'un de ces vieux lycées de province qui servent de pépinières aux talents d'une ville. Il n'a que cent ans et sa réputation — on serait tenté de dire « ses » réputations — est à la fois mythique et souvent justifiée. Son emplacement au cœur d'une ville où la latinité ressort partout, sa clientèle de bourgeoisie entreprenante qui l'a longtemps considéré comme le premier instrument de la réussite de ses enfants, une tradition scolaire et universitaire brillante aux racines médiévales, font que le lycée Daudet exerce une fascination certaine. Possède-t-il les meilleurs professeurs ? Obtient-il les meilleurs résultats ? Au moins a-t-il longtemps eu cette réputation, et on intrigue encore pour inscrire ses enfants à Daudet en dépit de la carte scolaire.

Il faut dire que son siècle d'existence plaide en sa faveur : parmi les anciens élèves, Daudet a été le tremplin à de brillantes réussites parisiennes. Des universitaires : Octave Nadal qui renouvela les études cornéliennes, Jean-Pierre Serres qui entra à trente ans au Collège de France ; des hommes d'histoire aussi, et des politiques : le général Salan qui joua les rôles que l'on sait en Indochine et Algérie, Gaston Deferre dont la famille, de petits commerçants protestants, était installée tout près du lycée depuis deux siècles. Des écrivains : André Fraigneau, Jean Paulhan surtout, qui conserva du lycée le souvenir d'une grande tranquillité, mais aussi l'idée fondamentale qu'à quelques siècles près, il aurait pu être Romain ou Egyptien... Plus proche, le Prix Goncourt Jean Carrière, qui y mangeait du papier et buvait le contenu des encriers, et le romancier Christian Giudicelli, qui obtint le prix Renaudot en 1986 et fut dans les années 1950 l'un des meilleurs élèves du lycée. C'est de Daudet aussi que partirent, dans les mêmes années, deux jeunes gens : Jean-Marcel Bouguereau et Gérard Dupuy ; ils voulaient participer à l'aventure d'un nouveau quotidien parisien destiné à renouveler l'image de la presse : leur journal s'appelle *Libération*. Le cinéaste René Allio fut élève à Daudet ; et le caricaturiste Dubout qui se faisait mettre à la porte exprès pour aller toréer des vachettes dans les environs.

Les Trois Gaston

On tient beaucoup, à Nîmes, à compter parmi les anciens élèves les « trois Gaston » : Gaston Boissier, qui fut secrétaire perpétuel de l'Académie française, Gaston Darboux, l'un des plus brillants mathématiciens français du début du siècle, et Gaston Doumergue, originaire du village voisin d'Aigues-Vives, et qui fut président de la République de 1924 à 1931 après avoir été ministre et président du Conseil. Si le lycée a été baptisé « Daudet », c'est à cause des « trois Gaston » : incapables de choisir entre des destinées, des disciplines et des clans aussi divers, les responsables locaux choisirent Alphonse Daudet, Nîmois incontestable, mais qui n'avait jamais été élève au lycée... et n'avait pas le bac. Il est vrai que les trois Gaston n'ont pas été élèves non plus dans ce lycée-là. Élèves du lycée de Nîmes lorsqu'il était situé dans un autre bâtiment, oui ; élèves dans cet établissement qui ne commença de fonctionner qu'en 1883, impossible. Ils avaient tous trois plus de vingt ans !

Parmi les professeurs illustres ayant enseigné sous ces voûtes sonores : Édouard Daladier dans ses débuts ; le philosophe ami d'Alain, Michel Alexandre, qui marqua de sa pensée toute une génération de Nîmois et dont vous parleront encore avec reconnaissance quelques octogénaires ; et l'écrivain Maurice Clavel, qui à dix-huit ans fit là ses premières armes avant de s'engager dans la Résistance.

Ernest Denis

Le lycée Daudet porte encore dans ses structures et ses amitiés la trace de l'une des aventures intellectuelles et politiques les plus étranges du siècle, celle d'Ernest Denis. Denis, qui avait fait toutes ses études à Nîmes, devint l'historien du peuple tchèque, et en particulier de l'époque à laquelle il perdit son indépendance dans la bataille de la Montagne Blanche, près de Prague. Sommes-nous loin de Nîmes ? Non, car ce Nîmois, qui sait à quoi s'en tenir en fait d'oppression religieuse, définit l'histoire de la Bohême comme celle « d'une religion d'État étouffant toute pensée indépendante ». Ernest Denis ne se contente pas de commenter les années 1600. Il mène un vrai combat pour que la Tchécoslovaquie moderne retrouve son indépendance et son originalité culturelle. Un combat politique, aux côtés de personnages comme Mazarick. Vers 1917, il participe à l'organisation d'une armée slave en France ; il fait pression sur le gouvernement français pour que soient reconnus les droits des Tchèques à l'indépendance. En octobre 1918, l'Allemagne vaincue, cette indépendance est proclamée. Le peuple et le parlement tchèques sont si conscients de l'action d'Ernest Denis qu'en novembre 1918, ils lui proposent, symboliquement, la présidence de leur première République ; à lui, un Nîmois ! Denis cède la place sous les acclamations à son ami Mazarick. L'histoire de Nîmes est pleine de ces aventures lointaines d'hommes entreprenants.

Après la mort de Denis, en 1921, trois sections franco-tchécoslovaques furent créées dans trois lycées français. Parmi ceux-ci, bien sûr, le lycée de Nîmes, qui désormais accueillit chaque année une dizaine de jeunes Tchèques particulièrement brillants. Disparue pendant la guerre 39-40, la section revint de 1947 à 1949, puis fut supprimée. Mais les liens restent : on peut encore apprendre le tchèque à Daudet. Régulièrement, des lecteurs praguois séjournent dans l'établissement, et les villes de Nîmes et de Prague sont jumelées, ce qui multiplie les échanges et les contacts avec la patrie de Kafka. La gare de Prague porte le nom d'Ernest Denis.

Peut-être, venant du quai de la Fontaine, êtes-vous passé sans y prêter attention auprès d'un buste de bronze jaunâtre et assez hideux ? c'est celui de l'ancien élève du lycée qui faillit devenir président de la République slave. Dans le socle est scellé un coffret : il contient une poignée de terre de Bohême, celle de la Montagne Blanche.

Flash back

Daudet est là, tout auréolé d'une gloire relativement récente, du souvenir des distributions de prix solennelles et des bals légendaires qui se donnaient dans son immense salle des fêtes à présent interdite pour risques d'effondrement. En plein centre ville, en pleine concurrence avec les monuments romains, c'est un symbole superbe et fissuré : l'image peut-être de cette ville qui n'a cessé d'envoyer à travers le monde des hommes étonnants et de se replier parfois étonnamment sur elle-même. Savent-ils, ces jeunes gens en lame de couteau, et ces subtiles jeunes filles, ce que pèsent ces bâtiments et cet emplacement comme charge d'histoire ? Regardent-ils les galeries, les décorations, les colonnes de marbre lorsqu'ils se rendent à la bibliothèque ou dans la salle de documentation ? Si, brusquement, comme dans la *Résurrection de la chair* d'Agrippa d'Aubigné, les morts sortaient de la terre où ils ont souffert et combattu, quel extraordinaire mélange ! Le lycée cache bien son jeu : il s'est passé là des drames bien pires qu'un échec à un examen : il a vécu là des personnages bien plus bizarres que les jeunes gens bon chic bon genre, ou les sages bûcheuses en blue jeans qui chaque matin investissent l'endroit.

Le Palais des Arts

Des indices visibles devraient d'abord nous mettre la puce à l'oreille : il est bien évident que ce hall à colonnes et ce double escalier à la rampe de marbre passent de loin l'architecture ordinaire des lycées, même ceux de Jules Ferry. Étonnants aussi, les hauts reliefs qui, dans la cour d'honneur, décorent le bâtiment de gauche : imitation de frises antiques, chevaux, athlètes, figures sereines... Et sur la droite, l'ampleur un peu monumentale du bâtiment, son architecture, ses rampes et ses balcons de pierre, tout ceci n'a pas été bâti pour des potaches mais pour des artistes. Depuis le début des années 1850, la ville de Nîmes, plus consciente de la richesse de son patrimoine, cherchait à unifier et à classer scientifiquement des collections archéologiques, numismatiques, bibliographiques et picturales dispersées entre la Maison Carrée, le Temple de Diane et quelques maisons particulières. En 1869, une étrange donation obligea les élus, comme toujours prudents, à quelques décisions effectives : un riche Anglais, Robert Grower, laissait en mourant une collection de peintures importante — quatre cent soixante pièces — à sa ville natale de Liverpool. Les riches Anglais, au XIXe siècle, sont, on le sait depuis Jules Verne, toujours excentriques. Celui-ci n'y manque pas : comme il prévoit que Liverpool refusera le legs, il établit une liste de dix villes, cinq anglaises, cinq françaises, auxquelles sera proposé le legs. Les cinq villes anglaises refusent. Sur la liste du Philéas Fog esthétique, la première des villes françaises citées, avant Dijon, Bordeaux, Aix et Marseille, était Nîmes. Sollicitée donc la première, Nîmes envoie une délégation à Aix où se trouve la collection anglaise ; et la donation est acceptée. Ce geste étrange d'un Anglais, qui semble bien n'avoir pas de liens spéciaux avec la ville, révèle quelle importance esthétique Nîmes présentait pour l'Europe érudite et artistique. Mais en 1875, la collection Grower n'est toujours pas à Nîmes : on ne sait pas où la mettre ! Pas plus d'ailleurs que d'autres toiles acquises depuis : la Maison Carrée est toujours un musée à la façon XVIIIe siècle, c'est-à-dire un entassement de tableaux sur plusieurs hauteurs. On adopte alors une idée qui courait depuis plusieurs années : il existe sur le boulevard Saint-Antoine — actuel Victor Hugo — un hôpital général en voie de désaffection. On va le transformer en un gigantesque Palais des Arts digne de la réputation de Nîmes. On trouvera là un musée de peinture, un musée épigraphique et archéologique sous des galeries appropriées, le médailler, la bibliothèque ; on logera les académiciens et autres sociétés savantes qui en ce milieu de siècle positiviste foisonnent. En même temps, on dégagera sur les arrières un quartier populeux et serré. Le hall à colonnes du lycée, les imposants bâtiments perpendiculaires à la façade, leurs frises et leurs balustres, et les salles ornées du premier étage sont le résultat de ce projet.

L'hôpital général

Mais d'autres indices laissent pressentir un autre usage : si on s'éloigne un peu, un jour d'hiver, de la façade du lycée, on aperçoit d'abord une étrange unité : elle est composée de vingt-neuf cintres réguliers, au milieu desquels on paraît avoir percé l'entrée actuelle du lycée et ses quelques marches. La hauteur, les dimensions des fenêtres aux étages sont aussi surprenantes ; et l'on aperçoit, tout en haut, courant sur toute la façade, une série de médaillons sculptés. Ils sont si haut placés que la largeur modérée du boulevard permet mal de les observer. Regardez bien cependant ; ils n'ont de rapport ni avec l'enseignement, ni avec la culture, ni avec l'art : ils représentent des scènes de médecine. C'est, en remontant le temps, le troisième état des lieux : un hôpital. Bâti, ou plutôt rebâti entre 1810 et 1813. Ces bâtiments étaient alors, depuis la fin du XVIIIe siècle, sombres, insalubres et humides : ils constituaient ce que l'on appelait « l'hospice d'humanité ». C'est Napoléon Ier qui, sur un champ de bataille allemand, signa sous une tente l'autorisation d'édifier cette façade, et de rénover les pavillons sur l'arrière. Et ce fut l'architecte municipal et départemental Charles Durand qui en fit les plans. Il imagina donc une galerie à arches, sous laquelle on pourrait installer des boutiques, la location de ces boutiques fournissant des ressources à l'hôpital. Ces arches devaient répondre à celles des Arènes : obsession encore de la romanité qui paraît paralyser plus qu'elle n'inspire les architectes du cru. Durand, en fait, cédait à la mode du temps : néo-classicisme oblige. C'est l'époque où l'on édifie à Paris l'Odéon et la Madeleine ; et la façade nîmoise s'inspira directement de l'Hôtel des Monnaies. Ce Durand était si féru de cette mode-là qu'on finit par l'appeler à Nîmes : « Durand-Colonne ».

Il y a quelques années, pour quelques travaux qui furent entrepris dans une arrière-cour du lycée, il fallut creuser le sol. C'est alors qu'apparurent des ossements humains. Comme on était du côté des cuisines, les pires suppositions pouvaient surgir. Mais les os étaient très anciens ; on se souvint que cet emplacement avait été hospice de charité, ou hôpital général pendant des siècles. Aux XVIIe et XVIIIe siècles, il fut une institution capitale dans la ville ; mais la vocation hospitalière remontait beaucoup plus loin : au haut Moyen Age sans doute, puisqu'en 1592 il est déjà question de le rebâtir après qu'il ait été endommagé par les guerres de religion.

On était aux portes de la ville. De l'autre côté du boulevard, ou plutôt du fossé qui passait là, on trouvait la porte Saint-Antoine, grand lieu de passages marchands. Et tout ce qui se trouvait du côté du lycée était soit auberges, soit hospices.

Normalisation

Mais le moment le plus terrible en ce lieu, celui qui coïncide sans doute le plus avec l'histoire de la société française, se situe après 1679 lorsque l'administration de Louis XIV instaure à Nîmes, officiellement, un hôpital général. Sur cet emplacement où des générations de Nîmois viennent acquérir la culture de leur temps, d'autres, trois cents ans avant, ont vécu des affres tout à fait contraires. Michel Foucault a révélé la mécanique horriblement normalisatrice des hôpitaux généraux du siècle classique. Le règlement de celui de Nîmes suffit à le dire : on crée... « un hôpital général où seront enfermés tous les pauvres mendiants, valides et invalides, de l'un et l'autre sexe, et les orphelins, tant de la religion catholique que de celle de la RPR (Réformés), ensemble tous les enfants exposés de la ville et du diocèse... » Ce qui signifie que l'on pourra enfermer là les enfants « exposés » à un danger moral ; et que, dans cette ville protestante, on pourra arracher à leur famille des enfants en danger d'hérésie. Tout ce monde sera donc reclus dans l'hôpital « pour y être nourri, instruit, et occupé en la manière qui sera jugée la plus avantageuse par les administrateurs ». Arbitraire absolu donc.

« Les filles débauchées seront enfermées dans un lieu particulier séparé des autres, dans l'enclos ou la dépendance de l'hôpital... » Plus loin, on annonce des quêtes « pour commencer l'enfermement des pauvres ». Pauvres, malades, rebelles, hérétiques deviennent gibier pour l'hôpital, et la chasse commence :

« Sa Majesté sera très humblement suppliée de défendre à toute personne, de tout sexe, lieu et âge, de quelque qualité et naissance et en quelque état qu'elle puisse être, valide ou invalide, malade ou convalescente, curable ou incurable, de mendier dans la ville et diocèse de Nîmes. » Les aumônes sont interdites ; les logeurs doivent refuser l'hospitalité : tout ce monde est rabattu vers l'hôpital. Et on demande pouvoir au roi d'arrêter « telles personnes qu'ils adviseront, pour conduire à l'hôpital les pauvres mendiants qui se trouveront dans la ville... et de les faire capturer par les valets de ville ou autres ». Les administrateurs de l'hôpital avaient en outre « pouvoir et autorité de police, correction et châtiment sur les pauvres enfermés [...] et d'avoir des poteaux, carcans et prisons ». Étrange établissement, lieu carcéral, travail obligé, arbitraire. Sous l'absolutisme de Louis XIV, ce qui est contre l'ordre est fou, ce qui est fou s'enferme. C'est cela qui se passait sur l'emplacement du lycée Daudet vers 1700. Les rues des environs ont longtemps porté les noms des pavillons où l'on enfermait les uns et les autres : rue des Innocents, rue de la Maternité ; et il reste encore, donnant tout droit sur l'arrière du lycée, la rue de la Pitié. Le temps s'accumule sur le lieu : établissement sportif romain — ou peut-être thermes, car les archéologues ne sont pas d'accord —, hôpital de charité, hôpital général, palais des beaux-arts... qui dans les années 1880 s'enflera d'ailes nouvelles à fenêtres briquées, bardées de lourdes grilles — car un élève du XIXe siècle avait sans doute besoin d'être lui aussi incarcéré —, Tour avec horloge qui se hausse face aux Arènes : c'est ainsi que l'on arrive à ce monument de la culture nîmoise qu'est le lycée Daudet. L'ensemble, bizarrement, n'est pas du tout disparate ; et ce peut être un jeu que de distinguer les étapes et les ajouts sur deux siècles.

SAINT-PAUL

Cérémonies

Les cours du lycée furent, un jour de septembre 1985, prises d'une mystérieuse agitation : on vit les garçons et les filles filer vers le boulevard sur lequel une grande foule était rassemblée. Catherine Deneuve venait de faire arrêter sa voiture devant les marches et remontait à pied l'avenue. Elle n'était pas seule : le gotha parisien, cinéma, presse, chanson, était là ; plus une chaîne de télévision et quelques personnalités politiques. C'est qu'un célèbre journaliste des médias nationaux avait choisi de célébrer son mariage à mi-chemin des Arènes et de la Maison Carrée, dans l'église Saint-Paul. Entrer dans l'église était une faveur quasi royale ; une voix rauque et célèbre y chanta la marche nuptiale ; les fenêtres alentour se hérissaient de téléobjectifs.

Le 14 novembre 1849, à 7 heures du matin, le bourdon de la cathédrale, au centre ville, annonçait la sortie de l'Évêché d'un cortège tout à fait extraordinaire : vingt gendarmes à cheval, une batterie d'artillerie, un détachement d'infanterie, la musique et les tambours de la Garde nationale, la Croix du Chapitre, les chantres, les officiers capitulaires, les élèves du grand séminaire, trois cents prêtres, l'archevêque d'Avignon et les évêques de Viviers, Montpellier et Nîmes, le maire de Nîmes et ses adjoints ainsi que tous les anciens maires de la ville, le tout escorté d'un escadron à cheval de la Garde nationale, traversèrent la vieille ville et arrivèrent devant la même église Saint-Paul toute blanche et neuve : sur la place les attendaient huit bataillons de gardes, deux bataillons de ligne, trois batteries d'artillerie. Il s'agissait d'inaugurer et de consacrer l'église. On nous raconte qu'« une immense multitude immobile de respect couvrait les toits, les terrasses, les balcons, les échafaudages improvisés, les arbres des boulevards et s'étendait depuis l'amphithéâtre couronné de curieux jusqu'au square Antonin ». L'architecte du sanctuaire,

Charles Questel, s'avança vers le maire, M. Eysette, et lui présenta sur un plat d'argent les clefs de l'église toute neuve. Le premier magistrat se tourna alors vers l'évêque de Nîmes en lui disant : « Je viens vous apporter les clefs du monument que la piété des habitants de cette ville a élevé à Dieu sous l'invocation de saint Paul. » *L'Illustration* du 2 décembre 1849 publia un grand dessin reproduisant la scène.

Le boulevard Victor Hugo est décidément le lieu des grandes émotions nîmoises, et il y en aura d'autres. Mais enfin, le présentateur de télévision n'avait pas si mauvais goût : l'église Saint-Paul, bâtie en plein XIXe siècle entre les deux monuments les plus prestigieux de Nîmes, pourrait paraître dérisoire, mais elle y tient bien sa partie : c'est sans aucun doute le sanctuaire le plus harmonieux et le mieux orné. Car cette cité, où la trace romaine est une banalité susceptible de pousser dans un jardin potager, n'est pas riche du tout en splendeurs ecclésiastiques. Pendant toute une partie du Moyen Age, elle est restée bourgade insalubre en danger de disparition. Et surtout, les rivalités et combats protestants-catholiques et les reconquêtes successives des différents pouvoirs sur trois cents ans ont fait des ravages. S'il ne s'agissait de vies humaines et de trésors esthétiques, on sourirait à voir l'acharnement de ces hommes aussi puérils que partisans, si soucieux d'effacer parfois d'une décennie sur l'autre les traces de leurs adversaires. Un jeu un peu primitif : mais il abat des cathédrales, efface des frises, décapite des statues, brûle des tableaux, gratte des fresques, met le feu à des boiseries irremplaçables. Nîmes, profondément mutilée pendant le XVIe siècle par un parti réformé tout-puissant, ne s'en est jamais tout à fait remise. Vers la fin du XVIIIe, ses églises sont petites et sans éclat, à une exception près. Et la Terreur, qui un beau jour de 1793 fit sur l'esplanade un feu de joie avec les mobiliers et chœurs sculptés des églises nîmoises, a achevé le naufrage. Voilà pourquoi Nîmes ne saurait être Strasbourg, Chartres, ni même Arles ou Saint-Gilles.

Si bien qu'en juillet 1835, lorsqu'en pleine restauration catholique et royaliste, le conseil municipal vota la reconstruction de la grande église Saint-Paul, en un lieu stratégique, ce fut un événement, et un symbole dans tous les sens du terme. On est là sur une limite : d'un côté du boulevard, la vieille ville, la rue très commerçante de la Madeleine. Ici, dès le Moyen Age, une porte dans les remparts faisait face à une petite chapelle : on peut encore en voir les gonds et un pilier au coin de la rue et du boulevard. De l'autre côté du boulevard, par contre, il y avait des jardins, des terrains : quartier bizarre, trop proche de l'hôpital général pour être serein. Les protestants y eurent longtemps leur cimetière ; ce fut un secteur populaire, agité. Ce que l'on appelait encore, il y a cent ans, le faubourg de la Madeleine, était un foyer de rumeurs, de révoltes, de républicanisme mêlé de protestantisme.

La décision de bâtir sur cette frange n'est pas un hasard. Et pas un hasard non plus, ce patronage de saint Paul : c'est le père de l'Église que les réformés admettent le mieux. Dans cette ville codée, chaque signe est pesé : celui-ci est à la fois de reconquête et de réconciliation. Et pourtant, il faut oublier tout ceci, pénétrer dans la nef et regarder.

Sérénités

Une nef heureusement dépouillée, qui entraîne le regard vers le haut, vers la succession des arcs en plein cintre entre lesquels les croisées d'ogives interfèrent. L'architecte a triché : pour restituer une voûte romane pure, c'est-à-dire à cintres purs, sans appuis intérieurs, il aurait fallu bâtir à l'extérieur des arcs-boutants considérables. Il a donc rattrapé la stabilité du bâtiment par ces voûtes d'ogives entrecroisées entre deux arcs romans. Si l'on était au Moyen Age, on se croirait à la transition de deux époques ; ici, c'est l'intermédiaire entre la ligne impeccable de l'arc roman et l'économie municipale. Peu importe : l'ensemble est très beau, très nu ; une géométrie de pierre blonde, qui porte le regard vers les vitraux éclatants qui caractérisent Saint-Paul. Éclatants, trop peut-être : ils ont été créés par Maréchal et Grignon, plus habitués — Maréchal est messin — aux lumières tendres du nord de la Loire qu'aux violences du Sud. Leurs histoires saintes de couleurs et de verres sont en Technicolor. Mais elles contribuent à l'atmosphère de clarté sereine qui habite cette église. Le lieu est exigeant : il faut une certaine force d'âme pour aimer l'entrée rigoureuse : pas de peinture, pas de fresques, quelques statues de saints manifestements rapportées. Là, tout porte à l'idée pure plus qu'à l'anecdote, à l'ambition de la pensée plus qu'à la curiosité touristique. Celle-ci trouvera plus son compte du côté du chœur : là, à l'intersection de la nef et du transept, s'épanouit une coupole sur trompe à quatre arcs romans ; l'une des plus belles que l'on ait bâties dans les années 1800. Faut-il appeler cela de l'imitation, une technique retrouvée ? Le résultat est beau ; le modèle, dit-on, est en Perse sassanide, d'où l'étonnante classification de Saint-Paul dans le style « roman-byzantin » ! Mais il n'y a jamais eu de coupole de cet ordre à Byzance.

Folies

Ici commence un autre monde : celui de la couleur. Peinte, l'église Saint-Paul l'est presque entièrement, du sol au plafond, mais à partir du chœur seulement ; comme si on l'avait partagée en deux univers : celui de la réflexion nue et celui des fastes divins de la foi. Colonnes, chapiteaux et plafonds vous investissent de leurs ors, de leurs bleus vifs, de leurs voûtes écarlates, de dessins géométriques bruns et jaunes grimpant à l'assaut des pilastres. Des saints colorés entourés de saillies d'or vous guettent du haut des chapiteaux : saint Jean, saint Luc, saint Marc, accompagnés de leurs lion, bœuf et aigle aux ailes bleues sous un ciel profond semé d'étoiles d'or.

On est soudain très loin de Nîmes, du Forum, des pierres

dorées : on est dans un morceau de Saint-Marc ; mais Nîmes n'est pas Venise et la peinture, même à fresque, coûte moins cher que les mosaïques. L'impression cependant est rare, dans ce Midi français, de se retrouver la tête dans les fastes byzantins. Et puis, il y a le baldaquin : cette voûte sous la voûte, luxueuse protection supplémentaire des rites sacrés. Il est orné sans mesure : broderie d'orange vifs, de bleu nuit, de verts sombres, bien cousus d'or, élevés sur des colonnes de marbre brun. Il paraît sorti d'un rite très ancien, de cérémonies de premières églises devant des souverains orientaux. On ne croirait jamais que c'est cette bourgeoise ville des années 1840 qui a inventé cette folie ; ou bien sommes-nous là précisément dans sa folie cachée ? Aux quatre coins de ce toit insolite et baroque, des anges suspendus rêvent, regard perdu au-delà de celui qui les contemple. Comme s'ils voulaient nous inviter à lever encore les yeux vers le fond de l'abside : là, un Christ et un peintre attendent. Un Christ en gloire, monumental, que deux saints assistent ; deux personnages sont effondrés à ses pieds, l'un presque nu, l'autre en toge : on ne voit que leur échine, leur humilité. Le regard de ce Christ semble répondre à celui des anges ; et c'est sans doute aussi celui du peintre. C'est lui, qui, dans le même dépouillement doux et figé, a peint à fresque les absidioles de gauche et de droite : le couronnement de la Vierge par le Christ, le ravissement de saint Paul. Vers la Vierge, sur la droite, avance un défilé de dix jeunes filles comme arrêtées, elles aussi, dans les lignes pures de leurs tuniques. Vers saint Paul, un autre cortège : des hommes mûrs, douze martyrs, eux aussi épures figées que le dessin presque seul raconte.

Le talent d'Hippolyte

Il n'est pas besoin d'être catholique ni d'entrer dans la symbolique complexe de ces figures pour sentir, dans ces files d'êtres qui paraissent marcher dans une autre dimension, un univers singulier : celui du rêve et de la rigueur, de l'honnêteté morale et de la sensibilité qui se cache : l'univers d'Hippolyte Flandrin. Expliquer l'homme ici, c'est expliquer l'émotion que l'on peut ressentir à cette église très particulière.

Personnage touchant, attachant que ce Lyonnais vulnérable et pauvre qui devint le premier, peut-être le seul peintre religieux français du XIXe siècle. Il était né au début du siècle, en 1809 ; il avait raflé tous les prix de l'École des beaux-arts de Lyon, et étonné son maître, le peintre animalier Duclaux. Puis, avec son frère, également peintre, il était monté à Paris. Dans ces années 1830, ce pourrait être un personnage de Balzac. Mais il ne faut pas s'attendre à l'entendre dire : « A nous deux Paris. » A partir de vingt ans, misère totale, sordide. Flandrin est un jeune homme sensible, fragile, un Chatterton ou un Laforgue : si un Grand Prix de Rome ne l'avait tiré d'affaire, peut-être serait-il mort avant trente ans. Est-ce son maître Ingres, qui vient d'être nommé directeur de la Villa Médicis, qui l'a ainsi sauvé ? Il le retrouve à Rome et continue de subir son influence. Dès lors, les fresques de Saint-Paul, leur rigueur et leur drapé se lient à toute une école du dessin français. A Rome, Hippolyte devient l'ami du compositeur Ambroise Thomas, de l'architecte Baltard, du sculpteur Oudinot. On le décrit comme rêveur, doux, d'un christianisme complètement sincère et charitable. Raphaël le fascine ; et c'est une autre piste pour considérer les fresques de Saint-Paul. Ce dessin pur et sévère, cette intelligence qui l'emporte sur la force : c'est Raphaël, corrigé, hélas, par Ingres. A son retour en France, Flandrin ne va cesser de travailler dans deux directions : des œuvres religieuses et des portraits, de femmes essentiellement. Le Louvre possède deux de ces visages : la douceur et le regard perdu l'emportent sur la personnalité ; on les retrouvera dans Saint-Paul. Mais c'est surtout comme peintre religieux qu'Hippolyte Flandrin conquiert sa réputation : ses fresques habitent maints hauts lieux religieux parisiens : Saint-Germain-des-Prés, les chapelles de Saint-Séverin, et surtout Saint-Vincent-de-Paul, église bâtie près de la gare du Nord en même temps que

Saint-Paul l'était à Nîmes. Dans ce sanctuaire parisien, Flandrin et son frère vont peindre quatre-vingts figures de martyrs et de vierges de chaque côté de la nef : et l'ami Théophile Gautier dira publiquement son admiration pour la grâce de ces personnages. C'est à cette époque que Flandrin, son frère et deux de leurs élèves arrivent à Nîmes pour traiter à peu près le même sujet. Un véritable atelier s'installe dans Saint-Paul. Le contrat, qui n'avait rien de mystique, exigeait que Flandrin peignît trente-cinq figures pour 35000 francs : ce qui fait mille francs du martyr ou de la Vierge. « Mais, nous dit un historien, la conscience généreuse de l'artiste se laisse entraîner par l'élan de l'imagination. » Flandrin mettait en œuvre des techniques très nouvelles : la peinture à l'encaustique ou à la cire était fixée par la chaleur de feux de charbon de bois que l'on faisait monter le long des parois : et l'on imagine, dans l'église neuve, blanche et vide, ce maître et ses élèves, grimpés ou perdus sur leurs échafaudages, attentifs à leurs dessins, à l'expression mystique des figures, mais aussi à cette cuisine de braseros, chauffages, fumées, charbons et températures dont pouvaient dépendre le craquelage ou le lissé des tuniques, ces fonds rouges vifs ou dorés, et ce visage de Christ en gloire. Et ils les voient progressivement se fixer, durcir, s'affirmer pour... cent cinquante ans après, être compromis et déjà par endroits effacés, à cause des fuites de pluie et des traces d'humidité.

Cortèges

Il y a une lecture nîmoise des fresques : semblable aux maîtres de la Renaissance, Flandrin voulut rendre hommage à l'équipe d'artisans et de maîtres d'œuvre qui avaient permis la création de l'église. Les visages des douze martyrs, à droite, en regardant le chœur, sont ceux de notables nîmois ou d'artistes ayant travaillé à l'édification du monument. S'avancent dans l'ordre, vers saint Paul : Charles Questel, l'architecte du monument. Flandrin a eu raison de le placer en tête : Questel a travaillé sur l'église pendant quatorze ans. Il en est le créateur et le maître d'œuvre. Lorsqu'en 1835, la municipalité a mis le projet en concours, elle a reçu trente propositions qui allaient du fronton grec à la façade gothique. Le concours est anonyme : les cachets de cire cassés, il s'avère que c'est un jeune Parisien de vingt-sept ans qui l'emporte, Questel, dont la présence à Nîmes va avoir sur la région de nombreuses conséquences. A vingt-neuf ans, il fait partie de la première Commission des monuments historiques ; Prosper Mérimée, qui en a trente-quatre, la dirige. Ces jeunes hommes vont tranquillement sauver une partie du patrimoine monumental français : Questel, par exemple, consolidera la Tour Magne et le Pont du Gard. Mais pour lors, ce jeune architecte parcourt la France romane à la recherche de modèles. Il veut s'inspirer des architectures des XIe et XIIe siècles. Quatre ans encore, et il expose dans la Maison Carrée — comme le projet de médiathèque — sa maquette définitive : le public se presse.

En 1843, la toiture est terminée ; en 1844, la flèche est édifiée. Le gros œuvre est achevé en 1845 : Charles Questel, qui avait vingt-sept ans lorsqu'il dessina son premier projet, en a quarante.

Le second martyr peint par Flandrin est son hôte nîmois : M. Roussel. Le troisième, Arnavielle, est un vrai martyr : entrepreneur des travaux, à l'époque où Flandrin le peint, il est mort : tombé du toit nord sur des pierres. Et plus de deux mille personnes ont suivi son enterrement, sous une pluie battante.

La quatrième figure est celle de Bernard Hoe, l'entrepreneur des menuiseries ; la cinquième, celle de l'architecte Léon Feuchères, un Parisien venu à Nîmes pour raison de santé, et qui réalisera — hélas, pourrait-on dire — plusieurs bâtiments nîmois. Il a connu Flandrin dans la capitale, et peut-être est-ce lui qui est à l'origine de son engagement. Le sixième est le sculpteur des anges du baldaquin et des frises du portail : Paul Colin. Un Parisien, encore, qui comme Feuchères deviendra un pur Nîmois.

En 1823, il avait remporté tous les prix de sculpture de l'École de Paris. Il a participé aux décorations plastiques de la Chambre des députés, et de Notre-Dame-de-Lorette. Son frère ayant été nommé directeur des Beaux-Arts de Nîmes, il le rejoindra pour créer une classe de sculpture et dessin d'ornement. A Saint-Paul, il exécute les tympans des trois portes, les rosaces, les chapiteaux, et en menuiserie, les confessionnaux, les chaires, les stalles et le buffet d'orgues. Nîmes est d'ailleurs pleine de ses réalisations, pas toujours aussi heureuses.

La huitième figure de martyr est celle d'Henri Durant, surveillant des travaux ; la neuvième celle du frère de Flandrin, Paul. La dixième est le peintre lui-même ; la onzième est Louis Lamothe, l'élève préféré ; la douzième, le peintre Denuelle qui a exécuté toutes les décorations non figuratives du chœur, celles qui ont donné à l'église son allure byzantine.

Et ces douze hommes des années 1840, notables et artistes, bourgeois ou besogneux, célèbres ou inconnus, continuent de défiler dans le secret de cette église, ignorés des touristes et de la plupart des Nîmois, cernés par l'intense circulation de deux rues passantes ; des taureaux parfois courent devant leur porte, poursuivis par la jeunesse folle. Eux, semblables à ces personnages de Fellini, drapés dans leur toge, avancent d'un mouvement immobile.

Restez quelques instants devant Saint-Paul : les touristes s'arrêtent surpris ; elle n'est pas dans leur guide bleu ou vert. Ils prennent du recul, décident de tenter une photo, puis ils pénètrent dans le sanctuaire : ils ont été séduits. Interrogez les Nîmois : ils vous citeront rarement Saint-Paul sauf, avec un certain sourire, pour vous dire qu'il y a des prostituées derrière. Ils connaissent mal l'église, ignorent en général ses fresques.

Oui, Saint-Paul est un étrange mélange : son clocher de soixante et un mètres est auvergnat, sa façade est inspirée de Saint-Trophime d'Arles, les piliers de sa nef viennent du roman bourguignon, ses voûtes romanes trichent avec la pesanteur grâce à des croisées gothiques, sa coupole trouve ses techniques en Perse et sa décoration rappelle Byzance et Saint-Marc. Et pourtant le monument réussit à exister comme une œuvre autonome, homogène et forte. Peut-être parce que l'on avait là un rassemblement d'artistes et d'artisans remarquables : du faiseur d'orgues Cavaillé Coll au sculpteur nîmois Bosc, auteur des quatorze stations du Chemin de croix, au mosaïste Mora, au ferronnier Nicolas... Peut-être aussi parce que l'imitation du roman a donné à l'ensemble une assise et une harmonie de proportions que la prétention des imitations gothiques et leurs arcs-boutants de pacotille, dressés ailleurs en ville, ne peuvent atteindre.

Derrière Saint-Paul

Derrière l'église, il n'y a pas seulement les dames que le saint apôtre aurait réprouvées. A trente mètres à gauche, presque caché par l'amorce d'une ruelle, l'un des plus jolis hôtels particuliers nîmois se dissimule : le château Fadaise. Deux ailes avancées, deux belles terrasses et aussitôt l'obsession de la Maison Carrée : péristyle à colonnes cannelées, chapiteaux corinthiens, et surtout une frise, des feuilles d'acanthe, des dentelures qui sont le reflet réduit du monument à Caius et Lucius. Bizarrement, on ne sait rien des propriétaires qui l'ont fait bâtir ; mais si vous avez la chance d'y pénétrer, le double escalier « à la Fontainebleau », sa rampe à balustres dont la réplique longe la terrasse du premier étage, les deux lions de pierre qui le gardent, le travail du bois sur les trois portes toutes trois surmontées de sculptures, tout cet appareil dit assez un luxe, et même un mode de vie assez spectaculaires, qui ne sont pas si fréquents dans cette cité huguenote. Ils devaient être assez puissants, ces gens-là, puisqu'ils ont réussi à obtenir pour privilège qu'aucune maison alentour ne pourrait être élevée à plus d'un étage. Est-ce par une sorte de revanche que Nîmes lui a donné ce nom de « château Fadaise », château des « fées », comme il y a sur une colline au nord-ouest de Nîmes une grotte que l'on appela longtemps grotte des « Fades », des fées... Fées, fadaises, fada... sornettes, folies... Est-ce que cet immeuble aux fastes évidents a paru incongru ?

Ce « château » a-t-il semblé aussi insolite aux Nîmois que le grand immeuble de Le Corbusier le fut pour les Marseillais qui le baptisèrent « maison du Fada » : à chaque siècle, à chaque ville ses « fous ». Au XIXe, la maison appartint aux Liotard, des frères aussi puissants politiquement qu'intellectuellement. De la mairie ou de la préfecture, ils contrôlaient le département. Et le château Fadaise devint le siège d'un cercle culturel et sociologique qui paraissait faire la nique à l'Académie.

Enfin, si vous avez de l'entregent, et le désir de pénétrer au plus près les secrets de Nîmes, enfilez la petite rue à droite du bâtiment. Ruelle assez sordide à vrai dire. C'est le quartier de ceux que l'on appelle à Nîmes les « caraques », mi-gitans, mi-marginaux ; une rue où Manitas de Plata, perruque rouge et guitare à la main, n'hésite pas à venir faire visite à ses nombreux cousins. Là, au bout de vingt à trente mètres, dans un long mur banal s'ouvre une double porte, comme un grand soupirail : c'est l'entrée d'un immense souterrain voûté qui s'étend sous tout le pâté de maisons : une ancienne salpêtrière et poudrière royale, la réserve de force du pouvoir royal. Plusieurs audacieux ont songé à en faire une cave de jazz ; ils n'y ont jamais réussi.

C'est dans ce quartier aussi, et derrière Saint-Paul, que pendant toute la première moitié du siècle fonctionna un music-hall qui fit partie des distractions les plus intenses des Nîmois. *L'Eden*, rue Godin, avait ses fins diseurs, ses chanteurs locaux, ses pianistes familiers, mais les plus grandes vedettes y chantèrent ; l'une des dernières fut Josephine Baker, pendant l'hiver 1934.

Mais il faut revenir au boulevard Victor Hugo ; sourire en passant à l'intarissable bagout du boucher qui vend sa viande de cheval tout près de l'entrée de la rue de la Madeleine ; errer dans le dédale de la librairie Goyard ; choisir parmi les restaurants des petites rues voisines entre un décor intact de maison close et des voûtes plusieurs fois séculaires. Mais l'essentiel est ailleurs : il est temps de courir vers les Arènes.

IV

LES ARÈNES, ETC.

DÉCOUVERTES

Les Arènes ne sont pas un monument romain : c'est évident à voir, là, au bout du boulevard, ces arcades qui vous regardent venir. Les Arènes ne sont pas un vestige : univers clos, constellation de planètes dont elles ont d'ailleurs la forme et les orbites et dans laquelle il faut s'attendre à découvrir des races si mêlées, des civilisations, des mœurs et des comportements si divers, si pleins de surprises, que vous n'aurez jamais fini d'explorer.

Les Arènes, c'est une ville, c'est une immense salle de spectacle : c'est le terrain des jeux les plus fabuleux, l'invitation à rêver, la plage à bronzer, l'abri absolu, la prison, l'évasion espérée. C'est le grouillement de la vie et le spectacle de la mort.

Avec elles, on ne sait pas par où commencer parce que l'on tombera toujours au milieu de quelque chose de fort, de dense et de très exigeant. Ceci pour expliquer qu'il n'est peut-être pas très important que les Arènes de Nîmes forment un ovale de 101,40 m sur 133,38 m et 21,32 m de haut, qu'elles aient soixante arches en bas et soixante au premier étage. Ni même qu'elles aient probablement été bâties vers l'an 80, sous le règne de Vespasien ou de Domitien. Ni enfin que, parmi les soixante-quinze amphithéâtres antiques recensés dans le monde, elles ne soient qu'au vingtième rang dans l'ordre de grandeur : elles sont tout de même les mieux conservées.

Non, l'amphithéâtre nîmois n'est pas un monument : parfois, poulpe gigantesque, il va chercher les populations jusqu'au fond des ZUP pour les ramener dans son ventre. Parfois pierre dressée dans un Sahara solaire. Désert et chaudron. Et creuset des fêtes les plus folles.

Dans les Arènes on a vécu, on est mort, on est né, on a dit la messe, on s'est assassiné. Et on continue. Les Arènes sont un symbole culturel, un enjeu politique, un filon économique et parfois un gouffre financier. Le pouvoir nîmois a longtemps dépendu des Arènes ; il peut encore en dépendre. Complètement lié à la vie de la cité, cet organe vital est beaucoup plus qu'une parure : regardez une vue lointaine, une gravure, un plan ancien, c'est cet ovale en plein cœur que l'on voit d'abord.

Les Arènes présentées à des enfants

Aussitôt qu'il a pris conscience des choses extérieures, le petit Marc s'est rendu compte qu'il se passait dans les Arènes des événements étonnants. Il a écouté les cris des adultes ; de loin, il a vu passer la bête : le petit œil furieux sous les poils embroussaillés, la foule qui hurle à sa suite. Il a entendu parler de corne, de violence. Le tout, vers les Arènes. Il s'est senti on ne sait quelle familiarité avec ce taureau, et son territoire là-bas, sous les arches, avec on ne sait quelle envie de l'approcher, de le toucher. A l'école, quand il a commencé à écrire, il a fait des fautes d'orthographe en traçant le mot « Toros », parce que toute la ville l'écrivait ainsi sur ses murs. A l'école encore, il a appris les Romains, et que précisément, c'étaient eux qui avaient bâti les Arènes.

Bien sûr, on l'avait emmené dans l'amphithéâtre : la maîtresse en avait donné les mesures, les fameuses mesures que personne n'avait retenues. Elle avait parlé des jeux antiques, du peuple, du « panem et circenses », des chasses des chevaliers romains, des combats de gladiateurs : elle avait fait noter des mots antiques. Lui, ce qui l'avait surtout impressionné, c'est que le public ait pu décider de la vie et de la mort d'un combattant. Ce n'était pas le vaincu qui l'inquiétait, c'était l'autre, celui à qui on ordonnait de tuer, et qui frappait.

Quelques jours plus tard, toujours avec l'école, il était allé au musée archéologique où la maîtresse leur avait montré de grosses pierres gravées de latin : c'étaient des inscriptions tracées par de jeunes femmes à la mémoire de leurs maris morts en combattant dans les Arènes. Un garçon avait demandé : « Et les lions ? » La maîtresse avait expliqué qu'il n'y avait jamais eu de fauves dans l'amphithéâtre de Némausus, qu'on en était sûr, à cause de la hauteur insuffisante des premiers gradins. Marc, les Romains, il les connaissait : il les avait vus à la télévision.

On lui avait dit aussi que plus tard, un grand roi, Charles Martel, était venu déloger les Arabes de ces mêmes Arènes, en y mettant le feu ; on lui avait même montré les traces sous les voûtes. Et il ne comprenait pas comment des pierres peuvent brûler. Mais c'était grâce à ces Francs venus du nord qu'il était aujourd'hui français. Pendant quelque temps, il en avait ressenti une certaine fierté.

Vers ses douze ans, le petit Marc connaît bien les Arènes : il y va souvent avec ses parents ; il y a de tout : du cirque, des cavaliers de Camargue qu'il ne tarde pas à appeler gardians, le Tour de France qui y compte ses coureurs, Holiday on Ice qui y déploie les fastes américains de ses patineurs. Il y a entendu de la musique, aperçu des Arlésiennes, assisté à des fêtes scolaires. Certains jours, c'est même gratuit, on lâche des taureaux de Camargue — car entre-temps, il a appris à distinguer les bêtes provençales des bêtes espagnoles : cornes en lyre élevées vers le ciel pour les premières, cornes comme des poignards sur le front pour les secondes. Il a l'impression que les uns tiennent la tête haute, cherchent l'aventure, affrontent clairement le monde ; et que les autres foncent dans une force vive qui l'inquiète un peu. On lui a dit aussi que les taureaux de Camargue sont plus intelligents que ceux d'Espagne : il en est là de sa tauromachie. Pour lui, dans ces après-midi de printemps ou ces nuits d'été et de fête, le taureau est un animal avec lequel on joue : à la piscine, aux cartes, au football même. Le taureau est un complice ; on suppose qu'il doit s'amuser lui-même. Au reste, au cas où il se tromperait sur les intentions de la fête, on lui neutralise les cornes avec du cuir ou des boules de cuivre : il est emboulé. La preuve que c'est un jeu : quand l'animal réussit à rejoindre quelqu'un — en général un touriste imprudent ou un joyeux ivrogne qui l'un et l'autre ont sous-estimé la rapidité et la maîtrise du terrain par l'animal — et qu'il l'envoie bouler dans le sable ou contre une barrière, tout l'amphithéâtre se marre ; même si l'autre repart en ambulance.

Dans ces fêtes bon enfant, il a pris l'habitude d'explorer un peu, d'escalader les gradins beaucoup trop gros pour lui, de courir dans des couloirs de plus en plus étroits, mystérieux et noirs à mesure que l'on monte. On ne l'a jamais laissé s'écarter beaucoup ; on lui a montré quantité de trous, gouffres, falaises, murs abrupts et autres chausse-trapes. Ce monument est bourré de pièges.

Dans les Arènes, le petit garçon a appris le parler nîmois : c'est-à-dire les réflexions, les mots du cru, le vrai accent de la ville. Il a ri à des plaisanteries qu'il ne comprenait pas mais qui, criées soudain d'une voix éraillée à travers la folle cuvette de pierre, avaient fait se tordre dix mille personnes. Il sait les odeurs de saucisse près de la buvette, de pisse dans les couloirs retirés ; il sait à quelle heure le soleil coupe ce gâteau de géant en deux parts égales d'ombre et de lumière. Même en grandissant, il a toujours le même étonnement du corps en escaladant les marches si raides qui succèdent à des couloirs eux-mêmes en pente dure : les Romains avaient-ils plus d'énergie que lui ?

Et il a ri comme tout le monde le jour où un projecteur de poursuite dirigée par une main maligne est allé débusquer très haut dans les gradins un couple qui se croyait seul au monde devant cinq mille personnes. Et puis, il y a le cri noir des hirondelles et des martinets ; le ventre blanc des unes, le ventre noir des autres. Dès que le soir approche et que la chaleur diminue, les courbes des ailes aiguës rayent le ciel de l'amphithéâtre et Marc a remarqué les trous inaccessibles où elles s'engouffrent sur les crêtes du monument. Parfois, il a trouvé le long des arches l'un de ces oiseaux blessé, tout empêtré de ses ailes.

Même si les Arènes sont vides, ou la manifestation banale, une fois franchies les grilles, Marc abandonne les pages blanches de la vie. Les Arènes font partie du paysage quotidien, mais une alchimie se produit ; il ne sait plus si ce sont ces pierres qui rayonnent d'autres odeurs, d'autres lumières, ou si c'est lui qui perçoit autrement le monde.

En grandissant, il y a un autre aspect des Arènes qu'il a appris à bien connaître : ce sont les grilles extérieures, leur hauteur, leurs failles, leur écartement et comment évaluer la fréquence des rondes des gardiens. Car une chose est aussi excitante que d'assister à un spectacle à l'intérieur : c'est de rôder à l'extérieur en ayant l'envie, impossible à satisfaire, d'y entrer.

Il est là à chaque corrida, le petit garçon : en 1880, comme en 1910 ou en 1987. Il n'est probablement ni aficionado, ni même très attentif aux rites de la course ; mais il bat de la même pulsation que les dix ou douze mille personnes dont il entend les soupirs et les hurlements ; et dont il voit, à travers les arches, les culs alignés sur les gradins de bois. Il faut qu'il participe à cela, il y a urgence ; et il est prêt à s'empaler sur les grilles, ou à risquer l'humiliation des coups de pied aux fesses des gardiens. Ce grand ovale, c'est le creux de tous les désirs et de tous les interdits. Marc ne s'occupe pas de ces trous carrés dans la pierre ; il n'a jamais fait attention à ces souterrains amorcés, à ces arches bouchées d'ogives, à ces sculptures à demi effacées. Il est là pour faire servir les Arènes, comme ses pères, depuis deux mille ans.

Ce n'est que plus tard, un peu après l'adolescence, qu'il mettra ses Arènes en ordre : qu'il « apprendra » l'histoire, les hommes, les souvenirs. Et les taureaux alors seront peut-être, pour lui aussi, régis par les lois esthétiques et les diktats des clans tauromachiques qui campent dans les bistrots des alentours.

Progrès assez lents autour de l'amphithéâtre

Celui qui n'a pas eu le privilège de cette initiation ne doit pourtant pas se décourager : les Arènes, on peut aussi les approcher pas à pas, saison après saison, au hasard de l'heure.

La première rencontre, peut-être, c'est une lumière qui la favorisera : un soir de printemps, vers sept heures. Vous arrivez par le trottoir de droite du boulevard Victor Hugo ; les sorties de bureau sont passées, la ville a retrouvé son calme ; il faut s'approcher des voûtes lentement : à cette heure, une lumière rasante met en relief l'usure des pierres, souligne la masse dure des pilastres, les cannelures brisées, les blocs plus beaux parce que patinés de vieillesse par taches éparses. Elle accentue les tourments des arches supérieures, découpe les saillies du haut. Les Arènes prennent la précision d'une gravure de Dürer et la folie maniérée d'un dessin romantique. La pierre est grise, les ombres bleues, les voûtes noires, l'aile des hirondelles violette. Et juste à la crête, sur deux ou trois mètres d'épaisseur, un soleil d'or couronne le monument. Elles sont là dans un des paroxysmes de leur beauté.

C'est le moment qu'il faut choisir pour les contourner vers la gauche ; la lumière, toujours elle, va servir de guide : c'est elle qui vous désignera l'entrée monumentale romaine, la plus importante il y a vingt siècles, tournée vers le nord, le Forum et la ville antique. Deux taureaux de pierre frisés sortent à mi-poitrail au-dessus de l'arche supérieure. Ils sont si usés de pluies et de mistral qu'ils n'avancent plus que des volumes vagues et arrondis. Un fronton triangulaire les surmonte. Certes, il n'y avait pas de grilles sous l'Empire et l'on entrait par toutes les voûtes ; mais celle-ci était la porte d'honneur, celle sans aucun doute par laquelle la Flamine Licinia Flavilla et le tribun Sextus se rendaient aux Jeux.

Vers la gauche encore, les derniers rayons du soleil rasent la pierre pour vous montrer un demi-relief presque effacé ; pierre malade, rongée : deux gladiateurs nus s'affrontent ; l'un, casqué, debout, le bras en arrière, prêt, semble-t-il, à sacrifier son adversaire ; l'autre, coiffé de plumes, un genou en terre, paraissant vouloir se protéger de son bouclier. Signes rescapés de tous les désastres ; des dizaines d'autres emblèmes ont dû être détruits tout autour de l'amphithéâtre, ôtés, emportés, effacés. On peut passer dix fois au-dessous et même regarder cette arche, et n'y rien voir : ce soir, c'est la lumière qui montre ces combattants sur l'un des rares garde-fous de pierre qui restent aux galeries du premier étage.

Plus équivoque encore, la dernière pierre du pilastre suivant a été, elle aussi, gravée ; on le voit bien, à la silhouette d'un gros oiseau sur la droite ; et à d'autres volumes très effacés. Mais cette pierre est cassée sur le bas ; elle est même trouée. Par quels barbares ? Car ce sont toujours eux que l'on accuse dans Nîmes. On ne ferait même pas attention à cette figure, si on n'en avait la description livrée vers 1740. Ce sont les mêmes notables archéologues qui relevaient les inscriptions de la Maison Carrée ; des gens sérieux... qui font une description que n'aurait pas reniée André Breton : « Sur le pilastre qui vient après la représentation de la louve, on découvre un priape ailé, béqueté par deux oiseaux, qui a des pieds de cerf. Il est joint et fait corps avec deux autres phallus dont l'un est sur le devant, et l'autre à la queue. Le phallus de devant porte une sonnette. Quant à celui de derrière, un autre oiseau en tient l'extrémité sous une de ses pattes. »

Et nos archéologues de dessiner la chose : trois sexes imbriqués béquetés d'oiseaux... Dinosaure érotique en plein vent. Les ouvriers romains frappaient souvent leurs créations de ces signes virils. Les Arènes en comptaient au moins trois ; le Pont du Gard en présente plusieurs. Cette figure surgissait d'un autre univers, d'autres rapports avec la sexualité et la virilité, mais certaines nuits de juin, quand la Féria vient battre sous ces mêmes piliers, qui sait quelle mémoire obscure, quelle « barbarie » primitive ressort de ces pierres ? L'ennui c'est qu'il ne reste de ce réjouissant emblème que des fragments d'oiseaux picoreurs, et une belle faille taillée au burin. C'est donc le pudique XIXe siècle qui a commis le sacrilège. On se demande alors, qui.

Le soleil glisse sur le pilastre suivant : là, la pierre n'est pas abîmée : c'est le signe le plus lisible du monument, le plus frappant aussi, celui qui lie directement Némausus à Rome : une louve tête tournée vers deux enfants nus qu'elle allaite. Hommage aux fondateurs de Rome, figure familière des monnaies. Nîmes qui vient de bâtir son édifice le plus considérable s'empresse de le lier à la ville mère. Rome, imitée, copiée, but de tous ceux qui veulent réussir. Rome obsédante.

Il est 19 h 30 ; l'amphithéâtre sombre dans l'ombre : vous marchez entre un Palais de justice flambant neuf et les voûtes. Ici les arches ont été moins retouchées par les restaurateurs que sur d'autres versants : le monument a une patine, un air usé, une peau de beau vieillard. Les giclées de la pluie, le vent du nord, ont profondément entamé la pierre de rides noires ; les pilastres et les voûtes montrent des découpes profondes, comme si elles voulaient ressembler aux gravures qui les représentent. Les arches du premier étage sont obturées de murs à petites pierres et à longues meurtrières. C'est ce qui reste des interventions du Moyen Age : traces d'un autre temps, d'une autre histoire du lieu.

Sous ces souvenirs médiévaux, vous arrivez à la seconde des grandes entrées romaines, celle de l'est : deux pilastres avancés la marquent seulement. Point de têtes de taureaux sculptées. C'est pourtant là leur entrée royale. Car les Nîmois se fichent de l'usage romain : si vous les retrouvez souvent massés devant la double porte grise qui barre cette arche, c'est que c'est l'entrée de la vie et du spectacle : par cette porte entrent les toréros vivants et sortent les taureaux morts ; c'est la porte du matériel, des décors d'opéra, des chevaux de corrida, des cocardiers célèbres, des tragédiens à forte voix, des jazzmen fabuleux, et aussi de tout le petit peuple des Arènes : contrôleurs et hommes d'équipes, bouchers et employés municipaux, journalistes et palefreniers, policiers et pompiers. C'est l'entrée de la peur, des tracs, des gorges serrées, des doigts croisés, des signes de croix. La même peur, le même trac que dans un théâtre ou sur un terrain de sport; mais ici le théâtre, le terrain, le danger, sont multipliés par dix; comme le nombre de spectateurs, comme l'ouverture de l'espace, comme l'angoisse.

Avec le versant sud, vous retrouverez le calme d'une grande place, les perspectives XIXe siècle de l'esplanade, les pelouses qui entourent en pente douce les bases des tours d'enceinte romaines. Et de l'autre côté les grands hôtels tranquilles : le Cheval Blanc surtout, d'où certains jours on voyait sortir deux sexagénaires un peu excités qui n'avaient plus que cette grande place blanche à traverser pour entrer dans la corrida : Picasso et Cocteau. C'est le versant des cars de touristes; le plus spectaculaire, celui du recul, de la photo à prendre; le plus restauré aussi : certains pilastres ont l'air neuf. Mais c'est aussi le côté le plus redoutable en été : pas un Nîmois ne traversera le soleil de la place des Arènes à midi, pendant le mois de juillet.

Le tour des Arènes achevé, la nuit presque tombée, on peut aller s'asseoir au café de la Bourse : d'un côté le boulevard remonte entre les arbres noirs; de l'autre, le monument s'assoupit. La baroque horloge du lycée vous domine dans sa petite coupole sur piliers dérisoires gravés du nom des peuples antiques. A cette heure, ce café est le meilleur des observatoires pour guetter encore les Arènes. Si quelque spectacle se prépare, les arches sont éclairées par dessous d'une lumière rougeâtre; la circulation se raréfie; les lampadaires ternes ne font pas plus que leur métier d'éclairer la chaussée. Le Monstre est endormi.

Nîmes, la folle

Deuxième approche : vous arrivez à Nîmes dans la semaine qui précède la Pentecôte. Vous choisissez le vendredi; vers minuit. Vous laissez votre voiture très loin vers l'ouest, et vous

vous dirigez vers le boulevard Victor Hugo par les petites rues jusqu'à la hauteur de Saint-Paul à peu près. Déjà vous trempez dans la foule jusqu'au cou. Vous prenez un grand souffle et vous vous jetez dans le fleuve, vers les Arènes. Il n'y a qu'à se laisser porter : saisi aux épaules, aux hanches et à la taille par une foule elle-même prisonnière de son propre mouvement, vous glissez entre les tentes vertes et blanches à vins espagnols, entre les baraques à merguez, les terrasses étendues jusque sur la chaussée. Des chars grimaçants, des camions portant sur leur plate-forme de tonitruants orchestres dont les airs se mélangent, glissent autour de vous, créant de lents remous dans la foule, l'obligeant à se presser encore. On se tient par le cou, par les épaules, par la taille. Des enfants, des filles folles émergent, au-dessus d'épaules noyées. C'est ainsi que vous arrivez aux Arènes, précisément sur cet espace que vous croyez bien connaître, entre le café de la Bourse et le lycée. Des terrasses, de la chaussée, de l'horloge, des marches de la pharmacie, des arrêts de bus, des plates-bandes, il ne reste plus rien. La foule seule, à perte de vue; à droite et à gauche battant contre les énormes moellons du monument. La nuit n'est pas la nuit, mais tout agitée de taches et d'éclairs... Vous êtes dans un mouvement immobile; ce que l'on appelle « l'œil de la tempête », où les flux et mouvements venus de tous les sens se rencontrent et s'annulent. Des dizaines de milliers de personnes piétinent, piétinent en riant, piétinent en criant, chantent et soufflent dans des instruments, écarquillent des bouches rouges, étreignent les épaules nues des filles et poussent en chœur des noms étranges, un peu rauques. Ils boivent aussi, à même des bouteilles et des gourdes. Des milliers de visages hypertrophiés, d'yeux brillants, de traits qui sous les coups de pétard des lumières démentes craquent comme des gargouilles. Et pourtant, on n'entend rien de cette foule. Le film est muet. Parce qu'un orchestre hurlant un hard-rock avance sur le plateau d'un camion, brisant lentement le magma; parce qu'une sono installée sous les murs du lycée rivalise de puissance en lui opposant un flamenco; parce que trois « bandas » débouchent de trois directions et proposent trois airs de clarines et de trompettes, parce que des klaxons, venus d'on ne sait où puisque la circulation est ici impossible, rythment l'une ou l'autre de ces musiques. Est-ce ce mélange fou qui vous oblitère les sens, qui vous saoule, qui vous met dans un état de bonheur absurde ? Ou ces filles brunes cambrées, à moitié nues, qui flottent à hauteur des visages sur le radeau d'un char ; ou ces hommes à tête de taureau en carton qui soudain vous foncent dessus auréolés de pétards et de roues solaires crachant le feu ? Ou ces projecteurs fous qui jettent sur les arches des Arènes le film rouge et noir d'un brasier continu ? Ou ces quatre lasers géants qui croisent leurs sabres très haut au-dessus de l'amphithéâtre ? La lumière est partout : des briquets brandis, des gadgets lumineux qui ceignent les fronts et les tailles de cette population païenne, des guirlandes électriques des camelots et soudain de la poêle d'un marchand de frites qui dresse derrière les filles nues un front de flammes et une fumée leur donnant l'air de bacchantes. Tout ceci cogne, butte, se rejoint, tourne follement, s'emmêle dans une soupe de corps, de transpiration, de vin, de désir et de joie. C'est le moment barbare. Le plus étranger à ce que cette ville a appris sur la pudeur et la retenue des corps et des paroles ; le plus proche de ce que de plus lointains ancêtres ont laissé dans sa mémoire obscure. Ce jour-là, le peuple nîmois vient rendre hommage à ces Arènes impassibles dans lesquelles chaque fin d'après-midi pendant six jours de féria se jouent la vie et la mort.

Autopsie des Arènes

En troisième approche, il resterait à entrer dans l'amphithéâtre comme un touriste ordinaire ; mais une fois à l'intérieur, à toiser un certain nombre de perspectives : se promener dans le complexe des couloirs, d'abord, parce que les galeries du premier étage ouvertes sur la ville proposent une occasion de flânerie. L'endroit est fort beau. Sous ces arches largement ouvertes et la fuite légèrement incurvée de ces voûtes claires, on peut, si l'endroit est à ce moment désert, passer de la contemplation de la ville à l'enfermement en soi-même ; une méditation à la poursuite du temps. Ici, on prend peu à peu conscience du génie têtu et systématique qui paraît encore veiller. Ces couloirs, ces volées d'escaliers, ces allées imbriquées les unes dans les autres, sont le contraire d'un labyrinthe. Tous ces passages sont dessinés, disposés, éclairés, pour trier, diriger et conduire les spectateurs. Analyser cette méthode, c'est pénétrer le plaisir mathématique de ces architectes inconnus, et l'organisation d'une société aussi étrangère à la nôtre qu'une organisation inca.

Vous êtes sous les arches du bas, celles qui donnent sur la rue. Vous avez le choix entre de hautes voûtes perpendiculaires à des escaliers montant vers les ouvertures supérieures, ou un couloir noir qui s'enfonce dans l'amphithéâtre au ras du sol.

Premier tri : vous vous prenez pour un patricien romain ; vous pénétrez donc dans ce couloir ; il vous mène dans une sombre galerie intérieure qui fait elle aussi tout le tour de l'amphithéâtre au rez-de-chaussée. Dans celle-ci, nouveau choix...

C'est le deuxième tri : vous vous prenez pour un personnage tout à fait exceptionnel : vous empruntez tout de suite de courts passages, toujours à la hauteur à laquelle vous êtes entré, ils vous conduisent directement à l'air libre, sur les quatre premiers gradins au-dessus de la piste. Là, vous auriez eu droit à une loge cloisonnée ; vous seriez sénateur, consul, tribun, magistrat, préfet ou bien le représentant d'une corporation importante. On a retrouvé, à cette hauteur, des plaques de pierre indiquant que ces places étaient réservées « par décret des décurions de Nîmes, à la corporation de ceux qui assuraient la navigation sur le Rhône, la Saône et l'Ardèche ».

Si vous êtes un personnage en vue, mais un cran au-dessous, vous continuerez dans le couloir sombre, et un court escalier vous appellera un peu plus haut, vers les dix gradins juste au-dessus des places d'honneur.

Si vous n'êtes rien de tout cela, vous n'avez jamais pris les couloirs sombres vers le cœur de pierre du monument. Vous êtes resté dans les galeries extérieures, vous avez escaladé le très large escalier en deux parties séparées par une pente dure. Il vous conduit dans une autre galerie intérieure, mais à un étage intermédiaire, en pleine masse de pierre. De ce nouveau chemin de ronde qui lui aussi fait tout le tour des Arènes, vous pouvez, et c'est le troisième tri, soit gravir quelques marches et déboucher sur la deuxième catégorie de gradins, mais au sommet des dix marches. Soit, si vous n'y avez pas droit, marcher encore dans la galerie sombre, trouver un autre escalier, à l'envers celui-là, et qui paraît tourner le dos aux spectateurs ; montez encore. Et vous vous retrouvez dans la belle galerie ajourée qui domine la ville.

Dans celle-ci s'effectue le quatrième tri : un nouvel escalier vous mène vers la troisième catégorie de gradins : dix marches encore, réservées aux artisans plus humbles, aux ouvriers et agriculteurs.

Mais d'autres escaliers peuvent vous projeter plus haut, dans une troisième galerie, plus étroite, plus sombre, qui constitue un troisième anneau invisible sous les pierres. De celui-ci, des escaliers de plus en plus étroits eux aussi, et dont certains sont à présent si usés qu'ils sont devenus lisses comme les rochers d'une rivière, mènent à une quatrième galerie, tout près du sommet du monument. C'est cette dernière galerie qui, par ouvertures successives directement à ciel ouvert, dessert les dix gradins les plus hauts : ceux des esclaves, des déclassés, des désœuvrés.

Le public romain a été trié en quatre catégories, rangées sur quatre séries de gradins. En entrant et en sortant, la première caste ne se mêlait pratiquement jamais aux autres. Et le reste du public se séparait au fur et à mesure de la montée. Les Arènes comportent donc, très simplement et très efficacement, deux galeries extérieures superposées qui servent de diffuseurs généraux lorsqu'on entre, et de collecteurs lorsqu'on sort. Et quatre galeries intérieures qui sont des conduits de distribution pour les catégories de cette société d'ordre et de force. Entre ces deux systèmes, l'éclatement à partir de soixante arches, de soixante couloirs ou escaliers rayonnants, permet la circulation : couloir des notables, escalier des classes moyennes, galerie des esclaves. Dans l'autre sens, l'écoulement de ce réservoir de pierre était si efficace qu'il permettait d'évacuer vingt-quatre mille spectateurs en quelques minutes.

Les Arènes du haut en bas

Après la géométrie, la finesse ; il faut s'essayer aux sensations : d'abord, s'asseoir au premier rang des Premières pour imaginer les fortes aventures qui hantent cette piste. Le spectacle le plus tragique du monde ouvre ses coulisses à chacun : c'est de ces places que l'on voit la fébrilité des servants qui préparent des engins bizarres inventés pour un art très spécial, la corrida : le gobelet d'étain soigneusement essuyé avant de le tendre au « maestro » entre deux séries de passes. Le corps que l'on essaie de détendre par quelques mouvements contre les planches. La sueur épongée, le regard au ras des barrières et qui guette la course et les réflexes du fauve ; la cape mordue comme on se mord les lèvres. C'est des Premières que l'on voit à la fois le fond des hommes et leurs artifices ; leurs trucs et leur peur. C'est de là que l'on voyait, pratiquement à ses pieds, mourir les gladiateurs ; et pire, un autre gladiateur donner la mort.

Puis il faut devenir spectateur de la quatrième catégorie : grimper avec les esclaves dans les derniers gradins, que l'on appelle « amphithéâtres », peut-être parce que ces pierres sont à peu près les seules qui n'aient pas subi de modifications importantes depuis les Romains. De là-haut, on ne voit plus que les gestes simples, les cambrures du corps, la pureté des lignes ou leurs brisures. La voix humaine, de là-haut, est perçue avec la clarté de son timbre, ou s'englue dans ses lacunes. Pas de faux-semblant pour les « amphi » : ce public, en principe le plus pauvre, est un privilégié de l'art : il ne reçoit que l'essentiel. De la piste, les Arènes sont un désert de pierre, une étendue blanche qui s'épanouit au-dessus ; mais des derniers gradins, elles sont un creuset où les hommes deviennent terriblement fragiles.

C'est peut-être pour cela que, traditionnellement, les spectateurs des gradins d'en haut sont d'une rare insolence. Ils plongent sur les grands de ce monde : vedettes de passage, politiques en exhibition, et surtout responsables municipaux ou taurins. Pas étonnant que ceux qui président à ces spectacles — adjoints, représentants des clubs taurins, invités — aient, la plupart du temps, l'air un peu tendu, le visage crispé, le geste rare. C'est qu'ils sentent au-dessus d'eux, non seulement les milliers de regards d'un peuple assez caustique, mais surtout qu'ils craignent le quolibet, l'interjection, le nom d'oiseau, l'allusion brute à leur vie publique ou privée qui, lancée dans le brouhaha des Arènes bondées, devrait normalement se perdre, mais qui, par le miracle du lieu, est immédiatement entendue et comprise par quinze mille personnes. Ah ! il n'est pas facile d'être une personnalité dans les Arènes.

Et maintenant, vous pouvez tenter de comprendre les Arènes, les Romains, le château fort, les chevaliers des Arènes, la ville close, la peste et *tutti quanti*... Mais d'abord, la tauromachie...

Le taureau...

15 h 30, un jour ordinaire d'avril, à quelques centaines de mètres derrière le lycée : deux adolescents, seize, dix-sept ans, s'en vont en discutant tranquillement. A un cours sans doute. Ils pourraient porter sous le bras une raquette de tennis ou un classeur. Mais ceux-là portent une étoffe pliée en trapèze rouge sombre. Et du tissu aux plis raides dépassent la pointe et la poignée d'une épée. Ces jeunes gens s'en vont bien suivre un cours : celui de l'École de tauromachie de Nîmes, sur le sable des Arènes. Et personne ne s'en étonne, on ne se retourne même pas.

La présence du taureau dans Nîmes est une évidence : au Musée d'histoire naturelle, un monstre noir et blanc empaillé a impressionné des générations de petits garçons. Le taureau et ses cornes sont partout : à la vitrine des bouchers, dans les emblèmes des commerçants, aux fêtes des villages, derrière les comptoirs des bars. Non pas comme un trophée de chasse à courre, mais comme le souvenir d'animaux qui ont su se battre, tel jour, contre tel matador, et dont on conserve le nom. Mais ce sont, bien sûr, les amateurs de tauromachie et non les chasseurs que l'on accuse de cruauté. Le taureau, on joue avec, on le tue, on le mange, on est tué par lui, on l'imite, on en rêve. Il est même statufié : il trône au bout des allées Jean-Jaurès, à deux kilomètres face aux jardins de la Fontaine, en haut d'un pilier de dix mètres.

Étrange histoire que celle de cette statue de bronze : si Nîmes a son emblème tauromachique, c'est grâce à l'Exposition universelle de 1937, et il faut le dire, à la « mafia » nîmoise. Cette statue monumentale avait été laissée un peu au hasard, dans les jardins du Trocadéro, et n'avait rien à voir avec la tauromachie. Un maire de Nîmes particulièrement actif, M. Hubert Rouget, l'avait remarquée et avait fort envie de l'emmener dans sa ville. Lorsque fut prise la décision de l'Exposition universelle de 1937 sur le site du Trocadéro, et que l'on décida de bâtir sur cet emplacement l'actuel Palais de Chaillot, le magistrat nîmois crut l'heure venue. Il se heurta d'abord à un refus de la mairie de Paris. Mais en 1936, changement à la tête du conseil municipal de la capitale : le nouveau président, Raymond Laurent, est d'origine nîmoise. Hubert Rouget, sous prétexte d'une visite de félicitations, réitère sa demande. Et le taureau est offert à Nîmes.

Reste à lui trouver un emplacement : le cœur de la ville, on le sait, est à la fois sacré et paralysant pour les édiles. Mais il y a un quartier que l'on voudrait développer, c'est celui des allées Jean-Jaurès. Le mythe du chemin de fer joue encore à plein dans cette ville qui fut une des premières à croire au train : on va donc le placer à hauteur du viaduc de façon à ce que les voyageurs aperçoivent ce symbole.

L'arrivée du « fauve » de bronze donna lieu à l'une de ces polémiques à la Clochemerle dont la ville est friande. On prétendit que ce taureau n'en était pas un : ni de Camargue, ni d'Espagne : un taureau du Nord, un taureau de ferme. On scruta ses flancs ; et on crut découvrir que ce taureau était un bœuf. A quoi d'autres répondirent qu'il s'agissait d'une quintescence du taureau, d'une réconciliation entre la course libre et la corrida... Il y eut même une répétition de son entrée en ville, avec une maquette grandeur nature en carton pâte que l'on promena sur les boulevards.

Depuis, coincé entre un grand lycée, une voie ferrée, et un hideux monument à la Résistance, hors des circuits touristiques et même passants, le taureau nîmois est un peu oublié. Et peut-être ne vaut-il pas le détour. Mais de nouvelles voies d'accès sont en train d'être tracées : les allées Jean-Jaurès vont être prolongées jusqu'aux boulevards périphériques et à l'autoroute, un complexe commerçant et bureautique va être ouvert dans la plaine, et un stade de vingt mille personnes : tout cela va passer au pied du taureau, qui en retrouvera peut-être une royauté que son garrot et sa fière allure ne démentent d'ailleurs pas.

... et le Minotaure

On peut ne pas s'intéresser du tout à la tauromachie, mais il est impossible, vivant dans Nîmes, de ne pas croiser un jour cette bête noire aux cuisses maculées. Lorsqu'une association sportive ou charitable, un syndicat, un parti politique, un club chic, une amicale d'anciens combattants veulent se rassembler autour d'une fête, ils organisent une « ferrade » dans les alentours. Le prétexte est de marquer les bêtes jeunes ; mais c'est l'occasion de courir, encore une fois, avec le taureau, de le toucher, d'être roulé par lui. Car la familiarité de Nîmes avec le taureau est matérielle, sensitive : la fascination des jeux de la rue — abrivados, encierro —, c'est de « toucher » la bête, de l'attraper par la queue, par les cornes, ou même à l'abri d'une barrière, de lui toucher le poil au passage. Ce souffle rauque, ces coups de reins désordonnés, cette bête affolée dans la foule, ce hasard dangereux et vivant, ils sont aussi magiques. Dans l'orgie de lumière, de musique, de vie, de sexe qui secoue la ville pendant six jours, l'intrusion violente des taureaux amène une émotion d'un autre ordre. Elle remet les choses en place ; et cette place est très profonde, très intensément chevillée à la ville. L'abrivado, par exemple : à l'origine, c'est l'arrivée dans le village des taureaux devant participer à la course, amenés du pâturage à l'Arène par leurs gardians. A Nîmes, bien sûr, la manifestation est symbolique : il ne peut être question de jeter dans la foule des boulevards les malins taureaux des courses libres ou les fauves de corridas. Nîmes n'est pas Pampelune. Les gardians conduisent donc au grand galop de chevaux presque sauvages des bêtes sélectionnées pour cela, sur un parcours déterminé. La chevauchée dure quelques minutes ; chaque spectateur voit passer ce groupe frémissant dans une course hurlante, en quelques dixièmes de secondes : il n'empêche que la moitié de la ville est dans les rues, que des feux sont allumés dans les tournants stratégiques dans l'espoir souvent déçu de provoquer l'évasion des taureaux ; il n'empêche qu'une excitation monte sur les avenues pendant la demiheure qui précède, comme s'il allait se passer quelque chose d'extraordinaire, à la fois joyeux et intense. Comme si un dieu allait descendre. Et en vérité, il n'est pas certain qu'il ne descende pas.

Il y a eu parfois mort d'adolescents : non pas parce qu'ils avaient été encornés, mais parce qu'ils s'étaient jetés follement à la tête du groupe équestre et avaient été piétinés. Chaque année le SAMU doit porter secours à quelque grand-mère imprudente qui a passé les barrières pour se mêler aux plus ardents. En 1986, les radios locales et les quotidiens ont dû recommander aux vieillards de rester des spectateurs prudents et éloignés. Et j'en ai croisé dans les rues qui disaient : « Maintenant, on veut empêcher les vieux de s'amuser. »

Et il est vrai que rien n'est plus excitant que l'encierro du boulevard Victor-Hugo, le dimanche matin, dans la lumière encore fraîche. Les gardians lâchent trois ou quatre taureaux qu'ils surveillent de loin : non pas tant pour protéger le public que pour protéger leurs bêtes de la troupe de jeunes gens qui les cerne, les provoque, les excite, les défie, les capture. C'est un jeu mythique à trois : jeunes piétons fous, cavaliers sûrs et bêtes sauvages et sacrées. Et après trois-quarts d'heure de cris, de courses, de peur jouée et de contact avec la bête, une fois les taureaux ramenés dans les camions, les gardians un peu fiérots redescendent le boulevard à cheval sous les applaudissements de ces garçons et filles tout neufs en blue-jeans et en tee-shirts clairs.

Le taureau à Nîmes est de l'ordre du fantasme : les élèves des maternelles s'y réfèrent dans leurs dessins ; les adolescents en rêvent ; poursuivis, ils le fuient ou le maîtrisent. L'inconscient nîmois est hanté de cette force brute dont les mythologues et les analystes ont dit la puissance.

Jean Paulhan était très fier de compter parmi ses ancêtres un « Paulhan toréador nîmois » ; Marc Bernard ne peut s'empêcher de courir au toril pour toucher la bête morte ; le peintre Claude Viallat va arracher la cocarde entre les cornes nues. Je connais un fonctionnaire des Ponts et Chaussées qui s'est acheté un taureau, et après des mois d'entraînement est allé le mettre à mort, un beau dimanche matin, devant quelques amis, dans un enclos de Camargue.

Une expression courante à Nîmes, lorsqu'une manifestation tranquille se déroule dans les Arènes, c'est : « Et s'il entrait un taureau... » Redoutable comparaison instinctive : tragédie, cinéma, opéra... « Et s'il entrait un taureau... » Et voilà la fiction qui vole en éclat ; siège, écran, cantatrice ventrue balayés par la charge féroce de cet imaginaire. De là peut-être, que seuls les très grands jazzmen, les très exceptionnelles voix, les groupes rock les plus puissants s'imposent sur la piste. Le reste est foudroyé par la puissance du mythe.

C'est qu'il y a une préhistoire des âmes comme une préhistoire des terres; et qu'ici les deux coïncident. La relation naturelle des hommes de cette région avec ces taureaux noirs et agressifs date de bien avant Rome, et d'avant les Celtes. La race superbe, au port de tête vigilant, aux cornes dressées par-dessus les paluds dans l'attente d'on ne sait quel événement, parcourt les étangs du littoral depuis trois mille ans. Non seulement la Camargue mais les terres lacustres de Saint-Gilles, de Franquevault et d'Aigues-Mortes : tout ce que vous voyez du haut de la Tour Magne qui brille vers le Sud, aux limites de la mer. Les Nîmois ont toujours connu ces taureaux; toujours semi-sauvages, même maintenant. Si libres, que par les hivers de grands froids ou de grande neige, les éleveurs de Camargue ne peuvent faire le bilan de leurs pertes jusqu'au printemps. Le terrain même, d'où sort cette race, lui donne un aspect fabuleux : le delta du Rhône, ce n'est ni la terre ni la mer, mais les deux ensemble, plus l'air, les orages, les roseaux, la boue, les sables mouvants. Et une faune étrange elle aussi, dont ces flamants fragiles et baroques qui se posent parfois entre les manades.

Le taureau, à Nîmes, ça n'a pas été d'abord les Arènes. Elles n'étaient pas construites que les jeux existaient, et l'errance sourde de ces grands animaux. Il suffisait pour s'amuser d'un terrain clôturé, d'une place à l'écart; déjà esclaves et affranchis, paysans du cru et artisans des quartiers couraient, provoquaient, harcelaient la bête noire.

Pendant tout le Moyen Age, la Renaissance et jusqu'aux limites de la Révolution, alors que les Arènes étaient impraticables, des traces restent de ces rites. Il suffit d'un cercle de charrettes. A Aigues-Mortes, à trente kilomètres de Nîmes, pour la fête annuelle qui se tient hors de la saison touristique, une arène se constitue avec des loges à roulettes : seules les familles authentiquement du pays peuvent les posséder; elles forment un grand emboîtement qui cerne une piste; la course peut commencer.

Que sait-on de la présence du taureau dans les jeux romains de Nîmes? Presque rien. Les avant-corps de taureaux à l'entrée principale sont le signe de la fécondité des colonies romaines et non la preuve de combats. Et s'il y eut mises à mort, il est probable que c'est avec des animaux importés d'Europe centrale où ils ressemblaient plus à des bisons, qu'avec ceux légers et malins, des terres de Camargue. S'il y a eu de ces fauves sur la piste, ont-ils été opposés à des hommes, à d'autres fauves ?

RETOUR A NÉMAUSUS

Alors, il est temps de tout avouer, avant d'entrer sur le sable de cette arène antique : on sait finalement très peu de chose sur l'histoire romaine de cette ville bourrée de vestiges, de monuments et d'inscriptions.

Les statues, les autels votifs, les stèles sont en général des traces commémoratives publiques ou privées : un peu comme si on ne possédait pour raconter l'histoire de France que les plaques officielles sur les monuments publics et les pierres funéraires des cimetières. On connaît les rois de France qui se sont arrêtés dans Nîmes, le prix de leur passage, les décisions secrètes ou publiques qu'ils y ont prises. On connaît les invasions, les conflits religieux, les massacres et le nom des massacreurs, les colères de la ville au Moyen Age, et dans les temps modernes. Mais on ne sait pas si les Princes de la jeunesse, Caius et Lucius, protecteurs cependant de la cité, se sont arrêtés dans Nîmes. On ne connaît pas les retentissements publics, peut-être les émeutes ou les coups d'État qui secouaient la ville lorsque Rome changeait de régime ou d'empereur. Les spécialistes se disputent encore pour savoir si Nîmes était colonie latine — une sorte de dominiun —, ou colonie romaine — un département d'outre-mer... Entre 120 avant Jésus-Christ et le IIIe ou IVe siècle de notre ère, l'Empire et la République romaine ont eu une histoire politique, civique, sociologique, religieuse : on ne sait pas comment Nîmes a « humainement » traversé ces périodes.

Nîmes et César

Ce sont les pièces de monnaie qui en disent le plus. Elles racontent que Nîmes est d'abord soumise à Marseille. Ce que confirme César, dans le livre exécré de tous les latinistes de France, y compris des élèves du lycée Daudet : *De Bello Gallico*. César, donc, rappelle que Pompée avait traité avec Marseille, et lui avait abandonné ses droits sur la région des Vosques arécomiques, c'est-à-dire sur la région nîmoise, peuplée alors de Celtes. A cette époque, −70 environ, chaque ville est fermée sur elle-même. Elle se limite à ses murs, ses terres, ne se sent pas concernée par l'idée de peuple ou de nation. Némausus déjà, reste Némausus. C'est alors qu'arrive Jules César. Et quand César conquiert le monde, les Gaules tremblent, Marseille capitule et Nîmes change de statut. Elle devient gallo-romaine; elle prend le statut de « colonie ». Vers −31, le géographe Strabon informe tout le bassin méditerranéen : « La capitale des Arécomiques est Nîmes. Elle est de loin inférieure à Narbonne sous le rapport de la population étrangère et de la foule des commerçants, mais elle lui est supérieure par son corps de citoyens. » Némausus gouverne vingt-quatre établissements du même peuple avec une nombreuse population qui lui paie tribut. Elle possède le droit latin, si bien que ceux qui y ont exercé des magistratures deviennent citoyens romains. Ce peuple, grâce à ce règlement, se gouverne lui-même et n'est pas soumis directement à Rome. Ainsi, les Nîmois, avant même de jouir des faveurs de l'empereur Auguste, se débrouillent-ils pour jouir de privilèges et d'indépendances particuliers. Voici déjà une permanence du caractère nîmois : conserver son quant-à-soi vis-à-vis des pouvoirs qui passent et des envahisseurs qui s'imposent. Nîmes aurait négocié avec César son alliance contre

Marseille. Faire jouer les pouvoirs les uns contre les autres... Cette ville de passage usera bien souvent du procédé : un duc contre un roi, un comte de Toulouse contre un roi franc ; et en période de conflits religieux, que de fausses soumissions, de redditions avec arrière-pensée, d'alliances éphémères et de fausses conversions ; tout cela contre des avantages matériels sur les terres, les droits, les impôts... « Je suis Vénitien, puis Italien », dit-on à Venise. « Je suis Nîmois, puis Romain, ou Wisigoth, ou Franc, ou Français », a-t-on souvent dit à Nîmes. On a l'impression que les Nîmois s'installent dans la romanité pour en tirer le maximum d'avantages. Élus magistrats — et il y en avait beaucoup puisqu'on changeait chaque année, aussi bien dans les domaines religieux qu'administratifs et militaires —, ces Celtes prenaient la qualité de citoyens romains, ainsi que leurs père, femme, enfants et descendants. Ils appartenaient alors à l'une des « tribus » symboliques de Rome ; à Nîmes, celle des Voltinia. Les plus riches Nîmois n'hésitaient pas à verser des sommes considérables pour accéder à ces postes et à ces honneurs : on trouve dans les inscriptions des legs au trésor public, des organisations de jeux, des cadeaux à la ville, des statues élevées dans les temples. La plus célèbre de ces offrandes vient de ce Quintus Avilius Hyacinthius, qui fit poser à ses frais un nouveau velum avec tout son appareillage, pour protéger du soleil les spectateurs du théâtre.

Les jours et les heures

Quel climat étrange, et finalement quel amalgame idéologique devaient régner dans une ville où l'on célébrait ensemble les dieux celtes, les dieux locaux, les dieux traditionnels romains : Jupiter, Mars, Vulcain, Mercure, et les dieux asiatiques et orientaux arrivés avec les légions impériales. Isis, Cybèle, Mythra avaient leurs cultes. Isis, fort officiellement, possédait ses prêtresses et ses cérémonies. Quel grouillement de rites, d'autels, de sacrifices, de costumes, d'inscriptions, d'animaux symboles devait tenir la ville !

Que disent encore les pierres ?

Que Nîmes est une ville riche. Que la grande bourgeoisie locale devait occuper de belles maisons décorées de fresques et de mosaïques comme à Herculanum ou Pompei. Que le quartier riche devait s'étendre plutôt du côté de la Fontaine, puis le long du cours d'eau issu de la Source. Que les quartiers sud et est devaient être plus artisanaux, et leurs maisons sans doute en torchis et terre battue. Que esclaves et affranchis — c'est-à-dire des esclaves libérés restant attachés à leurs maîtres comme à des patrons — représentaient presque vingt pour cent de la population. Les pierres racontent l'histoire d'une ville animée, avec ses ouvriers du bois, du fer, des métaux... ses fabriques d'outres et d'amphores — Nîmes paraît avoir été un centre important — ; ses mosaïstes, ses charpentiers, ses bronziers, ses orfèvres, ses tanneurs, ses bourreliers, ses fabricants d'instruments de musique, ses jardiniers — dont les pierres tombales sont ornées du plantoir et de la serpe —, ses vignerons, illustrés par une serpette à tailler la vigne encore en usage, ses cabaretiers, ses corroyeurs, ses tondeurs — ornés du peigne —, ses tailleurs de pierre qui partaient vers la mort avec pics, burins et équerres, ses fabricants de sièges, ses fontainiers.

Une grande activité économique, souvent de luxe ; une administration nombreuse. Tout le long des routes qui sortent de la ville, on enterre les morts. D'abord on dresse des stèles auprès des cendres des défunts. Plus tard, on adopte la nouvelle coutume d'enterrer. Ce sont ces tombes qui parlent le plus ; elles disent des noms, des âges, des titres, des relations familiales. Qui est riche, en vue, honoré se fait dresser un monument à statues et colonnes. Qui est pauvre fait graver quelques mots sur une pierre ordinaire.

On sait aussi par les pierres que le territoire nîmois s'étend très loin. L'équivalent de trois évêchés : du Rhône à la Haute

Lozère et en Aveyron. Grâce à quoi le fromage « de Nîmes » est connu jusqu'à Rome. La cité étend sa juridiction jusqu'aux terres où est à présent bâtie Montpellier. Qui, il est vrai, n'existe alors pas du tout. Une partie des vingt-quatre cités soumises sort de terre un jour de 1747, sous la forme d'un petit piédestal de marbre blanc et gris trouvé près de la Fontaine : il devait porter une statue d'or. Sur ce socle on lit onze noms, parmi lesquels on reconnaît ceux de villes voisines : Anduze, Beaucaire, Castelnau-le-Lez, Brignon, Uzès... et d'autres, de cités disparues. Ces villes s'étaient cotisées pour offrir au dieu de la ville patronne une statue d'or. Qui se douterait, parmi les centaines de pierres du musée archéologique, que ce joli petit morceau de marbre posé sous une vitrine représente la puissance de Némausus ?

Des gens, des rues, des métiers, des maisons, des mœurs, des dieux... et de l'imagination. Vous verrez parfois dans Nîmes, aussitôt que des fondations sont creusées, des jeunes gens accroupis à deux mètres de profondeur et jalonnant de piquets et de ficelles ce qui ne vous apparaîtra que comme un amas de terre et de pierailles : c'est qu'on vient de trouver les fondations d'une maison romaine, et qu'il s'agit, avant que les pelles mécaniques ne ravagent le lieu, de relever le maximum d'indications sur les dimensions, les orientations et l'architecture de ces restes. De là, on rebâtit, par la logique, la cour à ciel ouvert, le bassin, le jardin avec ses statues familières, le portique qui dessert les chambres donnant sur cette cour, pièces peut-être ornées de fresques, les cellules des serviteurs, les deux couloirs parfois très longs et joliment décorés. Oui, il faut savoir rêver...

Oui, mais...

L'histoire de Nîmes la plus récente et la plus sérieuse a paru en 1982, écrite par une équipe de chercheurs du CNRS et d'universitaires. Le chapitre sur Nîmes gallo-romaine y est cependant truffé de : « rien ne prouve que... », « on ne connaît pas les raisons exactes... », « rien ne le prouve, rien ne l'exclut... », « la loi municipale que Nîmes devait avoir nous est totalement inconnue », « on ignore complètement... », « cette interprétation n'a pas reçu de confirmation », « les lacunes sont énormes »... et enfin, cette honnêteté scientifique qui consiste à dire : « toutes les informations recueillies par des générations d'archéologues depuis le XVIIe siècle ne suffisent pas à rendre compte précisément de ce que fut la cité ». Si ceux-là ne savent pas, c'est que ce passé romain a été, comme les hauts reliefs des Arènes, systématiquement effacé. Entre le Ier siècle avant Jésus-Christ et le IIIe ou IVe siècle de notre ère, l'histoire événementielle nîmoise est une page blanche.

Col Nem

Il court pourtant, de génération en génération, de bien belles légendes. Elles ont pour origine une pièce d'or : sur une face, les profils de l'empereur Auguste et de son gendre et général, Agrippa. Sur l'autre, un crocodile enchaîné à une palme. Comme devises, des louanges à la gloire de l'empereur, et surtout la formule : « Col Nem », Colonie Nîmoise.

L'histoire, peut-être fictive, de Nîmes, commence, comme une pièce de Shakespeare, par l'assassinat de Jules César. Pendant quatorze ans, la lutte pour le pouvoir va secouer l'Empire. C'est Octave qui en sort vainqueur, en écrasant la flotte de Cléopâtre et Marc-Antoine à Actium, en – 30 ; puis en les contraignant à la mort, en – 29. Et Octave prend le nom d'Auguste et devient l'empereur dieu. Tout ceci paraît très loin de Nîmes, et pourtant, quelque temps plus tard, l'administration impériale fait frapper ces monnaies qui associent les victoires d'Egypte et l'avènement de l'empereur à la colonie de Némausus. Pourquoi « Col Nem » à côté de ce symbole de l'Egypte vaincue : un crocodile lié à une palme ? C'est ici que l'imaginaire nîmois travaille et que la légende se crée : après la victoire d'Actium et l'accession au pouvoir d'Auguste, celui-ci aurait voulu récompenser ses capitaines pour leur fidélité pendant toute la crise politico-guerrière. Il leur aurait donné les terres de Nîmes, avec un statut et des avantages spéciaux. Ainsi s'expliquerait la prospérité de la ville, son aspect résidentiel, sa culture, ses monuments importants, ses cultes multiples, et surtout le patronage des petits-fils de l'empereur.

Les Nîmois pourraient être les enfants de ces soldats coloniaux baroudeurs des bords de Méditerranée ; pourquoi n'auraient-ils pas un peu de sang égyptien ? Et on regarde en rêvant les grandes rides brunes sur le visage de certains pépés lorsqu'ils prennent la fraîche, le soir, devant leur porte.

Les archéologues se sont efforcés, patiemment, et point par point, de détruire cette belle histoire. On doit dire qu'ils y parviennent mal, car ils remplacent le manque de preuves par des points d'interrogation. Et leurs objections ressemblent souvent à un acharnement contre le destin grandiose d'une ville. Reste que Nîmes a eu l'exclusivité de la frappe de cette monnaie pendant quarante-deux ans ; reste que d'anciens officiers d'Egypte ont habité la ville ; reste que les fils adoptifs de l'empereur se sont vu dresser l'un des plus beaux temples gallo-romains du monde antique ; reste enfin que c'est Auguste, et son administration, qui ont donné à la ville sa première grande enceinte monumentale, l'une des plus longues du bassin méditerranéen : le rempart romain.

JEU DE PISTES

Six kilomètres de murailles, aussitôt visibles devant les Arènes sous la forme de cette tour enfouie et de pans de muraille. Mais aussi grimpant les collines, arpentant les garrigues et escaladant les carrières. Six kilomètres dont il faut chercher les traces comme celles d'un gigantesque Poucet qui aurait laissé ça et là une tour, une fondation, parfois la muraille entière : trois mètres sur six de petite pierre bien régulière, liée par un mortier immortel, et posée sur un conglomérat de cailloux qui défie la pioche. Et cela court, parfois visible, parfois sous terre, sous une rue, dans une cave, sous un building.

Bien sûr, il y a les repères les plus évidents : deux portes antiques : celle monumentale d'Auguste, connue, expliquée, entretenue face à l'église des Carmes ; et la Porte de France, qui s'appelait avant la Porte couverte parce qu'elle avait conservé une partie de la voûte qui la prolongeait, et qui n'est plus qu'une arche insolite coincée entre deux maisons.

Mais surtout, moins évident et plus excitant, il y a ce jeu de piste qui consiste à suivre les traces d'Auguste à travers des rues éloignées, des chemins campagnards, des villas à chiens méchants. Série d'indices qui invitent à l'échappée belle, aux paysages, aux souvenirs, à des bouffées d'histoire et de résine de pins. Cela aussi, c'est Nîmes.

Pourquoi est-on certain que la muraille fut bâtie sous le règne d'Auguste ? Parce que, lorsque la porte est fut exhumée, en pleine Révolution, la première chose qui apparut fut l'inscription du haut, assez longue et explicite : « L'empereur César Auguste, fils du dieu, consul pour la deuxième fois, élevé à la puissance tributienne pour la huitième fois, a donné ces portes et ces murs à la colonie. » Grâce à ces titres, on put dater précisément l'enceinte : – 14 ans avant J.-C. Cadeau de Romain : six kilomètres d'un rempart serré, sans partie faible, flanqué de quatre-vingts tours, percé de dix portes, escaladant cinq collines, et ayant pour point culminant la Tour Magne. Pendant des centaines d'années et jusqu'au début de ce siècle, des fragments entiers en restèrent dressés dans le paysage sur les champs. Il a fallu les villas, les lotissements, l'attrait immobilier des vallons à pins, pour que bulldozers et spéculations en fassent mystérieusement disparaître une bonne partie, à la barbe des archéologues. La recherche en devient plus mystérieuse.

On peut partir des Arènes vers l'ouest. Déjà, à deux pas des Arènes, dans la rue Alexandre-Ducros, il faut savoir pénétrer dans le jardin de la clinique Saint-Joseph pour y trouver une belle tour et un début de rempart. Silence, dit une pancarte. Le rempart disparaît en terre. Mais revient à deux cents mètres de là, sous la forme de la porte la plus anciennement connue de Nîmes : la Porte de France. Pauvre porte : elle par qui la voie domitienne quittait la ville vers l'Espagne, elle autour de laquelle légionnaires, commerçants, voyageurs impériaux partaient vers toutes les conquêtes, ou tout simplement vers la capitale administrative, Narbonne, la voici réduite à une seule arche entre la Chambre de commerce et une maison miteuse. Transition entre le prestige du quartier des Arènes et les rues banales qui s'annoncent. D'un côté, la Chambre de commerce construite dans l'ancien hôpital de l'Hôtel-Dieu : maison dynamique, à l'origine du premier port de plaisance d'Europe, entièrement conquis sur la mer et les marais, Port-Camargue. De l'autre, un étrange quartier que l'on a appelé la Petite-Espagne parce que, depuis le début du siècle, des Espagnols immigrés s'y sont installés ; maisons d'un étage dans lesquelles on a souvent aménagé des cours intérieures en patios.

La promenade pourrait devenir carrément banale par des rues sans âme, si le nom ne vous donnait quelque espérance : rue du Cirque-Romain ! Voilà de quoi la suivre ; et suivre du même coup les monotones bâtiments de la Sécurité sociale et d'un centre culturel et sportif. Oui, mais voilà ; dans cette ville à sortilèges, ils ont été bâtis à la place d'un marché aux bestiaux ; lui-même pris sur l'emplacement d'un cimetière ; qui avait remplacé un jeu de mail... lequel, aux dires d'une mémoire populaire tenace, avait profité des espaces offerts par un ancien cirque romain. Quelques hectares au moins dont on ne peut nier la vocation agitée ! Et quel que soit le témoignage : document du Moyen Age pour le mail, mémoire des pères pour le marché aux bestiaux, tous se souviennent d'un fragment de mur, sorte de bloc de pierraille. C'était, disaient les obsédés d'antiquité, le pivot autour duquel tournaient les chars romains. D'ailleurs, n'y a-t-il pas, près des Arènes, par là même où l'on vient de passer, une rue qui s'appelait rue de la Carreterie, la rue des Chars ! Ce mur indestructible n'est en réalité qu'un nouveau fragment du rempart d'Auguste, que revoilà, qui courait droit vers l'ouest et vers les collines.

Frôlé par les autobus, entre des bars équivoques et des buildings de moyen standing, on continue de suivre Auguste : il faut traverser le boulevard Jean-Jaurès, résister à la tentation du taureau d'un côté, des jardins de l'autre ; la rue du Cirque-Romain, de l'autre côté, devient la rue de l'Abattoir. Sur la droite, un building de dix-huit étages ; et tout de suite une rue, les Romains sont au coin, sous le béton ; vous collez le visage à la fenêtre basse d'un parking souterrain : le rempart est là, une belle tour que les architectes du béton ont su protéger en sous-sol. Auguste est inclus dans les fondations.

Cent mètres encore : un grand carrefour, une voie à quatre pistes vers la ZUP croise l'avenue du Cadereau descendant des Cévennes. Ici, la légende nîmoise se souvient d'une porte encadrée de deux tours qui franchissait une rivière. La voie vers les ZUP et les ZIP porte aussi le nom d'un empereur : Kennedy. Elle monte au milieu d'une colline de pins. Et le rempart est là. Entre un immeuble de l'EGF, une clinique, et des buildings. Rome est à des milliers d'années-lumière, et vous marchez dessus : ce morceau de terrain vague, cette pierraille à vos pieds, vous reconnaissez les petites pierres régulières, le ciment indestructible.

Le rempart ensuite quitte la voie rapide, s'enfonce dans la colline : vous voyez la muraille par la tranche. Elle commence de grimper entre une vieille villa rose et les plus anciennes HLM nîmoises. Déjà, l'enceinte a les pieds dans la verdure : buis, laurier, thym, herbes folles. On peut l'escalader ; les enfants de l'école voisine reviennent chez eux par la crête.

Montaury

Tout de suite après, on perd le rempart, dans des propriétés, sous des immeubles chics : la colline est trop belle, trop boisée ; ici commence la spéculation immobilière, ses interdits et ses destructions. Pour le retrouver, il faut ruser. Rester sur la même pente, mais revenir en arrière, prendre une autre rue qui le rejoigne plus haut sur cette colline de Montaury. « Monte Taurus », dit un historien : le mont des Taureaux ; parce que c'est là, disent encore les fous d'antiquité, qu'on faisait paître les taureaux avant de les amener aux jeux des Arènes ! La rue s'appelle précisément Montaury. C'est en la montant qu'on comprend peu à peu l'attrait de ce quartier. La plaine de Beaucaire et du Rhône bascule avec toutes ses collines bleues, au-delà de la ville ; et quand le temps est clair, le rocher des Baux-de-Provence pousse sa crête blanche entre les pins. La pente est dure, les murs hauts, les villas riches ; les petits immeubles ont à leurs balcons les vitres fumées des loyers élevés. Ici, le silence l'emporte. La muraille de l'empereur est là sur la gauche ; mais on a beau lorgner, rien ne paraît, trop de clôtures. Et puis, la rue tourne à angle droit, à hauteur de la belle et vieille maison des Charmerettes. Une folie qu'un gouverneur du Languedoc avait fait aménager pour sa belle. Une maison aussi où vécut jusqu'à ces dernières années l'une de ces femmes de caractère comme en recèle cette ville secrète. Une femme mêlée aux grandes résistances et aux pouvoirs efficaces, et qui, sans fleurs ni prêtres d'aucune sorte, voulut qu'on lise sur sa tombe du Jaurès.

En face de chez elle, dans le retrécissement de la rue de plus en plus pressée par les pins qui la surplombent, le rempart revient. Un demi-cercle concave de petits moellons dans un mur de propriété : c'est l'intérieur d'une tour. A partir de là, précisément quand la chaussée s'élargit, la muraille est dessous. On le sait ; on l'a vue ; on l'a goudronnée. Les chemins divergent ; les allées interdites se multiplient ; le calme et la beauté s'accroissent. La muraille d'Auguste a disparu derrière d'autres remparts. Et le sommet de la colline risque de la faire oublier tout à fait.

Pour peu qu'un petit mistral ait épuré la lumière, rendu le ciel violet, laqué l'échevelure des pins maritimes et des pins d'Alep, le paysage vous prend. Les collines du nord-ouest de Nîmes font oublier Rome. Crêtes vert sombre, saignées rouges, touffeurs des lauriers et des genévriers. On est du côté de Florence avec les sombres accidents des vallons, les appels ventés des pins. La paix sans fadeur ; l'apparent abandon de la nature sans sauvagerie. La ville se cache, et la plaine ; plus de vignoble, de garrigue ni d'aéroport : un jardin toscan sur des milliers d'hectares.

L'assemblée des fées

Le rempart est juste sur ce sommet : à dix mètres de la rue, il coupe l'allée d'un préventorium, surgissant d'une propriété, dégringolant dans une autre. Les vieux os de la pierre mordent un peu sur l'allée de buis. A partir de là, le flanc de la colline a été préservé par le propriétaire : très peu bâti, très peu aménagé, très sauvage. Grâce à ces interdits, sur toute cette descente vers la ville, la muraille d'Auguste a conservé toute sa hauteur : c'est le plus beau passage. Mais pour voir et apprécier ces grands pans de mur antiques, à travers les bois sauvages, il faut descendre dans le creux entre deux collines, traverser la route du Vigan, et prendre du recul du côté des chemins de Camplanier et des Écoliers.

Vous passez alors à l'ombre d'un drame terrible : à quelques dizaines de mètres de là s'ouvre à flanc de colline, sous un auvent très large et très bas, la grotte des fées, où quelques gamins viennent encore faire leur initiation spéléologique. Dans la nuit du 14 au 15 janvier 1720, c'est vers le grand auvent de cette cavité que convergeaient les détachements du roi. En silence, à travers la garrigue : on leur avait dénoncé une assemblée secrète de protestants, et ils comptaient les surprendre en pleine prière. Les espions royaux étaient bien informés : il y avait là six cents personnes : de bons bourgeois de la ville, avec femmes et enfants. Rien que des gens paisibles, plutôt prudents, souvent aisés et bien vus des pouvoirs. Et ces gens-là, obstinément depuis cinquante ans et deux générations, continuaient de se rassembler en secret, « au désert », comme ils disaient, pour célébrer leur foi, des rites, une lecture de la Bible qui n'appartenaient qu'à eux.

Cette nuit-là, heureusement, l'assemblée fut prévenue à temps, les protestants aussi avaient leurs informateurs. L'assemblée se dispersa dans la nuit, les soldats se perdirent un peu en garrigue. Mais, exactement comme dans une opération de gendarmerie, on barre les routes entrant en ville, on explore systématiquement les mas environnants ; et les protestants, parfois par familles entières, sont surpris et conduits au fort. Désolation dans Nîmes. Foyers éclatés. Une quarantaine de personnes sont, à la fin, retenues, dont des vieillards et des filles très jeunes. En ville, l'émeute menace. Les hommes sont d'abord tous condamnés aux galères, et les filles à la prison à vie. Puis les jugements sont modifiés ; car ces bourgeois ne sont pas sans relations, ni sans argent. Mais tout de même : trois vieillards sont condamnés aux galères, quatre jeunes filles au couvent ; dix-neuf personnes sont expatriées en Louisiane. Le jour où ils quittèrent Nîmes, la foule était sortie de nuit, car on savait que la police allait fermer les portes de la ville ; et au petit matin, les Réformés firent une haie le long de laquelle les grenadiers furent obligés de conduire les prisonniers enchaînés : trois femmes et seize hommes. Pendant trois heures, malgré les menaces et les coups, cette foule suivit de loin le cortège des exilés.

Arrivé au bas de la colline de Montaury, le rempart d'Auguste, lui, a tourné à angle droit pour remonter sur la colline de la Tour Magne — appelée mont Cavalier, du nom du maire qui la fit reboiser. Rude affaire : il doit encore une fois s'effacer ; d'abord sous un carrefour, des feux rouges, des routes : direction Alès, Le Vigan. Pour le retrouver, il faut prendre une vieille petite rue, à droite, sur le début de la route d'Alès. Elle avoue tout : elle s'appelle la rue du Rempart-Romain... C'est un cul-de-sac qui aboutit à une carrière ; du fond, on voit le rempart, bien conservé : il escalade la crête de la carrière, montant à grands coups de hanche, bien visible sur le vide. Il a toujours ses petits moellons bien taillés, mais laisse parfois voir les secrets de sa construction, et ses agglomérats intérieurs. De vieilles petites maisons se sont un peu accrochées à lui ; et avec cette familiarité qu'ont les Nîmois pour la chose antique, quelqu'un a accroché sa cheminée à chapeau rouillé sur les pierres. Il grimpe le rempart, sur les carrières et parmi les murs de pierre sèche. Quelques propriétaires-bâtisseurs s'en sont saisis, et l'ont réutilisé pour l'inclure à leur propre clôture. Jusqu'à la Tour Magne, vous ne pourrez guère l'épier que de loin. Attention au chien. On est ici sur le territoire nîmois le plus cher au mètre carré. Les jardins de la Fontaine sont à quelques dizaines de mètres. Si bien que le rempart a été repéré, perdu, retrouvé au gré de la bonne volonté des propriétaires. Dans le quartier le plus discrètement cossu, les pudeurs s'exacerbent. Et l'enceinte d'Auguste ne reparaît vraiment pour le flâneur qu'à la Tour Magne. Les ombres d'un petit chemin vous mènent directement au rocher éblouissant sur lequel la vieille tour guette encore. Sur ses faces ouest et nord, on voit encore très nettement les arrivées du rempart, comme des bourrelets de cicatrices, des chancres de pierraille collés. Ayant atteint son point culminant et, au passage, assimilé la vieille tour, le rempart de l'empereur va escalader encore trois collines. Et pourtant, jusqu'à son retour en ville, il ne reste, il faut bien le dire, que sous forme de souvenirs, soit qu'il soit devenu invisible dans des propriétés interdites, soit qu'il ait été rasé. A deux pas, au nord de la Tour Magne, un propriétaire du XIXe siècle avait transformé une des tours en un tombeau pour un général de Napoléon ; et son successeur actuel en a fait la base décorative d'une piscine !

Présence de saint Baudile

Il faut quand même partir vers le Nord : rue de la Tour Magne, place Paul-Valéry ; on peut, en passant, oublier un peu la muraille, et descendre par la rue Arthur-Rimbaud, celle qui donne le mieux l'idée d'un certain bonheur de vivre sur les hauteurs nîmoises. Plus au nord encore, à travers les pins et les jardins, commence d'apparaître la garrigue, l'espace de ce que l'on appelle à Nîmes « le Champ de tir », parce que la municipalité a donné à l'armée une concession séculaire sur ce plateau calcaire, planté de chênes kermès, qui s'étend jusqu'aux gorges du Gardon. Le rempart serpentait, montait, descendait, jouait avec la géographie capricieuse des vallonnements. C'est la toponymie qui nous le rend : un peu après la place Paul-Valéry, juste après un cèdre magnifique, un chemin s'en va vers l'est, sur la crête de petites collines boisées. C'est la « rue des Gazons » ; mais sur les cartes deux fois centenaires, on l'appelle la « muraille vieille ». Suivre la rue des Gazons, c'est donc marcher sur l'enceinte romaine dont le soubassement est encore sous le bitume. C'est aussi traverser un très curieux quartier où le temps est suspendu : plus de villas à piscine, mais des petites maisons sans étage, de petits jardins, des façades peintes en rose, jaune ou vert tendre ; de petites rues claires qui se tortillent directement sous le ciel ; aux tournants, des bornes d'un autre âge attendent les carrosseries. En passant au croisement de la rue Damian, de la rue des Moulins et de la rue des Trois-Fontaines, on tombe dans un creux d'arbres, comme une oasis. C'en est une : au fond, dans une grotte en rocaille à peine visible, se cache le plus naïf sanctuaire nîmois : celui de saint Baudile. C'est ici que la tête du premier chrétien nîmois a rebondi trois fois, faisant surgir trois fontaines. La surprise, c'est que la petite grotte soit bourrée de statues de stuc, d'ex-voto, de plâtres levant les yeux au ciel, de gravures, ciselures et napperons comme il n'y en a nulle part ailleurs dans cette ville où même les églises catholiques ont adopté quelque chose du dépouillement d'un temple.

Ce coin éloigné du centre ville, peu fréquenté des touristes, peu connu des Nîmois eux-mêmes, reste, quinze siècles après, le lieu d'une foi naïve. Comme si une communauté sans doute très humble savait encore parfaitement que même si saint Baudile possède une très grande église en pleine ville, le berceau supposé de la foi chrétienne nîmoise est sous ce bouquet de pins. Sous Jeanne d'Arc et le curé d'Ars en plâtre, sous trois tableaux édifiants, un défilé terrible crie ici du fond des temps : un sarcophage des premiers temps chrétiens; cinq scènes gravées dans la pierre. Presque tous les visages ont été martelés par la barbarie ordinaire, mais ces silhouettes, ces toges, ces personnages à mi-chemin de l'Empire romain et du plus profond Moyen Age, renvoient, dans ce creux presque toujours désert, à l'essentiel. Comme ces plaques de fonte municipales scellées en terre, qui disent soudain que là-dessous, bien réelles, surgissent trois sources.

Le rempart et les astronomes

De ce creux sacré, la muraille repart à l'assaut d'une nouvelle colline. Une rue s'appelle « des Moulins », ces moulins que toutes les gravures des XVIe, XVIIe et XVIIIe siècles montrent en fond de toile. Il en reste quatre sans ailes. Ils sont exactement dans le prolongement du rempart d'Auguste. De là à dire que les tours ont été prises d'assaut par les meuniers... Il est vrai que l'on a retrouvé des moellons antiques dans ces tours.

Pour peu que le rempart descende encore un peu dans cette jolie rue tranquille, au-dessus des toits de la ville, il rencontre Marc Bernard. C'est là que l'écrivain a vécu sa petite enfance; dans ce quartier dit de « la Croix de fer ». « Je revoyais, écrit-il, le blanc miroir de la carrière, les sentiers brodés d'herbe où nous courions vers des aventures prodigieuses, les cigales chanteuses aux ailes de verre clair, au ventre frémissant, que nous capturions en avançant avec d'infinies précautions vers les troncs d'oliviers dont les feuillages rebroussés par le mistral, ou par le tiède vent du sud, remplissaient la garrigue d'éclairs, d'un embrasement de fournaise blanche qui me rappelait l'éclat des fours de boulangers. » C'était vers 1910. Mais la lumière, les sons, la paix de ce quartier n'ont guère changé. La muraille, on ne la reverra presque plus ; mais quelques fouilles, quelques pierrailles disent encore qu'elle remontait sur la colline voisine. Auparavant, elle a croisé une rue très passante ; elle a côtoyé une hideuse église qui se voudrait de style roman XIIe siècle et qui n'est qu'un gâteau à la crème byzantin. Le rempart s'attaquait au mont Duplan. Encore une occasion de promenade : à l'origine, une colline de garrigue qui s'appelait précisément « des Moulins à vent ». Plus tôt encore, dans le Moyen Age, elle faisait partie du territoire consacré à saint Baudile, encore. Les moines en louaient le terrain aux juifs de la ville, pour qu'ils y enterrent leurs morts. Le prix était un poids de sel. Et la colline s'appelait le Puech Judich. Ce n'était qu'un « roc dénudé et désert », nous dit-on ; et les Nîmois, lors des épidémies de peste, y expédiaient leurs malades dans des huttes de pierre. En 1859, un maire intelligent fit boiser la colline, les pins poussèrent, le mont prit le nom du maire : Duplan.

Du moment où elle fut une promenade ombrée, la colline attira dans son crépuscule bien des couples, dont certains parfois étranges. Les journaux satiriques du début du siècle en faisaient des échos acides. A présent, les allées sont larges, les boulistes bruyants ; la caserne d'artillerie est à quelques centaines de mètres ; l'hôpital un peu plus haut ; le trafic de la route d'Uzès passe à son pied : le mont Duplan est encore une belle promenade mais il n'a plus rien d'étrange ni d'équivoque.

A cet instant se produit une sorte de miracle. Le rempart d'Auguste passait au sommet de ce mont Duplan ; et de là il redescendait droit vers la ville et ses monuments. Il n'en reste rien, mais on sait où il passait. Or, sur le flanc de cette colline a été bâtie une petite maison sans relief, un cube un peu à l'écart dans les arbres : l'un des quelques planétariums existant en France.

Là, tous les après-midi, les constellations des deux hémisphères, la course du soleil, la position des astres dans cent ans, ou il y a dix siècles, peuvent être programmées. Des combinaisons les plus complexes aux initiations primaires, le planétarium fait défiler les étoiles à volonté grâce à des systèmes optiques de pointe. Or, le trajet de la muraille antique passe sous la maison. Court-circuit entre les augures de l'empereur et les astronomes de l'an 2 000.

La Porte d'Auguste et le château de Nîmes

Il ne reste plus qu'à rejoindre les boulevards. La dernière étape, avant que le rempart ne boucle aux Arènes ses six kilomètres, sera la Porte Auguste.

Elle est belle, la porte romaine, bien protégée, mise en valeur par un rideau de cyprès ; enrichie de bornes miliaires replantées là : le dallage est puissant ; les quatre arches sont plantées comme les certitudes de Rome. Et pourtant, tout cela ne traduit en rien l'aspect imposant que devait avoir cette entrée. Pire, aucun des archéologues qui firent sortir de terre le sanctuaire de la Fontaine et qui décrivirent minutieusement les inscriptions et monuments nîmois ne parle de cette porte. C'est que pour eux, elle n'existait que comme un souvenir. Où était passée la Porte d'Auguste ? Eh bien, elle était totalement insérée dans un autre édifice plus grand, plus gros et plus large : le château royal de Nîmes. Les savants du XVIIIe siècle ignorent que la porte romaine est encore là-dessous, mais en bons rationalistes, ils ont consulté des documents très anciens. Ils savent que, dès le plus haut Moyen Age, on se servait du « piège » romain, de ses tours, de ses poternes et de ses voûtes. Ils doivent savoir aussi que dès l'an mil, l'espace fortifié était devenu un château fort dans la ville elle-même. Un certain Bernard de la Porte d'Arles en était le seigneur. Le nom se déforma en Porte Radès ; et toute une lignée de Nîmois, seigneurs de la Porte Radès, vécut sans le savoir sur les restes de la Porte d'Auguste et sur le passage de la voie domitienne. En 1195, un Pierre de la Porte Radès, « le Noir », possède un droit de gîte pour quatre chevaliers et un messager ! Est-ce Lancelot aux lisières de la garrigue ?

En 1391, c'est le roi de France, Charles VI, de passage à Nîmes, qui remarque ce château et ordonne qu'on le consolide et qu'on y édifie une véritable forteresse royale « en ce lieu appelé le sonal des Carmes, auquel sont deux grosses tours accouplées de gros murs ». L'administration des Valois parle, elle, de quatre tours : le château grossit. Ce sont ces tours dont on voit encore les traces au sol, dans le trottoir, devant la boutique d'un photographe.

Ce n'est pas le Louvre, ni Montségur : les seigneurs nîmois sont de « petits patrons », et le château est plutôt une garnison, une place forte et une poudrière que la demeure de la reine Guenièvre. Les princes lorsqu'ils débarquent à Nîmes vont loger chez l'évêque ou quelques riches notables dont la maison est plus douillette. La Porte d'Auguste est un lieu de sûreté, parfois une prison : le fameux baron des Adrets, mêlé jusqu'au cou aux luttes religieuses, y fut enfermé pour un temps en 1562.

De tout ceci, vous ne verrez absolument plus rien. Là se produisirent pourtant par trois fois des sièges dignes de romans de cape et d'épée.

Le premier est lié à la grande histoire de France et les Nîmois n'y jouent pas un très beau rôle. Charles VI règne ; la folie l'assaille de plus en plus souvent. Le gouvernement de la France, partagé entre ses chevaliers, est une perpétuelle empoignade. Le duc de Bourgogne et la reine de France croient pouvoir s'emparer du pouvoir ; et le dauphin, le futur Charles VII, qui sera couronné par Jeanne d'Arc, doit se battre pour reconquérir son royaume. A Nîmes, la propagande des dissidents a bien fonctionné ; on a promis la suppression de la gabelle, d'autres impôts ; il n'en faut pas plus pour que les Nîmois trahissent leur roi légitime et passent dans le camp de Bourgogne. On oublie roi et dauphin... sauf dans le château royal. Là, une garnison reste fidèle aux Valois. Dans cette ville rebelle et bourguignonne, un siège commence. La garnison résiste longtemps ; puis, sans vivres et sans espoir de sortie, elle se rend. Moins de deux ans plus tard, le dauphin vient mettre le siège devant la ville rebelle qui capitule rapidement. Sauf le château, plein cette fois de Bourguignons. Au bout de douze jours, une attaque emporte la fortification, et le futur Charles VII fait exécuter tous ceux qui s'y trouvent. Nîmes est déjà une ville suspecte et susceptible de trahir.

Le second siège est de 1567 : les guerres de religion viennent de se rallumer. Immédiatement, Nîmes bascule dans le camp protestant. Dans un amalgame politico-religieux de haines et d'intérêts, on tente d'effacer définitivement les traces et les pouvoirs catholiques. Une folie fanatique s'empare des militants réformés et le jour de la Saint-Michel, des dizaines de notables catholiques sont arrêtés et massacrés, dans des conditions dont le cœur de la ville restera longtemps marqué. Les catholiques qui ont pu échapper se réfugient dans le château royal dont la garnison reste fidèle au souverain français. Un capitaine la commande. Le siège commence le lendemain. De Provence, le parti catholique envoie au secours des siens deux mille arquebusiers et cinq cents cavaliers commandés par le comte de Tende et le cardinal Strozzi. Ils échouent dans la plaine qui est à présent la place des Carmes. Les cinquante soldats du roi et les bourgeois catholiques résistent pendant un mois et demi : sept sommations ne les font pas plier. On fait courir le bruit que le roi s'est fait protestant, que les Guise sont en exil... le château résiste ; en pleine ville réformée, évêque enfui, pouvoir municipal aux protestants, églises pillées, cathédrale en voie de démolition. C'est seulement la faim qui obligera la garnison à céder. Et encore, avec les honneurs : les soldats sortent l'épée à la main, capitaine en tête ; les civils sont libres de quitter la ville. Le château les a sauvés.

Deux cents ans plus tard, le château revient, en pleine Révolution. Il a bien évolué : il est à présent noyé dans un complexe de maisons et de remparts. Ses grosses tours subsistent, mais les bâtiments sont divisés, partagés en appartements ; conglomérat de terrasses, de fortifications en ruines, de bâtiments imbriqués. Est-ce par hasard que précisément dans ces maisons habite en 1790 le chef des royalistes nîmois, François Froment ? Ce grand agitateur, spécialiste de la provocation, a constitué un parti et une milice. Il sait envenimer les querelles de rue, appeler indirectement au meurtre. Finalement, après de grandes tensions et plusieurs morts en ville, François Froment se barricade chez lui, avec ses légionnaires. Chez lui, c'est-à-dire dans le château de la Porte d'Auguste. On est le 13 juillet 1790. Rapidement, le quartier devient une forteresse anti-révolutionnaire. Cet état de tension extrême entraîne dans la nuit du 13 au 14 une réaction de toute la région : les gardes nationaux des villages entrent dans Nîmes et campent sur l'Esplanade. Un incident, un coup de feu maladroit ou provocateur, entraîne la prise d'un couvent de capucins et le massacre des religieux. C'est le début de plusieurs journées de guerre civile que l'on a appelées la « Bagarre de Nîmes ». Au centre du conflit, François Froment et sa forteresse. Il y est retranché avec plus de cent vingts hommes qui tiraillent sur tout ce qui approche. Seuls des canons braqués sur son refuge l'obligeront à sortir. Au moment où le château se rend, on ne peut contenir le peuple furieux : gardes et hommes de la rue pénètrent de force et massacrent tous ceux qui s'y trouvent. Il faut croire que même à cette époque, le « château de Nîmes », dont personne ne se souvient à présent, signifiait quelque chose de profond pour les Nîmois, puisque pendant les négociations pour se rendre, Froment et ses amis signaient encore : « Les Capitaines de la région nîmoise commandant les tours du château ».

Ces tours du château, les Nîmois révolutionnaires ne voulaient plus en entendre parler. Ce fut leur dernier rôle. Symboles de la réaction et de tous les pouvoirs contre-révolutionnaires, leur démolition fut entreprise en même temps que celle des remparts adjacents. Même une salle de théâtre incluse dans l'îlot, et marquée de réunions subversives, fut détruite.

C'est alors que sous les maisons fortifiées, le haut d'un mur romain fit sa réapparition. Il portait une inscription à Auguste. Les ouvriers commençaient à en desceller les blocs. Un historien amateur cria au scandale, rameuta les autorités. Désormais, on démolit lentement, et sous des ruines de plus de mille ans, on en mit d'autres à jour, anciennes de deux mille. C'était la Porte d'Arles, dite Porte de Rome, dite Porte d'Auguste. Elle ne fut d'abord visible que jusqu'à la hauteur du sol actuel, c'est-à-dire qu'elle ne dépassait de terre qu'à mi-voûte. Ce n'est qu'en 1848 qu'une décision municipale acheva les fouilles, mit au jour le sol dallé, les traces des chars. On put alors en mesurer l'importance : quatre portes, deux pour les chars et les transports, deux pour les voyageurs plus légèrement équipés. Des têtes de taureaux, des niches qui ont perdu leurs statues : l'appareil de Rome, cette entrée devait être flanquée de deux énormes tours. Et on suppose que la petite colonne qui se trouve au centre entre les deux arches centrales, était la borne n° zéro à partir de laquelle on comptait les mille sur la route domitienne, dans le territoire nîmois. Mais le dispositif était beaucoup plus important que ce qui en reste : les quatre porches étaient prolongés par des voûtes. L'ennemi réussissait-il à franchir celles-ci, il se retrouvait dans une cour close : devant lui, d'autres portes, d'autres voûtes pour accéder enfin à la ville. Et tout autour, des murailles à créneaux, de quoi faire pleuvoir sur eux les flèches et les javelots. Un piège.

Après cette porte trompeuse, le rempart n'a plus qu'à suivre le boulevard; des traces, des restes de murailles traînent encore dans certaines caves. Mais le parcours est bouclé : voici les Arènes, les deux belles bases de tour dans leur pelouse douchée de frais : l'enceinte d'Auguste, après six kilomètres de promenade, après avoir observé tous les horizons nîmois, côtoyé maints lieux stratégiques, rejoint tant de points de batailles ou de recueillement, est revenu au cœur battant de la ville : Auguste, dirait-on, avait pris la mesure de « sa » ville.

PUISSANCES DES ARÈNES

Vers l'an 600, Nîmes était une bourgade sordide ; infectée de canaux crevés, dépeuplée, maisons de torchis, villas romaines déjà ruinées. On se demande comment ces descendants des Gallo-Romains devaient regarder les Arènes : travail de géants, destiné à des jeux effacés de la mémoire de la ville. Rome, sa force et ses ambitions, dépassait infiniment ces gens pris dans un creux de l'histoire. Pour eux, les Arènes furent une carrière, une falaise, un rocher, une montagne. Quelle aubaine que ces tonnes de belles pierres bien taillées. Ces grands pans de gradins qui manquent, ces escaliers soudain à nu, ces voûtes qui s'interrompent, ce sont autant de chargements de pierres emportés pour servir de fondations aux maisons alentour : la rue de la République qui part des Arènes vers l'ouest a été longtemps appelée rue des « Petites-Arènes », et ses habitants les « Aréniers » : on savait bien quels matériaux ils avaient empruntés. Considérées comme une colline calcaire, les Arènes étaient traitées comme telle : comblées de gravats au tiers de leur hauteur ; des rues surélevées arrivaient à mi-hauteur des arcades ; de petites maisons étaient appuyées à l'extérieur. Les arcades étaient bouchées par diverses fortifications et murettes. Les Arènes, comme Gulliver, étaient ligotées, engluées, enfouies par ces Lilliputiens. Leurs limites, leurs murailles, leurs dimensions, la perspective que l'on en a aujourd'hui étaient alors impossibles à imaginer.

Cette sensation de bloc au centre de la ville, cette sourde idée que les Arènes sont aussi la montagne magique, ont-elles vraiment disparu ? Entre 1942 et 1944, à nouveau on boucha chaque arcade de sacs de sable et de planches. Les Arènes devinrent un abri contre les bombardements ; et lorsque les sirènes annonçaient un raid sur la ville, les habitants du quartier, de nuit comme de jour, se précipitaient sous les voûtes. On était persuadé que, quand bien même une bombe serait tombée sur les gradins, les couloirs et les galeries noires auraient résisté. Trente ans auparavant, pendant la guerre de 14-18, les mêmes arches avaient servi de logement à la cavalerie armée. On ne faisait que retrouver de très anciennes habitudes. Car aussitôt que les jeux romains furent oubliés, aussitôt que les Arènes se tapirent comme une grosse termitière sournoise au bord de la ville, les hommes s'en servirent de forteresse. Dès les années 400, l'énorme bloc de pierre était le repaire des puissants : les galeries basses abritaient les chevaux; les souterrains et les réduits multiples servaient d'oubliettes, de réserves et de caches, et contre les gradins intérieurs, on commençait à bâtir.

La « chanson » des Wisigoths

Il dut y avoir un temps très étrange dans Nîmes, celui où deux civilisations, sans s'être vraiment combattues, commencèrent de vivre ensemble, et où l'une remplaça doucement l'autre. Les Wisigoths étaient arrivés; ils avaient investi tout le sud de l'Europe, établi leurs rois en Espagne. Et Nîmes se trouva soudain vassale d'un souverain de Tolède. Côte à côte dans l'amphithéâtre vivaient les descendants des Gallo-Romains, chevaliers aux cheveux courts à la César, et les nouveaux conquérants, chevaliers wisigoths, poil long, manteaux de peau, fourrures. 1500 ans après, des noms gothiques restent dans la ville : Mazauric, Albaric... Ce sont ces guerriers venus de l'est qui achèvent de fortifier les Arènes. C'est alors que le monument apparaît dans l'une des plus lointaines épopées que l'on connaisse. Les Wisigoths sont chrétiens; comme tous les prosélytes, ils renchérissent sur les exigences et commencent à persécuter les Juifs, nombreux et prospères dans tout le Languedoc. A Nîmes, où cette communauté est puissante et compte dans l'économie de la ville, la mesure est très mal accueillie : ce roi Wamba, qui règne du côté de Tolède, de quel droit vient-il troubler les équilibres locaux? Même l'abbé tout-puissant du monastère de Saint-Baudile défend « ses » Juifs; ne commerce-t-il pas avec eux? Et l'abbé trouve des

La Source

Le Bosquet

Mariage dans les Jardins de la Fontaine

Les Quais

La Maison Carrée

L'hôtel près des Arènes

Les Arènes

Les Arènes

Féria

FERNANDEZ MECA
¿ES DE
TRIANA?
¡NO!
DE NIMES
(Francia)
TARIF DES CONSOM

Le café

Balcon vitré

Rue de la Trésorerie

Les toits

Mur en garrigue

Pan

alliés : l'évêque de Maguelonne, sur le littoral, et surtout un autre Wisigoth : Hildéric, comte des Arènes ; celui qui a été désigné par le roi Wamba pour assurer l'administration du territoire nîmois se rebelle. C'est un évêque des années 680 qui raconte l'histoire. Comme il est tout attaché à son roi, les Nîmois apparaissent comme des renégats :

« En ces temps glorieux, écrit-il en latin, la terre des Gaules tourmentée d'une fièvre insensée de révolte vit surgir de son propre sein une trahison infâme... On vit des conciliabules entre conjurés, des actes de trahison et d'immoralité, de la fraude dans les négoces, de la vénalité chez les juges, et ce qui est pire que cela, la promiscuité avec les Juifs blasphémant contre notre Sauveur et Seigneur... La responsabilité de tous ces crimes doit retomber sur la tête du tyran Hildéric qui, chargé de l'administration de Nîmes et ayant comme comte la garde de sa forteresse [les Arènes], non seulement prêta son nom à la révolte, mais encore en fit surgir le prétexte et en donna le signal. »

D'Espagne, le roi Wamba envoie l'un de ses généraux : le duc Paul, pour reconquérir le territoire nîmois. Mais à peine arrivé en Languedoc, celui-ci passe du côté des rebelles, prend leur tête et se proclame le chef de tout le royaume goth d'Orient. Dès lors, c'est le roi Wamba lui-même qui vient d'Espagne pour mater son vassal. Il poursuit le duc Paul de Narbonne à Nîmes ; et le 31 août 671, il arrive devant le château des Arènes. Les voûtes des Arènes sont déjà toutes fortifiées. A l'intérieur, on a construit des maisons comme sur des flancs de collines ; il y a là-dedans des puits, des rues, des potagers. Et même une chapelle. Une population mêlée vit dans ce village fortifié : des Francs, des restes de Gallo-Romains, des Wisigoths en révolte. C'est là devant que le roi Wamba met le siège. Les échos qui nous en parviennent par l'évêque-historien de Tolède nous semblent un combat fabuleux ; un récit beaucoup plus vieux que la Chanson de Roland et que les Chevaliers de la Table ronde ; et tout cela à Nîmes, par un jour sans doute torride d'août :

« Au son des trompettes éclatantes, le combat s'engage dans

un nuage de pierres. Ensuite, toujours au son des trompettes, ils avancent en poussant de grands cris à l'assaut des murs de la ville contre lesquels ils jettent des pierres de toutes parts. Ceux qui sont sur les remparts reçoivent des flèches et des javelots et en renvoient à leur tour sur les nôtres... »

L'armée du roi Wamba campe dans la plaine de Nîmes ; c'est de là qu'elle s'avance :

« Après avoir incendié les portes, ils entrent dans la cité par de petites brèches dans les murs, s'ouvrant un passage par le glaive. Ne pouvant plus soutenir cet assaut, les ennemis se retranchent alors dans les Arènes, antique édifice entouré d'un mur particulièrement puissant. Un lamentable deuil plane sur les maisons et si vous eussiez pénétré dans leur secret intérieur, vous n'auriez découvert que des morts étendus... »

Submergé, le duc Paul, les Nîmois et les évêques rebelles se rendent. Le roi Wamba s'avance vers les Arènes : « Dans un admirable appareil militaire. Le soleil se réfléchissait dans les boucliers et la terre brillait d'une double lumière ; l'éclat des armes augmentait encore la lueur du soleil. Ainsi furent aussitôt tirés des Arènes le duc Paul et toute sa troupe. La multitude insolente des Gaulois et des Francs qui avaient mené là-dedans le combat contre les nôtres, fut ensuite capturée avec les immenses trésors. Cette troupe perfide formant un seul groupe fut entourée à droite et à gauche par l'armée. Paul marchait à pied au milieu d'eux, conduit vers le prince par deux ducs à cheval, tenant chacun une tresse de ses cheveux. » Hommes aux noms rugueux : Eriusclus, Florarius, Wistrimirus, Virimar... Ils ont vécu là, sous ces mêmes voûtes, ces mêmes gradins. Au XVIIe siècle, on racontait encore comment on avait remplacé sur la tête du duc félon la couronne d'or par un diadème de papier et de poix ; et comment on avait fait rouler le traître du haut des Arènes, avant de lui faire traverser les carrefours, monté à revers sur une charrette, sous les huées.

Que reste-t-il des Wisigoths nîmois ? Quelques boucles de cuivre, quelques bijoux et agrafes en bronze et émaux, un magnifique plat de terre noire orné de grandes feuilles : ni écriture ni mémoire. Ils sont pourtant restés plus de trois cents ans dans la région nîmoise, plus longtemps que l'Empire romain au faîte de sa puissance.

Saint Gilles

Il arrive que deux légendes se croisent : celle du roi Wamba à l'assaut de Nîmes permet la naissance de celle de saint Gilles et de son abbaye, à vingt kilomètres des Arènes. Saint Gilles, un descendant des premiers rois athéniens, dit la légende qui décidément ne se refuse rien, est venu mener une vie d'ermite dans les forêts du sud de la France. Il s'est d'abord installé dans les gorges du Gardon, au nord de Nîmes, avec un autre saint : saint Vérédème. Site magnifique et sauvage de rocailles et de garrigues, où Clouzot tourna le *Salaire de la peur*. Les deux saints s'étant, dit-on, chamaillés, saint Gilles alla s'installer dans les forêts du sud de Nîmes, au fond d'une vallée verdoyante. C'est alors que Wamba arriva dans la région à la poursuite du duc Paul. Un jour qu'il chassait une biche, l'animal se réfugia près du saint. Une flèche dévia miraculeusement de sa trajectoire et blessa saint Gilles à la main au lieu de tuer l'animal. Bouleversé, le roi Wamba tomba à genoux, implora son pardon et fit don à saint Gilles de tout le territoire environnant : c'est ainsi que s'éleva l'abbaye et l'admirable église. Voici, sur les traces du saint homme, et si on est las de romanité, deux occasions d'évasion.

Sarrasins, Francs... les Arènes, ou plutôt la forteresse des Arènes, est prise et reprise. On comprend mieux comment on a pu dire que Charles Martel avait mis le feu aux Arènes : ce n'était certes pas aux voûtes de pierre, mais à tout ce qui était construit à l'intérieur. Un furieux, ce roi franc. Probablement l'ultime démolisseur de quelques beaux monuments antiques. La méfiance des Occitans envers les puissances du nord a de très anciennes racines. C'est alors, en plein Moyen Age, que les Arènes deviennent un château féodal : le château des Arènes.

Le château des Arènes

Il a son suzerain, qui vit là avec ses féaux, ses serviteurs, ses prêtres. Le pouvoir y devient héréditaire : il y a un « vicomte des Arènes » auquel les jeunes chevaliers des Arènes viennent prêter serment d'allégeance. Il exerce basse et haute justice et a le droit de battre monnaie. Près de cent chevaliers ont dû parfois habiter les Arènes avec familles et serviteurs.

Il ne faut tout de même pas imaginer une super-production hollywoodienne avec château crénelé et belles dames en hennins : les chevaliers des Arènes ne chevauchent pas sur des palefrois aux parements brodés d'or. Ils sentent plus la basse-cour que l'encens et la myrrhe. La noblesse nîmoise a des aspects surréalistes : ses noms sonnent comme le curieux assemblage de chevaliers de la Table Ronde et de gros villages des alentours, plus synonymes à présent de fêtes votives, de caves coopératives et de taureau que d'héroïsme chevaleresque : Guillaume du Caylar, Roselin de Lunel, Raymond de Calvisson, Frotard de Bernis, Séréna de Vezenobres, Ugo de Caissargues.

Plus étonnant encore, la ville de Nîmes, elle-même, pourtant réduite et pauvre, est toute morcelée en fiefs minuscules. Pas une vieille tour, pas un pan de gros mur ancien ou de rempart rafistolé qui ne voit un « seigneur » s'y accrocher comme un figuier sauvage et y proclamer son fief. Nîmes n'a alors rien à envier à ces cités italiennes qui voyaient pousser des dizaines de tours rivales d'où les petits pouvoirs locaux se guettaient. Il y a des « Pierre de la Porte d'Arles » — celle-là on l'a vue, c'est la Porte d'Auguste —, des « Guiral de la Porte d'Espagne », des « Guillemette de la Porte Vieille », des « Guiral de la Tour Magne » — car une famille féodale pouvait tenir à l'aise dans le bas de la tour et les masures qui y étaient collées. Une « seigneurie de la Tour Bispaline » correspondait à une ancienne tour des remparts, face au cinéma K 7 ; une « seigneurie de la Tour des Cornuts » se trouvait à peu près sur l'emplacement de la galerie d'art dite Jules Salle. Un « Bernard Gilles des Crotas » tenait son titre de deux voûtes qui recueillaient les eaux de la Fontaine ; à la place du gymnase romain offert par Lucius et Cassius, et avant qu'on y construisît un hôpital, les chevaliers s'entraînaient : et il y eut toute une lignée de seigneurs du Champ de Mars. Et puis, tout autour de la ville, des noms qui correspondent à présent à des mas, à des tronçons d'autoroutes, à des ponts ou des carrefours de périphériques : rien que des petits seigneurs. L'éparpillement de la vanité.

Ces astres mineurs, ces planètes inférieures, tournent tous autour d'un centre : l'amphithéâtre. L'attraction est déjà là, qui demeure.

Dans le château des Arènes régna pendant deux siècles la famille des vicomtes Aton, dont la plupart s'appelèrent Bernard. Histoire tourmentée, faite de luttes d'influence avec le reste de la ville, avec les évêques, avec les petits seigneurs.

De beaux personnages, comme cette vicomtesse Guillemette qui, dans son château des Arènes, se trouve veuve et enceinte, et, malgré les intrigues et les pressions des petits ambitieux locaux, réussit à préserver le pouvoir pour son fils. Oh, ce n'est pas Charlemagne à Roncevaux : plutôt des affaires de garrigues, de murailles, de pâturages. Sauf quand la grande histoire traverse Nîmes. Le dernier Aton la rencontra, et se conduisit — tout au moins par rapport au Midi — en triste sire : il abandonna la suzeraineté des Arènes au pire ennemi de la région, au conquérant venu du nord écraser les Albigeois : Simon de Montfort. Et voici celui que la légende languedocienne considère à peu près comme l'Ogre, seigneur de Nîmes en 1214.

Ce château féodal, à quoi ressemblait-il ? Le monument luimême ne se distinguait presque plus. A l'intérieur, on devait se croire dans un village des premiers contreforts cévenols : tout le centre, qui est actuellement la piste, mais nettement surélevé sur des remblais, était occupé par les plus anciennes maisons groupées autour d'un puits et d'une très ancienne église, Saint-Pierre.

D'autres maisons étaient bâties sur le pourtour ; entre elles, des ruelles grimpaient jusqu'aux gradins supérieurs. Les vicomtes avaient édifié un château dans le château : du côté est, surmonté de deux grosses tours carrées qui dépassaient de l'amphithéâtre, et qui étaient encore visibles en 1789, aux premières velléités de déblaiement des Arènes. Les arceaux étaient maçonnés avec de petites pierres ; on y avait ménagé d'étroites ouvertures qu'on peut encore voir du côté du Palais de justice.

Dans le centre du village, au milieu des maisons, était ouvert un plan libre au milieu duquel se trouvait la table ronde des chevaliers. Là se réglèrent les nombreux différents entre la ville et les Arènes. Là, de grands personnages, tel le comte de Toulouse, vinrent négocier avec Nîmes des droits de pacages et des libertés communales ; là, sans doute, se signa en 1220 cette Charte des Arènes entre le comte et les chevaliers, où il est dit que ceux-ci pourront accroître et augmenter leurs pacages sur les terres du comte, et vendre leur vin avant celui du suzerain. Des chevaliers, mais aussi des paysans madrés ! Enfin, près du château, à peu près à hauteur de l'actuel toril, une nouvelle chapelle avait été construite : Saint-Martin. C'est elle qui a laissé les seuls fantômes des chevaliers : neuf bas-reliefs représentant des scènes religieuses ou des séquences de la vie seigneuriale ; gestes sculptés dans la belle pierre romaine arrachée aux Arènes. On les découvrit lorsque le monument fut déblayé au début du XIXe siècle. Ils faillirent être emportés et jetés par les entrepreneurs désinvoltes. Des amateurs archéologues les enlevèrent de nuit et les transportèrent dans une maison proche. C'est ainsi que ce défilé d'hommes d'armes ou telle scène de chasse, ou de galopade vers un château, faits de figures frustes et raides comme les silhouettes de l'île de Pâques, furent préservés.

Ghetto

Et puis, la chevalerie disparut progressivement, et les châteaux forts : les Arènes conservèrent leurs maisons mais sous forme de village de plus en plus sordide ; les Arènes deviennent une communauté dans la communauté ; dès lors, on est « des Arènes » comme d'un village des environs. Pendant que la naissante bourgeoisie nîmoise commence à bâtir ses hôtels particuliers dans le centre ville, une population beaucoup plus humble fragmente, et pourrait-on dire, squatte les Arènes, leurs galeries, leurs voûtes ; celles-ci sont partagées en pièces, comme un vulgaire logement HLM, et dans le sens de la hauteur par des planchers. Le fond des arceaux, trop noir, trop humide, sert de cellier, de cave, et contient des cuves à vin. Les puits sont très nombreux, presque un par demeure.

Semi-pauvreté, promiscuité, eaux peu salubres : un redoutable ennemi pouvait s'épanouir : la peste. Pendant les XIVe et XVe siècles, elle a rôdé dans la région entrant par grandes crises dans la cité, tuant la moitié de la population, provoquant le repli des autorités civiles et judiciaires qui ressemblait fort à une fuite, entraînant désordres, pillages, violences et interdits, mais aussi des héroïsmes étonnants ; comme celui de ces moines Recollets, tous issus de grandes familles françaises, tous savants, qui en 1649 rejoignirent les pestiférés que l'on avait exilés dans des huttes aux limites de la ville, sur les pentes de la Tour Magne. Et ces moines infirmiers moururent tous.

Cette même année 1649, le village des Arènes vit une tragédie : « Ce fut principalement dans l'enclos de l'amphithéâtre, communément appelé les Arènes, que la peste fit ses progrès. Aussi le bureau de santé se hâta-t-il d'interdire à ses habitants toute sorte de communication et commerce avec ceux de la ville. Il fut délibéré dans une assemblée qui se tint à ce sujet le jeudi 26 de ce mois d'août, au Logis du Luxembourg hors la ville, sur les huit heures du matin, en présence de quatre consuls, de faire boucher avec de la maçonnerie l'entrée des Arènes du côté du Palais, et de placer à celle qui aboutissait à la porte Saint-Antoine, trois gardes qui empêcheraient les habitants d'en sortir, et qui néanmoins leur feraient tenir ce qui était nécessaire et assisteraient les pauvres qui s'y trouveraient ; le tout au dépens de la ville. On leur donna toutefois un délai de trois jours pour avoir le temps de se pourvoir en farine, de faire laver leur linge et d'aviser à leurs autres besoins; et on leur accorda aussi la liberté de se retirer à la campagne. »

Voilà ce que raconte l'historien de Nîmes, Ménard, au XVIIIe siècle : dans le huis-clos sordide d'un août torride, les malades, les puits fétides, les morts, la peur... Le ghetto de la mort.

Les Arènes ne commencèrent à retrouver leur hauteur, leur sol primitif, les arches libres et leurs gradins — ou ce qu'il en restait — que dans le début du XIXe siècle. Les travaux de déblaiement ont à peine deux siècles. Encore furent-ils très progressifs. On détruisit les masures, on déblaya les voûtes et galeries parcellisées; et surtout on s'attaqua aux tonnes de terre, rocs, ruines accumulées sur quinze siècles qui surélevaient le sol de l'amphithéâtre jusqu'à hauteur des gradins de secondes. Les plus grands travaux se firent en 1809 : on imagine ce que des archéologues contemporains auraient tiré de telles fouilles car on avait là l'histoire de la ville en couches successives. Mais ce ne furent pas des fouilles, ce fut du ravage. L'ingénieur des travaux publics était plus entrepreneur que savant; des amateurs peu scrupuleux rôdaient aux limites du chantier : les belles pièces furent escamotées, les restes brisés. Des bas-reliefs furent cassés, des fresques médiévales effacées.

TAUREAUX ET TOROS

Vers la corrida

A peine l'amphithéâtre était-il rendu à ses allures originelles que le taureau parut. Un préfet du Gard écrit en 1813 à son ministre : « Le goût qu'a le public pour la course de taureaux est porté jusqu'à la fureur dans ce pays, et nulle part il n'existe aucun emplącement aussi magnifique que celui des Arènes. » Le 20 avril de la même année, un sieur Branchu obtient l'autorisation d'organiser une saison taurine en échange de travaux de restauration et de dix-huit grilles à poser sur les arches extérieures. Il est associé à un « fils Bastide » et un « fils Paulhan » — un grand-oncle du directeur de la *Nouvelle Revue française*. Et ainsi commence l'histoire taurine des Arènes de Nîmes, dans un monument qui est loin d'avoir sa physionomie actuelle : les gradins ne sont pas restaurés ; beaucoup de vides, beaucoup de brèches, des pentes sauvages ; des terre-pleins d'herbe ! Les couloirs sont incertains, beaucoup d'escaliers manquent ou sont à l'état de pente glissante. Et pourtant huit mille personnes sont là, le 23 mai 1813, pour la première course de l'ère contemporaine. Les taureaux viennent d'un troupeau du Caylar — un village de ce que l'on appelle « la Petite Camargue », entre Nîmes et la mer. Et il y a ce que l'on appelle un « toréador » : un Antonio Jordani, c'est-à-dire Antoine Jourdan : « En attendant des toréadors étrangers que l'on annonce, écrit le *Journal du Gard*, des gens du pays formés à cet exercice figureront au premier rang. Déjà, ajoute le journaliste, une douzaine de hautbois champêtres, accompagnés de petits tambours, orchestre ordinaire de ce genre de spectacle, se sont fait entendre dans plusieurs quartiers de la ville pour annoncer que c'est demain, neuvième des Ides de mars, que ces jeux doivent commencer... » Rome, Rome ! Rien ne surgit dans cette ville qui n'ait quelque racine. Et ces « bandas », ces « peñas », orchestres un peu fous qui parcourent les férias des années 1980 ont une origine populaire très ancienne, très populaire, bien antérieure au renouveau des Arènes.

Pour trouver des hommes qui sachent affronter les taureaux, on n'a qu'à se tourner vers les villages du Sud nîmois. Par tradition, par affinité avec l'Espagne aussi avec laquelle se sont liés des échanges commerciaux, par souvenir obscur des jeux antiques, les Nîmois sont attirés vers ce que l'on appelle « la corrida ». Une des vingt courses de cette saison 1813 est donnée avec un Espagnol qui a travaillé « à la manière des toréadors » ; et il faudra attendre 1830 et le jeune Prosper Mérimée pour que Paris découvre « les courses à l'espagnole ».

Dès lors, tout le XIXe siècle nîmois va être une longue évolution vers les formes pures de la corrida actuelle ; une longue hésitation des pouvoirs publics devant un spectacle considéré par le reste de la France comme barbare ; et la lente séparation entre la tradition espagnole de la mise à mort des fauves que sont les taureaux espagnols, et la tradition camarguaise faite de jeux avec les taureaux du delta du Rhône.

Car au début, on fait n'importe quoi dans les Arènes. En juin 1853, un Madrilène et un Aragonais, que l'on annonce comme de grands spécialistes et qui paraissent porter un costume assez proche de celui des actuels toréros, se livrent à une surenchère de fantaisies : l'un chevauchant les taureaux, l'autre les affrontant sur des échasses... Comme les spectacles du Moyen Age, la corrida est entrecoupée de numéros comiques. Le 10 mai 1863, même la première grande corrida, celle qui paraît avoir le plus ressemblé au spectacle contemporain, présenta des épisodes difficiles à imaginer un siècle plus tard : le sixième taureau sauta la barrière, défonça les portes du toril et disparut en ville ; il erra toute la nuit et fut retrouvé au matin mangeant les feuilles tendres d'une vigne ; c'est un garde municipal qui l'abattit. L'année suivante, ce sont cinq taureaux sur six qui s'échappent et doivent être mis à mort dans les rues de la ville. On ne s'ennuyait pas sur les boulevards nîmois en ce temps-là !

La véritable corrida, celle que codifient des rituels de gestes et de temps, ne sort que lentement d'un amalgame invraisemblable d'activités diverses : taureau savant qui grimpe sur une table, tauromachie à vélocipède, cascadeur bondissant à la perche ou pieds liés par-dessus la bête, jeux landais, jeux provençaux, cerceaux de papier qu'il s'agit d'enfiler sur la tête du bovidé, troupe itinérante de demoiselles torera ; toréador africain. On mêle le pire et le meilleur, la mort et le rire. Selon les préfets, les régimes, les maires, la mise à mort est autorisée ou interdite : une blessure grave, un mort, et la corrida disparaît des Arènes pour plusieurs années ; puis revient à l'occasion d'une fête, d'une élection. Car c'est devenu une exigence populaire. Les Arènes réunissent régulièrement entre 10 000 et 16 000 spectateurs ; et ce public ne doit rien au tourisme. C'est la région, c'est la ville qui peuplent les gradins.

Encore des histoires d'eau

La réfection des Arènes se poursuit : « On a poussé trop loin les restaurations dans les monuments de Nîmes, écrit Mérimée dans ses carnets d'inspecteur général des monuments historiques, en 1834, et surtout dans les Arènes ». Et Nîmes lui est l'occasion d'un développement intéressant sur la philosophie des restaurations de monuments antiques. En 1866, c'est un architecte aixois, Henri Revoil, qui parachève la restauration des gradins ; ils avaient jusqu'alors les fantaisies, les ruptures et les pentes d'un flanc de colline. C'est alors qu'on découvre le système de drainage des eaux conçu par les Romains. On aurait dû s'en douter : un grand bol comme les Arènes ne saurait exister sans avoir dans ses bases de quoi évacuer les tonnes d'eau de violents orages. Peu à peu, on suit tout un réseau complexe d'écoulements : un premier cercle extérieur à huit mètres, faisant le tour du monument pour recueillir l'eau des corniches. Un second aqueduc suivant souterrainement la galerie du rez-de-chaussée. Un troisième sous la galerie obscure de l'intérieur. D'autres galeries, que l'on a longtemps prises pour des souterrains, courent sous les six premiers gradins et complètent ce système aquatique. Des cheminées à demi détruites, et partant du haut des gradins, devaient compléter ce système d'écoulement. Tout ceci maçonné, bâti, selon l'importance, en petites voûtes de pierre, aboutissait à un grand collecteur qui pénétrait sous le monument par la porte principale à têtes de taureaux, et ressortait vers le sud-est. Système extrêmement complexe, mal connu : tant de constructions savantes pour de l'eau de pluie ? On a préféré croire qu'il s'agissait non de drainer les eaux, mais de remplir l'amphithéâtre : les Arènes auraient été inondables, comme une vulgaire piscine, permettant ainsi de reconstituer des batailles navales : naumachie, a-t-on dit : l'eau arriverait de la Fontaine, et serait ensuite évacuée vers les rivières extérieures. Mais une étude précise des pressions nécessaires a à peu près prouvé — car dans cette ville mystérieuse, surtout en matière d'eau, il ne faut jurer de rien — qu'il ne s'agissait que de recueillir la pluie. D'autant que la piste des Arènes révélait aussi de véritables coulisses, d'où devaient surgir des décors de chasse, ou des animaux sauvages encagés. Il fallait protéger cette machinerie des inondations.

Tuer ?

Dans la Nîmes ouvrière de la fin du XIXe siècle, le public populaire aime de plus en plus la corrida, et la réclame. Le spectacle peut devenir politique : les quartiers s'affrontent sur les gradins du haut : Placette, protestante et républicaine, et Enclos Rey, catholique et monarchiste en viennent aux mains. Pour un taureau, une passe, un matador sifflé ou applaudi. Les sorties de corridas sont prétextes à agitation : dans les années 1870, de véritables bagarres éclatent dans les rues vers le soir. Le 30 juin 1870, une course de taureaux devient le symbole de l'opposition entre un préfet républicain qui tient à célébrer l'Exposition universelle de Paris, et un maire monarchiste qui fait tout pour minimiser la fête : les émeutes durent toute la nuit.

Tuera, tuera pas : c'est le problème de toute la fin du siècle à Nîmes. Tuera, tuera pas... le taureau. Nîmes n'a pas l'exclusivité des corridas : Béziers, Arles s'y adonnent, mais aussi, dans ces années 1880, presque tout le sud de la France, Paris elle-même... C'est l'occasion de bien des massacres : le public en sort indigné et dégoûté, avec une répulsion qui conforte les associations de défense des animaux.

Ces boucheries de chevaux — ils n'étaient pas protégés —, et ces morts de taureaux par lentes hémorragies internes provoquèrent finalement un arrêté ministériel qui interdisait toute mise à mort et qui toucha Nîmes en plein cœur taurin. C'est alors que le public nîmois retrouva des réflexes romains : on continua d'organiser des corridas, avec tout le rituel mais sans mise à mort et sans risque pour les chevaux : les taureaux sortaient les cornes protégées. Mais à la fin de ces simulacres, les spectateurs se dressaient et exigeaient du matador la mort de la bête. Sous la pression populaire, les toréros espagnols cédaient et tuaient la bête, quitte à subir une amende. La tension devint telle que l'on vit le commissaire de police saisir les épées des matadors à leur hôtel. On raccompagna certains d'entre eux à la frontière comme de vulgaires travailleurs immigrés. En 1894, le 14 octobre, eut lieu une grande corrida de protestation, présidée par le gardien des traditions en personne : Frédéric Mistral. La foule était énorme ; le Maître arriva. Un journaliste le décrit : « Il parut grand, très droit, coiffé de son feutre immense, la tête haute et fière encadrée de longs cheveux blancs, nous étions là vingt mille qui l'accueillîmes par une clameur inouïe. Très calme, avec une aisance familière, il salua d'un geste large, empreint de noblesse et de majesté... en cette minute sublime, Mistral était beau comme le dieu de la Patrie ! »

L'année suivante, il faudra faire occuper les Arènes par la troupe. Des pancartes se multiplient qui crient : « Vivent les libertés du Midi. »

Le Mundillo

Mais pendant ces combats et cette agitation publique, s'était créé dans la ville un mouvement irréversible : un microcosme du taureau. Il dure encore. Nîmes a une presse tauromachique, des journalistes spécialisés — *revisteros* — dont les oracles sont attendus, des clubs taurins dont les oukases sont redoutés, des cafés, sièges d'associations ou de groupes spontanés où se fabrique l'opinion. Un petit monde exigeant et fanatique, dont la tolérance est le moindre des soucis, dont les clans se détestent. Un petit monde qui subsiste encore, plus vif, plus nombreux, plus conflictuel que jamais.

La corrida a ses terroristes qui portent la pureté du rite à la hauteur d'une insatisfaction permanente. Elle a ses « gouvernementaux » proches de la direction des Arènes, et ses dissidents. Mais la presse taurine espagnole est aussi achetée régulièrement. Dans les années 1950, le critique de *Midi Libre* décrivait la corrida passe par passe, comme une mathématique.

Les clubs taurins sont nombreux. Les plus anciens, les plus en vue, fournissent les membres de ces sortes de jury des corridas que l'on appelle « la Présidence » et qui attribue récompenses et avertissements aux matadors. Les pénas, qui étaient à l'origine de petits orchestres de rue, sont devenus de véritables groupes de fans, dédiés à tel ou tel toréro. Le très vénérable Lion's Club a une branche tauromachique, de même que le Club des cheminots nîmois. Quelques-uns des plus anciens membres de la vénérable Académie de Nîmes sont des aficionados fanatiques que l'on voit, les jours de course, se rendre aux Arènes en complet beige et panama.

Un peu comme celui du sport, le monde de la corrida nîmoise a ses petits métiers, qui vont des soins des taureaux vifs après leur arrivée d'Espagne aux travaux de boucherie aussitôt après que leur cadavre sanglant a été traîné hors de l'arène. Il y a à Nîmes un fournisseur de chevaux pour picadors ; dans un village du côté du Rhône, un fabricant de piques, de banderilles et d'épées. Les Arènes sont une énorme entreprise de spectacle qui a son personnel fixe et qui gère sa billeterie par ordinateur. Suivant les municipalités et les régimes, elles ont été en régie municipale ou sous bail privé. Mais les sommes en jeu sont toujours considérables. La corrida est l'un des spectacles dont le chiffre d'affaires est le plus élevé.

Et pourtant, la taille des Arènes permet un étalement des prix :

si une Première premier rang — la place des flamines et tribuns romains — coûte environ trois cents francs, une place sur les plus hauts gradins, ces « amphithéâtres » sur lesquels s'asseyaient les esclaves, vaut trente francs. Et il y en a des milliers. Ceci suffit à faire de la corrida un spectacle tout à fait populaire. Ce sont des prix officiels ; car dans les dernières heures avant certaines courses, ces prix grimpent au marché noir. Quant aux invitations, leur conquête requiert diplomatie, entregent et souplesse d'échine. Ceux qui les possèdent font sentir leur privilège. Il est vrai que le jeu du pouvoir est partout : entre le public et le toréro, entre le toréro et la bête, mais aussi entre tel garçon de piste qui arrache de la chair du taureau les banderilles tachées de sang pour les vendre à quelque amateur qui l'attend à la porte du toril. La puissance investit même les surveillants des portes. Ne sont-ils pas les gardiens du sacrifice ?

La corrida n'est pas spécialement nîmoise : produit importé, lentement élaboré, elle possède cependant dans Nîmes cinquante mille spécialistes. Passé les premières arches, leurs pas se transforment ; une sorte de décision les saisit ; et une fois conquise leur place, ils commencent à émettre des verdicts. C'est sans doute à cause de cette passion que les Arènes de Nîmes peuvent se permettre d'avoir tant de sièges inconfortables : aussitôt assis, on les oublie pour commenter la vie et la mort.

Et ces spécialistes ne sont pas d'accord. Il s'agit plus de rejeter que de débattre. l'aficionado méprise encore plus fort celui qui ne partage pas son analyse, que le toréro qui l'a provoqué. La même « faena » — qui est l'ensemble du travail d'un toréro sur un même taureau — peut provoquer chez deux spécialistes hautement qualifiés l'émerveillement le plus affiché et le sarcasme le plus atroce. Certains sauveront la pire corrida pour un petit mouvement de la main qu'ils ont aperçu sous la muleta ; d'autres condamneront le plus héroïque des toréros pour une dérogation commise par un picador.

Le public de la corrida peut être odieux, injuste, vulgaire ; et l'instant d'après, soulevé, hurlant d'enthousiasme et livré tout entier au petit homme doré sur tranche qui tend le ventre vers lui au centre de la piste. Le public nîmois est fou et savant, grossier et subtil, tonitruant et silencieux.

L'un des derniers avatars de la corrida nîmoise est qu'elle est devenue à la mode. Mais la première des choses à faire pour celui qui découvre ce rite est de se taire. Se taire, écouter ces vieux amateurs au visage d'Indien lorsqu'ils laissent couler une appréciation ; laisser soupirer d'un souffle les vingt mille poitrines de l'Arène lorsque dans un instant suspendu, le dixième de seconde d'une passe qui pourrait être mortelle, paraît durer cinq minutes. Ne condamnez pas trop vite le sang maculant la jambe et l'épaule du taureau après la pique : cette ville doit avoir ses raisons pour aimer cela depuis des siècles. Dites-vous que vous avez affaire à un monde de bouchers, d'affairistes, de fanatiques, de flambards parlant moitié espagnol moitié français ; connaissant tous les trucs pour fausser une bête, pour tricher avec un public, pour étaler du courage là où il n'y a que du savoir-faire. Et pourtant, ce monde-là crève de passion, mime des passes aux terrasses des cafés, se rassemble mystérieusement dans des bars pour parler à perdre haleine de « cartels », de « ganaderias », de « caste » et d'arènes voisines. Il y a comme un réseau, un bouche-à-oreille, comme on dit au théâtre, qui vous prépare l'arrivée d'un matador, la révélation d'un jeune novillero ; et brusquement, toute la ville, pour celui-là, a les yeux de Chimène.

Bon ou mauvais, connu ou médiocre, celui qui ose un geste tauromachique présente de l'intérêt aux yeux d'un aficionado. Le seul fait de se jeter dans le berceau des cornes pour donner la mort avec une épée anachronique suffit dans Nîmes à conférer une dignité

Quelques beaux fous

Il y a des pays où un adolescent peut rêver d'être Platini ; à Nîmes, c'est l'image du toréro qui comble ses désirs. Il réussit parfois à l'atteindre : tel ce petit garçon d'un cours complémentaire, issu d'une communauté juive du centre de l'Espagne qui a émigré en Turquie avant de se fixer dans le Midi de la France. Comme tous les petits Nîmois, il est fasciné par les grilles des Arènes et la clameur qui monte derrière. Il deviendra le premier jeune toréro français à obtenir une bourse de la Fondation pour accomplir sa carrière. Avec lucidité, il reconnut bientôt qu'il n'atteindrait jamais au niveau des plus grands talents. Alors, il se consacra à organiser la course des autres. Il y réussit si bien qu'entre la France et l'Espagne, sa réputation ne fit que grandir ; devenu directeur des Arènes de Nîmes, il fut aussi choisi pour diriger celles de Valence et Puerto de Santa Maria. Il sait utiliser les médias, promouvoir la corrida comme un spectacle rock ; vous le rencontrerez peut-être aux petites heures, racontant des histoires folles dans les petites rues du centre ; ou entre deux jets et deux chaînes de télé. Il s'appelle Simon Casas.

Un peu plus jeunes mais non moins fous, deux frères furent saisis du même tremblement : le premier toréa quelque temps sous le nom de Nimeño — le Nîmois —, puis mesurant ses possibilités, il se consacra aux débuts de son cadet. Celui-ci, sous le nom de Nimeño II, est devenu l'un des deux toréros français à pouvoir se hisser au niveau des Espagnols. Lorsqu'il torée dans sa ville, c'est comme s'il devenait la projection de l'esprit nîmois. Et comme l'homme est honnête et passionné, il réussit devant son public des combats presque toujours passionnants. C'est alors qu'il faut repérer, derrière les barrières, le frère aîné, vivant le drame de la faena, criant, conseillant, grimaçant, se tordant le corps dans des passes parallèles à celles de son frère ; et se jetant sur le sable de l'Arène si son double lumineux est en difficulté.

Féria

Nîmes n'est pas la seule ville de tradition taurine du Midi de la France : Mont-de-Marsan et Bayonne sont réputées pour offrir de meilleurs taureaux ; Arles est plus proche de la tradition camarde meilleurs taureaux ; Arles est plus proche de la tradition camarguaise. Mais dans les Arènes de Nîmes, la corrida prend des allures quasi mythiques : aussi loin des sérénités espagnoles, que des fausses notes touristiques d'autres lieux français. Si on évacue quelques Anglaises évanouies, c'est moins parce qu'elles ont souffert avec le pauvre animal que parce qu'elles ont senti l'odeur du Minotaure.

Comment, pourquoi les traditionnelles corridas données depuis un siècle pour la Pentecôte sont-elles devenues la plus grande fête de rue de France, la Féria ? Les mutations de l'après-guerre, le développement du tourisme, le boum des années 50 n'y sont pas pour rien ; mais aussi la beauté citadine d'une ville dont les boulevards, l'ensemble Esplanade-Arènes-Maison Carrée, offrait aux jeunes gens et aux voyageurs des espaces irremplaçables pour les farandoles, les promenades et les courses folles. On a beaucoup dit que c'était la venue à Nîmes de Régine et sa bande qui avait lancé Nîmes dans la vogue parisienne. On peut au contraire se demander pourquoi c'est à Nîmes que ces gens-là sont venus plutôt qu'à Béziers ou à Bayonne. Pourquoi, dans les années 50, on croisait sur les boulevards nîmois entre le Vendredi saint et le lundi de Pentecôte, Brigitte Bardot et Clouzot, Eddy Constantine et Françoise Arnould, la Nouvelle Vague, Cocteau et Bernard Buffet. Et l'on vit même Jean-Claude Pascal à cheval participer à une abrivado ; et Errol Flynn et Trevor Howard dans les jardins de l'Impérator. Pourquoi, presque quarante ans plus tard, vedettes de cinéma et de télévision, journalistes célèbres, hommes politiques et ministres de la Culture viennent-ils se montrer à la Féria comme on se montre à Roland-Garros ?

Il n'y a pas une, mais cinq ou six férias. Il y a celle des jeunes, qui l'attendent, la préparent, en rêvent, font partir les premiers pétards quinze jours à l'avance et retentir les clarines dès le début de la semaine. Pour la Féria, les écoles ont droit à une demi-journée supplémentaire de congé ; mais aucun professeur ne se fait d'illusion : l'année scolaire se termine là.

Il y a la Féria des touristes, qui se baladent, mangent n'importe quoi sous le nom de paella, frôlent les hauts lieux sans les voir ou sans pouvoir y entrer, achètent des gadgets, esquissent quelques pas sur des airs espagnols, rigolent de loin au passage des taureaux.

Il y a la Féria des initiés, pour lesquels l'essentiel, c'est tout de même la corrida, et qui savent au comptoir de quel bar on la commente dans l'heure qui suit, en buvant du Pastis, ou depuis quelques années, du « fino », ce vin blanc espagnol, sec comme un buisson d'épine et qui est l'élixir de vie, dit-on, des férias d'outre-Pyrénées. Depuis quelques années, sur la même mode ibérique, se sont ouvertes des « bodegas » : qui a une cave, une cour, un garage dans le centre ville ou autour des Arènes, dresse un comptoir, tire des guirlandes, fait tourner des cassettes de flamenco sur une sono approximative, et s'intitule Bodega. Cave, bar, café musical, lieu où l'on parle à tue-tête, où l'on danse sans contrainte, où l'on boit n'importe quoi et où l'on mange pire. Les bodegas des petites rues du centre débordent. On ne peut y entrer, mais on ne peut pas non plus passer devant. Vous ne pourrez circuler rue de l'Etoile, rue Fresque ou dans la rue de Bernis. Il y a des bodegas très courues dont le propriétaire est obligé de faire une sorte de club privé avec cartes, et des bodegas opportunistes qui ne sont que des gargotes d'occasion. Il y en a où il faut à tout prix s'être montré au moins une fois avec les happy few : c'est là que vers une ou deux heures du matin, vous pourrez surprendre des édiles en goguette, de superbes blondes dans les bras de rigoureux méthodistes ou des journalistes à la mode en état de confidence larmoyante.

Comme la matière provoque, disent-ils, l'anti-matière, la Féria a son anti-Féria. Dans cette ville protestante, cette fête folle est un paradoxe. Nîmes a d'autant plus de mérite à quintupler sa population dans ces quelques journées qu'une partie de ses autochtones s'est enfuie : ceux qui voient leurs enfants pris de transes, leurs filles demander la permission de minuit, ceux qui sont persuadés que le centre ville n'est plus qu'une vaste orgie où l'alcool et le sexe vont définitivement mettre à mal la vertu de leurs enfants, ceux qui craignent le bruit et la fureur, ceux que la vulgarité offusque, ceux qui se souviennent peut-être qu'une autre municipalité réformée, en 1672, avait interdit le théâtre et les bals, ceux enfin qui ont de la fête une idée plus culturelle, plus proche des créations de Bayreuth, de Salzbourg ou d'Avignon; tous ceux-là en profitent pour passer un week-end de Pentecôte prolongé dans les Cévennes ou à la mer.

Pendant cinq jours, la Féria est une suite d'orgasmes qui soulève la ville jusqu'à un paroxysme vers deux heures du matin, pour la laisser le lendemain matin, abrutie, étouffée sous ses déchets, salie de vomissures. Mais elle se retrouvera vers l'heure de la corrida, neuve, ouverte, vive et prête à tous les excès.

Car la Féria de Nîmes pourrait aussi se compter en kilomètres de barrières, en tonnes d'ordures, en heures de nuit de ces centaines d'employés qui pendant des semaines ont tiré des guirlandes lumineuses, monté des podiums pour les dizaines d'orchestres qui animent les quartiers, improvisent des arènes miniatures, élèvent des dizaines de tentes sur les avenues et les places pour abriter des restaurants et des bars éphémères.

Accessoirement, la Féria est une grande bouffe. L'afflux des marchands de merguez a été tel, il y a quelques années, qu'il a fallu contrôler plus sévèrement leurs produits. Cela n'empêche pas que l'odeur des saucisses grillées, et de plus en plus celle de la paella, ne soit alors une composante de la ville. Paella, fino, tapas — qui sont de délicieux entremets espagnols —, l'hispanisme est partout. Adieu Occitanie : il faut avoir l'air au moins de comprendre l'espagnol. Le fin du fin est de se promener en ville avec un vieil hidalgo, l'un de ceux qui ont accompagné les toros depuis l'Espagne. Aux touristes pressés, on laisse les chapeaux ronds, les fausses mantilles et les châles andalous. L'air de Valencia devient l'hymne nîmois, et le flamenco sort de toutes les portes, gratté sur des guitares authentiques dans le quartier gitan de la Placette par des cousins venus pour l'occasion, ou exhibé au pied du grand mur de la Fontaine par une troupe réputée, il est parodié, imité, envié : il tient les fillettes qui bombent la croupe et tordent les doigts comme on leur a appris à le faire toute l'année dans des cours de danse ; il excite des femmes mûres chez qui cela prend des allures de provocation ; il prend carrément le goût poivré du sexe lorsque c'est une gitane bien en chair qui bouge les hanches sur un podium place des Arènes.

Ah ! fuyez, puritains nîmois : le péril de la chair est partout. Dans ces corps bruns qui s'affolent, dans le corps offert du toréro et la boule du sexe, dans ces groupes agglutinés de garçons et de filles qui parcourent les boulevards. Vous n'éviterez pas le désir : le corps des filles est trop proche, l'odeur du taureau trop présente, le vin trop vif, les visages trop nus.

Mardi après la Pentecôte : la ville est blanche, mouillée et fraîche. Les lycéens dorment sur leurs bancs ou chez eux ; les fonctionnaires sur leurs dossiers ; les commerçants hantent des magasins vides ; la circulation se traîne ; les boulevards sont des pages blêmes. Le tour des Arènes est vide. La Féria est morte.

L'amphithéâtre, ce terrible lieu de passion et d'émotion, sait, comme tous les grands tempéraments, faire semblant. Semblant d'être un monument. Onze mois sur douze, circulez autour de lui la nuit, vous serez étonné de son calme. Il n'est nullement le centre des activités nocturnes. Les boulevards sont silencieux, peu éclairés, un café et deux restaurants tranquilles, un garage, trois hôtels, deux banques, le Palais de justice tout neuf, la grande place noire de l'Esplanade. Les Arènes sont assoupies. La vie nocturne est ailleurs, du côté des casernes, des cinémas, place des Carmes. Ou juste avant la Maison Carrée, autour des trois cafés. Les Arènes ne sont pas le lieu des petites fièvres du samedi soir.

Autour de l'amphithéâtre

Ceci, ce sont les apparences : en réalité, autour des Arènes, la vie grouille : restaurants, galeries d'art, petites salles de spectacle, bars, lieux où l'on se retrouve par ces affinités non dites qui créent les vraies atmosphères.

La plus proche du monument, la Galerie des Arènes, tout juste en face des reliefs de la louve romaine et des gladiateurs : galerie d'art municipale qui se consacre à la création contemporaine, et dans laquelle vous êtes presque toujours certain de rencontrer l'œuvre d'un plasticien de valeur.

Juste derrière la galerie, une belle petite place qui a toujours compté pour les Nîmois : la place du Marché n'est pas un monument, ses maisons dont les substrats sont souvent du XVIe siècle, n'ont pas conservé le cachet ancien sinon par quelques terrasses perchées qui se penchent drôlement au-dessus de trois étages de banalité. Lieu de commerce, d'échanges, à cent mètres à peine de l'une des portes les plus animées de la ville. Que de bandes enragées par le fanatisme religieux, que d'étudiants courant vers le collège des Arts, et à présent galopant dans l'autre sens vers le lycée Daudet, que de processions ou de manifestations vers l'Hôtel de Ville ont traversé cet espace clair. Il y a cent ans encore, un marché aux légumes s'y tenait, sous une halle. Là, le grand-père d'Alphonse Daudet avait une maison, le grand-père de Jean Paulhan, une quincaillerie, et les oncles de Gaston Defferre, une pharmacie. Vous pouvez encore pénétrer dans la belle librairie Cévenne qui, dans les années 1920, fut celle d'un remarquable éditeur-libraire, Jo Fabre ; il publia en inédit des œuvres aussi remarquables que les *Propos sur le bonheur*, d'Alain, *Le Saint Juin de la primevère*, d'André Suarès, les premiers écrits d'André Fraigneau qui, il est vrai, était nîmois, et des poèmes de Valéry.

Presque tous les commerces de ce quartier sont de très ancienne souche : ce ne sont pas les moins chers, mais les plus sûrs. Quartier de bijoutiers : c'est entre la place et la mairie, qu'un joaillier nommé Maystre dessina la croix huguenote actuelle, et la vendit si bien qu'il y fit fortune. Au bord de la place, encore, vous trouverez le meilleur spécialiste de pâtes et de produits italiens ; et cent mètres après l'arceau de la rue Fresque, sous une voûte, le petit restaurant d'Ophélie, assurément l'une des cuisines les plus raffinées, des cuisinières les plus charmantes, et l'un des meilleurs bourgogne qui se puisse trouver dans Nîmes.

Dans les rues de l'Etoile, de la Madeleine, dans la rue Fresque, le tracé moyenâgeux subsiste, les fantômes de bien des communautés et bien des commerces rôdent, mais la vie jeune et brutale ne cesse de bouger.

Depuis quelques années, la place du Marché a été rendue à la vie citadine : on fit appel au *designer* Philippe Stark qui venait de renouveler le mobilier de l'Elysée et de décorer le célèbre café Coste au Forum des Halles. Stark fit rouvrir d'anciennes carrières romaines d'où furent extraites les belles dalles rousses, ocres et blanches qui luisent à merveille les jours de pluie. Un palmier très haut, et une fontaine monumentale rappellent les Armes nîmoises : après Pradier à l'Esplanade, après les sculpteurs du XVIIIe siècle aux jardins de la Fontaine, Nîmes retrouve sa grande tradition plastique : ce sont les sculpteurs contemporains Martial Raysse et Tongiani qui ont conçu ce bassin de marbre, ces oiseaux de bronze escortant un crocodile. L'œuvre est belle et ne manque pas d'humour : ayez la patience de regarder jaillir et couler l'eau bouillonnante ; soudain elle s'arrêtera. Et vous verrez alors, par l'un de ces mécanismes animaliers dont les italiens raffolent, pleurer le crocodile.

C'est encore l'emblème Nîmois qu'on retrouve sur les gros clous dorées qui jalonnent la place de dalle en dalle : Stark a redessiné les éléments de la pièce romaine ; et le symbôle rénové a eu un si grand succès que beaucoup d'entreprises et de commerçants nîmois s'en sont emparé sans autre forme de scrupule.

Militants, poètes et pâtissiers

Le quartier ouest des Arènes est tout aussi intéressant : jusqu'à la Révolution de 1789, on était là « hors les murs », dans le faubourg Saint-Antoine : quartier marginal, quartier de voyageurs, d'auberges et d'hôpitaux depuis le Moyen Age. A présent, quatre rues : Jean-Reboul, Alexandre-Ducros, Porte-de-France et Bigot, qui délimitent un périmètre étroit mais riche d'activités et de vie. Là, vous trouverez le meilleur cinéma d'art et d'essai du Languedoc méditerranéen, le Sémaphore ; une salle de jazz et de rock, Music en Stock.

Un autre haut lieu du quartier, le bar-café-salle de réunions du prolétariat : lieu populaire et jeune où l'on va bavarder, commenter les élections ou la dernière corrida. Le paradoxe et le sourire de cette maison, c'est cette plaque qui y signale la naissance de Jean Paulhan. Le jardin d'enfance de l'académicien français a donc depuis retenti des bals de la Libération, des meetings marxistes et des cris heureux des fêtes populaires.

C'est dans la logique de ce quartier souvent rebelle : que d'émeutes sont parties de là au XIXe siècle ! Que d'échauffourées ! Il est vrai qu'on était là dans un quartier traditionnellement protestant : lorsque la communauté réformée fut battue, interdite, contrôlée, c'est dans ce triangle de rues qu'elle se réfugia. Ces bourgeois étaient vaincus mais non ruinés ; ils se livrèrent dans le début des années 1700 à une opération immobilière qui fit naître ce quartier. Et beaucoup de maisons, même si elles ont été remaniées, datent de cette époque-là. Ces gens étaient unis, souvent cousins, en tout cas alliés dans le combat clandestin pour la liberté d'opinion. Si on pénètre dans ce pâté de maisons sur les arrières du Sémaphore ou du Prolé, on devine quel lacis de couloirs, escaliers, jardins communicants, caves et venelles réunissait ces familles. Le réseau de la complicité. C'est là que l'on cachait les pasteurs venus de Genève, qu'on accueillait les proscrits. Lorsque la police royale déclenchait une rafle et bouclait le quartier, les hors-la-loi fuyaient par le dédale. C'est là aussi que la famille du pasteur Rabaud vécut d'abord ; là que le petit garçon qui allait devenir le premier président de la première Assemblée nationale française vécut sa petite enfance.

Presque en face de la maison des protestants Paulhan, celle du poète très catholique Jean Reboul, à l'angle de la rue qui à présent porte son nom, et de la rue des Trois-Maures. Le même poète dont la statue, les mains sur les genoux, contemple les jeux d'enfants de la Fontaine. Catholique, monarchiste, patriote, Reboul fabriquait des poèmes d'une foi naïve mais qui ne méritaient sans doute pas la gloire ; il l'eut pourtant. Est-ce par snobisme pour un boulanger-poète ? est-ce pour conforter leur parti avec une poésie issue du peuple ? on vit Lamartine, puis Mistral, puis Dumas écrire leur admiration. La visite chez le poète devant son fournil devînt un pèlerinage obligé. Des personnages aussi différents que Hans Christian Andersen et Flora Tristan parcoururent cette rue qui s'appelait alors « de la Carreterie », à cause des nombreuses auberges et entreprises de transport qui s'y trouvaient. Flora Tristan ne fut pas tendre pour le grand homme nîmois : « Je sortis de chez cet homme épouvantée, je savais très bien que tous les catholiques vivent en païens, mais au moins ils ont la pudeur de ne point le dire — à Nîmes, leur règne étant assuré par l'ignorance du peuple, le vice porte la tête haute, se montre à nu en plein jour. C'est hideux ! » On était le 19 août 1844. Flora faisait un tour de France pour propager ses idées socialistes, elle ne sentit rien du charme nîmois, ne vit à la Fontaine que les malheureuses laveuses publiques, compara la Maison Carrée à l'église de la Madeleine, proposa qu'on consacre aux pauvres ce que l'on dépensait pour restaurer les Arènes...

Mais qui s'intéressait à Flora ? La gloire de Reboul resta intacte ; les visites illustres se multiplièrent... et sa rue... fut la première à être éclairée au gaz ! A sa mort en 1864, une foule immense voulut suivre le cortège et ne put tenir devant la maison du poète.

Dans ce quartier, il ne faut pas gratter beaucoup pour retrouver l'ancienne vie sous les plâtres et les goudrons. Face à l'ancienne boutique de Jean Reboul, vous trouverez la plus vieille corderie de la ville. Dans la rue Bigot, qui longe le lycée sur le sud, une fonderie artisanale reste encore en activité et depuis un siècle et demi fabrique des robinets de cuivre destinés aux instruments de la vendange : du minerai à l'objet manufacturé, tout le parcours est accompli derrière cette façade de planches, et dans ce petit atelier dont les engrenages et les poulies paraissent sortis d'une gravure du XIXe siècle.

Depuis quelques années, on trouve à manger très facilement dans ce quartier naguère désert : du pire et du meilleur. Mais si vous voulez vraiment vous donner une petite volupté, si vous voulez oublier la dureté de la pierre romaine et la complexité de cette ville qui ne se donne pas, approchez donc un autre art : face à la boutique du boulanger-poète s'est établi un concurrent redoutable, le maître-pâtissier Montet. Ici, les gâteaux, les charlottes et les crèmes relèvent de la tentation absolue. Et même si ce chef fait payer cher ses délices, celles-ci le valent bien par les sensations ineffables qu'elles procurent.

Mais les Arènes sont toutes proches. Vous n'échapperez pas à leurs rumeurs populaires ou aux éclats de cuivre d'un concert de jazz. Car l'amphithéâtre nîmois, taureaux mis à part, reste une salle de spectacle extraordinaire : ses pierres semblent s'accommoder du théâtre comme du sport, du jazz comme des parades équestres, du cirque comme de l'Opéra.

SPECTACLES

Dès le déblaiement d'ailleurs, quelques audacieux y pensèrent. En 1828, un « homme de théâtre », Pierre-Jean Devaux, dit Belfort, demanda l'autorisation de monter dans les Arènes un « théâtre olympique » : la scène, pas très haute, tenait toute la largeur de la piste, un fronton triangulaire, à colonnes et escalier monumental, limitait l'aire de jeu des acteurs. A vrai dire, il s'agissait plutôt d'un jeu équestre que d'une pièce de théâtre. Des dizaines de figurants étaient alignés en voltigeurs et en grenadiers affrontés, tandis que leurs généraux à cheval s'affrontaient : hélas, la pièce s'appelait *La Mort de Poniatowski* et avait pour héros le général de Napoléon : on était en pleine Restauration sous le règne de Charles X ! La police cassa le « théâtre olympique » et l'organisateur s'enfuit avant d'être embastillé.

Shows

Dès lors, on présenta dans les Arènes tout ce qui pouvait avoir un caractère spectaculaire. Des lâchers de ballons, par exemple. Celui de novembre 1853 fut tragique. C'était un jour de vent glacial sous un ciel bas. Au milieu de la piste, le ballon encore captif était durement balancé. L'astronaute hésitait à prendre l'air. Alors, les rares spectateurs, habitués aux mises à mort, crièrent : « A paou, A paou... », il a peur... L'aéronaute prit l'air et fut rapidement emporté par la tempête. Les spectateurs grimpèrent sur les remparts pour le voir disparaître sur la plaine. A quelques kilomètres de la ville, le vent déchira la toile ; les gens des villages entendirent son occupant glisser au-dessus de leurs toits en appelant au secours. Il alla s'écraser à vingt kilomètres au sud.

Pendant toute la première partie du XXe siècle, des tragédies, des opéras, furent donnés dans l'amphithéâtre. Mounet-Sully y interpréta *Œdipe* devant un décor géant. Micros inconnus, éclairages incertains : tout tenait à la magie du lieu et à la puissance d'un verbe.

Mais c'est sans doute dans les années 1951 et 1955 qu'eut lieu l'événement théâtral le plus considérable de l'histoire des Arènes. On sortait de la guerre ; sous l'impulsion de Jean Vilar, un grand mouvement pour le théâtre « populaire » se dessinait.

Le grand Hermantier

L'idée de grand rassemblement populaire et l'amphithéâtre devaient forcément se rencontrer : un metteur en scène de moins de trente ans, Raymond Hermantier, vint voir la municipalité de Nîmes. Les Arènes étaient à la mesure de cet ancien élève de Dullin, lui-même personnage démesuré qui faisait trembler les murs entre lesquels il murmurait. Il proposait les grandes pièces romaines de Shakespeare : *Jules César*, *Coriolan*. Au sortir de la guerre, ce résistant, qui avait eu, disait-on, la moitié d'une main emportée par une grenade, voulait parler aux gens, à tous les gens de Nîmes : du pouvoir, de l'organisation de la cité, de la guerre et de la paix, des hommes. Dans ses bagages, il avait un jeune auteur : Maurice Clavel, qui venait d'écrire une épopée sur l'hérésie cathare. Il amenait aussi deux vedettes du théâtre tragique : Valentine Teissier et Jean Chevrier, ainsi qu'un jeune comédien pensionnaire de la Comédie Française et dissident du TNP : Jean Deschamps.

Le 7 juillet 1955, devant des milliers de spectateurs, vers 22 heures, l'amphithéâtre s'éteint. En haut des Arènes, deux torches luisent ; deux esclaves noirs descendent en courant vers la piste, portant le feu. La lumière des projecteurs ouvre une scène immense sur toute la largeur de l'amphithéâtre ; une énorme statue la domine. Des groupes de citoyens romains en toges blanches envahissent l'espace. Les premiers mots retentissent : les Ides de mars vont sonner pour César. Ils sont tous là, les Brutus, les Marc-Antoine, les Cassius, qui vont en assassinant César changer la face du monde, et préparer sans le savoir l'avènement d'un autre chef : l'empereur Auguste. Grâce au théâtre, la boucle est bouclée entre cette population du XXe siècle et l'homme qui inventa la grandeur de cette ville. Le spectacle, sans micro, fut d'une grandeur, d'une force sauvage qui emportèrent les spectateurs et dont la mémoire reste encore. La critique parisienne était venue ; on la rencontrait dans les librairies, dans les bistrots. Elle ne s'y trompa pas : cette mise en scène, c'était un autre pas, après Vilar. Quelque chose de nouveau se passait à Nîmes, différent de ce qui s'était révélé à Avignon quelques années plus tôt.

D'autant qu'à côté des vedettes, ils n'étaient pas mauvais ces jeunes acteurs qui s'appelaient Jean-Louis Trintignant, Sylvia Monfort, Loleh Bellon, Isabelle Pia, Gérard Blin... ou Jean Amadou. Désormais, les mises en scène d'Hermantier à Nîmes comptaient dans l'histoire du théâtre français ; elles y sont encore citées.

La troupe, nombreuse, avait fait événement dans la cité : Jean Deschamps y trouva une épouse nîmoise ; Gérard Blin fascina la fille d'un pharmacien venue rôder comme tant d'autres autour des répétitions. Elle y découvrira le spectacle ; elle partira avec le jeune acteur ; elle s'appelle Bernadette Lafont. Le festival s'étendit aux jardins de la Fontaine, avec *Dom Juan* ou *Les Mouches* de Sartre ; l'année suivante, ce fut *Faust*, tandis que les Albigeois faisaient bouger pour le public nîmois des histoires qui étaient celles de son pays. On flairait le début d'une belle aventure. C'était compter sans la part de petitesse d'une ville encore trop provinciale et close sur elle-même.

Ces bohèmes dérangeaient et ils coûtaient cher. La presse nationale s'était enthousiasmée, mais la presse locale fit la fine bouche. Un directeur des Arènes, qui ne pensait que taureaux et bel canto, et à qui on avait emprunté pour un temps « son » monument, mena une lutte souterraine terriblement efficace.

Hermantier sera remercié. Et pourtant... Trente ans plus tard, quand un éditeur malin demande à René Barjavel d'écrire un roman policier, l'auteur de *Ravage* se souvient qu'il était à Nîmes en juillet 1955. Il situe son intrigue de *La Peau de César* sur le plateau des arènes et cache l'assassin parmi les meurtriers de César.

Le festival défunt, la direction des Arènes reprit chaque année l'un des spectacles les plus kitch et les plus baroques que Nîmes ait inventés : une représentation de *Carmen* interrompue par la mise à mort d'un taureau. Et pendant plus de vingt ans, on confondit l'attendrissement des familles sur ces défilés de calèches, ces mises à mort à côté de ténors médusés, et ces enfants des écoles déguisés en garde montante, avec l'art lyrique.

Il ne fallut pas moins qu'un changement de direction aux Arènes et une élection municipale pour voir de nouvelles velléités de création lyrique : *Aïda* puis *Turandot*, en coproduction avec les spectacles de Bercy ; la création d'un opéra oublié de Verdi, *Le Corsaire*. Mais la question n'est peut-être pas résolue de savoir si ce lieu légendaire est favorable au grand art lyrique et vocal ; si les orchestres et les voix ne sont pas définitivement altérés par l'ouverture démesurée de cette bouche de pierre. Les Arènes attendent sans doute l'acousticien génial, et à nouveau un metteur en scène, qui permettront un théâtre à leur mesure.

Les deux vélums

L'amphithéâtre, comme Versailles, est un don de l'histoire : énorme investissement il y a deux mille ans, c'est à présent une manne : là où d'autres villes font construire des Zénith à grands coups de grues et de finances, Nîmes a cet espace offert à toutes les fortes représentations des hommes. Son festival de jazz de juillet a su, en quinze ans, s'imposer entre ceux d'Antibes, de Nice et de Montreux. Les groupes rock anglo-saxons et français choisissent de plus en plus souvent son ovale pour y parachuter leurs fureurs. Le tennis, récemment, s'est imposé.

Les Arènes n'ont qu'un inconvénient, à leur taille il est vrai, elles sont livrées aux orages, aux tempêtes et aux frimas. Le rêve, c'est un toit, un couvercle, un dôme, à la fois étanche et amovible, invisible de l'extérieur — car il ne faut pas défigurer le monument —, et totalement protecteur. La quadrature du cercle, qui est pourtant près d'être résolue : dès la fin 1987, une équipe franco-allemande mettra en place une immense lentille de polyester. Gonflable, elle viendra s'appuyer à mi-hauteur de l'amphithéâtre, surmontant ainsi une salle parfaitement close, pouvant contenir de 3 000 à 7 000 personnes. Ce bouchon d'air comprimé sera placé chaque hiver, ôté chaque belle saison. Et voilà une technologie de pointe qui rejoint encore une idée romaine.

Car les Romains avaient aussi leur protection : si vous montez sur la couronne du monument, ou même en l'observant du bas, vous apercevrez des consoles en saillies percées d'un gros trou rond de trente centimètres environ. Celui-ci correspond à un autre trou de même diamètre percé dans une autre saillie, juste au-dessous : dans ces trous superposés étaient plantés d'énormes poteaux cramponnés à la pierre par des crochets de fer dont on voit la trace. Au moment des jeux du cirque, ces poteaux soutenaient des pièces de toile amovibles qui abritaient une partie des gradins. Depuis, les archéologues tricotent des hypothèses pour imaginer comment étaient attachées, croisées, arrimées, tirées, ces cordes qui, un peu comme les voiles d'un bateau, devaient hisser et déployer de larges pans de vélum.

Satyricon nîmois

Car si impressionnant, si immense, si « travail de Romain » que soient les Arènes actuelles, la réalité des spectacles antiques donnés pendant le Ier siècle devait dépasser tout ce qu'on peut imaginer.

Voici plus de vingt mille personnes, soigneusement triées par castes, mais aussi bruyantes, aussi insolentes, et surtout plus colorées qu'une foule de corrida. On n'imagine pas l'Antiquité en couleurs : l'ocre et le blanc lui vont bien, croit-on. En fait, un spectacle aux Arènes ressemblait plus au *Satyricon* de Fellini qu'à *Ben-Hur*. L'amphithéâtre lui-même devait être, sur les entrées, incrusté de cuivre, de marbres colorés, et sans doute orné de peintures. Des reliefs sculptés, comme celui de la louve romaine, il devait y en avoir tout le tour, sur chaque rambarde. C'était donc une immense exposition colorée, ciselée, sculptée de tous les jeux, tous les emblèmes, tous les symboles de ces Gallo-Romains qui courait sur le monument.

A l'intérieur, les gradins les mieux placés étaient dotés de sièges ornés, sculptés eux aussi d'allégories ou d'animaux. Le public rendrait pâle celui de Woodstock : coiffures extravagantes, visages peints, fards, onguents, plumes, bijoux excentriques : parures correspondant à des fonctions religieuses ou civiles, mais aussi courtisanes, favoris, petits maîtres... Là-dessus flottaient les parfums à foison, les encens brûlés, les narcotiques : le public de l'amphithéâtre « planait ». Outre les combats de gladiateurs, à Nîmes comme à Rome, la chasse était donnée au peuple, comme un spectacle : lorsqu'un seigneur gallo-romain accédait à une charge municipale, il devait en offrir une à la ville. Un véritable décor sortait de terre ; puis, parfois par bandes, on faisait surgir des animaux de cages hissées par des jeux de poulies. C'étaient évidemment et surtout les animaux des forêts et garrigues des environs : taureaux, sangliers, loups, ours ; mais aussi — et il est presque certain que les liens de Nîmes avec l'Orient y contribuaient — on présentait des bêtes exotiques : panthères, léopards. La maîtresse d'école du petit garçon avait beau lui dire que les gradins étaient trop bas pour permettre la présence de fauves, on sait qu'il était possible de couvrir la piste d'un filet, comme dans les cirques ; et que, dans certaines chasses, on tenait la bête féroce en laisse.

Chasses...

Ce gibier, il existe encore : la preuve que les Nîmois de Némausus connaissaient ces cervidés et ces fauves, elle est dans leurs mosaïques : cette mémoire fragmentée qui reparaît périodiquement à la surface de la ville montre des biches, mais aussi des guépards et des lions. La mosaïque, sous le sol de Nîmes, est partout ; parfois préservée, parfois détruite, parfois volée ou extraite fragmentairement parce que l'autre partie glisse sous un immeuble. C'est en creusant précisément des fondations qu'on découvrit, en 1827, place de la Bouquerie, une immense mosaïque composée de quarante-cinq compartiments : neuf représentaient des têtes de muses, mais une quinzaine d'autres étaient consacrés à des bouquetins, des antilopes, des cervidés, des lions, des tigres, un cheval sauvage. Ils sont actuellement parqués dans le sol de la Maison Carrée, où leurs garrots, leurs cambrures et leurs élans racontent la familiarité de Némausus avec l'animalité sauvage.

Dans l'arène, ces animaux devenaient plus fabuleux encore : les taureaux avaient le poitrail, le dos ou le frontal ornés de plaques de métal brillant ; les crinières des lions étaient poudrées d'or ; les autruches peintes en rouge vif. Ces animaux étaient attaqués à la pique ou à la lance, à pied ou à cheval ; tandis qu'au-dessus, des acrobates suspendus dans des paniers exécutaient des tours : Barnum à la puissance dix ; devant un public dans un état d'excitation et d'extravagance inouï : une autre planète. Il pouvait même arriver que ce public, à la fin, se mêlât à la chasse : on lui proposait des animaux moindres : cerfs, daims, sangliers, et les spectateurs avaient le droit de descendre en piste et de se partager les dépouilles. On y mêlait des jetons donnant droit à d'autres lots, parfois très importants. Bagarres... Les notables regardaient alors le peuple se déchirer. Et pourtant, si lointains, si étrangements barbares que soient ces jeux, si démesurés qu'apparaissent ces publics frénétiques, n'a-t-on pas l'impression, par courts fragments, d'y retrouver des éléments des jeux actuels ? Piques, attaques du taureau à cheval, primes proposées au public auquel on livre une bête : les habitudes camarguaises et même la corrida rôdent là-dedans.

Ces apparitions d'animaux et de décors sylvestres supposaient sous l'amphithéâtre une énorme machinerie : les puits, les chevaliers des Arènes, les fouilles folles ont dû détruire quantité de ces dispositifs. On sait aussi que les sous-sols contenaient des loges pour les gladiateurs et leurs comparses. De tout ceci, on trouva enfin trace, vers 1850, sous la forme de deux galeries creusées sous la piste et qui avaient échappé à tous les comblements. Bien bâties, en petites pierres, elles servaient de coulisses, de circulations aux machinistes, et peut-être au stockage des cages.

Jeux de mort

Mais enfin, les arènes romaines, ce sont les gladiateurs. La chasse le matin, les gladiateurs l'après-midi : telle était la fête romaine. L'après-midi, plus excité, plus abreuvé, plus enfumé d'encens divers : alors la ville s'occupe de la mort des hommes.

Ces morts, courez au musée archéologique les rencontrer : voici leurs pierres tombales :

« Gladiateur rétiaire, Lucius Pompeius, mis en combat neuf fois, né à Vienne, mort à vingt-cinq ans, repose ici. Optata, sa femme, a de ses deniers, fait ce tombeau. »

« Gladiateur myrmillon, Colombus, de la troupe de Sérénus, âgé de vingt-cinq ans, éduen de naissance, repose ici. Sperata sa femme. »

« Gladiateur thrèce, Aptus, né à Alexandrie, mort à trente-sept ans, repose ici. Optata sa femme, de ses deniers, a fait faire ce tombeau. »

« Gladiateur thrèce, Quintus Vettius Gracilis, couronné trois fois, mort à vingt-cinq ans, espagnol de naissance, Lucius Sestius Latinus, son professeur, a donné ce tombeau. »

Combien y en eut-il, en trois ou quatre siècles, de ces professionnels de la mort, à s'entraîner, combattre, vivre, aimer, mourir autour des Arènes ? Le hasard des fouilles en fait revenir une dizaine, mais c'était une véritable école de combat qui s'étendait à l'ouest, précisément sous les crêperies, cinés d'art et d'essai et autres pâtisseries. Il y avait des équipes de gladiateurs, comme il y a aujourd'hui des écuries de boxe. Ils s'entraînaient, avaient des managers, des « fans » : des hommes qui, dans une cité, étaient tout de même exceptionnels : des vedettes, mais dont un jour, on pouvait demander la mort. Car ces stars étaient aussi des bourreaux; ces hommes admirés étaient des esclaves et des affranchis. Ils arrivaient à l'Arène sur des chars décorés, et défilaient tous ensemble avant le combat sous des acclamations folles. On tirait au sort les paires de combattants; puis, des instruments à vent, cors ou trompettes, sonnaient le début du jeu. On sait que nul sujet de conversation, nulle reproduction plastique, n'ont été plus appréciés à Rome que ceux sur les gladiateurs. Le Tour de France ou le Championnat de France de football représentent à peu près le dixième de ce que devaient occuper les combats dans l'esprit des Nîmois du Ier au IVe siècle. Les spectateurs étrangers sont toujours étonnés de voir quinze mille personnes attendre, le souffle court, qu'un taureau percé d'une épée s'effondre enfin ; et alors éclater d'enthousiasme. Aux jeux des gladiateurs, c'était d'un homme qu'on attendait le dernier cri. Lorsqu'un gladiateur paraissait en difficulté, 25 000 gorges criaient : « *hoc habet* ! Il en a... » Un gladiateur blessé qui se savait perdu se couchait à terre et levait la main gauche ; à ce moment, c'était la foule qui ordonnait au directeur des jeux la grâce ou la mort, avec ce fameux pouce levé ou baissé qui est à peu près la chose au monde la plus connue sur l'Empire romain. Oui, mais à Nîmes on obtient encore des récompenses pour les toréros, en agitant vers la présidence blême des milliers de mouchoirs.

Il existe un jeu d'enfant qui consiste à s'affronter en présentant des mains l'une contre l'autre : poing fermé, main ouverte, doigts écartés en ciseaux. Le jeu est ainsi fait que ces gestes représentant un caillou, un papier et des ciseaux, suivant la position que l'on a choisie, chacun peut gagner : les ciseaux coupent le papier, le caillou brise les ciseaux, le papier enveloppe le caillou. Les gladiateurs et leurs armes, c'était cela : leurs rapports étaient ainsi calculés que chacun, avec des moyens et des défenses différents, ait ses chances. Le rétiaire, presque nu, portait un grand filet. Le bras gauche et le haut de l'épaule simplement protégés par du cuir et du métal. Ses armes étaient un trident à long manche et un poignard : c'était un prédateur à distance. Le myrmillon, au contraire, avait un glaive court, mais était protégé par un casque, un grand bouclier, des manchons et des ceintures. Son casque était souvent orné d'animaux marins, sans doute parce que, affronté au rétiaire, il était assimilé au poisson et l'autre au pêcheur. C'était un tueur de près. Le thrèce empruntait son armure aux peuples vaincus de Thrace : petit bouclier rond, le bras droit et les jambes protégés, un casque à grandes plumes, et un grand couteau courbe. La lame de ce coutelas était dentelée comme un harpon, si bien que chaque blessure provoquait des déchirures redoutables : c'était un massacreur vicieux. Il y avait d'autres catégories : le Gaulois, le Samnite, issus des territoires conquis. Les combinaisons se multipliaient : le nu contre le cuirassé, le mobile contre le lourd ; et les connaisseurs analysaient les qualités et les pouvoirs de chacun au moins aussi subtilement que les aficionados commentent inlassablement au bar de la Petite Bourse les passes suaves, les taureaux vicieux et les faenas truquées, vers 7 heures, les soirs de corridas.

Dans la grotte de Rouffignac, en Dordogne, il faut faire des kilomètres, passer devant des dizaines de gravures d'animaux sauvages, pour arriver à la seule représentation humaine, au plus profond. Les Arènes ont un secret tout semblable : dans les souterrains qui se trouvent sous la piste se trouve une inscription mystérieuse : *Crispius Reberrus Fecit* : « Crispius Reberrus l'a fait ». Qui est cet homme qui a signé dans les entrailles de l'amphithéâtre ? L'architecte de cet ouvrage immense ? L'hypothèse serait belle que son nom soit resté là, inconnu, sous les Wisigoths, les Arabes, les Francs, les féodaux, les épidémies, les révolutions. L'univers des Arènes aurait conservé dans son secret le nom de son créateur : le dernier mot, en somme, sur un amphithéâtre.

V.

VERS LE SUD

CARREFOUR DES POÈTES

Je connais un médecin à la retraite, qui chaque soir, vers 6 heures, traverse l'Esplanade, passe entre les pelouses, jette un coup d'œil à la Fontaine monumentale, puis vient s'asseoir au Grand Café, juste en bordure de la promenade. S'il fait doux, il reste à la terrasse ; sinon, il s'installe derrière les vitres : de là, il observe « le mouvement », la circulation du soir qui se partage en deux grands bruissements, l'un vers le boulevard Amiral-Courbet, l'autre devant lui vers les Arènes. De là aussi, il voit le square de la Couronne, qui s'appelle ainsi parce qu'une auberge autrefois proposait une couronne sur sa façade, en souvenir peut-être d'une porte démolie et des rois de France qui y avaient fait leur entrée. A présent, une statue d'Alphonse Daudet, les pieds dans l'eau, se tient le menton, contemplant sur le trottoir d'en face un Prisunic et un magasin de meubles de cinq étages.

George Sand

Carrefour banal, comme il en existe dans une centaine de villes françaises ; mais carrefour hanté de deux ou trois beaux fantômes. Pour peu qu'il ait un peu d'imagination, le vieux médecin, qui connaît bien sa ville, peut voir, par-delà les feux rouges, les descentes de parkings et le défilé des bus, les auberges et les hôtelleries qui entouraient cette place. L'hôtel du Luxembourg, par exemple, dont la place a été prise par un cinéma et un immeuble neuf, mais où descendit les 27, 28 et 29 octobre 1838 George Sand qui s'en allait rejoindre Chopin à Perpignan avant de s'embarquer avec lui pour le fameux voyage de Majorque. George Sand était avec ses deux enfants et une servante ; elle avait prévu cette étape pour y rencontrer l'ancien précepteur de ses enfants, un Nîmois, Jules Boucoiran. Celui-ci avait sans doute été beaucoup plus qu'un précepteur ; et il est plus que probable que la Dame de Rohan avait dévoré tout cru ce jeune homme passant à sa portée. Restait une vieille amitié, suffisante pour que l'auteur de *La Mare au diable* s'arrêtât dans Nîmes et voulût connaître ses ambiances. Les Boucoiran étaient une très ancienne famille nîmoise, dont des descendants habitent encore la ville. Ils vivaient dans une maison renaissance en plein centre ville, au 8, rue de l'Aspic. Et, comme George Sand, vous pouvez découvrir ce très bel escalier à vis logé dans une tour éclairée de fenêtres à meneaux. Sous la voûte, sans doute a-t-elle contemplé deux cortèges immobiles : des gens à cheval, pétrifiés dans le même mouvement, une sorte d'élan en avant, le passage de la mer rouge par les Hébreux ; et des silhouettes à demi effacées entre des colonnes torsadées : le Christ rendant la vue à un enfant. Ce sont les deux plus beaux sarcophages paléo-chrétiens scellés dans cet hôtel particulier par de très anciens propriétaires. Mme Sand était déjà au cœur des merveilles nîmoises. Avec les Boucoiran pour guide, elle acheva de connaître la ville. Il y eut la visite obligée à Jean Reboul : après Chateaubriand et Lamartine, elle ne pouvait faire moins. Un peintre local, Jules Salles, qui fut invité par elle à un déjeuner à l'hôtel du Luxembourg, la décrit ainsi : « Elle nous reçut enveloppée dans une superbe robe de chambre, en cachemire blanc, qui faisait admirablement ressortir les traits accentués de son visage et une abondante chevelure d'ébène retenue sur sa tête par un poignard en or. » Pour l'auteur d'*Indiana*, le peintre organisa une « illumination » des Arènes, en faisant courir de nuit, sous les arches, des gamins portant des flambeaux. Naturellement aussi, Sand se rendit à l'Opéra, où elle entendit *Robert le Diable*, de Meyerbeer. Comme elle était fort connue, les journaux signalèrent sa présence : *Le Républicain du Gard* la prit même pour un homme. Il y eut bientôt une légende George Sand : comme le furet, elle était passée partout : et on vous montre encore telle porte, près de la Tour Magne, tel banc dans un jardin de la rue Rouget-de-l'Isle qui auraient eu l'honneur de sa présence.

Guillaume et Lou

Juste derrière le square d'Alphonse Daudet, le rêveur du Grand Café aperçoit l'hôtel du Midi, l'hôtel d'Apollinaire et de Lou. Sur la façade, une plaque rappelle qu'ici, Guillaume Apollinaire « aima » Louise de Chatillon-Coligny. C'est un euphémisme.

On était en 1914 ; il avait trente-quatre ans. Depuis la fin de septembre, il était amoureux fou d'une comtesse « gracieuse et novice aventureuse, frivole et déchaînée, prodigue à la fois et avare de soi, imprudente et osée ». Elle a trente-trois ans. Pendant deux mois, elle soumet l'impulsif Guillaume à un marivaudage enragé. Il est fou de désir. Dans un moment d'amertume, sinon de désespoir, il s'engage ; et le 5 novembre 1914, il est versé au 38e régiment d'infanterie de campagne à Nîmes. Le 6, il arrive dans la capitale des Antonin. Il n'a laissé ni lettre ni adresse ; mais le lendemain, Louise est devant la porte de la caserne. Elle restera dix jours avec Guillaume ; les dix jours de l'hôtel du Midi.

Ce fut une folie érotique, comme si la longue résistance avait provoqué des forces inconnues : Sade, Sodome et Rabelais. Les lettres que Guillaume enverra à Lou dans les semaines qui suivirent et les petits poèmes qui les accompagnent racontent cette folle décade d'amour nîmoise :

« Tu partais, les baies amères du laurier qui abonde dans les garrigues nîmoises semblaient pâlir à ton départ... Je pense à tes cheveux, ô belle, aux cheveux d'or sombre, Lou qui sait si bien souffrir, Lou que toute l'armée de Nîmes a désirée, je t'adore moi qui suis à la fois ton conducteur et ton servant... »

Nîmes, c'est l'amour fou : Lou et Nîmes, Nîmes et Lou; l'empreinte du corps de Lou sur cette ville de pierre :

« Tandis que des amants descendaient de la colline
La tour dansait lentement comme une Sarrasine
Le vent souffle pourtant il ne fait pas du tout froid
Je te verrai dans deux jours et suis heureux comme un roi
Et j'aime de t'y aimer cette Nîmes la Romaine
Où les soldats français remplacent l'armée prétorienne... »

Rêvant à Lou, Guillaume Apollinaire rôde dans ce quartier, sur cette place même : en cette fin de 1914, elle est cernée par trois cafés célèbres, centres stratégiques de la vie nîmoise : Le Tortoni, à peu près à la place du Prisunic, le café-restaurant Peloux à la place du magasin de meubles, et le café de l'Esplanade, qui est précisément ce Grand Café, où est à présent assis le vieux médecin. Guillaume s'assied à l'une ou l'autre terrasse, écrit, contemple : parfois il se sert du papier de ces établissements pour écrire à Lou; et les feuilles brûlent. Il n'a jamais réellement décrit Nîmes; mais Nîmes est présente partout, liée au désir :

« Je songe à nos étreintes, à nos baisers affolés, à nos frissons, à nos tendresses, à ces tendres disputes de Saint-Jean et de Nîmes après quoi la réconciliation était si exquise. »

Ce territoire, où à présent se croisent les circulations enragées des sorties de dix-huit heures, était devenu fétiche pour l'artilleur illuminé : « Je ne passe pas près du square où est l'hôtel du Midi sans une émotion à la fois terrible et délicieuse. Cependant, je n'ai pas osé repasser près de l'hôtel même... J'ai battu aujourd'hui ma veste avec un martinet. Tu peux deviner ce que j'ai pensé. »

Apollinaire a reçu de Nîmes des impressions, des couleurs, des ambiances, comme d'une femme :

« Nîmes aux ruelles dormantes
Qu'entourent de longs boulevards. »

Il habitait du côté des casernes, rue de la Biche. Qu'a-t-il su de cette ville ? Le domaine secret et brûlant de Lou mis à part, il mène la vie ordinaire de la garnison ; semble traverser Nîmes comme un curieux ordinaire : « promenade dans le vieux Nîmes ; à l'Hôtel de Ville entré et vu au plafond de la cage d'escalier quatre crocodiles suspendus, le crocodile est, je crois, dans les armes de Nîmes. » Que connaissait-il de l'histoire du quartier où il vécut quatre mois, où passait le rempart d'Auguste, où fut décapité saint Baudile, où une abbaye disparue fut pendant des siècles l'une des puissances de la cité, où les Juifs avaient le droit d'enterrer leurs morts contre un poids de sel ? Assis au café Peloux ou au Tortoni, et regardant de loin l'hôtel de Lou, voit-il traverser en cortège François Ier, Henri II, Louis XIII et Louis XIV qui firent leurs entrées par là ?

Artilleur et cavalier, il est souvent envoyé en garrigue ; dans ces explorations du territoire le plus ancien des nîmois, la Tour Magne bouge sur l'horizon :

« Je selle mon cheval, nous battons la campagne,
Je te salue au loin, belle rose, ô Tour Magne. »
...
« La Tour Magne tournait sur sa colline laurée
Et dansait lentement lentement s'obombrait. »

Guillaume Apollinaire, ou plutôt l'artilleur Guillaume de Kostrowitzky, est resté à Nîmes du 6 décembre 1914 au 4 avril 1915. Après les paroxysmes, ses amours s'effritent. S'il renonce à suivre le peloton, s'il demande à partir pour le front, s'il se jette dans la guerre, c'est sans doute pour se libérer de l'obsession de cette femme, et de cette ville où tout la rappelle. C'est à Nîmes que tourne sa vie de poète ; et de Nîmes, c'est vers la mort qu'il part :

« Les souvenirs sont-ils un beau fruit qu'on savoure
Le mangeant j'ai détruit mes souvenirs opimes
Puissé-je t'oublier mon pauvre amour de Nîmes
J'ai tout mangé l'orange et la peau qui l'entoure »

Apprentissage de Char

Il est enfin un poète, le plus secret, le plus fort, le plus exigeant sans doute des écrivains contemporains, qui fut artilleur à Nîmes, et y fit ses vrais débuts de créateur : René Char.

En mai 1927, René Emile Char fut affecté pour dix-huit mois à la caserne d'artillerie nîmoise. Il avait vingt ans ; et il était en passion poétique : il lisait Breton, il correspondait avec Éluard. Il venait de publier, dans une toute petite revue parisienne, *Le Rouge et le noir*, des articles critiques et un recueil de poèmes : *Les Cloches du cœur*. Il écrivait alors sous son double prénom.

Ces premiers écrits, Char ne les reprit jamais ; il fit même détruire *Les Cloches du cœur* et ne les inclut pas à un autre volume. C'est par contre à Nîmes qu'il publia, en 1929, *Arsenal*. Le livre était dédié à Cayatte, et il en envoya aussitôt un exemplaire à Éluard. Pour la première fois, il signait René Char. En 1930, et toujours à Nîmes, il réédite *Arsenal*, qui sera plus tard inclus au *Marteau sans maître*. Cette même année, chez l'imprimeur Larguier, rue Émile-Jamais, il fait paraître *Tombeau du secret*, daté du 5 avril. René Char est né définitivement à la poésie.

Qu'a-t-il retenu de cette ville qu'il devait déjà connaître ? Que furent pour lui ces mois nîmois qui le virent se trouver ? Char fait fi des autobiographies de papier mâché : il est resté discret sur ses débuts. Mais la lumière, les garrigues, l'ombre des rues et la force des pierres, qu'en prit-il pour faire son miel ?

Un jour, l'artilleur de 1927 parlera de l'artilleur de 1914. Char dira d'Apollinaire qu'il « trouve en son temps la hauteur interdite à tout autre que lui, et trace la nouvelle voie lactée entre le bonheur, l'esprit et la liberté. » Il se rappellera que Guillaume est « l'amant de Lou » ; et surtout, il lui rendra cet hommage finalement provincial : « Chaque jour, pour nous, dans le bloc hermétique qu'est Paris, Guillaume Apollinaire continue à percer des rues royales où les femmes et les hommes sont des femmes et des hommes au cœur transparent. »

Racine ébloui

A la fin d'octobre 1661, un jeune parisien de vingt-deux ans arriva dans la petite ville d'Uzès à vingt kilomètres de Nîmes. Il y venait auprès de son oncle, vicaire général de l'Evêque, pour y suivre des études de théologie et conquérir un prieuré. Il débarquait surtout, contraint et forcé par une austère famille janséniste qui l'écartait de la vie trop galante de la Capitale. Il s'appelait Jean Racine.

Quelques jours après, on emmena le jeune homme à Nîmes où se tenaient de grandes fêtes pour la naissance du Dauphin. Un notaire nîmois raconte dans son journal :

« Le XXII novembre 1661 on fit un feu de joie pour raison de la naissance de Mgr le Dauphin (né à Fontainebleau le mardi 1er novembre à midi) : ce fut un feu d'artifice qui se fit à l'esplanade hors de la porte de la Couronne. Il était en forme d'un château, tout peint, avec de grands personnages et des devises ; on le fit jouer sur les neuf heures du soir... Un dragon volant qui partit de la tour qui est entre les deux portes de la Couronne y vint mettre le feu. »

Il ne peut se douter, le notaire, que dans la foule il frôle, peut-être, celui qui deviendra le premier poète tragique français. Car le jeune Racine, raconte la même fête à l'un de ses amis, mais il y guette d'autres éclats. Il fait d'abord un grand éloge de la ville de Nîmes :

« La ville est assurément aussi belle et aussi polide comme on dit ici, qu'il y en ait dans le royaume. Il n'y a point de divertissements qui ne s'y trouvent :

Suoni, canti, vestir, giuochi, vivande,
Quanto puo cor pensar, puo chieder bocca...

(Musique, chants, toilettes, jeux, festins, autant que l'esprit peut en imaginer, que la bouche peut en demander.)

« On m'avait dit tout cela devant que j'y allasse, mais je n'en voulais rien croire. Vous ne voudrez pas m'en croire aussi. Cependant je n'en dis pas la moitié de ce qu'on en pourrait dire. »

Et Racine décrit la fête :

« J'y allais pour voir le feu de joie qu'un homme de ma connaissance avait entrepris. Il en a coûté deux mille francs à la ville. Il était fort beau sans doute. Les jésuites avaient fourni les dévises, qui ne valaient rien du tout ; ôtez cela tout allait bien. »

Mais d'autres fantasmes apparaissent autour du jeune Racine :

« Mais je n'y pris pas assez bien garde pour vous en faire le détail ; j'étais détourné par d'autres spectacles : il y avait tout autour de moi des visages qu'on voyait à la lueur des fusées et dont vous auriez bien eu autant de peine à vous défendre que j'en avais. Il n'y en avait pas une à qui vous n'eussiez bien voulu dire ce compliment d'un galant du temps de Néron : *Ne fastidias hominem peregrinum inter cultores tuos admittere : invenies religiosum, si te adorari permiseris.* (Ne dédaigne pas d'admettre un étranger parmi tes adorateurs, tu le trouveras à ta dévotion si tu lui permets de te rendre un culte.)

« Mais pour moi, poursuit Racine, je n'avais garde d'y penser ; je ne les regardais pas même en sûreté ; j'étais en la compagnie d'un R. Père de ce chapitre qui n'aimait pas trop à rire. Quoiqu'il en soit, il fallait être sage avec lui, ou du moins le faire. »

Cette extraordinaire lettre de Racine et les tentations et interdits nîmois qui y paraissent ont paru suffisament importants au critique racinien Jean Starobinski pour qu'il y voit l'origine de maintes scènes de son théâtre où le désir est mêlé aux feux et à la nuit : Andromaque, Néron, Bérénice, Roxane auraient trouvé leur trouble fondamental dans cette nuit nîmoise où se croisent les feux de la pulsion et l'austère soutane de la censure.

Le bonheur d'éditer

Il est vrai que la tradition éditoriale est une constante à Nîmes depuis qu'en 1531, l'imprimeur Louis Daniot reçut l'autorisation d'installer la première presse. L'une des entreprises les plus originales à cet égard fut la Laborieuse, fondée en 1897 en imprimerie coopérative. Sa réputation passa de très loin la région par la qualité de son travail ; mais aussi par l'exemple social qu'elle proposait ; et surtout parce qu'elle était issue du mouvement coopératif fondé par Charles Gide : l'École de Nîmes. L'oncle d'André Gide, dépassant le fouriérisme, proposait des mises en pratique d'associations, de gestions communes, qui étaient destinées à modifier en profondeur les équilibres sociaux. Ses théories mises en pratique à Bâle et dans l'Europe du Nord, furent accueillies avec méfiance dans le Gard. Mais l'imprimerie la Laborieuse les publiait. Elle ne se borna pas à éditer des périodiques militants, ou des journaux satiriques mais produisit aussi des ouvrages de luxe fort recherchés aujourd'hui.

Sur la place du Marché, Jo Fabre, dans les années 1920-30, joua le rôle de rassembleur des poètes que l'on sait. Plus proches, des libraires comme Salle, boulevard Victor Hugo, ou Lacour, place des Carmes, ont repris avec des bonheurs inégaux, la tradition des libraires-éditeurs.

Pendant la Révolution de 89 un éditeur engagé joua un rôle considérable dans les luttes idéologiques : Castor Belle, installé rue des Fourbisseurs publia, anonymement ou ouvertement, la plupart des libelles et pamphlets contre-révolutionnaires. Arrêté, il fut accusé par les Jacobins d'avoir imprimé des « écrits liberticides et incendiaires », et : « d'avoir porté au loin l'effet de la conspiration par le secours de la presse. Il est exécuté sur l'Esplanade le 15 Germinal.

Mais comme une réponse, voici des jeunes gens à la terrasse du café de la Bourse, devant les Arènes. Ils ont dix-huit ans ; Nîmes est un corset trop étroit. Ils y font un peu de radio, un peu de journalisme, lisent des journaux gauchistes. Mais il y a en eux le grain de sénevé, le petit levain. Ils rêvent d'une nouvelle presse, plus libre des groupes de pression et des partis ; et surtout qui raconterait chaque matin l'actualité comme un tas d'histoires qui vous arrivent... ils projettent d'aller à Paris, de fonder un journal. Deux d'entre eux vont réussir. L'aventure de *Libé* commence pour Jean-Marcel Bouguereau et Gérard Dupuy.

Cependant, tous les journalistes ne sont pas partis : depuis les origines de la radio, Nîmes possède une station qui a survécu aux mutations et sigles successifs, n'a jamais renoncé à une vocation créatrice et rassemble encore sous l'étiquette de Radio-France-Nîmes l'essentiel des activités de la région.

Mais si vous voulez avoir le reflet culturel de la ville, découvrir des écritures, des créateurs assez secrets pour s'isoler dans les garrigues nîmoises, des groupes assez fous pour inventer leur musique à huit cent kilomètres de Paris, procurez-vous *Calades*. Depuis dix ans, ce mensuel réussit à faire connaître tout ce qui constitue la vie culturelle profonde du département. Mais la qualité même de sa présentation, l'exigence de ses rubriques et de ses choix, le projettent maintenant bien au-delà du Midi. *Calades* affirme la région sans tapage régionaliste, et prouve la décentralisation sans vain combat.

A cette même terrasse du café de la Bourse, on lisait beaucoup *Tel Quel*. Et peut-être Sollers ne fut-il jamais aussi commenté que dans cette ombre de l'amphithéâtre : cela donne une revue littéraire et esthétique tout à fait exigeante : *Terriers*. En dix ans, elle publia Edmond Jabès mais aussi Charles Juliet, Kenneth White, Lévinas et Quignard. En 1984 sortit le meilleur des numéros spéciaux consacré au centenaire de Jean Paulhan. Nîmes oblige...

L'épopée d'un cuisinier

Mais l'homme ne vit pas seulement de mots. Assis à la place de l'artilleur amoureux, contemplant la même place, le même square et le même hôtel, le vieux médecin pense peut-être à une autre aventure, culinaire celle-là : la carrière du cuisinier Durand. Pas si éloignée de la poésie, après tout, puisqu'au début du XIXe siècle, Charles Durand préfaçant un recueil de ses recettes écrivait :

« Mais, dira-t-on, la poésie ne s'est-elle pas exercée sur la cuisine ? Il est vrai, on l'a chantée ; mais comment ? N'a-t-elle pas été plutôt un objet de dérision, le sujet d'une boutade poétique ? »

Les cuisiniers ont de ces états d'âme ! Celui-ci eut longtemps ses fourneaux à l'hôtel du Midi. Qui devint un des hauts lieux gastronomiques du Sud.

L'épopée culinaire de Charles Durand et de sa dynastie commence dans l'Ancien Régime. A treize ans, en 1779, il fait son apprentissage dans les cuisines de l'évêque d'Alès ; à quinze ans, dans celles de l'évêque de Nîmes ; à dix-huit, chez l'intendant du Languedoc ; à dix-neuf, chez le comte de Périgord ; à vingt, chez l'évêque de Narbonne ; et à vingt et un chez le trésorier des États. Des stages à Marseille et à Toulon achèvent de faire de lui le plus grand spécialiste de la cuisine méridionale. Il devient le maître indispensable : le bailli de Suffren retiré en Cévennes l'appelle pour ses réceptions ; à Nîmes, le futur Charles X et les rois de Sicile l'emploient. Dans les années 1800-1820, ses pâtisseries sont connues dans toute l'Europe. En 1810, le *Journal du Gard* organise un concours de poésie pour chanter l'éloge de Durand : « Je chanterai Durand au bout de l'univers », écrit le vainqueur.

Brandade

Pendant trois générations, à l'hôtel du Midi, puis dans un restaurant qui s'ouvrit en face, sur l'emplacement de l'actuel Prisunic, la famille Durand perpétua les traditions et les recettes du créateur. Car il n'y a pas que la pierre qui porte ici les traces de la vie passée : la lecture des recettes de Durand révèle une tradition culinaire nîmoise. Les farces, le gigot de mouton à la nîmoise relèvent d'une très ancienne méthode. Et plus encore la brandade de morue que Durand appelle de son vrai nom, Morue à la branlade :

« Faites tremper la morue un couple de jours ; dans cet intervalle changez-la d'eau quatre ou cinq fois ; quand vous voudrez la préparer, vous la ferez blanchir dans une casserole ; l'eau doit la couvrir en entier ; lorsque vous verrez qu'elle est près de bouillonner, vous y jetterez un verre d'eau fraîche, vous la retirerez du feu et la couvrirez ; faites ensuite égoutter la morue ; ôtez-en les arêtes, et le bout de la tête, qui est toujours mauvais, après quoi vous la mettrez dans une casserole avec un jus de citron ; vous donnerez à la casserole un mouvement de rotation continuel pendant qu'une autre personne versera goutte à goutte l'huile qui doit lier la morue ; quand celle-ci sera liée et épaissie au point de s'attacher à la casserole, quoique vous continuiez à la remuer fortement, vous y verserez doucement un demi-verre de lait ou d'eau bouillante ; en remuant toujours la casserole à deux mains, la morue s'en détachera d'elle-même ; vous continuerez alors d'y faire tomber de l'huile, et, quand enfin elle sera bien liée et fera crème, vous y mêlerez des tranches de truffes, du persil, un peu d'orange, de sauce et un anchois. Ces trois derniers objets doivent être hâchés, et le tout passé deux minutes sur le feu avec de la bonne huile ; on peut ajouter un peu d'ail à cette préparation, si on ne le craint pas ; il n'est pas de rigueur. »

Le vigoureux « branlade », qui signifiait qu'il fallait remuer énergiquement le mélange, est pudiquement devenu : brandade.

Et celle-ci s'exporte à présent par milliers de boîtes, à partir de deux ou trois fabriques nîmoises.

Ce très ancien plat nîmois a toujours été lié à l'économie de la ville. De quoi étonner : l'huile d'olive, bien sûr, est normalement employée dans tout le Midi, mais la morue est un poisson inconnu en Méditerranée. La brandade est le résultat d'un échange commercial médiéval : le sel montait vers le nord du littoral — de ces domaines que vous pouvez apercevoir encore au sud d'Aigues-Mortes et qui s'appellent les Salins du Midi ; et en échange, on livrait à Nîmes de la morue séchée par ce même sel. C'est celle-ci, qui « branlée » dans l'huile d'olive, donnait la brandade. L'histoire ne dit pas si le jour où Lou oublia ses « pilules amaigrissantes » dans un restaurant nîmois, elle et Apollinaire avaient mangé de ce plat délicieux.

TRAINS

Peut-être le vieux médecin s'interdit-il à présent la brandade en vol au vent ou en gratin : il sirote une Suze en guettant vaguement, sur sa droite, les lycéens qui attendent leurs bus devant le Palais de justice. Au-delà, il aperçoit les hôtels autour des Arènes. Il est bien, le vieux médecin ; il est dans la vie de sa ville ; il fait signe de la main à ses amis aussi anciens que lui qui s'en vont vers leurs maisons cossues du quartier de la gare. Il est là comme le fut son père et son grand-père : dans ce quartier il est chez lui : en cent mètres, on passe de la furia des jeux romains aux tranquilles certitudes de la révolution industrielle et des conquêtes immobilières du XIXe siècle. Les perspectives d'immeubles et d'avenues autour de l'Esplanade paraissent neuves : à peine un siècle et demi. On est tellement blasé à Nîmes sur la moulure, la colonne, l'escalier ancien, qu'on en oublie des ouvertures tout aussi admirables pour la seule raison qu'elles ne sont ni antiques ni du siècle des Lumières. Et pourtant, l'ensemble statuaire de l'Esplanade, la vision plus lointaine de l'avenue Feuchères proposent une sérénité que les soleils d'hiver ou des lumières fraîches du matin viennent achever. Et dans l'autre sens, lorsqu'un voyageur arrive par le train et remonte la même avenue avec sa quadruple rangée de platanes, ses immeubles tous soignés et alignés par un plan d'urbanisme intelligent, le point de mire de la statue monumentale représentant la ville de Nîmes escortée des quatre cours d'eau d'où elle a tiré sa vitalité, et au fond la colonnade du Palais de justice et les Arènes que l'on devine, tout cela constitue un ensemble architectural uniquement XIXe siècle, qui en fait l'une des plus remarquables entrées en ville. La Tour Magne plane là-dessus, pour rappeler l'essentiel.

Paulin Talabot

L'aventure de ce quartier, elle est liée à l'apparition et au développement du chemin de fer. Mais c'est aussi celle d'un homme, un personnage digne de Zola. Un technicien qui sut se servir de la finance, un financier qui croyait et savait utiliser les techniques nouvelles : Paulin Talabot. Grâce à lui, Nîmes devança d'une décennie l'essor industriel national. Elle fut l'une des premières villes à croire au chemin de fer.

Tout commence lorsqu'en 1829, sous le règne de Charles X, le maréchal Soult nomme à Nîmes un ingénieur des Ponts et Chaussées, limougeot d'origine et polytechnicien : Paulin Talabot.

Il vient à Nîmes pour y diriger les travaux... d'un canal. Il a trente ans. C'est l'époque où l'on commence à voir quelle ressource constitue le charbon et où on organise son exploitation industrielle. Talabot est frappé par la richesse des bassins houillers des Cévennes — Alès, la Grand Combe, ceux qui meurent à présent. Mais ces mines sont isolées, le charbon difficile à transporter au bout de routes accidentées. La solution, c'est le Rhône et le port fluvial de Beaucaire. Alors, pour apporter le produit brut, de la mine au fleuve, « le roulement de véhicules sur des rails tirés par une locomotive » apparaît comme une solution. D'autant que Paulin Talabot, qui s'intéressait à tout ce qui était technique d'avant-garde, avait fait des séjours en Angleterre, s'était lié avec les Stephenson et rapportait une documentation fort complète sur l'énergie due à la vapeur. Dès 1831, il était en mesure de présenter le projet d'une société par actions pour la construction d'un chemin de fer à travers le Gard, dont le point central était Nîmes.

Finalement, l'avenue monumentale, la statue, la place, les immeubles surgiront de là. Mais pas aussitôt, bien au contraire. On croit si peu au chemin de fer du côté du gouvernement et des financiers qu'il faudra sept ans pour que les travaux commencent. Mais dans l'exploitation des mines du bassin d'Alès et dans l'exécution du chemin de fer Alès-Beaucaire, on trouve les amorces du grand capitalisme du Second Empire : les maisons Rothschild et Frayssinet. On y trouve aussi la qualité : les trois lignes tracées en six ans : Nîmes-Beaucaire en 1839, Nîmes-Alès en 1840, Nîmes-Montpellier en 1845 étaient si sûres, leurs courbes si bien calculées, qu'elles constituent encore aujourd'hui le parcours de la SNCF.

Une partie de la bourgeoisie nîmoise sut deviner l'intérêt du plan de Talabot et avec lui, rafla les adjudications des lignes nouvelles. Talabot, dans les années qui suivirent, étendit son domaine et son action jusqu'à Marseille. Dès août 1840, le Gard possède la plus longue ligne ferroviaire de France, avec quatre-vingt-huit kilomètres. En patois, les jeunes gens appellent Talabot le Bonaparte du rail. Peu à peu se tisse sur le département un réseau ferré exceptionnellement serré, qui dessert de minuscules villages, qui explore les vallées cévenoles : si on veut avoir une idée de ce travail, il faut se promener du côté de Saint-Jean-du-Gard, et plus haut encore, vers les cols : on y croise des viaducs désaffectés, des tunnels qui percent des montagnes et où ne passe plus aucune ligne : on dirait que les gens du XXe siècle ne sont plus à la hauteur des ambitions du XIXe. On devine une euphorie créatrice qui ressemble à une conquête et repose sur une euphorie boursière et financière. L'âge d'or du capitalisme correspond dans Nîmes à celui du chemin de fer. Car la ville possède des finances. La banque nîmoise est une puissance : vingt établissements au moins, la plupart protestants ; des noms comme Cavalier-Bénézet, ou Gaidan — un banquier poète ! — que vous trouverez encore parmi les notables de 1980. Ces gens, en 1848, sont les plus imposés de la ville, mais à leur tête, et de loin, Paulin Talabot.

Son apogée se situera en 1851 : il venait de réussir un nouveau pari : faire franchir le Rhône à une ligne ferroviaire, relier Beaucaire à Tarascon, un pont de 1 503 mètres de long sur un passage particulièrement fougueux du fleuve. C'était aussi joindre Nîmes à Marseille, effacer le rôle de Beaucaire : Talabot défiait l'équilibre multiséculaire de la région. Peu après, les compagnies fusionnaient : le Lyon-Méditerranée naissait, Paulin Talabot était nommé à la direction.

Bonaparte de la technique, Rothschild de la finance, il méritait bien que Nîmes ne l'oubliât pas ; mais il ne méritait pas la minable petite statue qui célèbre sa mémoire sous les premiers arceaux de la gare.

Et comme le ridicule des discours officiels fait toujours escorte aux vastes conquêtes, le jour où Montpellier et Nîmes furent enfin joints par un train, on donna un banquet qui s'acheva par le chœur suivant ; œuvre, hélas, d'un poète nîmois :

« Puisque supprimant les distances,
La vapeur confond nos cités,
Prêts à partager nos souffrances,
Supprimons nos prospérités. »

Étonnements de la ville

Ces chantiers bouleversaient aussi profondément les hommes. Le 13 janvier 1839, à quelques kilomètres de Nîmes, deux bandes de compagnons travaillant à la construction de la ligne s'affrontèrent. Il fallut trois brigades de gendarmerie pour empêcher cent cinquante Dévorants de massacrer vingt-trois Gaveaux. A peine la force militaire était-elle partie, que stylets, bâtons et compas ressortaient : trois Dévorants furent tués, et on appela trois compagnies pour arrêter le massacre.

Lorsque les premiers convois firent des essais, les paysannes, dit-on, mirent leurs jupes sur leurs têtes. Les jours d'inauguration provoquaient une grande curiosité populaire : les habitants de Nîmes s'installaient sur les collines du nord de Nîmes et aux abords de la Tour Magne pour voir passer les wagons.

Les premiers temps, on eut toutes les peines du monde à persuader les voyageurs de respecter les horaires précis, habitués qu'ils étaient aux fantaisies des diligences. Finalement, on pria la population de régler les montres sur une pendule-régulateur de la compagnie, qui se trouvait chez un horloger de la place de l'Hôtel-de-Ville... à un kilomètre cinq cents de la gare ! Quant aux conditions de voyage, elles durent être pittoresques, si on en juge par cette circulaire adressée au personnel de la ligne Nîmes-Alès en 1843 :

« Pour éviter de mettre, comme on l'a fait il y a quelques jours, des veaux en compagnie des voyageurs, je vous prie de garder toujours un wagon à marchandises à ridelles en réserve. »

Bien avant 1900, deux cents trains passaient quotidiennement à Nîmes. On avait compris très rapidement l'importance que la gare — qu'on appelait, à la manière maritime, l'embarcadère — allait avoir dans la vie de la ville. Au début, le lieu où on « prenait le train » était situé directement sur le tracé Alès-Nîmes-Beaucaire, au nord-est de Nîmes sur la route d'Uzès, non loin des casernes d'artillerie. Un pavillon d'embarquement reste encore, au bord de la rue, témoin des temps héroïques et de Talabot : petites pierres de taille, colonnes : on restait romain, bien que disciple de l'ordre et du progrès. Mais la ligne Montpellier-Nîmes tracée, la nécessité d'une gare tout près du cœur de la ville s'imposa.

La plupart des grandes villes ont reçu le chemin de fer par une opération urbaine douloureuse. Tranchées, tunnels coûteux : on ne savait que faire du train. A Nîmes, on décide de se payer un long viaduc de deux kilomètres, composé de dizaines d'arches bâties en petites pierres : le train entrera en ville porté à hauteur des seconds étages sur un promontoire. Tout au long de cette entrée, de nouveaux boulevards, sur lesquels se greffera, à angle droit, une avenue venant du centre ville : c'est tout le quartier actuel de la gare qui est ainsi conçu là où il n'y avait que des maisons éparses, des jardins et des guinguettes. La décision est prise en 1842 ; en trois ans, le sud de Nîmes va totalement changer de visage. Trois ans qui ne vont pas sans combats entre les lions financiers de la ville.

De l'argent, des peintres et des dieux

Si vous revenez sur la place des Arènes et que vous tournez carrément le dos à l'amphithéâtre, vous apercevez deux directions : à votre gauche l'ouverture de l'Esplanade, et au-delà de l'avenue Feuchères, la gare ; à votre droite, une autre assez belle rue, mais moins animée, mise un peu à l'écart : la rue Cité-Foulc. Et parmi les revenus les plus élevés de ces années-là dans Nîmes, vous trouvez aussi, en seconde position après Talabot, un certain baron Foulc, négociant et conseiller municipal.

Entre ces deux perspectives et ce nom, l'histoire de ce quartier s'est jouée. C'est celle d'une opération immobilière telle qu'elle pourrait encore se dérouler sur la Côte d'Azur ou au bord d'une pinède de Provence. C'est décidé, le viaduc du chemin de fer passera là au bout, à huit cents mètres vers le sud. Oui, mais où le train s'arrêtera-t-il ? A quelle hauteur, sur quel emplacement ? Sur cette ligne qui va marquer une nouvelle frontière au sud, où sera bâtie la gare ? Car ils ont vite compris les financiers et négociants nîmois, que la proximité d'une gare, c'était de l'or en barre. Et chacun de spéculer sur tel ou tel terrain. Deux projets restent : ou bien on choisira une perspective directe sur les Arènes, et l'avenue monumentale traversera les terrains du baron Foulc ; ou bien on tracera droit vers la promenade favorite des Nîmois, l'Esplanade. C'est la rue Cité-Foulc, contre l'avenue Feuchères. Et c'est ce dernier tracé qui sera choisi ; sur les terrains du baron Foulc s'élèvera un quartier moins vivant, mais plus serein. La Cité Foulc, c'est le rêve manqué d'un promoteur. Est-ce pour cela qu'un peu plus tard, Nîmes y logea ses artistes ?

En 1907, à mi-chemin des Arènes et du chemin de fer, on y bâtit un Musée des beaux-arts tout blanc, relativement sobre, et qui allait enfin abriter les collections de peinture trimbalées au gré des humeurs municipales de Maison Carrée en lycée. C'est là qu'il faut se précipiter pour retrouver Rome dans une des plus belles manifestations plastiques qu'elle ait laissée dans le bassin méditerranéen. Les dieux vous attendent.

Rome et les capitalistes

Et pour revenir, ils choisissent précisément le terrain de ces barons de finance. Voici comment : il n'y avait pas que le quartier de la gare à être agité d'opérations immobilières vers les années 1870-80. Le centre ville lui-même, le cœur moyenâgeux et renaissant fut percé de part en part d'une artère qui allait de la Maison Carrée aux abords de la Porte d'Auguste. C'est l'actuelle rue Général-Perrier dont il suffit de suivre les façades régulières sur trois ou quatre étages, les ferrures de balcons toutes semblables et les ouvertures symétriques pour reconnaître l'architecture des aventuriers affairistes de la IIIe République. Belle rue au demeurant, à laquelle des réfections récentes rendent leur pleine allure.

Dans ce plan d'urbanisme destiné, entre autres, à éclaircir et à assainir le cœur trop serré de Nîmes, il fut question d'inclure de nouvelles halles pour remplacer divers marchés qui encombraient les petites places de la ville. Une querelle immobilière féroce se déclencha entre le parti monarchiste et le parti républicain à propos de l'emplacement où on allait bâtir ces halles de fer, façon Baltard. Les clans sont si tranchés, les intérêts si évidents, les partis si peu feints qu'on croirait une fable de La Fontaine. Le parti républicain, majoritaire, soutient un projet élaboré par une compagnie étrangère à la ville, mais à capitaux protestants ; le parti monarchiste soutient une autre compagnie, à capitaux catholiques et locaux. Bien sûr, on n'est pas d'accord non plus sur l'emplacement. On échange des propos qui auraient encore cours aujourd'hui : accusation par les uns d'employer des ouvriers étrangers à la ville, accusation par les autres d'obscurs trafics de terrains et de viabilité. Les républicains gouvernent, ce sont donc eux qui l'emportent ; on creuse les fondations des nouvelles halles sur le lieu où elles se trouvent actuellement bétonnées. C'est alors qu'Admète apparaît.

Le 20 décembre 1883, en plein chantier, un ouvrier creusant des fondations sent sa pioche rebondir sur un objet résistant. On fouille avec plus de précautions et apparaissent, sur une bande de mosaïque, cinq têtes. On comprend très vite qu'il s'agit d'une mosaïque de très grande dimension. On arrête tout autre travail, et on la dégage avec mille précautions. On la protège même par un bâtiment provisoire.

Admète revient

Celui qui n'aurait que le temps de traverser les jardins de la Fontaine, de toiser la Maison Carrée et de contourner les Arènes devrait aussi, en retournant vers la gare, s'arrêter dans la pièce centrale du Musée des beaux-arts de la rue Cité-Foulc. Car, à présent, la mosaïque est là. On n'apprend pas à aimer : devant ces cinquante mètres carrés de torsades, d'entrelacs, de combinaisons multipliées, de cercles et de carrés variés comme des gammes colorées où interviennent subtilement la vie sous la forme des lotus minuscules, des dauphins ébauchés, des feuilles et des cornes d'animaux ; devant la magnifique frise du haut de tableau où trois volutes de feuilles d'acanthe partent vers la droite et la gauche, emballant dans leurs enroulements une faune exotique extraordinaire, tigre prêt à déchirer l'antilope qu'il vient d'abattre, léopard aux nuances moirées affronté à un serpent, lion à la crinière hérissée, les griffes dans le corps d'un grand cerf blanc, chiens, lièvres, perdrix rouges, vautours, geais, perroquets et même grenouilles vertes, lézards, escargots, sauterelles, oiseaux volants ; oui, devant ce pavement de prince du goût, on ne peut que rêver. Les admirables archéologues amateurs de la fin du XIXe siècle, qui presque tous appartenaient à l'Académie de Nîmes, ont établi que le motif central autour duquel tourne cette population mythique représente le mariage d'Admète. Un motif grec qui court tout autour de la Méditerranée. Mais ici, l'artiste l'érotise, prend plus de plaisir à dessiner, avec ses petites pierres cuites, les lignes pures des corps nus, qu'à nous faire craindre les dieux. Belle légende au reste, qui ressemble à un conte de Perrault : Pélias, roi d'Iolcos, avait fait le serment de ne marier sa fille Alceste qu'à un prétendant qui viendrait l'enlever sur un char tiré par des bêtes féroces. Admète, roi des Phères et amoureux d'Alceste, désespérait de réussir cet exploit impossible. Mais il eut la chance qu'Apollon fût chassé de l'Olympe pour avoir tué les Cyclopes ; condamné à être berger, il se retrouva l'employé d'Admète. Comme son maître le traitait fort bien, Apollon décida d'aider le jeune prince. Il apprivoisa facilement un lion et un sanglier ; et ainsi Admète put les atteler à son char ; et le roi Pelias fut obligé de lui donner sa fille. Ce sont précisément le lion et le sanglier représentés au bas du motif qui permirent aux savants nîmois d'identifier la scène.

Mais qu'importe après tout : la vie foisonnante surgit du sol de cette maison romaine, en pleine ville, comme si rien n'avait tenté de l'effacer : les corps d'un homme jeune et d'une femme ; l'animalité grouillante autour ; rêves de conquérants apaisés qui mêlent à leur quotidien les bêtes fabuleuses de leurs voyages, avant de se donner encore des illusions dans les jeux des Arènes. C'est le raffinement d'un art au comble de sa maîtrise, où pas une pierre n'a été rognée pour parachever une courbe ; où une gamme de nuances joue sur tous les rouges, les ocres, les bleus, les verts. Ces Gallo-Romains-là, qui n'étaient sans doute pas les premiers venus, marchaient sur la beauté, la perfection artisanale et une sorte d'ivresse de la vie.

8,89 mètres sur 5,93 mètres de beauté arrachée à une splendide maison disparue, au bord de la voie domitienne effacée. Le TGV passe à trois cents mètres sur un viaduc tout neuf : il faut tenter de vivre.

Combats de peintres dans la poussière

A côté de la planète Admète, les collections de peinture du musée risquent de paraître un peu pâles. Non qu'elles soient négligeables ; mais elles ont été constituées au gré de dons, d'achats disparates, de sympathie concitoyenne. De grands noms, de belles pièces, mais aussi des copies, des faux, des morceaux mineurs d'artistes majeurs, et — il faut bien le dire — des peintures médiocres ou de style pompier que le XIXe siècle nous a octroyées.

Tout ceci est en pleine mutation : l'informatisation des collections — Nîmes est l'une des premières villes à mettre sur disquettes l'ensemble de ses peintures —, la construction du musée d'art contemporain vont permettre de trier, choisir et, on l'espère, de mettre en valeur l'essentiel. Les peintres français : une esquisse de Greuze, un paysage de Poussin, un portrait de Fouquet par Philippe de Champaigne, un portrait de Mignard, une tête de Christ de Lebrun ; et encore Van Loo, Boucher, Le Lorrain. Pour l'École hollandaise, deux paysages de Van den Velde. Et surtout peut-être, dans l'École italienne, six peintures sur bois de l'École florentine, un Ghirlandajo, un Garofalo, un beau Canaletto et un Guido Reni. L'ex-voto de Luini est-il de Luini ? Il appartenait à la collection de l'Anglais fantasque qui en fit donation à Nîmes ; et peut-être s'agit-il d'une œuvre perdue en Italie et retrouvée ici. Luini, le doux peintre de Sienne, viendrait éclairer de sa peinture fragile et sereine cette ville plus rude. L'ex-voto représente Catherine de Sienne en religieuse dominicaine : noir et blanc. Si la légende a bien couru, de Sienne à Nîmes, si la peinture est bien du Maître, il s'agirait d'une œuvre commandée par un cavalier italien : celui-ci, combattant pour les Sforza, tomba entre les mains des Français — on était sous le règne de François Ier. Il fit un vœu à la sainte siennoise, et se retrouva sous sa tente, libre. C'est alors qu'il commanda à Luini cet ex-voto commémorant le miracle. Ce qui rendrait le tableau plus intéressant encore, c'est que Luini y aurait représenté, sous les traits de la sainte, la femme qu'il aimait, la fille d'un seigneur mécène avec laquelle il aurait partagé un amour impossible. Comme la jeune femme refusait de se marier, son père l'enterra dans un couvent. Luini ne l'oublia jamais.

L'École de Nîmes

Les batailles sont la preuve de la vitalité des combattants. Récemment, ces œuvres de grande qualité, mais quelque peu empoussiérées et mal mises en valeur, ont été vigoureusement attaquées sur leur terrain même. Nîmes est devenue, depuis la fin des années 70, la terre d'élection de l'un des mouvements les plus vifs et les plus ambitieux de l'art plastique contemporain français. Des créateurs engagés dans un combat esthétique sans concession ; pour la plupart, ils ont appartenu au groupe militant Support-Surface qui visait à dynamiter les fonctions ordinaires de la peinture : figuration, toile, châssis, décoration à usage domestique, sujets, acheteurs, rapports entre celui qui peint et celui qui regarde, tout était mis en cause. Plusieurs de ces peintres se rendirent maîtres de l'École des beaux-arts et en partie des projets muséographiques. Ils y imposèrent une esthétique et des concepts de l'art qui écartaient délibérément les formes anciennes, même belles. Dans une ville moyenne où les lieux d'exposition ne sont ni nombreux ni vastes, une lutte pour l'espace vital s'engagea entre l'informel et Xavier Sigalon, entre le spontanéisme et Philippe de Champaigne. Venise peut poser côte à côte l'Accademia et les collections contemporaines de Mme Guggenheim. Nîmes doit parfois voiler la plus belle mosaïque romaine par le rideau surréaliste de Picabia pour *Entracte*.

C'est ainsi que, collections mises en réserve, de grandes expositions purent être organisées dans le musée partiellement rénové — Picasso, Klee, Lucien Couteau et Picabia —, accompagnées de catalogues considérables. En vue du musée d'art contemporain qui s'édifie face à la Maison Carrée, la ville achète des œuvres modernes dans le monde entier. Et dans le même domaine, des donations importantes lui sont faites. Le choix esthétique, dans une des plus vieilles villes du monde, c'est actuellement la modernité la plus aiguë.

Cela a engagé une dynamique : plusieurs galeries ont été créées; certaines municipales : Galerie des Arènes, d'autres surgies d'initiatives privées : Circé, Art vivant, Chapelle de la Salamandre, Chapelle des jésuites. Cette course à l'art contemporain a suscité des émulations qui ne sont pas toujours esthétiques : Nîmes a une galerie de tendance socialiste, une autre plutôt marxiste. Si bien que la visite d'une exposition risque de relever de l'engagement politique autant que culturel, et qu'il est des soirées de vernissage où, si l'on veut faire preuve d'éclectisme idéologique, il est absolument obligatoire de se montrer en plusieurs lieux à la fois. Reste que, quels que soient la saison et les jours, vous avez des chances, en parcourant les vieilles rues de Nîmes, de découvrir l'œuvre d'un jeune créateur contemporain.

Des chances aussi de rencontrer ces créateurs eux-mêmes, puisque l'École des beaux-arts, dite depuis peu « École de Nîmes », s'est engagée complètement dans le processus. Sous l'impulsion du plasticien Claude Viallat, l'École a recruté comme professeurs des peintres et sculpteurs de premier plan, qui ont pris pour option de ne former que des artistes, avec ce que cela comporte d'aventure et d'incertain — les autres techniques : stylisme, design, BD, publicité, etc. étant exclues. Reflet de ses maîtres, lieu de vérité et de remise en cause, l'École de Nîmes a créé une effervescence dans la région. Provocation et institution, elle commence à attirer de toute l'Europe des jeunes gens avides de s'affronter aux grands problèmes de la création contemporaine. Peut-être rencontrerez-vous cette brigade bizarre, mais pas dans le musée de la rue Cité-Foulc : oiseaux de soupentes dans les secrets des vieilles rues nîmoises ; fraternité exigeante et fantasque ; suspicion de la tranquille bourgeoisie nîmoise qui flaire l'odeur des herbes orientales plus vite qu'elle n'avale un whisky. Ces jeunes gens sont venus à Nîmes jouer un moment de leur vie, risquer. Et la critique, les galeristes et les acheteurs commencent à regarder vers cette cité antique qui fait le pari de l'art contemporain.

Feuchères

L'entrée royale dans Nîmes, c'est à présent l'avenue Feuchères. Dès que l'emplacement de la gare eut été définitivement fixé, l'harmonie du quartier et de la future avenue fut garantie par décret : imposant le nombre d'étages, les alignements, les matériaux, et l'obligation de poser une haute grille si on voulait se ménager l'espace d'un jardin ou une cour. Tout ceci joint à la largeur de la voie centrale pavée — seize mètres —, aux deux allées de platanes de part et d'autre de trottoirs de douze mètres et aux voies parallèles qui desservent les maisons, donna à cette nouvelle artère une allure imposante. Depuis, le temps nîmois s'est emparé de l'avenue Feuchères.

Que vous débarquiez dans le petit matin blanc sur les grands trottoirs mouillés et déserts, ou bien dans l'agitation de 18 heures, quand les militaires courent vers les boîtes à sandwiches et les étudiants dans l'autre sens ; que vous remontiez l'avenue dans le crépuscule des grands arbres bruissant de milliers d'oiseaux venus passer la nuit dans la chaleur de la ville ; ou encore en pleine nuit, quand la seule lumière visible est celle de la garde au commissariat central et que quelques ombres glissent tout au bout des allées, l'avenue Feuchères conserve un visage tout à fait particulier. L'agitation ordinaire des abords de gare est tempérée, ralentie et solennisée par le style grand-bourgeois des immeubles, et par l'espace offert : une artère au plein sens du terme. Par là courent quelques-unes des forces essentielles de la ville : jugulaire, fémorale, on n'a pas envie d'y flâner, sauf peut-être le dimanche. Mais on prend un grand plaisir à y « passer », à faire comme si... Comme si on allait prendre le train pour Paris ou pour Barcelone. Comme si on était un voyageur ordinaire découvrant dans l'autre sens sa propre ville, voyant apparaître l'emblème de la cité au centre de l'Esplanade, et le Palais de justice, et en arrière les mystères des rues médiévales... Comme si on était un fonctionnaire ou un élu qui court vers la Préfecture, vers le Conseil Général... Comme si on était un de ces vieux messieurs alertes qui préfèrent aller acheter leurs journaux « parisiens » au kiosque de la gare, parce que cueillies là, et lues en remontant entre les gros troncs blancs, les nouvelles y paraissent plus sensationnelles, plus « internationales »... *Up to date*, disent-ils.

L'avenue Feuchères n'est pas, ou n'est plus une promenade ; ce n'est pas non plus l'un de ces boulevards serrés où la circulation se presse et s'embouteille — elle ne s'embouteille jamais ; ni l'un de ces grands boulevards extérieurs à lumière de purgatoire qui conduisent des automobilistes hagards vers des lotissements fragiles. Avenue exemplaire, en somme, qui ne souffre d'aucun des travers ordinaires. Et puis il y a « Feuchères ».

La petite fille de l'île de Wight

L'histoire du baptême de cette nouvelle voie vaut bien un roman de Richardson. C'est d'ailleurs en Angleterre qu'elle commence, sur l'île de Wight : un pêcheur, un peu contrebandier et très pauvre, avait sept enfants. La plus petite, Sophie, qui était née en 1792, était une petite vagabonde qu'on voyait courir sur les plages, pieds nus et en haillons. On était si pauvre, chez les Daves, que la petite fille fut finalement recueillie par une maison de charité, et, à douze ans, placée comme servante de basse-cour dans une ferme. Elle était le plus souvent maquillée de boue et habillée de paille, mais sous la saleté elle devenait une très jolie jeune fille. Peut-être elle-même en eut-elle conscience, ou quelqu'un avait-il su apercevoir la finesse des traits et des attaches sous la crasse, car son second poste fut servante... dans une maison de rendez-vous pour aristocrates, dans Picadilly. On était en 1811 ; Sophie avait dix-neuf ans et vivait comme dans *Les Mémoires de Fanny Hill.* C'est-à-dire à des milliers de kilomètres de la prude Nîmes. Débarbouillée, présentée dans un coquet tablier de bonne, elle ne pouvait passer à côté du désir dans une maison de désirs. Elle avait alors la taille élancée, de superbes cheveux blonds, un profil très pur, un teint éblouissant et de très beaux yeux bleus qui vous considéraient sans timidité. « Il y a un bijou que vous n'avez pas remarqué, monseigneur », dit un valet à un quinquagénaire qui sortait d'une chambre du bordel de luxe. L'autre regarda la servante et fut ébloui. La vie de Sophie Daves commence. Vous ne voyez pas où est l'avenue Feuchères là-dedans ? Patience...

Cet homme de plaisir était un très puissant seigneur français en exil : le duc de Bourbon, le fils du prince de Condé, le père du duc d'Enghien. Il a émigré avec son père et son fils dès la prise de la Bastille. Il s'est battu avec les armées contre-révolutionnaires, puis contre Napoléon. L'empereur a fait fusiller son fils dans les fossés de Vincennes en 1804. Après avoir surmonté ce deuil, le duc de Bourbon est revenu à une vie d'exil doré faite de chasses et d'aventures galantes.

Sophie Daves, pour cet homme de cinquante ans, c'est la providence : une beauté inculte, le plaisir de l'amour et celui de jouer les Pygmalion. Car un prince de sang royal ne peut avoir une maîtresse inculte. Et elle apprend, Sophie, elle apprend vite. En 1815, c'est le retour des Bourbons. Et le duc devient prince à la mort de son père. Il habite... le Palais Bourbon, naturellement. Et il installe Sophie avec lui, dans de somptueux appartements. Elle a vingt-trois ans ; il en a soixante. Elle a des allures de dame et peu de scrupules ; il ne peut plus se passer de sa chair fraîche. Mais il y a les convenances : le prince de Condé a beau la faire passer pour sa fille naturelle, tout Paris sait, et tout Paris sourit. Il faudrait à Sophie une position sociale ; il lui faudrait un mari.

C'est alors que passe le lieutenant-colonel Adrien-Victor Feuchères — ou de Feuchères ! L'avenue nîmoise se profile. Elle est tellement belle, Sophie, et à présent déliée et agréable à fréquenter, que le lieutenant est roulé dans la farine. Tout le monde lui ment : il est ravi. Le prince lui-même lui raconte : « Je connais cette dame depuis sa plus tendre enfance ; tout homme d'honneur peut l'épouser. » Sophie raconte comment le prince l'a fait élever, comment il s'est chargé de son éducation. Et elle laisse entendre qu'elle a tout lieu de croire qu'elle est sa fille. Et tout l'entourage d'approuver. Feuchères n'est pas un benêt ; mais quand on désire quelque chose, ou quelqu'un, la conscience claire s'efface.

On promet en outre au jeune couple une rente de 7200 livres : le prix que paie le prince pour conserver auprès de lui sa maîtresse. Détail capital pour Nîmes, bien que rien encore n'en paraisse, chacun des deux époux sera le légataire de l'autre. Le mariage a lieu en juillet 1818 : Sophie a vingt-six ans, Feuchères trente-trois, et il est amoureux. Situation à l'envers : c'est le jeune mari qui est ridiculisé par le vieil amant. D'autant qu'il joue un rôle étrange : les honneurs pleuvent, Feuchères est fait baron par le roi, puis premier gentilhomme de la chambre, puis aide de camp du prince : ainsi le baron de Feuchères... et sa femme ne quitteront jamais le vieux Condé. On installe le jeune couple au Palais Bourbon, tout près du maître. Lorsqu'on se rend dans les propriétés de Chantilly ou de Saint-Leu, c'est Sophie qui organise la maison, et s'y conduit en maîtresse.

Le baron-aide-de-camp Feuchères n'ouvre les yeux que lentement. Douloureuse découverte progressive de cet homme encore jeune qui aime cette belle jeune femme. Il n'est ni un parvenu, ni un intrigant, il a fait ses preuves dans la plus grande armée du monde, et il se découvre soldat pistonné, homme moqué et mari ridiculisé.

Feuchères refuse une situation dont les Bourbons étaient pourtant coutumiers sous l'Ancien Régime. Les favorites ne sont plus ce qu'elles étaient : il exige des explications de sa femme et de son « patron » ; il lui faut près de deux ans pour arriver à la vérité. Il démissionne alors de ses fonctions, se fait « mettre en disponibilité » et renvoie sa femme chez sa mère. On ne ridiculise pas un soldat de Napoléon.

Il faut croire que les charmes de Sophie sont redoutables. Son mari éliminé, elle prend un ascendant absolu sur le prince de Condé qui, en 1824, a soixante-quatorze ans. Elle compose son entourage avec ses propres créatures ; elle réussit à se faire présenter à la cour de Charles X ; elle influe sur son vieil amant au point de lui faire modifier son testament en faveur du fils de Louis-Philippe. Ce qui lui confère une reconnaissance dans les milieux monarchistes. Il est vrai qu'elle s'est fait léguer, en passant, le dixième de la somme : courage, l'avenue nîmoise est toute proche.

Le temps qu'arrive la Révolution de 1830 : le vieux Condé est terrorisé, prêt à fuir de nouveau la France. Sophie craint qu'il ne modifie, avant de partir sans elle, des dispositions testamentaires qu'elle a eu tant de mal à obtenir. C'est alors que, le 27 août 1830, on retrouve, à 8 heures du matin, dans la propriété de Saint-Leu, le vieux prince pendu à l'espagnolette d'une fenêtre, à l'aide de deux mouchoirs noués. Suicide ? Crime ? Une enquête très délicate s'ouvre. Et on voit les magistrats, au bout de quelques semaines, demander l'un après l'autre leur mise à la retraite, ou tomber subitement malade.

C'est alors que le nom de Feuchères — mais non pas encore l'avenue — revient à la une. Car Sophie est encore baronne puisque le divorce n'existe pas. *Le Figaro* écrit que « Madame de Feuchères est une petite baronne anglaise qui ressemble beaucoup à une espagnolette ». Sans doute ne veut-il pas accuser la jeune femme d'un crime, mais fait-il allusion à ce que tout le monde murmure, mais qui, dans ce prude XIXe siècle qui arrache les phallus des monuments romains, ne saurait se dire : on sait bien que la pendaison simulée, ou tout au moins arrêtée juste au début de l'étranglement, peut rendre à un vieillard quelques sursauts virils. Sophie et le prince, en somme, s'amusaient... Et on n'a pas dépendu à temps le descendant de Louis XIV.

On imagine les réactions du baron : il renie entièrement sa femme, lui refuse toute assistance et même que son nom figure dans les pièces officielles du procès : car s'il y a non-lieu quant aux accusations criminelles, il y a procès de la part des héritiers naturels du prince. Mais le 22 février 1831, c'est encore Sophie qui l'emporte : on déclare le testament valide ; elle hérite de la part qui lui était promise. C'est cela qui va devenir de l'argent nîmois.

Car le baron, entre-temps, a réintégré l'armée. Il a commandé diverses places ; et en novembre 1835 a été nommé commandant des départements de l'Ardèche et du Gard. Il est devenu nîmois d'adoption, estimé, reçu par les milieux civils et religieux. Le temps passe. Sophie meurt en 1840, à Londres où elle s'est retirée : elle a quarante-huit ans. Et comme il avait été prévu, vingt-deux ans plus tôt, c'est son mari, le baron de Feuchères, là-bas, à Nîmes, qui hérite.

Le vieux soldat ne veut pas de cet argent : l'argent des Bourbon-Condé, mais aussi l'argent de la prostitution de luxe. Il le partage entre quelques institutions parisiennes, et surtout entre des institutions nîmoises : les hospices de Nîmes, l'Evêché, le Consistoire — car même en ces circonstances, il faut savoir ménager catholiques et protestants. L'argent du péché sera même lavé puisqu'une partie ira aux inondés du Gard. Ainsi, ce qui avait été vaillamment conquis par la petite pauvre de l'île de Wight revenait aux pauvres de Nîmes.

C'est alors que le conseil municipal de Nîmes décida, le 11 novembre 1841, de donner le nom du baron à sa belle avenue toute neuve

La renommée nîmoise du baron ne s'arrêtera pas là : lui qui possède déjà une avenue de son vivant va se voir chargé par Louis-Philippe de battre le candidat légitimiste aux élections de 1846 : on compte sur sa réputation de bienfaiteur populaire. Cette candidature attirera un dernier avantage aux Nîmois. Le gouvernement fait don à la ville d'une très belle statue de Pradier : la Poésie légère. Lamartine, qui était dans l'autre camp politique, vit dans cette allégorie le signe de la corruption des électeurs par le pouvoir. Cette pièce est pourtant l'une des plus jolies de la statuaire du XIXe siècle français. Ce corps nu de jeune femme élancée, qui semble se dégager de la très belle draperie tourmentée qui flotte sur son dos, est bien la figure même de l'évasion poétique. Quelque chose comme un envol.

A cette subtile jeune personne de pierre offerte à la ville par un vieux soldat obstiné, se superpose la petite Anglaise si séduisante qui ramena de grands seigneurs à leurs ordinaires passions d'hommes. Décidément, le baron Feuchères, à ses commencements comme à sa fin, est cerné de sirènes. Il sera élu.

L'ESPLANADE A LA VIE A LA MORT

L'Esplanade, c'est le couronnement, la signature ultime de l'entreprise ferroviaire. Un luxe symbolique pour annoncer la ville. Là-dedans, rien n'est au hasard; tout porte une logique pleine de sens. Cet espace a toujours été une sorte de théâtre de la vie publique nîmoise.

Aux limites de la ville du Moyen Age, cette plate-forme un peu surélevée a d'abord servi, juste au-dessus de la plaine du sud, de bastion militaire. Comme elle était toute proche de l'entrée royale de la ville, elle devint aussi le lieu d'où l'on tirait les salves d'honneur aux canons et aux mousquets. C'est là que les consuls de la ville attendaient les gouverneurs et les princes, pour leur offrir les clefs de la ville : François Ier, Henri II, Louis XIII accompagné de la reine-mère et de Mazarin furent ainsi reçus.

Entrées royales

Il est difficile d'imaginer ce que pouvait être l'entrée d'un roi de droit divin dans l'une de ses bonnes villes. Plutôt que celle d'une personnalité, c'était la venue d'un principe, d'une valeur transcendantale. C'était aussi une immense affaire commerciale. François Ier dans Nîmes, ce sont dix-huit mille cavaliers, avec ce que cela suppose de fourrage, d'écuries, de logements, de nourriture ; c'est toute la famille royale — reine, dauphin et enfants — ; c'est l'ensemble de ce qui correspondrait aujourd'hui au Conseil des ministres et au corps législatif. Et des tonnes de bagages.

Lorsque le peuple nîmois se réunit aux abords de l'Esplanade pour apercevoir le roi, il voit d'abord un immense nuage de poussière duquel surgissent des cavaliers fabuleux dont chaque vêtement, chaque coiffe, chaque couleur est un symbole. Un cortège royal, ce sont cent Suisses emplumés, quatre cents archers français de la garde royale, cent gentilshommes de la maison du roi et cent autres de l'hôtel du roi, et la garde écossaise, et les suites aussi nombreuses de chaque prince. Un spectacle immense, et un effort énorme pour une ville qui possède moins d'habitants que le cortège qui se présente.

Le roi n'arrive qu'après le défilé des astres de moindre valeur. La ville doit répondre par des symboliques égales : il faut habiller spécialement des centaines de jeunes gens et d'enfants, faire confectionner des tapisseries et des tableaux célébrant la circonstance. Les signes répondent aux signes. Et tout cela en pourpoints de soie, sous des dais, sur des chars et sous des arcs de triomphe fleuris. Les rues où passera le roi sont sablées et tapissées. Et cela se reproduit pour Louis XIII, pour Louis XIV enfant.

Mais en temps ordinaire, l'Esplanade est une simple promenade. Nîmes en cela n'est pas différente de centaines de villes où des bastions surélevés, plantés d'arbres, d'abord lieux militaires puis promenades, ont vu leurs canons remplacés par des bancs publics. A Nîmes, en outre, on y vendait des chèvres. Et quand un grand se présente, il faut en hâte évacuer le fumier.

C'est dans les années 1640-1660 — une bonne période d'urbanisation pour Nîmes — que les consuls firent planter d'arbres cet espace puis y ménagèrent un « jeu de ballon ». Devançant en cela les ateliers nationaux et les TUC, ils firent faire ces travaux d'assainissement et d'aplanissement par les pauvres de la ville « à raison de dix sols par jour pour les hommes et de quatre pour les femmes ». Et l'Esplanade devient le lieu des réjouissances publiques, des feux de joie, des feux d'artifice.

De grandes espérances

Mais c'est aussi sur l'Esplanade que pendant la Révolution de 89, et sous les provocations de bandes royalistes, des troupes fédérées venues de tous les villages environnants massacrèrent les capucins d'un couvent voisin. C'est là aussi qu'un mois plus tard, en juillet 1790, on fêta de manière exceptionnelle le premier anniversaire de la prise de la Bastille. Un témoin raconte :

« Mercredi 14 juillet, à 10 heures du matin, nos gardes nationales, les troupes auxiliaires, les troupes de ligne, le brave régiment de Guyenne, les dragons de Lorraine arrivés depuis peu dans cette ville, et connus par leur civisme, se rendirent, précédés de leurs tambours, de leur musique et de plusieurs pièces de canons à l'Esplanade, devenue le "Champ de Mars".

« Cette grande place, dominant une vaste et fertile plaine, présente dans sa surface la forme d'un parallélogramme ; l'armée composée d'environ six mille hommes s'y déploya sur trois lignes, avec autant d'ordre que de prestesse.

« Au milieu de cette superbe enceinte s'élevait un autel d'une majestueuse simplicité, et à quatre faces. Chacune d'elles contenait un de ces mots : la nation, la loi, le roi, union... Un amphithéâtre adossé contre le couvent des capucins, destiné à contenir 1200 personnes, et dont les sièges furent loués au profit des pauvres, ne fut occupé que par des citoyennes portant le costume civique : robes blanches, écharpes aux trois couleurs, cheveux flottants, quelques feuilles de laurier ou de chêne pour tout ornement de leurs têtes. »

La veuve noire

Combien ce « Champ de Mars » vit-il ensuite de rassemblements de volontaires, puis de recrues, bataillons de va-nus-pieds qui de là partaient vers le nord ou vers l'Espagne, pour défendre la Patrie en danger ?

C'est à l'Esplanade que s'installe, fin 1792, la guillotine. Nîmes, faussement tranquille, sait, comme Venise et Florence, cacher sous sa beauté les noirs excès de passions violentes et de grands caractères. Elle a eu sa Terreur, ses guillotinés, son bourreau. De décembre 1793 à août 1794, les principales têtes du parti girondin, qui était aussi le parti protestant, roulèrent dans le son. Ils avaient essayé d'éliminer les jacobins ; les jacobins les éliminaient. Il faut dire que la ville avait son Robespierre, ou son Marat : un ancien procureur Antoine Courbis : assoiffé de sang ou gardien de la Révolution, profiteur sans vergogne ou rigoureux moraliste : encore un « monstre » que des analyses contradictoires n'arrivent pas à cerner. Il habitait en face de la grande place : assis à la terrasse du café le Palace, près du Palais de justice, vous êtes à peu près chez lui. Et on disait qu'avec ses amis du Comité de Salut public, il assistait, le verre à la main, aux exécutions. Pire : on racontait qu'il descendait avec ses courtisans terrorisés et les forçait à danser autour de la guillotine. Les condamnés, eux, n'avaient pas grand chemin à faire : jugés au Palais de justice près des Arènes, ils étaient presque aussitôt garrotés ; ils faisaient à pied le court trajet : longeant le monument, passant les anciennes murailles, ils apercevaient le bourreau, énorme tricorne, habit de garde national, culotte de peau jaune, guêtres noires jusqu'aux genoux, un sabre sous le bras, le tout éclaboussé d'énormes taches de sang. Un roulement de tambour et les corps des suppliciés étaient emmenés au cimetière du Mail ; là où les chars romains, dit-on, s'affrontaient.

En quelques semaines, la bourgeoisie protestante nîmoise fut décimée : marchands et magistrats, accusés de projets antirévolutionnaires, étaient jugés par un tribunal douteux et presque aussitôt exécutés. Parmi eux, un certain André Guizot à l'histoire familiale exemplaire qui ressemble beaucoup à celle des Rabaud : une longue lignée de réformés ; des parents et grands-parents qui ont tout risqué pour leur foi et se sont battus pour la liberté d'opinion ; tout naturellement, des opinions libérales et humanistes révolutionnaires de 89, et participant de près aux nouveaux pouvoirs dans la ville. Mais, quand le peuple crie sa faim, quand les femmes s'ameutent, quand ces idéologues sont soudain traités de nouveaux aristocrates par les ouvriers des fabriques, ils ne comprennent plus, se durcissent, tentent de conserver leurs pouvoirs et leurs privilèges en quadrillant la ville et en désarmant les jacobins. Et les voici, dans ce début de 1794, mis en accusation et exécutés par fournées sur l'Esplanade. La dernière lettre de Guizot à sa femme est déchirante ; il meurt persuadé d'avoir raison : un juste. La jeune épouse, désespérée, s'enfuit en Suisse avec ses enfants. C'est ainsi que le petit François Guizot termina son éducation à l'étranger avant de revenir faire des études de droit à Paris. Professeur d'histoire moderne à la Faculté de Paris, professeur au Collège de France, ministre de l'Instruction publique, Premier ministre : du petit garçon dans la Terreur aux premiers postes de l'État : quelle est la part des lumières, des jeux, des combats, des mentalités, des douleurs et des conflits nîmois dans cette carrière ? Un Guizot meurt d'une révolution après l'avoir déclenchée ; son fils provoque une autre révolution, celle de 1848, par ses intransigeances et ses raideurs de chef du gouvernement.

Supplices et voyeurs

Pendant assez longtemps, l'espace de l'Esplanade et de la place des Arènes est resté le lieu du spectacle de la mort : jusqu'en 1841, les exécutions capitales se déroulèrent là, en public, dans un climat auquel on a de la peine à croire. Ainsi, pour cette très jeune femme qu'on exécuta le 7 mai 1839. Dès la veille au soir, la foule commença à prendre ses places autour de l'échafaud. Il faut dire selon Adolphe Pieyre que le spectacle était bien visible : la guillotine était dressée à plus de deux mètres de haut. « Une sœur mit sur la tête de la patiente un capuchon noir qu'elle avait préparé... Un immense cri poussé par des milliers de bouches retentit dès que la condamnée apparut sur la place... La foule poussa un nouveau cri plus long, plus éclatant lorsque le couperet eut fait son œuvre de mort. [...] A peine le couperet venait-il de tomber que la foule en délire renversait la troupe dont un bataillon formait le carré autour de l'échafaud, se précipitait en flots tumultueux, avide de contempler les restes sanglants et mutilés de la jeune femme. » Elle s'appelait Marthe Contestin, elle avait vingt-deux ans, elle avait assassiné son mari à coups de couteau.

De telles scènes se reproduisent en février 1841, en février 1846, où on coupa le cou à des jeunes hommes de dix-neuf ans ; en avril 1851, qui fut la dernière exécution sur cette place, et où le condamné avait encore dix-neuf ans. Et toujours des foules immenses, femmes et enfants mêlés. Sur cette même place aussi, il y a à peine un siècle et demi, on subissait la peine de l'exposition : les condamnés aux travaux forcés étaient montrés, liés à un poteau, avec une pancarte portant leur nom et leur crime.

Et des scènes ahurissantes s'y produisaient : une mère de famille liée, et hurlant ; un criminel insultant et crachant sur la foule.

La mort, la mort... C'est tout près de là, aussi, qu'un jour de 1944 deux résistants furent fusillés dans la cour de la prison. La plaque de leur martyre est scellée à côté d'une étrange figure antique à quatre jambes dont on n'a jamais su l'histoire. Quelques mois plus tard, de l'autre côté de l'amphithéâtre, à la porte principale, furent exécutés de jeunes miliciens : c'était la Libération, l'épuration ; la ville était pleine de bonheur et de rage.

Les pendus de Nîmes

En mai 1944, *Les Lettres françaises* clandestines publiaient un article d'une demi-colonne intitulé « Les pendus de Nîmes ». Il n'était pas signé ; et ce n'est que plus tard qu'on apprit que l'auteur était le fondateur et directeur — avec Jacques Decour qui a été arrêté et fusillé — du journal : Jean Paulhan. Celui-ci, attentif à sa ville natale même pendant son combat résistant, était saisi d'horreur par ce qui venait de s'y passer.

Dans les tout derniers jours de février 1944, une colonne de SS monte brutalement sur les contreforts des Cévennes, espérant y surprendre un camp de maquisards. Prévenus, la plupart des résistants ont le temps de fuir. Les SS, furieux, arrêtent des otages . fermiers, jeunes gens surpris au hasard, possesseurs de cartouches de chasse... Quinze hommes sont ainsi ramenés à Nîmes, où ils sont détenus, interrogés et brutalisés les 1er et 2 mars. Le 3, vers le soir, on les réunit dans la cour d'une école sur l'une des belles collines à pins qui dominent la ville. Deux d'entre eux sont relâchés, on ne sait trop pourquoi. Aux autres, on attache les mains derrière le dos et on les charge sur un camion tandis que des *feldgendarms* vont arracher à l'hôpital voisin deux résistants grièvement blessés qu'on pousse avec les autres. Un atroce tour de ville commence alors.

Première station : le pont du chemin de fer au-dessus de la

route d'Uzès. Là, on arrête la circulation : autobus, tramways, cyclistes, ménagères; on fait monter six des otages sur le viaduc; on les fait asseoir sur le bord; on leur passe une boucle de chanvre autour du cou et, un par un, on les pousse dans le vide avec les Nîmois pour spectateurs. Une corde casse; le pendu est achevé au revolver sur la chaussée.

Le camion repart avec les autres otages en état de stupeur. Il suit à présent le viaduc jusqu'à son intersection avec la route de Beaucaire. Trois hommes sont pendus là dans les mêmes conditions. Deux kilomètres encore le long du chemin de fer. Là, au début de la route de Montpellier, les SS utilisent les micocouliers et les sophoras pour pendre six autres otages. Un témoin raconte à l'historien Aimé Vielzeuf : « En fin d'après-midi, à bicyclette, je repartais de Nîmes en direction de Montpellier, lorsque, à quelques kilomètres du Pont-Oblique, je fus doublé par un camion baché conduit par des Allemands. A l'arrière, j'aperçus des hommes aux yeux hagards, assis de chaque côté...

« Les deux camions, moteurs en marche, se placèrent le long du trottoir du côté de l'arbre où allait avoir lieu l'exécution. Des soldats du premier camion attachèrent une corde à l'une des branches du micocoulier et passèrent l'autre extrémité autour du cou de l'un des malheureux. Puis un SS qui se trouvait à terre, mitraillette au poing, cria et fit signe aux chauffeurs.

« Les deux véhicules reculèrent de concert, le moteur du second s'emballa davantage, peut-être pour couvrir les cris des victimes. Quand le prisonnier vint à la verticale de l'arbre, un sous-officier le frappa violemment dans le dos. Le malheureux, précipité dans le vide, fut étranglé... Les corps pendaient très bas, les pieds touchaient presque le trottoir, à quelque vingt centimètres. Chacun avait sur la poitrine une pancarte portant cette inscription : "Ainsi seront traités les terroristes".

« Les SS criaient, riaient. C'était atroce ! »

Les cordes resteront pendues aux arbres et aux ponts jusqu'au 24 août 1944, date de la libération de la ville. Et le 3 mars 1944 restera une date noire de l'histoire nîmoise.

La Fontaine Pradier

Némausus est un fantôme : on trouve souvent son nom, jamais son image. Mais Nîmes existe bel et bien, en pierre et en marbre. Descendez du TGV, remontez l'avenue Feuchères, forcément, vous rencontrerez Nîmes : c'est cette belle statue blanche que vous commencez d'apercevoir sur fond de vieille ville et de Tour Magne lointaine. Au centre de l'Esplanade, elle est le symbole de la prospérité industrielle et de ses réussites.

Si Nîmes n'était pas tant habituée à la beauté romaine et grecque et à l'ombre obsédante de ses statues antiques, la Fontaine de Pradier lui apparaîtrait comme son plus beau monument. La ville y est représentée par une superbe femme couronnée d'une Maison Carrée. A ses pieds, deux hommes et deux femmes, ou plutôt deux naïades, symbolisent les quatre cours d'eau qui entourent la ville : deux symboles féminins : la Source de Némausus et la Fontaine d'Eure — qui était la source proche d'Uzès où les Romains, par un immense aqueduc et par le Pont du Gard, allaient chercher l'eau qui alimentait Nîmes ; deux symboles masculins : le Gardon et le Rhône. Les sources sont douces, têtes penchées, chevelures de nénuphars et de tresses sages ; les fleuves sont courroucés, têtes fortes, muscles durs, mouvements violents ; des dieux outragés qui vont se lever ; allusion peut-être à leurs crues terribles.

Pradier a eu le pressentiment que cette ville sèche ne cesse de raconter des histoires d'eau. Chacun de ses personnages paraît, à sa manière apaisée ou furibonde, méditer sur ces secrets. Qu'a-t-il su, Pradier, de l'obsession, de la permanence des courants d'eau sous la ville ? Car on a eu beau combler les cadereaux, cacher une partie du canal sous la chaussée : ses ramifications mystérieuses envahissent encore les caves. Chaque petite maison, chaque hôtel particulier a son puits, dont le propriétaire vous soutiendra mordicus qu'il communique avec les profondeurs de la Source de Némausus.

Nîmes, accueillant ses hôtes avec une escorte de tritons, de naïades, de roseaux et de nymphes à la manière de Ronsard, au centre d'une place torride et qui a vu tant de parades, de vanités et de morts, propose une série de signes pour déchiffrer la conscience de la ville.

La décision définitive de construire une fontaine monumentale fut prise en 1844. On ouvrit un concours. En mai 1844, vingt-sept projets furent proposés ; à la fin de l'année, ils furent exposés dans la Maison Carrée. C'est encore l'architecte parisien Questel qui l'emporta. Questel, on le connaissait : il était en train de bâtir Saint-Paul. Il consolidait la Tour Magne, restaurait le Pont du Gard. Le concepteur de la statue de saint Louis à Aigues-Mortes, c'était lui. Cet homme modifiait le paysage nîmois, mais on l'a oublié, obnubilé par des souvenirs plus grandioses.

Le conseil municipal veut que les figures sculptées soient en marbre blanc. On achète celui-ci à la seule entreprise française spécialisée dans le marbre de Carrare : elle est en train de fournir les matériaux pour le tombeau de Napoléon aux Invalides : le marbre de l'Esplanade est du même cru. Comme d'ailleurs le sculpteur, puisqu'on choisit un artiste qui est en train de tailler autour du tombeau de l'empereur, sous le dôme des Invalides, douze victoires colossales : James Pradier. C'est lui qui fera surgir les cinq géants de la Fontaine de l'Esplanade.

James Pradier

En 1845, Pradier est fort célèbre. Ce Genevois de cinquante et un ans est un enfant prodige : il a obtenu une médaille d'or au Grand Prix de Rome, à dix-huit ans. Extrêmement doué, il obtient le Grand Prix l'année suivante, passe cinq ans à Rome ; son compagnon et rival s'appelle David.

Du colossal à la statuette, du héros antique au maréchal d'Empire et surtout aux nymphes fragiles, Pradier a tout sculpté ; trop peut-être. Il a choisi la gloire, l'argent, les commandes. Et si cela ne lui a rien fait perdre de son talent, peut-être est-il passé à côté d'une œuvre plus forte. Il n'est pas un novateur. Mais dans une facture traditionnelle, ce qui emporte l'adhésion, c'est sa puissance ou sa douceur : précisément les qualités de la Fontaine de l'Esplanade. Pradier est un classique qui ne s'est pas affadi. Ses créatures ont la force de la vie qui va bouger ; et surtout, sa sensualité.

Pradier sculpte Aphrodite plutôt qu'Athéna. On l'appelle le dernier païen. Ses groupes érotiques sont reproduits en plâtre et répandus dans toute l'Europe par colporteurs. Son œuvre elle-même décore les capitales : figures mythologiques à Genève, Rouen et au Luxembourg ; personnages officiels du corps législatif, à l'Institut, à Versailles, à Alger, à Dreux ; allégories dans les jardins du Luxembourg, des Tuileries, à la Fontaine Molière, mais aussi à Saint-Pétersbourg et chez la reine d'Angleterre ; figures saintes à la Madeleine et dans la cathédrale d'Avignon ; et les quatre Renommées de six mètres sur l'Arc de triomphe de l'Étoile. Pradier était donc populaire ; et ce n'est pas par hasard si, entre la conception et l'inauguration du monument de l'Esplanade, le gouvernement choisit d'offrir aux Nîmois cette statue de la Poésie légère qui irrita si fort M. de Lamartine. Un autre signe des affinités de Pradier avec Nîmes, c'est une œuvre à destination privée : elle se trouve au cimetière protestant, et s'intitule la Renommée. Genevois, Pradier descend d'une famille gardoise réformée, exilée pour fait de religion. Ses aïeux sont originaires de Saint-Ambroix, à cinquante kilomètres de Nîmes ; son véritable prénom est Jean-Jacques à cause de Rousseau. Tout se tient : ces industriels et affairistes nîmois ont l'intelligence de faire appel à l'un des plus grands plasticiens du temps, mais comme ils sont en grande partie protestants, les liens de la communauté fonctionnent aussi.

Pour atelier, on avait donné à Pradier des arceaux du nouveau viaduc par lequel le chemin de fer entrait en ville. C'est là que lui et ses élèves sculptèrent les cinq figures allégoriques. Mais il fallait les amener auprès du socle et des vasques de pierre qui étaient en place — la Ville de Nîmes, à elle seule, pèse dix tonnes : on tira entre le viaduc et l'Esplanade une ligne de rails, on calcula une pente légère qui grimpait jusqu'à hauteur du socle. Et un beau jour de 1851, on vit la gigantesque Ville de Nîmes glisser lentement entre les chantiers de l'avenue Feuchères. Le jour de l'inauguration, la ville était en fête : on avait organisé des « trains de plaisir » de toute la région; les toits avaient été pris d'assaut. Avant de sceller la statue sur son socle, on déposa dans ses assises un coffre de plomb dans lequel figurait l'historique du monument, les noms de ceux qui avaient participé à sa création et quelques pièces d'argent de Louis-Philippe et de la République. Car, entre la commande du monument et sa réalisation, la France avait changé de régime.

Ombre de Juliette

Nîmes possède assez de légendes pour qu'on en détruise une en passant : la Ville de Nîmes n'est pas Juliette Drouet. Le titre de gloire de Juliette Drouet est d'avoir été la maîtresse de Victor Hugo ; celui de Pradier est d'avoir été l'un des premiers amants de Juliette. Elle n'avait pas vingt ans, elle débarquait de sa Bretagne, elle posa pour le sculpteur. Ses formes extraordinairement pures et la force charnelle qui émanait d'elle ne pouvaient que séduire l'artiste de la sensualité. Juliette servit de modèle à ses compositions de 1824 à 1828.

La Ville de Strasbourg, sur la place de la Concorde, c'est elle, et encore elle, ces statues érotiques que tous les coquins d'Europe reproduisaient. Mais Juliette ne peut être la Ville de Nîmes, quoi qu'en disent les Nîmois : en 1845, elle avait trente-neuf ans ; elle avait quitté Pradier depuis quinze ans ; elle vivait avec Hugo cette existence quasi recluse qui était le signe de son amour total depuis douze ans. Il est vrai que Hugo, Pradier et Juliette se rencontraient : le sculpteur et son modèle avaient eu une petite fille, Julie, et cela les rapprochait encore. Mais il y avait longtemps que Juliette ne posait plus.

La fable populaire s'empare du monument de l'Esplanade, aussitôt que dressé. Pour être un vrai Nîmois, dit-on, il faut savoir où est la grenouille. Il y a, en effet, dans les roseaux de marbre qui poussent au pied des nymphes, une belle petite grenouille de pierre, de la taille d'une main. Faites le tour du monument. Cherchez, cherchez ; quand vous l'aurez trouvée, votre initiation sera presque achevée.

Décors

Entre deux conquérants, entre l'artiste Pradier et le technicien Talabot, tient l'espace du XIXe siècle à Nîmes et son aventure urbaine. Nîmes n'a pas eu de baron Haussmann. Ses architectes sont municipaux ; ils s'appellent Charles Durand, Simon Durand, Léon Feuchères — qui n'a rien à voir avec le baron. Ils n'ont pas de génie. Ils peuvent être parfois dangereux, comme Simon Durand qui réussit, dans le début du siècle, à bâtir un Palais de justice si lourd et si plat qu'il fallut le démolir et le reconstruire quelque vingt ans plus tard. Feuchères, lui, a conçu la Préfecture : les proportions sont belles, mais il lui a adjoint une déplorable pièce montée à colonnettes, chapiteaux corinthiens et petites arcades qui annonce une médiocrité de goût définitive. Le tout pour soutenir... une pendule. Cette époque découvre le prix du temps. On a les dieux qu'on peut.

Feuchères bâtit aussi deux ou trois hôtels particuliers sur la même avenue, dont l'hôtel Silhol, celui-là assez harmonieux, où siège actuellement le commissariat central. Il faut se promener un peu au hasard dans ce quartier, pour ses perspectives plus que pour ses détails d'architecture. Le long du boulevard Talabot et du viaduc restent de petits hôtels privés isolés, assaillis parfois de béton ; les maisons de maître de ce temps d'urbanisme cossu. L'un des plus beaux, au coin de la rue Fénelon et du viaduc, appartient à l'Académie de Nîmes. Poussez la très lourde porte, jetez un coup d'œil sur l'espace de l'escalier : l'ambition de ces hommes d'affaires ivres de leurs propres techniques, de ces Napoléon de la vigne et du textile, vous tombera dessus comme un linceul.

L'esprit de l'époque, il est là plutôt que dans cette église Sainte-Perpétue dressée au-dessus de l'Esplanade comme un soldat de bois. Elle imite on ne sait quel gothique dans la banalité de ses arcs-boutants, la rigidité de sa façade, et le simplisme de ses lignes, parodie en carton pâte que ne dément pas l'intérieur. Et la hauteur de son clocher ne suffit pas à lui donner de la grandeur. Peut-être parce qu'il fallut dix ans pour l'achever, quelques faillites, et trois architectes, dont Léon Feuchères, décidément omniprésent dans la platitude.

Et pourtant, le soleil, encore lui, réussit certains soirs d'hiver l'exploit de lui donner quand même de la beauté lorsqu'il se pose sur la crête des bâtiments et des terrasses qui cernent l'Esplanade, et saisit soudain dans une poudre d'or le grand clocher trop régulier, lui apportant l'espace de quelques minutes les incertitudes du grand art.

Le viaduc traversé

Nîmes, cette ville sans fleuve ni rivière a cependant, grâce au viaduc, ses « ponts ». On peut ici vous envoyer « coucher sous les ponts » ; l'expression « derrière les ponts » prend le caractère d'un exil définitif, tant l'extension de la cité a été, pendant des décennies, soumise à cette limite. « Derrière les ponts », à Nîmes, c'est le désert, le no man's land, les limbes. C'est pourtant précisément derrière les ponts que la ville est en train de s'étendre. Les périphériques y passent, bien sûr, et l'autoroute ; mais y monte aussi l'entreprise architecturale la plus en pointe de ces dernières décennies : Jean Nouvel, l'enfant terrible de l'architecture française, bâtit deux immeubles, ou plutôt deux vaisseaux, montés sur pilotis : cent vingt logements chacun, appartements populaires et maisons d'artistes. Les matériaux sont l'acier embouti, le béton brut, les cloisons métalliques boulonnées. Nouvel propose les produits de l'industrie, pour le logement courant ; et cela donne des silhouettes de grands insectes élégants où le plasticien Buren — celui des colonnes du Palais-Royal — et le peintre Seigneur posent leur griffe créatrice. Le quartier n'est pas « touristique » ; le périphérique rugit à deux cents mètres, les HLM se carrent aux horizons mais ces deux masses superbes, avançant leurs plates-formes d'acier suspendues, leurs quilles transparentes, et proposant leurs surfaces de verre au ciel sans faille sont véritablement la Nîmes d'aujourd'hui.

Mais ici on s'égare. L'autoroute est là : direction Paris, Barcelone... et puis la plaine ; les conquérants qui passent. Il faut revenir au cœur, au centre. Tout de suite.

VI

AU CŒUR DES CHOSES

CENTRE-VILLE

BATTEMENTS

La permanence de Nîmes, c'est un visage. Si on regarde les plans successifs, ce pentagone demeure : ouvert vers le haut, pointu vers le bas, avec la bouche des Arènes, la croix de la cathédrale pour œil un peu plissé dans l'observation de l'étranger. Un visage, ou bien un cœur. Et c'est bien en effet le cœur de la ville ; celui qui a entretenu sa vie, parfois sa survie : l'espace serré entre les boulevards, dans cette fameuse ronde si nécessaire aux Nîmois pour leurs conversations, leurs promenades et leurs manifestations. Nîmes est la seule ville du Midi qui en ait conservé le cercle parfait, sans percée, sans bâtiment neuf qui en entame sa cohérence. Cette enceinte paraît destinée à maintenir, garantir, protéger, comme au creux d'une main, l'ensemble infiniment complexe du centre ville : mélange d'Histoire et d'histoires, de ruelles secrètes, d'hôtels particuliers restaurés ou abandonnés, de places surprises, de commerces mouvants, de lumières dorées sur des houles de tuiles romaines, de cours pavées, de halles odorantes, d'institutions plusieurs fois centenaires, de bistrots secrets et de mobilier urbain sophistiqué.

Les centres vitaux de Nîmes étaient, il y a vingt siècles, au Forum, aux Arènes et à la Fontaine ; ils sont depuis vingt siècles dans ce centre compliqué et changeant. C'est là que la ville s'est inventée pour les temps modernes; c'est là qu'elle a trouvé sa personnalité municipale et qu'elle a su négocier une indépendance farouche contre tous les pouvoirs. C'est dans ce périmètre que la peste et les haines ont failli la détruire; et c'est de ce périmètre que des hommes et des idées sont partis dans toute l'Europe.

Dans ce bouillon d'histoire et d'actualité, de modernité et d'anecdote, de création et de foi, de négoce et de science, de politique et d'architecture, il faudrait entrer comme au hasard. Laisser la vie choisir, avec ses heures, ses lumières et ses rencontres. Car chacun a son vieux Nîmes.

Bonheurs du jour

Il y a celui de la vieille qui court au creux des ruelles encore fraîches de neuf heures du matin vers les soldes miracles d'un Uniprix. Il y a celui de l'archéologue qui sait quels escaliers à vis se cachent derrière les vantaux; et le sens symbolique des balcons sculptés ou ferrés. Il y a celui du vieux noble qui sort du fond de sa cour pavée pour faire chaque matin le tour du pâté de maisons entre les porches du XVIIe siècle et les magasins roses et verts de gadgets en plastique. Il y a celui des nanas qui courent les boutiques de fringues surgies et disparues au fond des passages marchands. Il y a le vieux Nîmes des lycéens, teamburgers et croissanteries, et celui des étudiants des Beaux-Arts posés comme des pigeons sur les petites places pavées de neuf. Il y a celui des académiciens nîmois, vieux messieurs nostalgiques qui hantent les boulevards de conversations graves en s'arrêtant tous les dix mètres, tournés l'un vers l'autre comme pour l'euréka d'une équation jamais terminée. Il y a le vieux Nîmes des promoteurs et de leurs jeunes satellites, souvent descendus de Paris, un peu ivres de ce territoire fabuleux que des subventions leur offrent sous des plafonds sculptés et des cheminées de marbre gris. Il y a enfin le centre ville des commerçants, souvent installés de père en fils et en petit-fils. Les boutiques et quelques maisons alentour sont leur univers : ils en connaissent tous les mystères, les amours, les maladies, les ragots et les héritages. Si vous voulez acheter un appartement dans le centre ville, adressez-vous au boulanger ou au boucher voisin : il saura tout sur les poutres, les murs, les ennuis de copropriété et les bons ou mauvais voisinages.

Il faut goûter le vieux Nîmes comme la soupe ou comme la vie : sans sérier, analyser ni dissocier. Entrer au hasard, par la rue Régale, ou la rue de la Madeleine, ou la rue des Lombards et tout appréhender à la fois : le velours gris des ruelles qui ignorent superbement la ligne droite, les personnages délirants ou rôdeurs, aigles antiques dans un mur, les surprises d'un bistrot accoudé à une façade du XVIIIe siècle, une place au pavement brillant arraché, quoique neuf, à des carrières romaines, un bouquiniste à l'enseigne de Baudelaire, une porte poussée qui vous précipite dans la dimension des carrosses et des chaises à porteurs.

A moins que vous ne soyez un archéologue méthodique, l'historien d'une époque précise ou un touriste trop rationaliste, gardez-vous des itinéraires programmés. Cette ville est trop ancienne, trop maligne, elle mêle les temps et les hommes avec trop de subtilité : seule une vraie aventure de l'esprit et de la sensibilité vous permettra de la prendre.

Il faut entrer dans le vieux Nîmes l'œil ouvert, l'oreille aux aguets des gens, des choses et de l'art.

Il faut savoir marcher le nez en l'air, retrouver sous des façades noircies ou trop crépies la volonté architecturale , le dispositif tricentenaire, les fenêtres à la Palladio, les proportions d'un porche, ses ornements, ses coquilles et ses pilastres. Tout ceci parfois complètement méprisé, traversé de tuyauteries indécentes, noircies des crachats du temps et de la négligence des propriétaires. Que d'héritages somptueusement abandonnés, et que de patrimoines trop ornés pour pouvoir être entretenus.

Il faut aussi savoir repérer ces centaines de petites faces, hommes, femmes, démons ou lions, qui vous guettent à vingt mètres du sol dans les gargouilles et les corniches. Population de pierre qui répond à celle des têtes romaines prisonnières du musée archéologique.

Il faut entrer dans les boutiques qui souvent ne paient pas de mine et proposent le livre, le pain, le biscuit, la brandade que vous ne trouverez nulle part ailleurs. Dîtes-vous qu'à Nîmes, le meilleur produit n'est pas toujours derrière la plus belle façade. Question de pudeur : dites-vous que ce qui tape à l'œil n'est pas vraiment nîmois ; et que ce qui est goûteux attend en secret qu'on vienne le prendre.

Langage

On peut, dans cette ville, n'entrer dans un bistrot, une boucherie ou chez un libraire que pour l'autre plaisir d'entendre le langage, les images étonnantes, les pointes terribles d'un parler qui n'est ni celui de Marseille, ni celui du Languedoc.

Car il y a un parler nîmois : un langage, d'abord, qui se perpétua jusqu'au début du XXe siècle. Variante de cet occitan qui, lorsque Racine séjourna à Uzès, l'étonna si fort qu'il se crut en pays étranger. Ce « patois », ou ce dialecte, toute la ville le parlait ; même les bâtisseurs qui surent épouser le tournant industriel. C'était essentiellement un langage populaire, pas toujours très policé. Un langage de travailleurs de la terre et du textile. Tous les Nîmois le comprenaient, de l'officier communard Louis Rossel au banquier Gaidan qui réunissait ses amis dans son salon pour entendre et dire les dernières poésies en dialecte. Ce patois eut son poète : Antoine Bigot, qui connut dans les années 1870-80 une grande célébrité régionale. Grâce à ses « Fables patoises », le petit peuple nîmois, celui des taffetassiers, des tonneliers qui battaient les cercles de fer « derrière les ponts », les petits agriculteurs qui allaient cueillir l'olive dans les garrigues, les fourreurs qu'il appelle les « marchands de minets », vivent encore. Le sujet unique de Bigot, ce sont les Nîmois : ceux qui vont aux

Arènes, au mazet, ceux qui travaillent dans le textile, mais aussi les boulangers, les vendangeurs, les maçons et même les maîtres d'école. Bigot, c'est le Nîmois : avec son honnêteté et son austérité, ses origines simples (il est le fils d'un cultivateur de la plaine), ses petits métiers successifs, tous typiques des activités de la ville : à l'école jusqu'à douze ans seulement, puis apprenti chez un fabricant de châles, et garçon de courses chez un marchand de vin. Honnête, fidèle, aimant les enfants : ces « mistos » ou « mistons » qui entraînèrent François Truffaut vers les quais de la Fontaine.

Bigot avait enfin cette foi enracinée qui, en dépit des nouvelles voies de chemin de fer — ou les bâtiments d'acier et de verre —, n'oublie jamais les ancêtres huguenots morts pour une certaine idée de la liberté.

Son langage et ses personnages sont à peu près ce que fut la Commedia dell'Arte pour la région vénitienne : un parler rude, une connaissance authentique du petit peuple, une vision juste, parfois âpre, toujours vive des singularités nîmoises.

Si vous vous accoudez quelques instants à l'un des bistrots de la place Belle-Croix, du boulevard Gambetta ou des Halles, il y a peu de chances que vous entendiez encore le langage de Bigot. Mais les expressions, les jeux de main, le ton désabusé des vieux sages qui ne l'ont jamais été tout à fait, les brèves interpellations qui vous clouent un individu au pilori de ses propres grimaces, tout cela se perpétue, dans un accent bref, qui ne chante pas comme en Provence, ne grasseye pas comme du côté de Béziers, n'a pas la rondeur en bouche des gens de Sète ; un accent méridional, mais plus sec, plus brutal, plus cassé sur la fin des phrases.

Saint Marc

Sur ce petit peuple nîmois, un autre écrivain, tout aussi populaire, mais beaucoup plus connu sur le plan national, a fondé son œuvre, c'est Marc Bernard. C'est avec la description d'une enfance nîmoise, dans les ruelles obscures qui entourent la cathédrale, qu'il obtint le prix Goncourt en 1941. *Pareils à des enfants* est l'un des plus beaux livres sur l'enfance que l'on ait écrit en français : supérieur à *Poil de Carotte*, au moins égal à *L'Enfant* de Vallès. Marc Bernard est notre Dickens. Mais pour les Nîmois, il a en outre le charme de restituer le centre ville tel qu'il fut vers 1910, et tel qu'on peut en retrouver les traces en flânant un peu entre les rues du Chapitre, des Lombards et des Marchands. Certes, les boutiques des antiquaires et des chausseurs éclairent au néon les ruelles sombres où le petit garçon attendait le passage de l'allumeur de réverbères ; certes, beaucoup de ces belles maisons, qui étaient alors sordides, ont été rénovées et grattées, et le passage où il allait guetter les amoureux a été retaillé par un promoteur aventureux. Mais combien encore, sous leurs prestiges salis et leurs voûtes insultées de béton, cachent des logements minuscules où les sanitaires et même l'eau courante ont de la peine à arriver. Là, vit une population en voie de disparition : octogénaires qui ne respirent que dans l'air des cloches de la cathédrale ; petites vieilles qui nourrissent les pigeons plus qu'elles ne mangent.

Ceux qui ont vécu dans le centre ville, dit-on, ne sauraient plus s'en passer. On raconte l'histoire d'une vieille dame qui avait habité pendant soixante-dix ans le quartier des Halles : appartement étroit, ni eau chaude ni toilettes. Ses fils décidèrent qu'il fallait lui faire connaître le confort. Ils lui achetèrent un trois-pièces neuf dans un lotissement éloigné ; et les premiers temps, elle faisait fièrement couler l'eau chaude dans sa salle de bains, pour les visiteurs. Jusqu'à ce que les premiers signes de dépression apparaissent. La vieille dame était en manque : en manque des odeurs, des bruits, du rythme, des gens du centre. Elle était très âgée, savait à peine lire : prendre le bus était une aventure ; et le vieux Nîmes lui devint un Paradis perdu. Il fallut la rapatrier ; trouver un autre appartement minable dans le périmètre sacré des boulevards à micocouliers.

On peut encore repérer, à l'angle de la rue des Marchands et de la rue du Chapitre, la borne sur laquelle Marc Bernard s'asseyait en attendant sa mère qui revenait d'un lavoir où elle battait le linge des autres. Le passage des Marchands, où il habitait, est encore là, confit de boutiques, mais les balustres et les fenêtres en ogives de la chapelle voisine demeurent. Personne comme l'écrivain de la NRF n'a décrit les ruelles, les saisons sur les boulevards, l'approche magique des Arènes. Il est, comme Bigot, de la race qui ne perd jamais de vue les Arènes, même s'il vit rue Saint-Jacques dans le cinquième. Étrange parenté : Marc Bernard naît lorsque Bigot meurt ; comme lui, il va à l'école jusqu'à douze ans ; comme lui, il est garçon de courses et apprenti chez de petits fabricants.

A Nîmes encore, rue Rangueil, il vient cacher sa compagne juive pendant la guerre. Les commerçants, les notables, les professeurs, les politiques nîmois, il les connaît par cœur, il a grandi avec eux : il sait leurs faiblesses, leurs vanités, leurs détresses. Ce qui, pour un lecteur étranger, est une œuvre de mœurs remarquable, devient pour un Nîmois une série de romans à clefs : *Pareils à des enfants*, *Au secours*, *Zig-zag*, *Les Exilés*, certains chapitres de *Vacances*, racontent Nîmes et en font la saga universelle de la vie simple et pathétique. La vie, la mort, le pouvoir, le sexe : ils sont là, dans ces magasins tranquilles, ces cours à l'air innocent, ces bourgeois trottinant sur les boulevards, ces femmes cancanant sur le pas de leur porte les soirs d'été. Il y a quelques années, Marc Bernard octogénaire, amputé de lui-même par *La Mort de la bien-aimée*, revint dans sa ville natale. Il retrouva ses camarades d'adolescence autour de la table ovale de la vieille Académie nîmoise ; il s'en fut chaque après-midi cancaner lui aussi sur les bancs du jardin de la Fontaine. Il rejoignit ses personnages, devint l'un d'eux. C'est dans un jardin nîmois, tout près de la Préfecture, qu'il vint mourir, dans un pavillon charmant, près d'un bassin, où le découvrit un matin, comme endormi, l'ami et le sage qui avait su l'appeler et l'accueillir. Le Dr Paradis avait su faire en sorte que les dernières années de l'écrivain rejoignent les premières.

DYNASTIES

Colporteurs et musiciens

De ce centre sont sortis les hommes forts de la ville et de très anciennes institutions. Nîmes, comme Florence ou Pise, a eu ses dynasties et ses clans. Les moins anciens sont arrivés dans Nîmes vers 1789. Comme cette famille Nègre, descendue des montagnes de l'Aveyron, qui devint l'une des forces vives du parti protestant pendant tout le XIXe siècle, s'allia à maintes familles de l'aristocratie nîmoise et joua un rôle financier, culturel et politique considérable dans la cité pendant cent cinquante ans. Ceux-là surent prendre le tournant progressiste du siècle.

L'un de ces Nègre, Louis-François, propriétaire terrien dans les environs de la ville, vit, un jour de Terreur blanche de 1815, une bande de forcenés prétendûment catholiques, et soi-disant royalistes, investir son domaine. Ayant aperçu un coin de terre fraîchement remué, ils se persuadèrent à grands coups de gueule qu'il s'agissait d'une cache d'armes ou des subsides du parti républicain ; ils creusèrent et exhumèrent le cadavre de la jeune fille de la maison, morte quelques jours auparavant.

Musiciens ou architectes, techniciens agricoles ou banquiers, les Nègre constituent une composante du pouvoir nîmois, occulte ou officiel, depuis un siècle et demi. Mais il est des noms et des familles beaucoup plus anciens, beaucoup plus enracinés. A partir de la place du Marché, passez sous l'arche de la rue Fresque, faites deux cents mètres jusqu'à une ruelle appelée de Bernis. Le nom, déjà, raconte bien des choses. Cent mètres encore, et une façade vous arrête. Vous sentez la splendeur sans la trouver. Vous apercevez des fenêtres gothiques à meneaux, une voûte en plein cintre ; une plaque vous dit que la maison est du

XVe siècle. Mais décidément trop de négligence et d'oubli, ce crépi mal entretenu, cette voûte livrée à un atelier façon « artiste » ; la façade de l'une des plus vieilles maisons nîmoises raconte peut-être d'abord une certaine mentalité nîmoise : fière de son patrimoine et peu soucieuse de le mettre en valeur, jalouse de son ancienneté, et prête à la laisser s'altérer dans une évidente ladrerie publique. Ce qui est sur la rue est aux autres, c'est-à-dire sans intérêt.

Des croisés au cardinal

On est là devant l'une des plus anciennes et des plus belles maisons nîmoises : l'hôtel particulier de la famille de Bernis. Voilà une dynastie. Depuis 1348, la famille des de Pierre possède cet immeuble ; elle est encore répandue et active dans la région, elle continue d'y jouer un rôle. Ces gens qui sont à présent exploitants agricoles ou châtelains, peuvent en appeler à une noblesse féodale ; leur famille a participé à toutes les puissances, à tous les partis, à toutes les fois de la ville. L'un de leurs ancêtres accompagna le comte de Toulouse dans la première croisade, en 1098 ; il fut tué durant le siège d'Antioche après que son chapelain eut découvert, dit-on, le fer de lance qui perça le flanc du Christ.

Ce sont ces de Pierre qui, partagés en branches et alliances multipliées, deviendront des de Bernis : dont le fameux cardinal, mignon de la Pompadour, ministre et ambassadeur de Louis XV, libertin, diplomate et poète. Dans les beaux appartements de l'hôtel de Bernis, on vous montrera « la chambre du cardinal », toute tendue de rouge autour d'un lit à baldaquin. Mais le cardinal n'a guère séjourné dans cette maison, ni à Nîmes ; et ces trésors ne sont là que parce que la branche nîmoise en a hérité. Il est bien à Nîmes, cependant, le cardinal. A trois rues de là : enterré dans la chapelle Sainte-Anne de la Cathédrale, sous un monument funéraire que ses neveux lui érigèrent en 1813, dans le plus pur style napoléonien. De 1889 à 1898, un comte

Jules de Pierre de Bernis fut le député royaliste de Nîmes : de la croisade à la IIIe République.

Maison des Capulets

Façade passée, dès qu'on pousse la porte de l'hôtel de Bernis, le charme paraît : un pavement en étoile s'ouvre jusqu'à deux belles arches séparées par un puits. Au premier étage, huit grandes fenêtres Louis XIII encadrent l'ensemble ; sur la droite, un escalier serein conduit aux appartements. Le tout orné et caressé par une vigne vierge rousse ou verte qui apporte à cet ordre de la pierre la vivacité des saisons : c'est la maison de Juliette ou de Julie de l'Espinasse. Mais l'obsession romaine est encore là : les trois arcades en plein cintre sont moulurées comme celles de l'amphithéâtre et leurs pilastres ont les mêmes dessins. Les fenêtres du premier sont couronnées alternativement de frontons triangulaires et semi circulaires — « à la Palladio », façon Temple de Diane, à la Fontaine. Romaine encore, la corniche qui court autour de la cour : même décor que la Maison Carrée.

Chacun des hôtels particuliers des rues avoisinantes, rue de l'Aspic, rue Fresque, rue de la Madeleine, rue Dorée, rue de la Trésorerie, raconte une histoire familiale de négociants, de juristes, d'audacieux fabricants et d'intellectuels éclairés. Ces gens qui ont fait la ville s'appellent Rochemore, d'Albenas, Villar, de Vallongue, de Georges, de Fabrique, de Mirman, Fornier, de Castelnau, Guiraud, Guiran, de Cabrières, Calvière... Ces familles se sont croisées, succédées, alliées, combattues, assassinées. Elles se sont partagé ces hôtels particuliers, et se sont disputé les pouvoirs.

Sérénité

Le plus beau de tous peut-être, à quelques mètres de l'hôtel de Bernis, est l'hôtel Mazel, au 6 de la rue Fresque. Il appartint aux Novi : une aristocratie issue d'un simple clerc de notaire du XVIIe siècle, qui, de procureur en receveur du Chapitre, aboutit aux fonctions administratives et judiciaires les plus hautes, pour devenir de puissants négociants. L'un de ces Novi fut attaqué par Voltaire qui croyait, à tort, qu'il avait fait l'éloge de la Saint-Bartélemy. Un autre, le dernier de la lignée, emprisonné sous la Terreur, fut sauvé par le 9 thermidor. Beaucoup de ces belles maisons sont loin d'être accessibles. Mais ici, il suffit de pousser la lourde porte du porche pour, après être passé sous une large voûte en plein cintre posée sur des pilastres, se retrouver dans la cour d'honneur, la plus large, la plus majestueuse de Nîmes. On rêve sur le goût de l'architecte qui a su trouver ces proportions, ouvrir de part et d'autre ces six belles portes doriques un peu sévères. Mais la clarté, le charme un peu austère du lieu risquent de vous faire rater l'essentiel. Car si vous ouvrez la première porte sur la droite, vous vous retrouvez au pied de l'un des plus beaux escaliers nîmois : les paliers successifs, posés sur quatre piliers carrés, la rampe en pierre de taille soutenue par des arcs moulurés. Ici encore, tout est beau et sévère. C'est la sérénité des choses sûres. Une ville qui a engendré, dans le secret de ses murs privés et non dans la pompe de ses lieux publics, des espaces aussi propices à la vie belle et aux ambitions de l'âme ne doit pas se livrer facilement. Cet art de vivre, on le retrouve dans la proportion des pièces, dans le goût à demi effacé des décorations. Dans une des chambres du premier étage, une splendide cheminée en marbre de Carrare est appelée « cheminée du pape » : lorsque Napoléon Ier interna le pape Pie VII à Fontainebleau, les cardinaux furent assignés à résidence sur tout le territoire français. Le cardinal Pacca fut envoyé à Uzès, et le cardinal Litta à Nîmes. Le premier vint rendre visite au second. Il était accompagné de son secrétaire, monseigneur Annibal della Ganga. Ce prince de l'Église fut reçu et logé somptueusement dans cet hôtel des Novi. En 1823, il devint pape sous le nom de Léon XII. Il faut croire que son séjour dans le vieil hôtel nîmois l'avait impressionné puisqu'il fit envoyer aux propriétaires de très beaux marbres de Carrare avec lesquels ils bâtirent cette cheminée.

Rue Dorée

Cette longue ruelle toute droite qui longe l'Hôtel de Ville par l'arrière paraît n'avoir changé ni d'espace, ni de lumière, ni de mouvement depuis trois cents ans. Presque pas de magasins, peu de façades rénovées, et celles qui le sont l'ont été avec mesure. Peu passante, sans circulation, grise et un peu sale, la rue Dorée ne paie pas de mine. Pourtant, comptez ses façades, délimitez les maisons : vous ne défilez qu'entre des immeubles de maîtres des XVIIe et XVIIIe siècles. C'est le lieu de la réussite nîmoise... il y a trois siècles. L'une des interprétations les plus répandues du nom de cette rue est qu'elle regroupait les familles les plus aisées : d'où Daurada, Dorée... Les mobiliers rares, les tapisseries d'Aubusson, les objets et les collections ont presque tous été éparpillés. Mais il reste, un peu partout, les proportions des pièces, les ouvertures des porches. Vous êtes dans le quartier au souvenir dormant. Voici les cours pavées avec leurs gros galets posés jusqu'à des écuries et des cuisines immenses, souvent transformées en garage ; voici les escaliers monumentaux à rampes ambitieuses qui grimpent jusqu'à des plafonds étoilés.

Si vous avez la chance de connaître un propriétaire, un agent immobilier ou un responsable municipal, peut-être pourrez-vous parcourir une de ces suites de grandes pièces abandonnées dont le délabrement même garde des allures hautaines. Certains appartements n'ont pas été occupés depuis des années : y dorment des parquets marquetés, des cheminées de marbre, des moulures et des lambris qui doucement s'effondrent. Parfois, les poulies et les cordons des sonnettes sont encore là ; et des dispositifs d'escaliers secondaires vers les chambres de bonnes ; et des monte-plats depuis les cuisines du rez-de-chaussée. Il peut arriver que des pigeons nichent dans ces somptueuses pièces dont les fenêtres crevées portent encore des ferrures splendides.

Vous allez dès lors commencer à avoir une certaine idée de la vie de ces négociants en draps, de ces érudits juristes, de ces administrateurs royaux. Vous reconnaîtrez ces antichambres pavées de blanc, habitées de poêles énormes, où on pouvait recevoir la clientèle et lui présenter les marchandises textiles.

Ce quartier, jusqu'au XVe siècle, n'était que jardins et vergers. La ville médiévale, toute petite, s'était réduite aux quelques rues plus à l'ouest qui conservent leur tracé tortueux du Moyen Age. Rue Dorée, rue du Chapitre, rue des Greffes, ces trois rues parallèles, presque rectilignes, montrent le premier effort d'urbanisme nîmois depuis Auguste. Oui, la rue Dorée, c'est le temps perdu et retrouvé : si vous la prenez par un bout, vous rencontrez l'aventure commerciale, par l'autre bout l'aventure intellectuelle.

L'aventurier de Gênes

Cela commence au numéro 3. Vous poussez la très lourde porte, un monde s'ouvre ; des colonnes, oui ; de l'architecture, oui ; mais aussi des mers, des marchés lointains... Mais commençons par la maison. La façade est immense, mais se remarque à peine tant les fenêtres sont grises, les rideaux noircis et les crépis abîmés. La porte monumentale poussée, vous croyez rêver : une voûte, d'énormes portes closes sans nom, un vestibule avec sur la droite un escalier monumental. Chose courante dans ce quartier. Mais sur la gauche, pour aller vers une cour pavée, il faut passer sous un portique à l'antique posé sur une colonnade dorique. Quatre énormes fûts de pierre, frontons à caisson, rosaces et feuillages. Ivresses privées d'un empereur, pour ces marchands drapiers du siècle de Louis XVI. Rome encore. Avec, au fond de la cour, le mystère : une grille close, un jardin abandonné, mousses, grosses pierres, poternes obscures, un palmier hirsute, des escaliers qui ne mènent à rien entre des façades aveugles. Ici commence le labyrinthe de la ville ; on sent qu'on pourrait s'engager dans des aventures à la Ponson du Térail : *Les Mystères de Nîmes.* Mais ce vestibule sent la pisse de chat, ces portes sont maculées, cette cour impériale est étranglée par des enlacements de tuyaux d'évacuation en plastique. Ah, il faut la savonnette de l'imaginaire pour bien explorer cette ville désinvolte avec sa propre beauté. Il est vrai que Venise...

Les fenêtres du premier sont fermées, les vitres voilées de poussière : l'appartement principal est abandonné depuis des années, des cheminées d'albâtre, des lambris rares, des lavabos de marbre Louis XIV y dorment. Au début du siècle, des meubles en bois de rose, des statues, des tapisseries d'Aubusson l'habitaient...

On devine une histoire : au premier étage encore, sur la belle rampe de fer forgé, un blason a été arraché. On pouvait y lire deux initiales discrètes : J. A. C'était le seul signe de celui qui fit bâtir cet immeuble, monter cette colonnade, ouvrir ces pièces immenses. Ce J. A. n'appartenait pas aux familles les plus anciennes, et n'était pas du tout noble. Mais il avait conquis le droit de bâtir ici grâce à une aventure commerciale en terres étrangères : ce capitaine d'industrie faisait la démonstration des ambitions européennes des Nîmois. Il a le nom modeste d'un monstre balzacien : il s'appelle Joseph André. Ces André sont protestants depuis l'orée de la Réforme. Dans le cours du XVIIe siècle, comme maints de leurs coreligionnaires qui ont senti venir les orages. Ils ont compris à des signes de plus en plus pressants que leurs affaires allaient être étouffées par le pouvoir de Louis XIV. Ils s'exilent donc, non pas comme beaucoup d'autre en Allemagne ou en Suisse, mais à Gênes, où se sont déjà installées quelques dizaines de familles nîmoises. Pourquoi Gênes ? Parce que c'est de là que la toile et les étoffes nîmoises s'embarquent pour le monde entier.

Blue-jean

En rejoignant Gênes, les André rejoignent une autre légende nîmoise : celle du blue-jean. Car qui prononce blue-jean n'est loin ni de Gênes ni de Nîmes. Combien d'Américains qui emploient la toile « Denim » connaissent-ils l'existence de la ville de Nîmes ? Combien savent-ils que ce tissu à la fois résistant et docile, souple et rude, inusable et seyant, est une production nîmoise médiévale ? Nîmes, spécialisée dans les toiles de laine brutes — il ne faut pas oublier ses rapports antiques avec les hauts plateaux cévenols et la Margeride —, produisait une serge connue dans toute l'Europe. Une fable, que l'on n'a pas envie de détruire, prétend que Christophe Colomb, pour équiper de voiles sa *Santa Maria*, choisit les serges de Nîmes et atteignit ainsi les Amériques. Henry VIII d'Angleterre commanda une cargaison de toile de Nîmes pour en habiller le personnel de ses cuisines. Et dans les harems d'Orient, les serviteurs portaient des tabliers du même textile. Bien avant que les cow-boys ne la découvrent, la toile de Nîmes était exportée vers les ports européens pour les usages les plus rudes et les plus difficiles. Les marins en firent des pantalons, qui suffirent bientôt à les identifier. Gênes, pays de marins... qui s'habillaient de cette toile nîmoise, si bien que peu à peu, la toile fut identifiée à la ville ; Gênes, prononcé à la manière anglo-saxonne, qui ne tarde pas à donner « jeans ». Mais aussi Gênes, où s'étaient établis des négociants nîmois. Qui conservaient des liens avec leur ville d'origine. La toile de Nîmes s'exportait par cette ville ; et dans le monde entier, aux Amériques en particulier, elle était de Gênes : « Jeans ». Et voici comment Nîmes et Gênes devinrent Denim et Jeans... un produit qui séduisit les États-Unis tout neufs, avant de reconquérir l'Europe. De Christophe Colomb aux cavaliers de l'Ouest américain, la toile de Nîmes finalement l'emporta par les mêmes séductions : la résistance et la souplesse. Et que ce soit contre les vents marins ou les cactus, elle s'imposa aux aventuriers. En 1873, un émigrant bavarois trouva la formule définitive : il s'appelait Lévy-Strauss ; il entendait les chercheurs d'or et les migrants vers l'Ouest se plaindre de la fragilité de leurs pantalons. Et il eut l'idée de tailler dans de la toile de Nîmes. Comme un prospecteur du Névada craignait de déchirer les poches sur les rochers, il ajouta, aux points de contact, des rivets de cuivre : le blue-jean était inventé. Il remplaça la culotte en peau de bison des trappeurs, et le pantalon des dandys new-yorkais. Et les États-Unis fabriquent actuellement par an quatre cents millions de mètres carrés de toile... Denim. Signe social, repère, le « jean », de Gênes et de Nîmes, a conquis le monde.

Les André, de Gênes et de Nîmes, fondent vers 1670 dans le grand port italien une maison d'exportation. Leur royaume va du Piémont à Narbonne, ils décuplent leur fortune. Vingt ans plus tard, la maison David André et compagnie est l'une des plus puissantes de Gênes : les soieries de Lyon et les toiles imprimées d'Allemagne se sont ajoutées à leur négoce. En 1692, ils fondent un service régulier de cabotage entre Livourne et Gênes. De Nîmes, on appelle les neveux, qui prennent la succession, tandis que l'aïeul, fidèle à sa foi première, se retire à Genève. Un autre David reste quarante ans à la tête de la maison André : il n'y a pas que Louis XIV pour régner longtemps. Il étend ses activités au change maritime, puis aux opérations financières. A partir de 1755, la maison André devient la banque André. Quelques années plus tard, la prospérité de Gênes décroît ; quelques André s'en vont à Londres et y fondent un comptoir. Une branche de la famille y subsiste encore. A Gênes, les affaires reprennent sous la direction d'un André particulièrement dynamique, Joseph : celui des initiales de l'escalier.

Aucun des André n'a oublié son pays natal. Tous gardent des attaches, affectives et commerciales dans Nîmes, tous en rêvent comme de la terre perdue. Réflexe commun : ils songent à se retirer sur la terre des origines. C'est pour cela que Joseph achète, dans la rue Dorée, cet hôtel d'Aubais. Il prépare une maison pour sa retraite ; mais à la manière de ces conquérants du négoce, il la veut grandiose. Et il fait pratiquement rebâtir l'édifice : ce sera le symbole de la réussite familiale, dans la rue même de l'aristocratie nîmoise : de là la colonnade, l'escalier, la rampe, les pièces magnifiques. C'est la marque du XVIIIe siècle alliée à la romanité. Comme Joseph est retenu à Gênes par ses affaires, c'est son frère Jean-Jacques, resté à Nîmes, qui surveille les travaux. Énorme chantier ; la façade est redessinée, l'escalier ouvert, les appartements étendus et remodelés. Mais Joseph André ne les habitera jamais : durant l'été 1794, son frère, marchand de soixante ans, est exécuté par la Terreur, qui l'accuse de contre-révolution. Comme Rabaud, comme Guizot, il est victime de la grande revanche populaire qui fauche la bourgeoisie nîmoise. Il a été, sous Louis XVI, le contrôleur des marchands de soie de Nîmes. Il est devenu, par force semble-t-il, en 1793, président du tribunal de commerce ; ceci suffit à le faire accuser de tous les péchés.

C'en est terminé du rêve de retraite familiale du banquier gênois dans son hôtel tout neuf. Mais il restera fidèle à son pays : l'année suivante, il sera de ceux qui sauvent Nîmes et le Gard de la famine en avançant l'argent pour acheter du blé. Il est vrai que ses amis girondins et protestants sont revenus au pouvoir. Un juste, à la fois pragmatique et humaniste.

C'est d'ailleurs encore un neveu nîmois, un fils du guillotiné, qu'il appellera auprès de lui comme associé, pour partir pour Paris, où en 1800 ils fondent la banque André, rue de Cléry. Et cette diable de famille réussit encore : la banque prospère grâce à l'essor boursier et industriel du XIXe siècle. Comme il n'y a pas d'héritier mâle, l'établissement change de nom et devient, par les femmes, la banque Neuflize. Le musée Jacquemart-André, c'est encore une création de cette famille.

Telle est l'aventure que raconte ce porche ouvert, cette cour oubliée, ce jardin clos sur des mystères. Le créateur du lieu ne sera jamais qu'un beau spectre qui n'aura pas habité ces grands appartements où il rêvait de terminer sa vie sous le ciel de ses ancêtres.

Dans toute cette rue Dorée, il faut pousser les portes, profiter d'un entrebâillement, monter au hasard : cette part de Nîmes est à explorer.

ATHENA A NIMES

La seconde partie du rêve nîmois est au bout de la rue. L'hôtel de l'Académie est un petit univers de pierres claires, de gravures et de sculptures, de voussures harmonieuses mises en valeur par l'éclairage adouci. La virilité et la délicatesse de la Renaissance veillent là, presque intactes. Des profils de guerriers en médaillons, mais aussi un fin et gracieux visage de femme ; les lions et des faunes en frise : l'univers de Ronsard, celui de Marguerite de Navarre mais aussi d'Agrippa d'Aubigné, le guerrier illuminé. Les armées réformées du prince de Condé parcouraient la plaine sous de tels casques. Passez sous l'un des plus beaux porches nîmois, méditez un peu sur la devise gravée au fronton — *Ne Quid Nimis*... rien de trop —, entrez dans la cour dorée de cette rue Dorée... et rêvez... à ceux qui ont possédé ce lieu. A un homme qui, né avec le siècle classique, est exemplaire de ce que pouvait produire cette bourgeoisie éclairée : il s'appelle Gaillard Guiran. A vingt ans, en 1620, il est avocat et conseiller au présidial après avoir été l'élève le plus remarquable du Collège royal. Il est réformé, mais son équilibre, la sagesse de ses positions sont si fermes, qu'il est estimé dans les deux partis : le prince de Nassau le nomme conseiller au parlement d'Orange, et le très catholique Louis XIV l'autorise à occuper cette charge de réformé, en récompense de services rendus à son père Louis XIII. Gaillard Guiran a été l'un de ces humanistes nîmois, qui, au milieu des haines et des partis pris religieux, ont cherché à préserver une certaine idée du droit, de la justice et en somme, de l'homme.

Guiran « l'anticaire »

Ceci ne serait rien si dans cette maison aux guerriers casqués et aux visages de femmes pétrifiés, Gaillard Guiran ne commençait de réunir l'une des plus belles collections d'antiques : médailles, inscriptions ; et surtout à relever et à classer le patrimoine antique de Nîmes. En trois énormes volumes manuscrits, il décrit et dessine les monuments, les inscriptions et les médailles de Némausus. Dans ces grands appartements de la rue Dorée, il trace et fait copier par ses secrétaires les frontons, bas-reliefs, pierres funéraires. Il les décrit, signale l'emplacement de leur découverte. On est loin, bien sûr, des techniques savantes actuelles, la notion de patrimoine n'existe pas officiellement ; il arrive que la position de tel ou tel notable l'autorise à emporter un vestige pour en décorer sa propre demeure. Les évêques ni les édiles ne s'en privent ; Gaillard Guiran lui-même le fait. Mais grâce à cet homme pour qui les civilisations grecques et latines, ainsi que leurs langues, sont aussi quotidiennes que le siècle dans lequel il vit, on possède des renseignements irremplaçables sur l'état archéologique de la ville des années 1600. Et surtout, Nîmes prend conscience de sa présence culturelle. Gaillard Guiran est connu dans toute l'Europe. On fait son éloge en Hollande, on recense ses collections en Italie. Il n'est pas un voyageur érudit qui ne le veuille visiter.

Les trois gros volumes de Guiran ne furent jamais édités. Ces trésors bibliophiliques passèrent dans la bibliothèque du baron Holhendorff et dans la bibliothèque impériale de Vienne. Il n'y a pas que des monuments à voir à Nîmes : à quelques mètres de la maison de Gaillard Guiran, dans la Grand-Rue, la bibliothèque municipale conserve deux copies de ses travaux. Inscriptions, dessins à la plume, explications dans une encre noire oxydée racontent beaucoup plus qu'une simple étude érudite : volonté de savoir, ivresse d'ouvrir au monde contemporain le monde antique. N'est-il pas étonnant que trois cents ans plus tard, les hasards des partages et des donations aient fait tomber dans le patrimoine de l'Académie de Nîmes la maison d'un tel homme, où un tel ouvrage fut conçu ?

Guiraud le physicien

Dans ce XVIIe siècle, Guiran n'est pas un phénomène isolé : Nîmes est un foyer intellectuel tout à fait exceptionnel. Dans ces beaux appartements à lambris et cheminées d'albâtre, des bibliothèques se constituent, des collections antiques se rassemblent, des hommes fouillent la ville mais aussi entrent en contact avec les idéologies les plus avancées du temps. A côté de la maison Guiran se trouve l'hôtel de la famille Guiraud : de riches bourgeois et marchands réformés encore, qui aboutissent à un grand intellectuel : Claude Guiraud. Celui-ci n'est pas un archéologue mais un physicien. Plus près dc Pascal que de Rome. Sa fortune, il la fait servir à l'acquisition d'une immense bibliothèque : rien de ce qui paraît ne lui est étranger. La légende voulait que Guiraud lût deux fois tout ce qu'il achetait. Mais il est d'abord mathématicien et physicien, en correspondance avec les plus grands esprits du temps : vers 1650, Gassendi publie un traité sur le soleil ; aussitôt, Guiraud lui envoie un épais dossier sur le sujet et signale au maître de Molière et de Cyrano quelques points où il croit distinguer des erreurs. Silence de Gassendi pendant six mois ; puis Guiraud reçoit, avec force remerciements, un nouveau traité sur le soleil remanié à partir de ses idées.

De Paris, de Suède, Descartes consulte souvent Guiraud sur des points mathématiques. Le père Mersenne est en correspondance régulière avec lui, et il est fasciné par les relations que le physicien nîmois sait établir entre les phénomènes physiques et les lois mathématiques.

La maison de Guiraud, dans la rue Dorée, était devenue le rendez-vous de l'élite intellectuelle de la région : des dialecticiens, des médecins, des humanistes, des théologiens, des archéologues s'y réunissaient pendant quatre heures presque chaque jour.

Deux maisons contiguës, deux savants, deux notables, deux réformés.

Le Collège des arts

Ces hommes éclairés, ces humanistes, ne sont pas apparus par génération spontanée. La source, elle est à trente mètres de l'hôtel de Gaillard Guiran et de la maison de Guiraud : c'est le Collège royal des arts. Ce grand bâtiment jésuite qui barre la sortie de la rue Dorée sur la Grand-Rue, c'est lui. Il contient à présent les musées archéologiques et d'histoire naturelle et le fonds essentiel de la bibliothèque municipale ; une chapelle admirable transformée en salle d'exposition, et un cloître. Il y a une centaine d'années, c'était encore le lycée. Les bâtiments actuels datent des années 1680, quand le collège fut rebâti par les Jésuites. Mais le lieu culturel est beaucoup plus ancien. Il est la concrétisation nîmoise de l'esprit de la Renaissance, de cette immense ouverture de l'esprit, des arts et de la connaissance que Rabelais, Shakespeare et Montaigne célébrèrent et que Nîmes ne rata pas. Ce périmètre, à présent en pleine mutation culturelle et urbaine, a été le lieu brûlant de tous les éveils nîmois. La création se fit avec la bénédiction des princes de la nouvelle culture : François Ier et Marguerite de Navarre. On l'appela le Collège des arts ; et le prince mécène et la reine écrivain n'oublièrent jamais ce ferment, ce terreau sur lequel allaient paraître de bien étranges combats.

Humanisme

Depuis 1530, l'ambition intellectuelle démange la grande bourgeoisie nîmoise. Elle a senti le temps ; les grands espaces des pensées antiques rénovées et des recherches nouvelles l'attirent. Pourquoi brusquement cette ouverture ? Pourquoi cette prescience dans ce coin du Languedoc ? Un marxiste dirait que le regain économique provoque le renouveau intellectuel ; un sociologue que cette cité jalouse de ses pouvoirs municipaux trouve là un moyen de contrer le pouvoir ecclésiastique ; un Nîmois dirait que... c'est le génie nîmois.

Toujours est-il qu'en mai 1539, François Ier autorise la fondation du Collège royal de Nîmes. Il aime bien Nîmes, le roi. On lui a fait une belle entrée, qui a coûté fort cher ; il s'est mis à genoux, pour épousseter des inscriptions antiques. C'est François Ier aussi qui a donné à la ville ses armes : le crocodile attaché à un palmier, imitées de la monnaie romaine.

Son collège accordé, la bourgeoisie nîmoise ne va pas lésiner. Elle envoie ses représentants en Allemagne, en Hollande, en Écosse pour y recruter les meilleurs professeurs. Elle va même se livrer aux pires manœuvres pour en détourner d'autres de l'université rivale de Montpellier. Elle s'assure le contrôle d'un vieil hôpital pour y placer les nouvelles classes. Ambition tout de même étrange pour une ville qui n'a alors que quinze à vingt mille habitants.

Le premier grand humaniste du Collège des arts fut Claude Baduel : un Nîmois qui, grâce à ses qualités intellectuelles et à la protection de Marguerite de Navarre, était devenu professeur au Collège royal de Paris — l'actuel Collège de France. C'est lui qu'on va chercher. Quelques années plus tard, on appelle à grands frais un autre professeur très célèbre : Guillaume Bigot, à la fois médecin et philosophe. La philosophie, c'est alors un éventail de matières qui peut aller des mathématiques et de la physique à la métaphysique et à la logique. Associés à la tête du Collège, Baduel et Bigot se partagent les savoirs : à l'un les lettres grecques et latines, la connaissance historique et littéraire ; à l'autre les secteurs multiples de la philosophie. Les avantages qui étaient attachés à ces postes relevaient du pire mandarinat : tout était source de profit et de gloire pour ces maîtres jaloux de leur réputation et de leurs intérêts : logement, mobilier, horaires... Mais ils apportaient dans Nîmes le savoir nouveau qui courait de Milan à Toulouse, de Francfort à Amsterdam, la vraie connaissance des textes anciens depuis trop longtemps enterrés sous les commentaires, les idées d'Erasme et de Budé.

Plus tard, vers la fin du siècle, les consuls nîmois surent attacher à la direction du Collège l'un des plus grands savants du temps, Julius Pacius : un Italien né à Vicenza, près de Venise, professeur à Sedan, à Genève, philosophe, jurisconsulte, parlant couramment, bien sûr, le latin et le grec, mais aussi l'hébreu. Pour qu'il pût venir enseigner, il fallut l'approbation des princes du Palatinat. Plus tard encore, l'Écossais Thomas Dempter, qui avait fait ses humanités à Rome, puis enseigné au collège de Montaigu, devint régent.

«Rien ne te soit inconnu»

D'ailleurs, lorsqu'on découvre le règlement du Collège des arts vers 1580, on croit lire la fameuse lettre de Gargantua à son fils Pantagruel, dans laquelle il expose les idéaux du savoir renaissant : répartis sur six ans, correspondant à des études de lycée puis à une première année d'université, les savoirs dispensés au Collège des arts vont du B.A.-BA à la connaissance multipliée du monde. La langue courante est le latin ; le français n'est que toléré et l'occitan est interdit. On y apprend, bien sûr, les langues grecques et latines et leurs littératures. La logique ou « l'art de raisonner » apparaissent « d'une absolue nécessité pour les arts et les sciences ». On apprend aussi la morale et la politique, la physique et la métaphysique : « qui servent à la contemplation de l'univers ». Les mathématiques, géométrie, arithmétique, astronomie, cosmographie. L'histoire paraît capitale, mais on s'informe aussi de jurisprudence ; et l'ambition morale et matérielle de ces grands bourgeois pour leurs fils apparaît dans leur ultime profession de foi : « Par là, dit le règlement du collège, on mettra les jeunes étudiants en mesure d'aller ensuite dans les universités, pénétrer avec plus de facilité et de succès les routes de la plus exacte et parfaite interprétation du droit et mériter de devenir un jour non pas des brailleurs ou de mauvais avocats, mais de vrais jurisconsultes, des oracles de la cité ».

Au temps de Catherine de Médicis, cette profession de foi sonne comme la déclaration de chefs d'entreprises éclairés du XIXe siècle !

Les cols serrés de la Réforme

Il y a deux mystères dans l'homme nîmois : pourquoi cette présence, cette obsession espagnole dans une ville tout empreinte de Rome — mais ceci est une autre histoire ? Et pourquoi la Réforme s'installe-t-elle aussi tôt, aussi définitivement, aussi radicalement dans une ville jusqu'alors prudente, peu encline à s'engager et rétive à tous les pouvoirs, royal, religieux ou féodal ?

La réponse est dans ce Collège et sur cet emplacement qui paraît anonyme. Le Collège des arts n'était encore qu'en « préfiguration » que déjà le chapitre et l'évêque de Nîmes dénonçaient les thèses hérétiques de son recteur. La rupture de Luther avec Rome est de 1521 ; et dès 1537, le précepteur des églises de Nîmes refuse de nommer Guillaume Pacolet, pour fait d'hérésie. Déjà ces marchands, propriétaires, fabricants, magistrats, ceux-là mêmes qui envoient leurs fils dans cet établissement défendent mordicus leurs professeurs.

En un demi-siècle, de 1530 à 1580, le Collège des arts de Nîmes devient, non pas l'abbaye de Thélème, mais un foyer d'idéologie réformée. A son règlement sont adjoints quelques interdits qui ne trompent pas : le pire des crimes pour les jeunes élèves, c'est d'être aperçu au cabaret ; le théâtre est interdit et considéré comme activité de débauche ; les textes saints sont étudiés directement en hébreu et en français. Pas question de messe ni d'église mais de temple. La théologie, que les humanistes des débuts du Collège avaient essayé d'écarter, est introduite de force. Et enfin, après les Parisiens, les Italiens, les Écossais, c'est une des autorités intellectuelles du parti réformé qui, en 1627, est nommée recteur du Collège : Samuel Petit.

Samuel Petit

Il est né à Nîmes presque par hasard : son père, pasteur, a été délégué dans la ville devenue rebelle à la Couronne. Enfant prodige, il parle couramment latin, grec et hébreu à douze ans. Le pape Urbain VIII essaie d'attirer à Rome ce fils de Genève : il lui offre un poste important à la bibliothèque du Vatican. Les États de Frise allemande et Paris lui proposent des universités. Si Samuel Petit reste fidèle à sa ville natale, c'est qu'elle lui offre suffisamment de ressources intellectuelles et spirituelles. N'est-il pas l'ami de l'« anticaire » Gaillard Guiran — un ancien élève du Collège —, du physicien Guiraud ?

Sous la direction de Samuel Petit, et même au milieu de sourdes luttes religieuses, les professeurs du Collège continuent d'être parmi les meilleurs du royaume : comme ce Jean Claude qui passait pour le plus grand polémiste protestant ; ce Dérodon que les dictionnaires du XVIIe définissent comme le plus grand dialecticien de son temps. Lorsqu'un argument était incontournable : « C'est le Diable ou Dérodon », disait-on. Avant de venir occuper la chaire d'éloquence, l'Écossais Gibbes avait parcouru une grande partie de l'Asie. Ce seront les derniers grands feux du Collège.

Le militant protestant Samuel Petit aura la douleur de voir « son » Collège des arts progressivement investi et enlevé par la

Contre-Réforme et les jésuites. Claude sera chassé ; un ouvrage de Dérodon est brûlé — il est vrai qu'il s'appelait *Le Tombeau de la messe* —, à Nîmes, sur la place de la Trésorerie, c'est-à-dire devant l'actuel Hôtel de Ville. Samuel Petit mourut relativement jeune : ce fut la perte définitive de l'établissement où il avait enseigné pendant vingt-huit ans.

Petit est un peu le symbole de ce qu'a su produire cette Nîmes érudite en un siècle : un commentateur de la métaphysique d'Aristote, un spécialiste des passages de Plaute écrits en langue punique ; et les orientalistes contemporains ne dédaignent pas de le citer encore. On raconte qu'un jour, ayant entendu à la synagogue d'Avignon un rabbin qui attaquait violemment en hébreu la religion chrétienne, il réfuta ses positions dans la même langue.

ACADÉMIE

Si vous passez un vendredi soir vers 17 heures dans la rue Dorée, vous apercevrez sans doute quelques messieurs, presque tous septuagénaires, qui s'engouffrent furtivement sous le beau porche du numéro 16. Dans l'hôtel même de Gaillard Guiran. Le temps de les rejoindre, vous ne les retrouvez pas dans la cour renaissance, et les guerriers de pierre ne vous diront rien. Ils ont pris un discret escalier sur la gauche, qui les a menés au second étage, où se tiennent les séances de l'Académie de Nîmes.

Ce sont des érudits et des notables tous semblables à ceux-là, au costume près, que l'on voit sur une gravure de 1682 autour d'une table ovale, pour la première séance de l'Académie nîmoise. A quelques siècles près, ils auraient pu être les mêmes. L'étendue du savoir nîmois, la réputation de son collège, les savants qui en sortirent, les liens avec l'Europe intellectuelle, rendaient presque obligée l'idée d'un regroupement.

Elle fut sous-jacente dans Nîmes pendant plusieurs dizaines

d'années ; et quoique n'ayant rien d'officiel, les réunions chez le physicien Guiraud, chez Guiran ou autour de Samuel Petit furent pendant trente ans l'ébauche d'une Académie. Ceux-là, pourtant, n'en firent jamais partie. Ce n'est qu'en 1682 que quelques dizaines d'érudits projettent de se constituer en « Académie royale de Nîmes ». C'est la conclusion logique de trente ans d'envies, d'hésitations, de tentatives. Le grand exemple de l'Académie fondée par Richelieu est séduisant. Et la génération qui succède aux grands érudits nîmois ose se lancer. Plus instable, moins profonde, non moins érudite, il est probable qu'elle se donne en secret une autre tâche.

1682 est une très mauvaise date : Nîmes vit dans un état de tension terrible. La plupart des villes réformées de France ont été matées ; à n'importe quel prix, y compris celui du sang et du massacre. Chaque semaine, une nouvelle mesure diminue les droits des réformés. Notaires, sages-femmes sont interdits. Les biens des exilés sont confisqués. Leurs territoires, cimetières, cultes réduits. Le commerce périclite ; les dragons du roi menacent ; d'atroces histoires circulent.

C'est le moment que choisissent ces intellectuels, à peu près partagés entre protestants et catholiques, pour fonder l'Académie. Son rassembleur, le premier à offrir un lieu de réunion, est un réformé, le marquis de Péraud, son protecteur est un évêque, son secrétaire est un protestant. Tout se passe comme si, préludant aux Lumières, quelques Nîmois faisaient un appel un peu désespéré aux forces intellectuelles pour surmonter les pulsions, les haines accumulées, les intérêts et les fois aveugles qui menaient Nîmes à sa perte.

Ces hommes sont des avocats, des juristes, des médecins, des chanoines, de petits seigneurs. Ils souhaitent maintenir dans la ville une idée juste des relations politiques et spirituelles. Plus qu'une entreprise érudite, l'Académie nîmoise fut peut-être, à ses débuts, une entreprise humaniste.

Ces hôtels virent alors des fêtes destinées à forcer la réconciliation entre des familles qui s'étaient mutuellement massacrées dans les décennies précédentes. Pour la naissance du duc de Bourgogne, l'Académie donne sa première réception publique chez le marquis de Péraud, qui a « orné sa salle avec soin et fait placer le portrait du roi sous un magnifique dais ». La nuit venue, on fait de grandes illuminations autour d'un arc de triomphe qu'on avait dressé devant la maison du marquis. Deux jours après, il donne chez lui, c'est-à-dire au lieu où se réunit l'Académie, « le bal et la collation aux dames de la ville avec une très nombreuse et agréable symphonie. Sa salle était extrêmement ornée. Il y avait fait placer au milieu un parterre enrichi de toutes sortes de fleurs naturelles et un jet d'eau qui s'élevait jusqu'au plancher. Quelques machines pratiquées avec art portèrent sur les tables autour desquelles les dames étaient rangées des bassins de confiture et les fruits les plus rares et les plus beaux. Cette réjouissance dura la plus grande partie de la nuit ».

Faust aux remparts

Ces gens-là étaient si savants que l'Académie de Nîmes finit par avoir son Faust : François Graverol, l'un des fondateurs. Naturellement, il avait fait ses études au Collège des arts ; naturellement, il s'était lié avec tous les savants de l'époque avant de revenir comme avocat à Nîmes. A la manière des intellectuels de son temps, il était philosophe, théologien, juriste, rhétoricien et logicien. Et voici ce qu'on racontait sur lui à Nîmes. L'académicien était seul ce jour-là, vers 2 heures de l'après-midi, dans son cabinet de travail, lorsqu'on lui annonça un étranger qui demandait à le voir. Dès que celui-ci fut entré dans son bureau, il commença à disserter avec Graverol dans le plus beau latin du monde, lui disant qu'il venait d'un pays fort éloigné pour avoir le plaisir de contredire avec lui. Graverol accepta le défi. On parla grec, latin, langues orientales. Dans l'excitation d'avoir enfin trouvé un interlocuteur digne de lui, l'avocat proposa une promenade savante. Ils traversèrent la ville en dissertant, et les Nîmois virent M. Graverol gesticuler et parler à haute voix à travers les rues et les places. On alla même avertir Mme Graverol que quelque événement avait dû gravement perturber son époux. Pendant ce temps, Graverol et l'étranger avaient passé la Porte de la Couronne et s'étaient égarés dans les vergers qui entouraient l'Esplanade. Ils avaient épuisé toute la philosophie, raisonné sur les plus grands secrets de la nature ; quand l'étranger aborda le sujet des sciences cachées et de la magie, Graverol s'écria qu'il n'irait pas plus loin, qu'il n'aborderait pas un sujet que lui interdisaient ses convictions religieuses. Il se retourna et s'aperçut qu'il était seul, au fond d'un chantier de planches. Il revint sur ses pas, demanda à des ouvriers s'ils avaient vu passer l'étranger. Personne ne l'avait aperçu. Graverol, très pâle, presque pâmé, s'informa partout si on avait vu le monsieur qui était avec lui. Personne en ville n'avait rencontré son interlocuteur. Par contre, tout le monde l'avait vu lui, parlant tout seul. On avait cru qu'il préparait une plaidoirie. Et tout Nîmes ne tarda pas à murmurer que Graverol avait tenu conversation savante avec le Diable.

Le personnage, du reste, vaut mieux que cette fable. Son histoire est celle de tous ces intellectuels protestants qui essayèrent de concilier leurs convictions avec la mesure. Au bout d'un certain temps de persécution, il transporta sa précieuse bibliothèque dans une cave et mura celle-ci. Puis il partit pour Orange avec sa famille. Il tenta de gagner la Suisse, ne parvint pas à franchir la frontière et se replia sur Valence. C'est là que le hasard lui fit rencontrer le lieutenant-criminel de Nîmes, c'est-à-dire le chef de la police. Celui-ci le reconnut et l'assura qu'en homme du monde il ne le trahirait pas. Le lendemain, il le fit arrêter.

Graverol était si connu, sa réputation si grande, que sa conversion apparaissait comme nécessaire : on fit sur lui des pressions morales dignes de *L'Aveu*. On lui fit croire enfin que sa femme était morte, que ses enfants allaient être livrés à l'un de ces couvents où on redressait les jeunes hérétiques. Il céda, abjura ; et dans Nîmes retrouva sa famille intacte. Le lieutenant-criminel, toujours homme du monde, vint le féliciter. Graverol l'accueillit avec de telles injures qu'il se retrouva en exil pendant six mois pour insultes à magistrat. Ce qui ne l'empêcha pas, sur la fin de sa vie, de devenir le secrétaire perpétuel de l'Académie nîmoise.

Éclipses

Le terrible climat de la Révocation de l'Édit de Nantes, les arrestations, les familles brisées dispersèrent l'Académie. Si son but premier était la conciliation, elle avait totalement échoué. Elle se reconstitua cependant vers 1690, affaiblie : une dizaine de messieurs, catholiques militants ou protestants brisés... qui discutent du sexe des anges. C'est à cette époque pourtant qu'un grand évêque, Fléchier, réussit à la faire rattacher à l'Académie française dont elle devient la petite sœur. Au procès-verbal de la séance de l'Académie française du 2 octobre 1692 figure l'article suivant :

« Il a été ordonné que les députés de cette compagnie (l'Académie de Nîmes) venant à la nôtre, seront assis au bout de la table, et qu'il seront reçus à l'entrée de la première salle où l'Académie s'assemble, et reconduits par ceux des Messieurs qu'aura commis Monsieur le Directeur. »

Nouvelle éclipse : la guerre religieuse ravage encore les Cévennes ; les camisards tiennent la dragée haute au roi. L'Académie nîmoise disparaît pendant toute la première partie du XVIIIe siècle. Elle ne reparaîtra qu'en mars 1752. Un seul académicien du début du siècle est encore vivant : le marquis d'Aubais. Les vingt-six autres sont de jeunes intellectuels de tous les milieux. Moins d'ecclésiastiques, des magistrats, des avocats et une nouvelle caste : les fabricants et marchands de soie. L'Académie épouse son siècle, celui des Lumières. L'une des premières communications porte sur « Combien il est nécessaire de soumettre l'imagination à la raison ». Ses travaux concernent des machines, des phénomènes naturels, électriques, magnétiques. On correspond avec Buffon, avec le cabinet du roi, avec les Académies de Toulouse et de Lyon. C'est une nouvelle grande époque intellectuelle pour Nîmes.

Mais c'est un temps, aussi, où les meilleurs esprits ne restent plus à Nîmes : la prédominance parisienne commence, et l'attraction italienne se confirme. Il faut partir. Les grands noms nîmois du XVIIIe siècle ont fait leur réputation ailleurs. Comme le médecin Pierre Baux, qui fut l'un des pionniers de l'inoculation variolique en France et le collaborateur préféré de Réaumur. Ou Antoine Court de Gébelin, qui « s'établit à Paris comprenant que c'était là qu'il pouvait trouver les ressources littéraires nécessaires à ses travaux »... Il entreprit un immense ouvrage sur la compréhension des mondes antiques et primitifs ; et certaines de ses approches des mythes agricoles et des systèmes de langages ne sont pas sans préluder les travaux contemporains d'un Lévi-Strauss ou d'un Hagège.

D'autres Nîmois choisissent Paris : Barthélémy Imbert, bien oublié, mais qui parut à vingt ans dans la capitale comme un jeune génie, composa entre 1767 et 1788 une dizaine de pièces dont plusieurs furent jouées, un roman, des historiettes, des contes. La Révolution brisa sa carrière : il mourut en 1790, à quarante-six ans, dans la misère.

Un autre auteur dramatique fit ses premières armes à Nîmes : M. Alexandre Pieyre, qui y fit jouer une *École des pères* ; puis il la fit recevoir par la Comédie Française où elle fut créée en 1787 avec grand succès. On la joua quarante fois. Louis XVI fit remettre à l'auteur une épée portant sur la garde : « Don du Roi à Monsieur Pieyre, auteur de l'École des pères » ; et le duc d'Orléans l'engagea comme précepteur de son fils. Il fut logé au Palais-Royal. Pas pour longtemps, on était en 1788 !

Le grand homme de cette Académie du XVIIIe siècle est évidemment Séguier, le décrypteur du fronton de la Maison Carrée. Lui, après son long séjour véronais, revient dans Nîmes, et y reste. Peu de Nîmois savent encore reconnaître sa maison, au numéro 7 d'une rue tranquille qui porte son nom, face à la Porte d'Auguste, de l'autre côté de la place. Le jardin a conservé les plaques romaines scellées dans les murs ; et au fond, la serre où il observait la croissance des graines qu'on lui envoyait du monde entier est encore visible. Derrière cette façade tranquille, on a l'impression que la vie de cet homme discret et bourré d'ambition intellectuelle pourrait à tout moment reprendre.

C'est cette maison, ce sont ces collections, cette bibliothèque, ces manuscrits, que Séguier lègue à l'Académie de Nîmes. Mais comme Séguier meurt en 1784 et que sa sœur en avait l'usufruit, en 1786, les Immortels nîmois ne gardent pas ce bien très longtemps. La Révolution supprime l'Académie en même temps que toutes les institutions de l'Ancien Régime, donne les collections à l'État et vend la maison comme bien national. On peut encore voir cependant sur le porche l'inscription : Académie de Nîmes.

Mais l'Académie, comme le phénix, ne cesse de renaître de ses cendres. Un régime l'abat, un autre la reconstitue. En 1801, elle revient sous le nom de « Lycée du Gard, Société libre d'agriculture, de science, de lettres et d'arts ». En 1802, elle s'appelle à nouveau Académie, mais du Gard cette fois. Les protecteurs n'en sont plus les évêques, mais les préfets. Il ne reste que seize membres de l'Académie royale. Les autres ont été dispersés par la Terreur ; on a coupé la tête à cinq d'entre eux ; un sixième s'est échappé de justesse, sauvé par sa femme qui a pris sa place en prison.

Dans la bataille révolutionnaire, l'Académie a perdu presque tous ses biens : sa maison, mais aussi ses collections : une partie allant au musée d'histoire naturelle l'autre constituant le premier fonds de la bibliothèque municipale, qui s'appellera désormais bibliothèque Séguier.

Depuis sa recréation au XIXe siècle, l'Académie de Nîmes n'a jamais interrompu ses travaux. Ils conservèrent dans les débuts un important aspect scientifique et agricole qui avait le plus souvent un lien direct avec l'économie régionale : textile, vers à soie, vin, marais... Comme du temps de Séguier, l'Assemblée joua un rôle considérable dans la renaissance archéologique de la ville pendant les années 1880. C'est elle qui fut attentive aux trouvailles qui surgirent lors de la percée des nouvelles rues du centre. Ce sont les académiciens nîmois qui entreprirent, avec des savants étrangers, des catalogues et des répertoires nouveaux d'inscriptions. Si on connaît de mieux en mieux le passé antique, c'est bien sûr grâce au travail des conservateurs contemporains ; mais aussi aux bases, aux indications et même aux interprétations qu'ont su avancer les académiciens.

In aeternum

L'Académie du Gard, dès lors, commença de ressembler à ces vieux philosophes dont l'accumulation des travaux, les origines anciennes et la persévérance à travers les idéologies, forcent le respect. Thiers la reconnaît d'utilité publique en 1871 ; le maréchal Mac-Mahon lui restitue le titre d'Académie de Nîmes. Le président Carnot approuve ses derniers statuts. Il ne lui restait plus qu'à trouver une demeure. Ce qu'elle fit en 1919 en achetant, cet hôtel particulier du 16, rue Dorée : le lien était restauré entre les brillants élèves du Collège des arts, les intellectuels du XVIIe siècle et les académiciens actuels.

On comprend mieux, dès lors, pourquoi l'Académie jouit, même dans des milieux auxquels ses travaux et ses écrits ne sont pas familiers, d'une estime étonnante : on en connaît mal les hommes, on ne sait pas trop comment elle fonctionne, on ignore la plupart des communications savantes, mais elle est là, au cœur de la ville depuis plus de trois cents ans ; elle a compté dans son histoire intellectuelle et spirituelle ; elle est, en elle-même, un monument.

Comme à ses débuts, elle est constituée de prêtres, de pasteurs, de juristes, de médecins, d'archéologues, de naturalistes, d'écrivains, de professeurs. C'est sans doute son grand âge et cette réputation qui lui donne ses allures vaticanes. Encore faut-il se méfier des mots : « vatican », c'est catholique. Et l'Académie, enjeu de tant d'influences, préserve jalousement son indépendance vis-à-vis de tous les pouvoirs. Ce que vous découvrirez, si vous suivez ces messieurs mystérieux qui grimpent au deuxième étage de cette belle maison, ce sont des rituels très anciens : trente-six académiciens, divisés en trois groupes : douze catholiques, douze protestants, douze « indépendants », dits « sauvages ». Et lorsqu'un membre disparaît, il est obligatoirement remplacé par un nouveau de la même idéologie, cooptée par le groupe auquel il appartient : restes directs des anciennes luttes autour de tout ce qui possédait un semblant de pouvoir. Parmi ses membres non résidents, l'Académie de Nîmes a compté André Chamson, Jean Paulhan, Louis de Broglie, Leprince Ringuet, Marc Bernard, Jean Carrière, Roger Lenhardt, le duc de Castries et Léopold Sedar Senghor. Elle correspond avec des centaines d'autres sociétés savantes dans le monde, publie régulièrement ses travaux. Rien de spectaculaire : des bulletins hautement spécialisés, des sujets difficiles, restreints, sans actualité. Ce sont pourtant ces contributions savantes qui, en trois siècles, comme les petites pierres dures de la muraille d'Auguste, ont cerné la cité d'une connaissance durable.

Si vous savez le jour et l'heure propices, peut-être arriverez-vous à vous faire inviter à une séance ordinaire. Vous aurez alors le droit de vous asseoir sur des chaises droites le long des murs, sous les portraits des évêques et des notables qui ont siégé depuis trois siècles autour de cette table. Et vous contemplerez, au centre de la grande pièce, une vingtaine de personnages assis sur des fauteuils rouges autour de la grande table ovale. Immuablement, le secrétaire perpétuel lira le compte rendu de la séance précédente, énumérera présents et absents, rendra compte des liens avec d'autres Académies, et si vous avez de la chance, quelque problème brûlant viendra sur le tapis à l'occasion des « questions diverses » ; vous verrez apparaître subtilement des clans et des opinions opposés. On donnera ensuite la parole au conférencier du jour, et la communication se déroulera presque à coup sûr sans incident.

Vous serez peut-être surpris d'entendre disserter des dimensions des sarcophages paléochrétiens du IIe siècle ; ou des campagnes extrêmes-orientales du Bailli de Suffren. Entre ces lambris et ces meubles anciens, avec ces toits de tuiles, d'autres hôtels du XVIIe siècle derrière les grandes fenêtres, vous aurez une fois encore l'impression que cette ville vous aspire, vous entraîne dans le temps. Vous êtes dans la maison de Gaillard Guiran, avocat au Praesidial ; son recueil d'inscriptions latines pourrait être posé sur cette table, la plume à côté encore prête à retracer ces antiques devises. Le visiteur qu'on annonce, c'est peut-être l'un de ces chanoines dont les visages sont suspendus au-dessus de vous. Sur les pavés de la cour d'en face sonnent les fers des chevaux. La boucle du temps s'est retournée.

CHEZ LES JÉSUITES

Le paradoxe, lorsqu'on parcourt ce qui fut le Collège des arts, c'est que l'on entre chez ses ennemis : tous ces bâtiments ont été rebâtis par les jésuites après qu'ils se furent rendus maîtres de l'intérieur. Bâtiments immenses, classiques, à présent consacrés à la bibliothèque — en attendant qu'elle soit totalement transférée dans la médiathèque face à la Maison Carrée —, aux musées et à des expositions. Tout ceci plutôt massif, rigide comme la politique de Louis XIV vis-à-vis de la ville.

Et pourtant, pourtant s'il n'y avait, outre les monuments romains, qu'un lieu à découvrir, ce serait la chapelle de ce collège, celle qu'on appelle encore « Chapelle des jésuites ». Seriez-vous passé par Nîmes il y a dix ans, vingt ans, vous n'auriez aperçu qu'une porte close, une entrée d'église noyée dans la façade grisâtre du bâtiment. La chapelle était fermée ; des pierres et des têtes antiques y étaient stockées : Nîmes en a tant qu'elle ne sait plus où les mettre ! Seriez-vous passé par là il y a un demi-siècle, peut-être la chapelle aurait-elle été ouverte, mais vous y auriez assisté à un meeting politique ou à un match de boxe. En 1794, vous seriez tombé en pleine réunion jacobine. Quant à la construction elle-même, entre 1673 et 1678, elle n'a cessé d'être troublée et interrompue par des querelles religieuses et financières : les Bons-Pères essayèrent de faire supporter à la ville les frais de leur lieu de prière tout neuf. Les consuls nîmois, dont une bonne partie restait réformée, résistèrent le plus longtemps possible. Il fallut l'intervention de l'autorité royale pour les obliger à payer un monument qui répugnait profondément à leurs principes et à leur foi ; et que l'on construisait, de plus, sur l'emplacement d'un collège qui leur avait été volé. Il fallut bien payer : ce furent les taxes levées sur l'abattage et la boucherie nîmoises qui servirent à régler le très beau travail architectural qui couronne la chapelle. Des bœufs contre des coupoles.

Prière de la pierre

Nîmes avait oublié la beauté première de ce sanctuaire. Déblayée, nettoyée, la pierre rendue à sa pureté première, ce fut une véritable découverte : c'est le premier exemple d'architecture jésuite dans la région, inspirée de l'église del Gesù à Rome. Pas plus que les autres, elle n'a échappé à l'obsession de la Maison Carrée. Sur sa façade, les macarons, les denticules, les chapiteaux corinthiens et même les mufles de lion en appellent au Temple des princes de la jeunesse. Il est vrai que c'était ici le lieu de prière de la jeunesse dorée du siècle classique.

A l'intérieur, saisissement : il tient à la lumière et aux proportions. L'architecte est inconnu ; on dit que ce fut un père jésuite et c'est bien d'ordre, de rigueur et de prière qu'il s'agit ici.

D'ordre, pour une certaine sévérité des pilastres, des loggias et des galeries, pour les belles dalles rudes, propices aux macérations. Rigueur, pour cette alliance de verticales et de balustres courtes qui osent à peine les casser. Prière, parce qu'au-dessus de tout cela s'ouvrent une voûte et un système admirable de coupoles disposées pour recueillir la lumière qui s'écoule doucement de trois lanternons : là-haut, tout devient nuances et douceur, chanson de pierre blonde et appel au seul contrôle du soleil.

Espace-temps

Une petite porte, sur la droite, ramenait les élèves du Collège vers le cloître. Prenez garde avant de baisser la tête et de franchir ce seuil : vous tentez une aventure temporelle telle que Wells sut l'imaginer ; vous allez risquer la confusion mentale, le trouble culturel : car la porte passée, vous vous retrouverez en face du guerrier de Grézan, l'homme sans visage, à la poitrine bardée d'une cuirasse surgie de temps plus anciens que Rome. Sur votre gauche, des jeunes Romaines rendront hommage à leurs gladiateurs d'époux, morts au combat dans les Arènes. Devant vous, au centre d'un cloître, une colonne de pierre surmontée d'un petit monstre trapu : on vous expliquera que c'est le monument qui fut érigé pour l'entrée de François Ier, en 1533. Et pour peu que vous arriviez un soir de printemps ou d'été, vous risquez de vous retrouver au milieu des Nîmois des années 80, sablant le champagne pour inaugurer quelque exposition rare. La cour est belle, les arches harmonieuses, la nuit claire. Un verre à la main, vous errerez peut-être dans l'ombre des voûtes du cloître. C'est alors que vous les retrouverez : les dieux, les prêtres, tous ceux de la Fontaine ; leurs pierres sont là : le centurion fervent d'Héliopolis, les chefs de chantiers remerciant Némausus... Une grande part de l'aventure archéologique est venue échouer là, pierres funéraires, ex-voto, socles, colonnes tronquées, moulages, entassés plutôt qu'alignés ; portant encore souvent les plaques d'émail qu'on leur avait apposées au début du siècle. Vous risquez dans ces équivoques, entraînant une partenaire sous les voûtes, de l'inviter à trinquer accoudée à un phallus arraché aux Arènes.

Sur ces inscriptions irremplaçables, pas d'indication, pas de traduction : chacune d'elle raconte une histoire de vingt siècles, et rien ne l'indique. « C'est du vieux français », dit un touriste déchiffrant un ex-voto du Ier siècle. Nîmes, première ville latine de France, n'a pas le grand musée archéologique qu'elle mérite.

Lorsqu'on débarrassa la Chapelle des jésuites des réserves qui y étaient entreposées, on put voir les employés municipaux se donner les têtes de dieux et de guerriers de marbre par passes de rugby ; avant de les emmener sur des brouettes vers des destinations inconnues. Privauté qui depuis deux mille ans tape sur l'épaule des dieux et des empereurs. Au fond, les Nîmois sont trop familiers de Rome : ils font leur maison des Arènes, et leurs écuries de la Maison Carrée. La visite du musée archéologique y prend des allures d'exploration : vous retrouvez telle pièce fabuleuse abandonnée sous les voûtes du cloître, et telle autre soignée comme un fétiche sous la vitrine d'une galerie sophistiquée. Des centaines de têtes de pierre vous attendent au premier étage : des hommes, des jeunes filles, des enfants vous regardent de leurs yeux de marbre comme une résurrection des corps. Mais c'est derrière des vitrines désuètes, et ils ont les yeux vides des bêtes prisonnières.

Nîmes est empêtrée dans sa passion latine : au fil des salles on distingue mal ce qui provient de la ville elle-même et des donations d'érudits cueillies dans le bassin méditerranéen. La collection l'emporte sur la vie. Vous pouvez cependant, dans cette salle, faire une expérience capitale : vous attendez que les gardiennes soient un peu distraites et vous vous approchez de l'énorme chapiteau posé à l'entrée de la salle. Vous passez la main sur les volutes, les doigts dans le creux des feuilles en pierre : caressez, caressez : la sensualité de ce travail bimillénaire vous glissera sous les paumes : vous comprendrez sans avoir besoin de savoir le génie de ces gens ; et pourquoi le velouté de cette taille, le grain de cette pierre, la tendresse de ces courbes rejettent soudain aux catacombes tout autre colonne, moulure et arc que la ville se soit ensuite données.

Chez Dracula

Et puis, si vous voulez terminer le tour du bâtiment jésuite par un grand éclat de rire ou en faisant peur aux enfants, traversez le musée d'histoire naturelle. Dans des vitrines 1900, des centaines de masques nègres grimacent, des sagaies pointent, des totems se hérissent de plumes et de paille. A l'entrée de la salle suivante, un immense taureau de corrida secoue la tête pour toujours entre de petits fauves naturalisés : poses terrifiantes, dos en colère, tapis, terrés dans d'autres cages de verre. Les chauves-souris s'empoussièrent et vous annoncent des sortilèges. Il est vrai qu'ensuite c'est le musée des horreurs : des fœtus dans des bocaux centenaires, de grands singes qui gesticulent avec des airs de vampires : c'est un film de Méliès ou l'enlèvement de Musidora.

En quittant le musée, si la fête dure encore, vous trouverez peut-être une écharpe de soie sur les épaules d'un guerrier de marbre.

LES NOURRITURES TERRESTRES

Laisse là ton écharpe ; après tout, tu dois bien ce cadeau au guerrier. Viens, cours ; cours avec moi. Non, ne t'arrête pas à cette façade ; elle est belle d'accord ; je te raconterai tout à l'heure. Cette cour aussi. Oui, nous n'en avons pas encore vu d'aussi superbement endormie. Nous allons revenir. Cours, je te dis. Traverse la place ; laisse la cathédrale. Ce palais ? C'est l'ancien évêché. Nous reviendrons ; je te promets. Vois, elles sont là-bas, au bout de la rue. Tu as l'impression que je t'ai fait courir pour un bloc de béton ; une hideuse chose grise et agressive bâtie en plein dans la vieille ville. Un crachat de matière brute. Tu dis que tu es fâchée ; que tu ne continueras pas la promenade avec moi. Allez, donne-moi la main, fais-moi confiance. Tout n'est pas perdu. Là-dedans, il y a l'essentiel : des hommes et des femmes ; la vie même. Ah, si tu étais venue il y a trente ans, tu aurais vu des arceaux de fer, des architectures d'acier façon Baltard ; de grandes ouvertures sur les allées et les étaux ; et des verrières. Nîmes, vois-tu, a été régulièrement livrée aux barbares. Cours quand même ; il faut entrer, il faut regarder, il faut sentir, il faut goûter. Cours : elles vont fermer, les halles.

Halles

Les commerces, les produits, les hommes et leurs grandes gueules, les marchandes pointues ou généreuses, les fées Carabosse derrière trois planches, les jolies fromagères aux yeux noirs, les joyeux bouchers et les plantureuses volaillères, et même l'immuable vendeur de *Midi Libre* et de *La Marseillaise* au croisement des deux allées centrales, tout ce monde a secoué le béton ; ramené la vie, les cris, la chaleur : la marée des fruits, des odeurs d'oranges, d'olives, de poissons, de fruits de mer, de brioches et de fromages l'a emporté. Les goûts et les accents violents ont forcé les portes de fer.

Viens : il faut aller directement au grand banc d'olives : regarde : les fruits noirs qui luisent doucement dans de grandes cuves de bois. Il y a là des dizaines de préparations, avec le rouge du piment, le vert vif des poivrons, les graines inattendues qui macèrent. Cet étal, c'est la caverne d'Ali-Baba ; l'olive brille comme une cargaison de diamants noirs. Les unes lisses et bombées ; les autres plissées et ridées par on ne sait quelle alchimie. Des verts pâles aussi dont le goût âpre te troublera longtemps.

Il faut acheter, par exemple, cent grammes de ces olives « Daniel », à la recette complexe et sans doute secrète. Tu gardes le sachet dans la main, et tu parcours les allées en gobant ces fruits d'anthracite ; tu sens l'amertume à ton palais, le piquant sur la langue, des goûts inconnus dans ta gorge ; des goûts exotiques, mais d'un exotisme qui a son territoire à deux kilomètres d'ici, dans la garrigue : des goûts violents, tenaces, indiscrets tant ils persistent. C'est le philtre qui va te permettre de trouver le reste, à travers ces allées endiablées : la dorade pêchée de la nuit au Grau-du-Roi. Le loup, sorti du même filet, dont tu pourras faire ce splendide « loup au fenouil » où le raffinement de la chair du poisson le dispute à l'étrange pouvoir de la plante. Le petit fromage de chèvre des Cévennes, qu'on appelle le « pélardon » et qui a ses saisons, ses cuvées, ses humeurs — dans tous les sens du mot — et ses états d'âme. Et les thons entiers, ces bêtes splendides pêchées elles aussi au large, en Méditerranée ; et qu'on débite comme des troncs, en belles tranches rouges. Et du sanglier frais ; du tourron catalan, du vin des Costières, celui-là même dont tu as survolé les côteaux en arrivant à Nîmes, ce matin.

Les commerçants des halles regardent passer avec philosophie tous les candidats politiques, de toutes les élections ; tous les fous et les folles de la ville ; les profs, les architectes, les peintres, les ingénieurs, qui viennent là le dimanche matin pour le plaisir. Tout Nîmes passe dans les halles : une jeune femme ministre faisant ses courses avec ses enfants ; ou un toréro mi-polonais mi-vietnamien, en survêtement d'un open de golf, achetant des bananes. Les halles, c'est le baroque nîmois : une dégringolade d'odeurs, de goûts et de personnages. La vie, je te dis.

Majorquines

Elles ont tant de pouvoir, les halles, qu'elles débordent : c'est tout autour qu'on trouve les magasins rares, les boutiques très anciennes, les produits sûrs. Juste à la sortie nord des halles, voici le seul marchand primeur dont le faste des étalages puisse rappeler ceux de la rue Saint-Benoît à Paris, ou des halles de Barcelone. Il faut dire qu'il y a une saga des marchands primeurs, à Nîmes ; une aventure familiale qui ressemble fort à celle des banquiers André partis à Gênes, ou des Toscans et Lombards venus s'installer dans le Nîmes du Moyen Age.

André Suarès raconte qu'étant enfant, vers 1880, il allait voir arriver dans le port de Marseille les balancelles majorquines au ventre pesant d'oranges. Et les odeurs cuivrées lui faisaient déjà chavirer les sens. Ce sont ces mêmes Majorquins qui, au début du XXe siècle, sont venus s'installer à Nîmes et y sont devenus des spécialistes des fruits méditerranéens, puis exotiques. Une génération s'installe ; commerce établi, elle appelle des neveux, des cousins, qui à leur tour font souche et ouvrent des magasins. Il y a quelques années, le négoce des agrumes, des bananes, des dattes, était presque exclusivement tenu par les membres de cette colonie issue du centre de Majorque. Ils allaient chercher leurs fruits à Marseille, auprès des grandes compagnies maritimes. Mais ils se sont si bien intégrés, qu'en quelques générations, ils sont devenus nîmois et n'ont plus de leur île et de leur commerce que le rêve d'un souvenir perdu.

L'hôtel de Balincourt, au coin de la rue des Lombards et du boulevard Gambetta, est l'une des plus anciennes maisons nîmoises : quelques restes sont du XIIIe siècle. Son escalier monumental au 29, rue des Lombards, son vestibule décoré de colonnes, son beau portail Louis XIV ont été dessinés par le meilleur architecte nîmois de l'époque classique, Gabriel Dardailhon. C'est pourtant dans ses anciennes écuries que l'un de ces Majorquins installa une mûrisserie de bananes, où, pendant plusieurs décennies, les régimes encore verts étaient doucement menés à maturité...

Le nouveau bâtiment de ces halles-parking a un avantage, c'est sa terrasse. En plein cœur de la vieille ville, regarde : la houle des toits de tuiles, les baroques balcons perchés comme des ivrognes, toujours proches de la chute, ne s'écroulant jamais, les galeries de bois, le clocher carré de la cathédrale, l'autre tout proche de la tour de l'Horloge, les collines du nord et l'inévitable Tour Magne en fond; avec, si on est au printemps ou en été, le cri fou des hirondelles au ras de l'œil.

Croquants

Les boulangeries aux pains rares, les charcuteries fines, les liquoristes abondent autour des halles : place de la cathédrale, des cafés de tous arômes luisent dans les grands bocaux de la très ancienne Maison Nadal : on y torréfie le café de père en fils, sauf lorsqu'un de ces fils part pour Paris, y devient l'un des meilleurs spécialistes de Valéry et renouvelle les études cornéliennes : Octave Nadal.

Au début de la rue de la Madeleine, et à l'orée de la jolie petite place de l'Horloge, une inscription sur la devanture de la boulangerie Villaret vous rappelle que la Maison a été fondée en 1775 : deux siècles de fougasses, de pains et de brioches, et surtout, de la spécialité la plus connue après la brandade, les croquants Villaret. Qui connaît le croquant connaît le Nîmois. D'abord un long biscuit dur qui ne paie pas de mine. A mieux l'observer, une certaine qualité de doré et de patine ancienne. Et même, au premier contact des lèvres, un certain goût de miel plutôt agréable. Mais aussitôt après, comme vous croyez entrer dans son intimité et le croquer, il vous résiste, vous repousse : dur comme une pierre. Il faut alors l'apprivoiser, lui prouver ses bonnes intentions; le mâchonner, le sucer, l'attendrir : alors ce vieux rebelle se livre, révèle des qualités inattendues de finesse, de sensualité, de goûts multiples : comme il s'agit d'un secret, on ne peut que s'essayer à deviner : orange ? miel ? amande ? Comme pour les liqueurs de moines, allez savoir... Mais attention, tu risques d'être prise : lorsque tu auras goûté à l'un de ces fuseaux bruns, tu demanderas désormais à tous ceux qui passent par Nîmes de t'en rapporter une boîte.

Temps des chanoines, temps des consuls

La plus vieille boulangerie de Nîmes regarde l'une des plus vieilles places nîmoises ; et l'une des plus vieilles tours ; enfin, presque ; tu vas voir qu'avec cette sacrée ville, on ne sait jamais où l'on en est. On était au début du XVe siècle. Les horloges commençaient à rythmer l'existence des languedociens et remplaçaient doucement les mâtines et les angélus des églises. C'est alors qu'un évêque de Maguelonne envoya une horloge et une grosse cloche pour sonner les heures. Les chanoines la placèrent sur le clocher de leur cathédrale et l'employèrent, comme ils le faisaient depuis mille ans, à sonner leurs offices. D'heures, point. Les consuls de la ville protestèrent, alléguèrent de l'utilité publique ; les chanoines rétorquèrent que le temps ne les regardait pas. Mais la ville avait une monnaie d'échange : le vin. Nîmes a toujours produit du vin ; non pas dans la plaine ou sur les collines des Costières, mais au nord, dans les cailloux. Un vin si agréable que la cour des papes d'Avignon s'approvisionnait ici. Pour protéger ce commerce, les consuls avaient interdit l'entrée des produits de tout autre vendange. L'Église se voyait ainsi privée du bénéfice qu'elle aurait pu tirer des vins issus de ses propres terres. On négocia donc : le 22 août 1410, on signa un accord : les chanoines restituaient la cloche, et son mécanisme d'horlogerie, qui serait placés dans une tour construite pour elle, à côté de l'Hôtel de Ville ; en échange, ils pourraient importer et vendre leur vin sur les terres nîmoises. Telle est l'origine de cette tour « de l'Horloge » : c'est elle qui compta pour la première fois le temps civil des Nîmois. Le vin contre le temps. C'est elle ;

et ce n'est plus elle : en 1752, la tour plus que trois fois centenaire menaçait ruine. On l'abattit pour construire celle-ci ; qui continue de dominer de haut le quartier.

L'herbe de la reine

C'est sur cette place de l'Horloge que naquit, en 1530, un homme qui devait sans le vouloir transformer les mœurs, la santé et les finances de l'État pour bien longtemps. Il était le fils d'un notaire peu fortuné. Brillant élève du Collège, il voulut aller poursuivre ses études à Paris ; s'y fit remarquer ; devint l'un des administrateurs de Henri II et François II, et finalement fut nommé ambassadeur à Lisbonne en 1559. Là, un marchand flamand lui donna, comme une curiosité, des graines d'une plante américaine : le pétum. Notre Nîmois, par sa culture et l'élégance de son style, avait plu à Catherine de Médicis. C'est à elle qu'il montra les premiers plans : on l'appela aussitôt « herbe de la reine ». Cette herbe se mâchait, ou séchée se reniflait. L'usage s'en répandit si fort, qu'on lui donna le nom de son inventeur : Jean Nicot, puisque c'est de lui qu'il s'agit, apportait la nicotiane. On lui trouvait des valeurs médicinales. On l'appela enfin, par le retour d'un mot cubain, « tabac ». « Elle attire dans les coffres du Roi plus d'or et d'argent qu'il n'en pourrait tirer des mines les plus riches », disait-on, plus de cent ans après son invention.

Les « Lombards »

Mais elle n'écoute plus, la petite ; elle est partie : il y a par là derrière, dans les petites rues du Moyen Age, assez de passages marchands, de ruelles bourrées de commerces, pour tenter le diable. A-t-elle glissé vers les venelles qui entourent la cathédrale ? Ou bien rôde-t-elle de l'autre côté des halles, vers la rue des Lombards et la rue Nationale ? Tandis qu'elle court les boutiques de vêtements et de cuir, sait-elle que c'est dans ce quartier même, très loin, très tôt dans le temps, que sont nées ces fabriques de textiles qui firent de Nîmes l'une des premières villes industrielles du royaume ? Que c'est dans cette rue des Lombards que l'on vit arriver vers 1280 une migration moins visible, moins guerrière que celle des Romains ou des Wisigoths : les marchands italiens. Gênes était alors le grand, le seul chantier naval de Méditerranée ; ce port fournissait en vaisseaux les rois, les papes et les croisés. C'est Gênes qui avait vendu à saint Louis trente-huit bâtiments pour embarquer des milliers d'hommes à Aigues-Mortes vers la croisade. Les marchands italiens de textiles étaient partout, mais surtout à Montpellier, qui appartenait au roi de Majorque. Vers la fin du XIIIe siècle, celui-ci changea sa législation commerciale, et fit peser sur ces « Lombards » des droits très lourds. C'est alors qu'ils émigrèrent vers la ville voisine, qui n'était qu'à quelques dizaines de lieues, Nîmes, et qui avait l'avantage d'être sous droit français. On alla jusqu'à Paris passer des conventions avec le roi Philippe le Hardi ; et les Italiens commencèrent à s'installer : des Gênois, des Romains, des Lucquois, des Bolognais, des Milanais, des Vénitiens, des gens de Plaisance, de Florence, d'Asti, de Pistoïa. Ils apportaient à la ville un dynamisme, des techniques, des marchés, des correspondants dans tout le bassin méditerranéen. Même si, assez rapidement, d'autres exigences royales dissuadèrent les Lombards, l'implantation était irréversible. Les Italiens devinrent chevaliers des Arènes, acquirent des charges officielles. Ils francisèrent leurs noms : Andrea Guirardi, de Florence, devint Guirard ; Johanès de Nigro, devint Nègre ; Bernardus de Piacenza devint Bernard. L'exemple le plus célèbre fut le petit-fils d'un marchand de Lucques : Pierre Scatisse, qui, par ses mérites, fut nommé trésorier de France en Languedoc, et acquit la confiance du roi au point que plusieurs missions administratives lui furent confiées. Il faudra désormais compter les Lombards dans l'hérédité nîmoise.

Les Italiens n'apportaient pas la fabrication textile à Nîmes : elle existait depuis le plus haut Moyen Age, et sans doute depuis

Rome. Ce n'était pas un drap bien fin, ni une marchandise pour seigneurs. Mais cela servait à toute la montagne où le travail et la terre exigeaient plus de rudesse que d'élégance. Les Italiens, eux, ouvraient des marchés, proposaient des raffinements de matière. Et ce n'est pas par hasard que leur quartier, leur « cité » serait-on tenté de dire, était sur cette bordure nord de la ville.

L'Agau

L'une des plus anciennes, des plus fondamentales voies nîmoises a le nom le plus bête : rue Nationale. Elle traverse la cité de part en part : vous la prenez au bout du quai de la Fontaine, et vous arrivez à la Porte d'Auguste. Cette rue sans cachet, sans trace visible, est pourtant la rue même de l'Histoire. Parce que, une fois encore, c'est le chemin de l'eau. Marchant sur la chaussée, vous marchez sur le courant de la Fontaine, qui s'écoule par là, en sous-sol, pour aller se jeter, quelques kilomètres plus loin, dans une petite rivière polluée. L'eau de la source, arrivée à l'extrémité de ce qui est actuellement le quai, se divisait en deux : une partie coulait vers le sud, le long des murailles de la ville, arrosant des jardins et faisant tourner des moulins à blé ; elle glissait vers les Arènes. L'autre cours était, sur le tracé même de cette rue Nationale, destiné à faire tourner d'autres moulins à blé, et surtout à alimenter des lavoirs pour la teinture et le lavage des laines et des soies. On l'appelait l'Agau — l'Aïgue... c'est-à-dire l'eau. Un courant serré entre des quais et des maisons étroites ; des lavoirs avec leurs pentes directement versées vers le ruisseau ; les larges pales de bois des moulins, qui tournent lentement : c'était le poumon de la ville ; la pulsion ouvrière grâce à laquelle depuis le Moyen Age on pouvait fabriquer le textile. Cet usage de l'eau était compartimenté et réglementé. Tout le début du cours, entre le square et l'arche du couvent, était réservé aux soies de couleurs raffinées. Le second lavoir devait servir uniquement pour la couleur écarlate. La troisième partie, plus vers l'aval, voyait les teintures plus vives ; et enfin la partie juste avant la Porte d'Auguste était consacrée à la teinture des laines et cotons.

La fabrique de Nîmes

C'est là autour que parut une population ouvrière ; que surgirent des procédés, des techniques, des ateliers. Il n'en reste rien ; mais regardez les noms des rues alentour : rue de la Garance, qui était un colorant végétal rouge ; rue de la Gaude, plante qui donnait un jaune vif à partir duquel, par réactions chimiques, on obtenait maintes nuances ; rue des Tondeurs : tondeurs des étoffes de Cadix, une profession qui demandait un doigté et un apprentissage si raffinés qu'elle conférait à ceux qui en faisaient partie des privilèges spéciaux — porter l'épée, habiter un quartier particulier. Perdue un peu plus loin après le boulevard Gambetta, la rue Paulet rappelle autant l'injustice des Nîmois que le génie technique d'un des leurs : Jean Paulet, fabricant d'étoffes de soie à Nîmes, inventa vers 1770 un métier à tisser et des procédés mécaniques pour lire les dessins, qui renouvelaient totalement le travail. La municipalité ne fit pas cas de ses propositions et « oublia » de publier l'ouvrage où il exposait ses inventions. Les Anglais, par contre, ne se firent pas faute de les lui emprunter. Quant à Jacquart, le Lyonnais, il reprit la plupart des procédés et y trouva la gloire. Paulet fut si ignoré des Nîmois qu'on ne sait même pas quand il mourut. Mais il démontre au moins l'effervescence de la ville autour du textile. Car si on ne reconnaissait pas toujours les découvertes locales, on n'avait aucun scrupule à envoyer des espions outre-Manche pour y voler des dessins, des tissages et des plans de machines. Laine et coton, toile de Nîmes ou « Denim », et enfin soie, bas, châles : pendant huit siècles au moins, Nîmes a tenu l'un des premiers rangs de l'industrie textile européenne. De véritables sagas familiales se sont constituées autour des étoffes et de leur commerce. Vers

Gênes bien sûr, vers l'Italie, mais aussi vers l'Espagne. Il y eut des périodes de débâcle, de renaissance. La soie sauva Nîmes d'une véritable faillite. La Révolution la ruina, puis l'apparition du nylon. Seules demeurent dans la Nîmes moderne quelques bonneteries qui doivent à présent maintenir des dimensions européennes pour survivre.

Mais enfin, Paulet, Traucat — l'introducteur du mûrier —, la gaude, la garance, les tondeurs, l'agau : tout ceci marque pour toujours la ville. On comprend mieux la démarche des marchands et fabricants nîmois du XVIIIe siècle auprès des consuls pour que le cours de la Fontaine soit régularisé ; pour que des bassins et des retenues garantissent l'eau courante quel que soit le niveau de la source ; et surtout pour ne plus dépendre des fantaisies, sinon du chantage, de l'abbesse de la Fontaine. De là naîtra l'aventure de la Fontaine.

Peuple

De là apparaîtra aussi une classe ouvrière : cardeurs, tondeurs, tisserands, teinturiers : les ateliers ne sont pas grands, mais ils sont nombreux. Face à la Porte d'Auguste, de l'autre côté de la place des Carmes, s'étend un quartier étonnant : très vaste, il ne comporte que des rues rectilignes et des maisons d'un étage. Au XVIIIe siècle et une partie du XIXe, ce quartier était tout bruissant du battement des métiers, dans des soupentes surchauffées. Cette population ouvrière n'était d'ailleurs pas facile à manœuvrer. Loin d'être unie par les mêmes intérêts économiques, elle avait pris de violents partis religieux et politiques. C'est elle qui se déchirait entre royalistes et révolutionnaires en 1789 et 1794 ; c'est elle qui, groupée en deux quartiers — placette protestante et républicaine à l'ouest des Arènes, et Enclos-Rey (enclos du Roi !) catholique et monarchiste, au nord de la ville —, se retrouvait sur les boulevards pour de monumentales tripotées ; et parfois, hélas, jusqu'en 1830, pour des massacres.

Si vous rôdez un peu hors des monuments, des belles façades et des quartiers commerçants, regardez ces petites maisons dont la porte est surmontée d'une pierre quadrangulaire en clé de voûte et le toit, d'un grenier perché : ce sont les maisons des ouvriers textiles : une bonne partie de la vie nîmoise — les jeux du taureau, le langage populaire, les traditions du mazet et de la garrigue —, c'est eux. Les premiers spectateurs des Arènes ce furent eux. De même que les passionnés de Puccini et de Verdi dans les plus hautes galeries de l'Opéra.

Urba

C'est autour de l'agau — ou de la rue, hélas, « Nationale » —, que vous trouverez les ruelles qui ont le moins changé : rue de la Ferrage — c'était la rue des travailleurs du fer —, rue des Orangers, rue du Bât-d'argent : là, pas l'ombre d'un commerce ; pas de façades restaurées ; ni l'humidité ni l'odeur n'ont changé ; sans doute même ont-elles empiré. En observant bien, on aperçoit, sous les crasses, quelques belles maisons. Vous risquez même d'y acquérir une mauvaise réputation : des gravures de la rue des Orangers au début du siècle vous y montrent presque autant de Vénus de trottoir au mètre carré qu'à la rue Saint-Denis. Et il doit bien encore en rester quelques fantômes.

Cette ville pudique n'a pas échappé, dans toute la première partie du siècle, à la tradition méridionale des maisons closes : la présence d'une forte garnison, la clientèle vigneronne qui tous les lundis vient vendre son vin à la Bourse faisaient la prospérité de ces établissements. Ces rues étroites, entre l'Agau et le boulevard Gambetta, mais aussi les ruelles autour et en face du lycée, offraient une gamme de « maisons » de la plus chic à la plus sordide. Dans les années 1920-30, le « bordel » était un lieu d'habitudes et de rencontres : on y allait à l'heure de l'apéritif ou en sortant du cinéma. On y reconnaissait les habitués du mardi ou du vendredi ; le quincaillier ou le toubib, le magistrat ou l'instituteur... connivence des hommes mûrs ; et à l'étage, les petites chambres à miroirs.

Pendant la dernière guerre, l'une de ces maisons — des plus huppées — était fréquentée par des officiers allemands. Une bombe la fit un jour sauter. Mais bien après les interdictions des années 1950, quelques lieux bien connus résistaient presque ouvertement. Le patron, un sexagénaire jovial, était l'une des figures du boulevard Victor Hugo, et réservait sa place d'abonné pour toute la saison lyrique au premier rang du théâtre. Son enterrement à la cathédrale fut un événement. Nîmes n'est pas grande ; la vie nocturne y est restreinte. Si bien qu'il était facile d'en repérer les protagonistes ; et toute la ville savait quel établissement fréquentait tel ecclésiastique ou tel professeur ; on connaissait même les fantasmes de certains édiles.

Il est vrai qu'avant les parenthèses huguenotes, la prostitution à Nîmes était considérée avec le respect que l'on doit à une institution publique. Jusqu'à la fin du Moyen Age, le jour de l'Ascension, la tenancière de la « maison de débauche », qu'on appelait « abbesse », offrait aux consuls une fougasse symbolique en échange de quoi ils lui remettaient cinq sols.

C'est dans ce qui reste de ces rues, de ces maisons, qui ont été celles des cardinaux pendant le séjour des papes en Avignon, avant d'être celles des « filles », que vous aurez une idée des perspectives étroites, des lumières grises à hauteur d'homme, éclatantes dans la faille du ciel à la crête des toits, des ouvertures sur des clochers ou des collines, qui étaient le quotidien du peuple nîmois. Derrière la porte close du numéro 9 de la rue des Orangers se cache le plus bel escalier à vis. Rien n'a changé depuis que le quartier était coloré en jaune, vert, bleu, rouge vif par les milliers d'écheveaux qui y séchaient dans le grincement des moulins et le glissement des eaux de Némausus.

Ce quartier — aux maisons enchevêtrées d'une manière inextricable, aux cours, escaliers et couloirs communiquant en labyrinthes — constitue un patrimoine certes fort différent des murailles romaines mais tout aussi particulier à la ville. On y tente actuellement une expérience urbaine de réhabilitation : on repère, isole et restaure les maisons les plus typiques de l'architecture populaire ; d'autres sont réduites, ou simplifiées jusqu'à leurs lignes de bases ; d'autres enfin sont supprimées pour ouvrir des espaces et laisser l'îlot respirer. On compte ainsi ranimer, après l'avoir assainie, une zone devenue sordide et quasi désertée après avoir été le cœur ouvrier battant autour du cours d'eau sacré. A quand la réapparition du canal traversant la ville à ciel ouvert ?

Les Ursulines

Les Nîmois font parfois, involontairement, des jeux de mots foudroyants : une rue qui jouxte ce quartier ressuscité comporte l'un des nombreux temples protestants : le « Petit Temple » ; mais la rue s'appelle rue du Grand-Couvent ! Comme si la lutte quatre fois séculaire durait encore dans la toponymie. Ce « grand couvent » existe encore, et personne ne le voit ; sa façade est immense, et franchit une rue ; et très peu le connaissent. Comme dans les dessins-devinettes pour enfants, il est inscrit dans la ville et cependant invisible.

De quoi s'agit-il ? Au début du mois de mars 1637, dix religieuses ursulines arrivèrent dans Nîmes : elles portaient toutes de grands noms ; la mère supérieure était alliée aux plus grandes familles françaises. Elles venaient, à l'initiative de l'évêque Cohon, fonder un couvent pour l'éducation des filles au sein de cette ville hérétique. Quels que soient les abus de pouvoir et les viols de conscience à venir, il faut à ces filles un certain courage pour débarquer dans une ville presque entièrement hostile, où on poursuit les curés en leur rabattant la soutane par-dessus la tête, où la cathédrale a été abattue par les protestants et reste en ruine, où l'évêché est provisoire. Ces femmes donc, s'installent rapidement, commencent avec rien ; vivent plus ou moins terrorisées dans des rues dangereuses. Et... un demi-siècle plus tard possèdent un immense couvent dans la même rue ; un second près des Arènes. C'est là qu'elles éduquent les filles de réformés convertis, orphelines, ou tout simplement enlevées à leurs parents parce que le pouvoir les a jugées en danger moral. L'actuel « Petit Temple », c'est l'église qu'elles se sont fait construire. C'est là qu'en 1685, lors de la Révocation de l'Édit de Nantes, sera déposé le grand livre sur lequel les réformés, leur puissance brisée, devront signer leurs abjurations.

Le couvent est encore là : vous pouvez en suivre la façade, en repérer les différentes entrées monumentales, les voûtes d'écuries, les hautes rangées de fenêtres. Mais tout ceci est en quelque sorte éclaté sous les devantures de magasins, les ouvertures parasites, les boiseries disparates. Entre le temple et le boulevard, entrez au hasard sous les voûtes : vous découvrirez d'immenses cages d'escaliers conventuelles. L'arche qui liait les deux ailes du bâtiment passait par-dessus l'agau. De leur retraite le plus souvent obligée, les filles élevées par les ursulines devaient voir les laines et les soies pendues aux fenêtres et sur les terrasses. Entendre les cris et les appels des ouvriers teinturiers et tanneurs. Quartier plein, quartier dense de vie et de problèmes ; sinon de drames.

CŒUR DU CŒUR

Place aux Herbes

Si vous avez perdu votre partenaire dans la vieille ville, allez vous asseoir au café des Beaux-Arts, place de la Cathédrale, et attendez qu'elle passe. Car elle passera. Six rues capitales, six ruelles tortueuses, six parcours commerçants aboutissent ici. La place de la Cathédrale, c'est le cœur du cœur depuis plus de mille ans. C'est là que se rythmait la vie communale ; c'est là que cérémonies, processions, serments, assemblées venaient forcément. Là se déroulèrent des drames atroces, des contraintes humiliantes et des fêtes païennes ou iconoclastes. Là se tenait le grand marché aux légumes où depuis le Moyen Age venaient converger les produits des vergers et des jardins : d'où son nom de place aux Herbes. On voit encore dans la façade de la cathédrale les trous carrés dans lesquels s'engageaient les boiseries des étals des marchands. L'ensemble de la place était protégé par des tentes suspendues. Et tout autour s'ouvraient des échoppes, avec leurs bancs de pierre avancés, et leurs façades voûtées. Ces commerces n'allaient d'ailleurs pas sans heurts ni abus : en 1475, on voit les consuls de la ville tenter d'élargir l'espace devant l'église, et pour ce faire, abattre des « loges de marchands » collées à la façade. D'où procès, querelles et même recours au roi.

Il ne se prend plus de décisions publiques sur cette place ; on n'y voit pas beaucoup de processions, et les rois de France en sont absents. Elle reste pourtant capitale : capitale parce que c'est la place des gens et la place des jeunes. Un village que le reste de la cité traverse tous les jours. Un forum aussi — encore un — mais où se débattent les affaires privées des commerçants voisins, ou de l'École des beaux-arts toute proche.Là autour, peuvent se conquérir ou se perdre un certain nombre de voix électorales : on y commente les initiatives municipales en matière de stationnement ou de rues piétonnes. Place aux Herbes, et surtout à partir du printemps, vous progresserez heure par heure dans la vie des Nîmois. En tendant un peu l'oreille, vous y apprendrez les peines de cœur des chattes nîmoises venues prendre là leur premier café avant de rejoindre leurs boutiques chics. Vous y verrez les représentants y dresser leur plan de bataille pour la journée en parcourant de l'œil les entrées des rues alentour. Plus tard, des animaux aux longues jambes, longues chevelures, longues écharpes et longues nuits surgiront et s'arrêteront une heure, peut-être plus, hésitant à aller vers l'affrontement avec leurs toiles, et vers leurs professeurs à l'École de Nîmes. Vous y verrez passer les cabas bourrés de légumes revenant des halles, les sacs plastique avec de prestigieuses marques de chaussures ou de vêtements surgis des ruelles du centre. Vous vous apercevrez que les commerçants se connaissent et se reconnaissent, traversent pour aller se voir, mènent une vie autonome avec leurs codes complices. La place aux Herbes est un village.

L'un de ses charmes majeurs, c'est d'être toujours animée et toujours tranquille : vous y trouverez à chaque heure et chaque jour quelque chose ou quelqu'un à observer ; mais vous pourrez aussi y contempler sans être troublé la frise de la cathédrale ou compter les époques visibles de son clocher. Vous y connaîtrez les enfants de la ville parce qu'ils s'arrêteront pour jouer à la fontaine. C'est la seule place nîmoise que les vieillards traversent sans crainte et où ils osent s'arrêter. Vous vous apercevrez vite que vous êtes vous aussi observé ; spectacle autant que spectateur. Un petit monde vient ici se regarder lui-même ; noter les alliances et les complots ; et essayer de cerner les nouveaux venus. Mais au fond, vous pouvez faire n'importe quoi sur la place aux Herbes ; rester des heures le nez en l'air ; vous habiller en baba ou en velours et lavallière ; raconter votre vie ; échanger de fausses confidences ou de vrais aveux. On en a tant vu, tant éprouvé ici, qu'on en a conçu une grande indulgence.

Terre d'église

Assis au café des Beaux-Arts, vous êtes à trois cents mètres de la rue Dorée et du Collège des arts : la vieille ville est toute petite, toute serrée sur elle-même. Et pourtant vous avez franchi une des frontières subtiles qui la parcourent et la fissurent. Là-bas, vous étiez en territoire intellectuel ; ici, vous êtes sur les terres d'église ; c'est le quartier du Chapitre. Il y a longtemps que les puissances véritables sont ailleurs ; la grande foule ne se réunit plus dans cette basilique ; et le Chapitre ne pèse pas sur les pouvoirs. Mais une atmosphère demeure : ce grand palais de l'ancien évêché à la droite de la cathédrale, le très vaste hôtel des chanoines derrière, la rue au nom révélateur « du chapitre » qui longe le tout par-derrière , racontent une histoire perdue, mais forte.

On a beau tourner dans cette ville ; s'attarder sur les architectures contemporaines et l'éveil des arts, on y butte toujours sur les taureaux, les Romains et la Réforme. Celle-ci, escortée de terribles problèmes humains, a fait écran à une puissance et à une culture qui ont tout de même duré quatorze siècles, celles de l'Église catholique. On est à peu près sûr que dès 350, Nîmes avait son évêque. On est sûr qu'en 394 se tint dans la ville un Concile pour lutter contre une hérésie — déjà ! La Légende ajoute que les anges en étaient, puisqu'ils s'envolèrent jusque sur un vaisseau en pleine Méditerranée pour informer saint Martin des décisions qui y avaient été prises. Légendaire aussi le fait qu'à cette époque, l'Église nîmoise ait été dirigée par un saint : saint Félix. Mais, historique, le premier nom d'un évêque en 506 : Sédat. La lignée ne s'arrêtera plus : les noms seront wisigoths, francs ; parfois ils appartiendront à des familles du cru, comme les Languissel. La puissance catholique est en place, et sur cette place. Dès 814, on est certain qu'il existait là une église baptisée Cathédrale Sainte-Marie. Sur l'espace devant la cathédrale actuelle, on a trouvé les fondations d'une basilique du haut Moyen Age.

La cathédrale actuelle a été, elle, consacrée le 6 juillet 1095 par le pape Urbain II. A côté, plus tard, fut construit l'évêché ; puis derrière, ce que l'on appelait l'enceinte du chapitre, c'est-à-dire la jolie petite place qui porte encore ce nom et les hôtels particuliers avoisinants. Cette fois-ci, ne rêvez pas : ce que vous voyez n'a presque plus rien de commun avec les bâtiments de ces temps de l'église glorieuse. Tout a été démoli, rebâti, au moins deux ou trois fois. On n'a pas idée du bastion ecclésiastique que devait constituer tout le quartier ; de cette cathédrale romane largement ouverte à tous ; et du quartier, derrière, clos comme un couvent. La force magique, politique, financière, terrienne, culturelle des évêques et des chanoines de l'an mil à l'an quatorze cents est inconcevable dans les mentalités populaires actuelles.

Dans cette église, pouvaient se réfugier les voleurs et criminels qui y avaient droit d'asile ; devant cette église, les « filles mères » abandonnaient leurs nouveau-nés. Dans cette cathédrale romane à trois nefs et à beau porche se déroulait à chaque Noël la « fête des fous » : toute la population, mais aussi les jongleurs et les ménétriers, les consuls et les juges, et encore les chanoines et les prêtres, et l'évêque lui-même, tous faisaient la fête dans l'église. La coutume n'était pas nîmoise et suivant les villes, on parle de plus ou moins grande débauche, d'orgie. Nîmes, dit-on, était plus mesurée ; mais il est certain qu'on y dansait follement. Le roi Jean, à son passage en 1362, les ducs de Berry, de Bourgogne et d'Anjou ne dédaignèrent pas d'y assister. Et quand, en 1394, on parla de supprimer cette fête « païenne », les chanoines intervinrent vigoureusement pour la conserver.

La cathédrale fantôme

C'est une cathédrale martyre que vous regardez, en buvant un café de l'autre côté de la place. On a l'habitude de dire que les cathédrales du Moyen Age étaient les livres d'images du peuple : la façade de celle de Nîmes raconte, elle, son histoire violente et ses propres malheurs.

C'est la tour qui est la plus ancienne, jusqu'à la première margelle, ainsi que la partie de façade contre laquelle elle s'appuie. Il n'est pas besoin d'être historien pour reconnaître la claire manière des maîtres bâtisseurs romans : blocs paisibles, dispositif imposant, voici les origines, la basilique qu'Urbain II consacra et que le comte de Toulouse épousa en posant un anneau d'or sur l'autel. Elle devait avoir trois nefs appuyées l'une sur l'autre ; un second clocher aussi massif et crénelé sur l'autre flanc et plus en arrière.

Obstinément, de génération en génération, on raconte que l'église est bâtie sur les assises d'un temple romain. Lorsqu'on la reconstruisit au début du XVIIe siècle, on découvrit, en creusant de nouvelles fondations, quantité de têtes de béliers et de taureaux semblant provenir de sacrifices. Le bâtiment lui-même portait sur son côté gauche deux têtes de taureaux en marbre qui furent enfouies sous la construction de maisons adjacentes : on supposa aussitôt que c'était là le temple de Mithra. « Pas du tout, écrivit un autre historien cinquante ans plus tard, c'est un temple dédié à Auguste. » Et il fit une dissertation sur le bâtiment fantôme. Ah, les Nîmois ne manquent jamais d'imagination lorsqu'il s'agit de leurs origines romaines.

Mais il est vrai que les bases de la cathédrale, et de toute cette façade, sont en pierres romaines. Comme on sait que les archéologues sont de bons détectives, ils ont relevé que ces pierres sont liées par du mortier, ce que ne faisaient pas les Romains ; et que les cannelures taillées dont ils emboîtaient les blocs sont ici tournées dans tous les sens, et sans usage : ils en conclurent que la cathédrale primitive avait été bâtie avec des matériaux antiques apportés d'ailleurs et réemployés.

Au XIVe siècle, on ajouta à cette partie romane une partie ogivale. Et au XVe siècle, on la rehaussa pour abriter les cloches ; d'où les arcs brisés des fenêtres gothiques. Si celles-ci sont bouchées, c'est qu'à peine construite, cette excroissance menaça ruine ; qu'il fallut la consolider avec des barres de fer, et en murer les ouvertures.

Cette cathédrale romane, si vous voulez en toucher la peau pesante, la chair de l'Histoire, passez derrière les tambours de bois de l'entrée. Là, dans l'église noire, vous apercevez les blocs de deux piliers anciens qui révèlent une ouverture de plus de huit mètres. Entre les deux devait s'arquer un porche sans doute orné dont aucune représentation ne nous est parvenue. On sent qu'il y eut dans Nîmes une époque où toute trace de catholicisme fut pourchassée, détruite, effacée ; sans doute jusque dans certaines archives. Procès de l'Histoire. De la claire et pure époque romane ne restent que les quatre colonnes et arcatures sur la partie gauche de la façade, et surtout la double frise.

La genèse de pierre

Cette frise, il faut prendre le temps de la contempler : sur la place aux Herbes, on ne s'étonne de rien, et surtout pas de l'admiration. Onze lions font les pitres au-dessus de l'Ancien Testament; pas un qui donne la même comédie que l'autre. Un humour qui dit bien des choses sur la mentalité des gens de cette ville en l'an mil : l'un sourit carrément, l'autre a l'air endormi, le troisième guette, le quatrième fait le patelin... le bestiaire merveilleux d'un dessin animé pétrifié. Au-dessous, c'est le théâtre de nos origines. Genèse, disent-ils. Les personnages sont peu nombreux, toujours ramenés aux protagonistes essentiels. Tous paraissent avoir du mal à entrer dans la frise, si bien qu'ils se courbent un peu, ploient le corps, prennent des postures plus dynamiques. Maîtrise de l'artiste : ainsi il peut grossir ses personnages et leur donner la force de la vie — il suffit de comparer avec la partie du XVIIe siècle! Suivez la fable : voici le serpent tentateur aux yeux fulgurants, la main d'Ève déjà tendue, le visage d'Adam, effrayé; la deuxième scène est effacée par les vents et les pluies du nord; c'est encore la peur d'Adam qui reste seule visible, sur la figure qui reste. Ensuite, c'est Dieu; un jeune homme imberbe, sévère, un bâton à la main, et Adam et Ève, déjà nus, déjà cachés derrière des ceps de vigne, comme accroupis; le rictus d'Adam supplie, Ève paraît rêver. L'ange à quatre ailes apparaît, une épée dans la main droite, l'autre en arrière interdisant l'entrée du Paradis : Adam s'en va; Ève ose encore, semble-t-il, regarder Dieu, et supplier. Scène de caractère : voici Caïn et Abel. Abel offre un agneau en sacrifice; mais Caïn ne suit pas : moustache en bataille, œil courroucé, c'est son frère qu'il regarde. Adam et Ève sont encore là, pieds nus; leurs fils sont chaussés — voici la civilisation, paraît raconter l'artiste lointain. Puis c'est le crime, et jamais mieux qu'ici les contraintes de la frise ne servent mieux le sculpteur : Abel baissé, le poignard au-dessus de la nuque, peut-être déjà frappé ; Caïn penché sur lui, surpris en plein geste du premier assassinat de l'humanité. Gros plan. Fin de la séquence médiévale.

Mort d'une basilique

Alors pourquoi ce ravage, pourquoi ces rafistolages de façade, pourquoi cette autre frise manifestement effacée au-dessus et autour de l'entrée actuelle, pourquoi ces à-peu-près, ces rajouts, ces pansements ? Vous voulez encore vous poser des questions ? Entrez dans l'église : hors l'entrée, pas une voûte, pas un pilier, pas une muraille romane. La cathédrale primitive, comme son porche, comme sa seconde tour, a disparu.

Les histoires de cathédrale, dans Nîmes, ce ne sont pas seulement de la foi et de l'art, c'est aussi de la politique. Cette ville pendant toute la deuxième partie du XVIe siècle aurait pu être un foyer d'humanisme ; elle a été un chaudron de haines, de fanatisme et d'ambitions. Vint le temps où, le pouvoir municipal étant à dominante protestante, la majorité de la population étant devenue luthérienne, le pouvoir ecclésiastique fut ressenti comme intolérable. Cela se traduisit par une guéguerre de confiscations et de procès, puis par l'envahissement progressif des églises. Jusqu'à ce que : « le dimanche 21 de ce mois (de décembre 1561) quelques enfants des réformés s'approchèrent du portail de l'église, et, en épiant le prédicateur, ils lui faisaient des huées et se moquaient de lui, en lui criant : le béguinier. Alors deux des plus apparents de l'auditoire sortirent de l'église pour chasser ces enfants et les menacer. Ceux-ci, bien instruits de ce qu'ils avaient à faire, ne laissèrent pas de recommencer leurs huées, par deux différentes fois ; et toujours ils furent chassés par les mêmes. Enfin, à la dernière fois, les deux catholiques les poursuivirent et leur donnèrent quelques coups avec la main, pour les obliger à n'y plus revenir. Aussitôt, comme c'en était le signal, une foule de peuple, qui s'était insensiblement ramassée autour de ces enfants, s'avança du portail tumultueusement en murmures. D'un autre côté, et dans le même instant, les seigneurs de Cardet et de Saint-Cômes, et quelques autres gentilshommes des assemblées se jetèrent dans l'église à la tête d'une troupe considérable. Les uns gagnèrent le clocher, et les autres se répandirent dans la nef, où ils renversèrent les images, les statues et les autels, et brisèrent tout ce qui tomba sous leurs mains tandis que la porte de l'église demeura gardée par des gens armés de hallebardes et d'arquebuses. L'évêque qui se trouvait ce jour-là dans l'église, fut contraint d'en sortir aussitôt, de même que les chanoines et le reste des fidèles. » C'est le premier pillage de la cathédrale. Trois jours plus tard, un ministre réformé y prêchait. Dans le début de 1562, le sanctuaire sert aux assemblées protestantes; la contagion gagne, on dit que des chanoines assistent aux prêches. En juillet, on fait peser les reliques et les candélabres et on les fond. Les objets sacrés sont détruits, leurs ornements arrachés. Enfin, après un massacre mémorable, un historien raconte : « La démolition de la cathédrale fut donnée au rabais par mandement des messieurs après avoir fait venir dans la salle de l'Hôtel de Ville les maçons et les charpentiers qui étaient en état de l'entreprendre. On commença par le grand clocher, qui est un édifice de la fin du XIe, d'une masse énorme. On voulait l'abattre par le pied, et déjà l'on avait écorné la première rangée de pierres qui y sont placées en saillie. Mais celui qui présidait à la démolition, s'étant d'un côté aperçu que par la chute de ce bâtiment, presque toutes les maisons voisines, dont quelques-unes se trouvaient appartenir à ceux de leur parti, abîmeraient en un instant, et d'un autre côté, considérant qu'on pouvait en faire usage pour y placer des sentinelles, fit cesser les ouvriers, et leur fit seulement démolir le corps de l'église. Ces commencements de leur fureur subsistent encore, ainsi que la façade de l'église à laquelle il est contigu, qui ne fut pas non plus endommagée. Le palais épiscopal fut abattu jusqu'aux fondements, ainsi que les maisons des chanoines et des prêtres du bas-chœur de la cathédrale. »

Et voilà pourquoi il ne reste de l'ancienne cathédrale romane qu'une tour, et la partie de façade qui la soutient. Deux chapelles sont toutefois en pur roman : survivantes parce que cachées, ce sont celles du rez-de-chaussée et du premier étage de la tour. Le public ne les voit pas, obstruées qu'elles sont par l'escalier rajouté des tribunes. Elles ont conservé leurs chapiteaux à feuillages, leurs voûtes très simples mais très harmonieuses. Elles attendent, là, hors des circuits touristiques et des batailles, témoins fabuleux, qui gardent un secret : à suivre.

Fac-similé

La cathédrale resta ras de terre pendant quarante-trois ans. À la fin du règne de Henri IV, la paix civile paraissant revenue, les chanoines et l'évêque commencèrent de la faire reconstruire. Elle était presque terminée, et selon les témoins devenait une des plus belles églises de la région lorsque, les mêmes causes produisant les mêmes effets, de nouveaux troubles éclatèrent dans Nîmes. Et l'église fut à nouveau rasée, sauf la tour et le morceau de façade qui la soutenait. Elle resta en ruine vingt-cinq ans. Puis vint le temps de la Contre-Réforme. Ce fut la reconquête de la ville par un évêque militant, Cohon ; ce fut le temps où arrivaient en ville dix filles ursulines dans ce qui deviendra la rue du Grand-Couvent. Cette fois, la cathédrale avait trouvé ses dimensions actuelles. Elle fut achevée et consacrée en 1646. C'est à cette époque que fut reconstitué le côté droit de la façade avec la suite de la frise des lions et celle de l'Ancien Testament ; une bande dessinée qui avait été interrompue pendant cinq cent cinquante-trois ans. Suffisamment de temps pour que les lions aient perdu leur ironie et leur vie ; pour que leurs crinières se soient arrondies, et leurs mufles épaissis. Pour qu'ils aient pris une redondance, et un poil ondulé dignes des fastes louisquatorziens. Quant au récit de l'Ancien Testament, il se poursuit en effet : avec une bonne vue, ou des jumelles, vous reconnaîtrez les douze scènes restantes : Noé et l'arche, son ivresse, la tour de Babel avec au sommet les trois poutres d'une « chèvre », et au bas un architecte faisant placer une pierre d'angle par un ouvrier ; puis la destinée de Sodome : la femme de Loth changée en statue de sel est une borne de pierre d'où dépasse une tête ; les guerriers d'Abraham, le sacrifice, Joseph se défendant d'une accusation devant le roi ; Moïse assistant au meurtre d'un Hébreu commis par un Égyptien, lequel est représenté sous la forme d'un diable ; le Buisson ardent ; un guerrier égyptien s'enfonçant dans les flots tandis que Moïse fait jaillir l'eau d'un rocher ; un ange de Dieu arrêtant l'ânesse du prophète Balaam, enfin Israël au désert : le catéchisme des Nîmois du Grand Siècle, qui entendaient mieux l'occitan que le français, et la Bible que Racine. Les dernières vignettes sont les plus émouvantes : on y reconnaît ce qu'on appelle en garrigue une « capitelle », un signe pour les Nîmois : ces cabanes de pierres plates, bâties sans ciment, en porte-à-faux jusqu'à la voûte, sont comme l'emblème de la vie populaire, un signe de connivence de l'artiste à la ville. Enfin, sur la dernière image, où l'on voit une femme avec ses enfants sous une tente à demi ouverte ; Moïse dans un coin reçoit les tables de la Loi : sur ces tables, et en fin de frise, deux initiales : D.N. : la signature du sculpteur inconnu.

De Reberrus, qui laisse sa signature au fond des Arènes, à l'architecte inconnu de la Maison Carrée, et à ce créateur du Grand Siècle, Nîmes est la terre des grands bâtisseurs silencieux.

L'évêque de fer

Les avatars de la cathédrale n'étaient pas terminés : l'évêque conquérant Cohon lui fit ajouter une chapelle derrière le chœur. La résurrection de cette cathédrale, c'était son œuvre ; et surtout le symbole de sa réussite : la reconquête de Nîmes, c'était lui. Les congrégations multiples, les écoles réouvertes, les hospices et hôpitaux créés ou « empruntés » aux protestants, c'était lui. Si la Révocation de l'Édit de Nantes se fit sans heurts, dans une population brisée à l'avance, c'est son action qui l'avait préparée. Allez tout droit au fond de la cathédrale : il est enterré dans la chapelle qu'il avait fait ajouter, d'ailleurs beaucoup plus grande qu'elle ne l'est aujourd'hui. Là, au-dessus de son tombeau, un petit portrait vous scrute finement. Il vous jauge, avec un certain sourire, sûr de sa puissance. A quel camp appartenez-vous ? Au roi, à la Fronde, à Luther ? Quelle redoutable volonté dans ce regard pointu et ce visage à la Mazarin. Un prince-prélat ; un politique, tenace et dangereux pour celui auquel il s'attaque. Un homme qui pendant vingt-sept ans pesa terriblement sur l'histoire de la ville.

L'évêque de soie

Étonnante symétrie : après être passé devant la chapelle de l'évêque Cohon, continuez sur la droite : vous arriverez devant la chapelle du Saint-Sacrement ; très vaste, très claire. Elle a été bâtie par un autre grand évêque nîmois ; lui aussi orateur, lui aussi ayant les faveurs de la cour de France, lui aussi considéré, quoiqu'avec un caractère bien différent, comme un évêque combattant : c'est Esprit Fléchier.

Le premier était de la caste des Richelieu, celui-ci est de celle des Fénelon : le roi n'envoie pas n'importe qui dans la « petite Genève » !

Il était né en 1632 à Pernes, près de Carpentras. Voulant peut-être justifier son prénom, il fit preuve tout petit garçon de brillantes qualités intellectuelles ; et à quinze ans, il composait une tragédie latine, avant d'aller parachever son éducation dans les enfilades de salons de l'hôtel de Rambouillet. L'abbé devint connu, recherché ; il sut allier les traits d'esprit pour les duchesses avec les louanges à la cour. Il se poussa dans le monde. Et Louis XIV finit par lui accorder une pension aussi élevée que celle de Racine. Il est capable de broder des satires sur les fausses précieuses, comme Molière ; mais aussi de prononcer une oraison funèbre de Mme de Montausier qui lui valut une réputation d'orateur fameux. Mme de Sévigné le place au même rang que Bossuet et Bourdaloue. C'est d'ailleurs avec eux qu'il se retrouve statufié à la fontaine de la place Saint-Sulpice à Paris. Et c'est encore en même temps que Racine qu'il est reçu à l'Académie française. Il devient l'aumônier de Mme la Dauphine, et l'abbé de Saint-Séverin. Lorsque Louis XIV l'appela à l'épiscopat : « Je vous ai fait un peu attendre, dit-il au nouveau prélat, la place que vous méritez depuis si longtemps. Mais je ne voulais pas me priver si tôt du plaisir de vous entendre. »

La carrière d'évêque de Fléchier sera cependant perturbée par la querelle entre le roi et le saint-siège. Ce que veut Louis XIV, le pape le refuse. Le voici donc évêque de Lavaur, sans l'être tout à fait puisque la bulle de Rome n'arrive jamais. Il n'est officiellement que le vicaire capitulaire. En août 1687, le roi le prie de se rendre à Nîmes : là, comme successeur de Cohon, il y a un vieil évêque que l'on considère comme trop peu actif et pas assez vigilant avec les convertis forcés. Fléchier administre d'abord l'évéché comme vicaire de ce monseigneur Séguier ; puis, Rome boudant toujours, comme vicaire capitulaire. Il faut attendre la réconciliation de la cour et du Vatican pour qu'il reçoive enfin les bulles qui font de lui le patron de l'Église nîmoise. Le 25 janvier 1693, bien qu'étant en poste officieusement depuis six ans, il fit son entrée solennelle dans sa ville ; par la Porte de la Couronne, naturellement. Il restera évêque de Nîmes vingt-trois ans. Mgr Cohon avait eu à maîtriser des huguenots rebelles ; Mgr Fléchier a à maîtriser des huguenots qui font semblant d'être catholiques. Il y faut à la fois de la souplesse et de la vigilance. C'est cet académicien français, devenu par sa fonction protecteur de l'Académie de Nîmes, qui fit rattacher celle-ci à sa grande aînée.

Esprit Fléchier est enterré dans la chapelle qu'il a fait construire. Comptez les rosaces dans la mosaïque qui part de la table de communion. Sur la cinquième, vous apercevrez une petite croix dorée : c'est le seul signe qui indique le lieu où le brillant évêque attend la résurrection.

Le cardinal de chair

Changement de siècle, changement de mœurs, changement d'esprit, et on serait tenté de dire, changement d'âme. Si vous glissez encore le long des chapelles de droite, vous rencontrez le tombeau du cardinal de Bernis. Lui ne se contente pas d'une petite croix de mosaïque. Il est vrai que ce tombeau a été dressé par ses neveux héritiers. Qui du coup, ont ajouté son buste par-dessus. De Bernis n'a été pour rien dans l'histoire de Nîmes ; même si sa lignée y a beaucoup compté. Il y est venu à trente et un ans lors d'un voyage dans le Midi. Il croyait, dit-on, y passer trois jours, il y resta trois semaines de l'été 1746, charmé par quelques Nîmoises. Il était alors le favori de la favorite, Mme de Pompadour. Si la chambre « du cardinal », que l'on vous montre dans la maison de la rue de Bernis, est bien la sienne, elle n'était que celle d'un petit abbé de cour, qui n'avait pas atteint à la pourpre. Celle d'un libertin aussi, qui recevra l'éloge d'un autre grand coquin du XXe siècle, Roger Vailland.

L'homme qui est enterré dans la cathédrale n'a pas de cœur. Le cardinal de Bernis est mort à Rome, ruiné et destitué par la Révolution. Il fut enterré d'abord, en grandes pompes, dans l'église Saint-Louis-des-Français. En 1802, le Premier consul, Bonaparte, donna l'autorisation à la famille de ramener le corps en France. Il ordonna même à tous les ports où aborderait le vaisseau transportant la dépouille de lui rendre les honneurs. C'est ainsi que le cardinal arriva dans la cathédrale. Le tombeau débarquait avec lui ; il avait été taillé dans le marbre romain, sur le modèle de celui d'Agrippa. Quant au cœur de de Bernis, il était resté à Rome dans une urne de Saint-Louis-des-Français.

Quel est le chanoine ou l'évêque subtil qui dans la même chapelle a placé un très antique sarcophage chrétien plus que millénaire... comme un contre-poison ?

Vanité des vanités

Si vous êtes venu contempler la cathédrale à l'heure du café, vous pouvez y revenir à celle du pastis, car l'histoire de ses déboires n'est pas terminée.

Au-dessus et autour du porche, on devine une autre frise presque totalement effacée. Si usée, si vague de formes qu'on la croit parfois très primitive ; plus ancienne que les aigles romains. Et les histoires de Mithra reviennent. En fait, ce ne sont ni le mistral ni les pluies du nord qui l'ont réduite à l'état de traces babyloniennes, mais les marteaux de ses adversaires successifs : les protestants, bien sûr, mais aussi les révolutionnaires de 93. Ceux-ci en avaient fait le Temple de la Raison. Ils en avaient ôté les objets sacrés, roulé comme un vulgaire tapis une toile de Mignard représentant l'Assomption, et peint les murs de larges bandes bleu-blanc-rouge.

Ce fut pourtant un évêque qui acheva, dans tous les sens du mot, la façade. Il ne faut pas être un grand expert pour trouver insolite ce portique triangulaire qui coupe le porche. Des distraits y ont vu une imitation XVIIe siècle de la Grèce ; des audacieux y ont deviné la main des francs-maçons... Il ne s'agissait que de la vanité des grands. Romane, gothique et grand-siècle, la cathédrale de Nîmes avait toujours eu un porche en plein cintre... Jusqu'en 1823, où on annonça la visite à Nîmes de la duchesse d'Angoulême. On était en pleine euphorie de la Restauration. L'évêque voulut fêter dignement ce passage, imagina des cérémonies grandioses, une réception fantastique dans son église, et un dais somptueux pour cette réception. Restait à le faire passer sous un porche cintré. Pour la petite seconde d'absolue jouissance d'un évêque pénétrant en gloire sa cathédrale, on cassa le porche. Et par la même occasion, on acheva la frise qui le surmontait : roi sur son trône, griffons, aigles : on peut désormais rêver ces formes vagues.

La dernière grande intervention eut lieu en 1882 ; il y a à peine plus d'un siècle : on ne toucha presque pas la façade, sinon pour la consolider. Mais le chœur fut entièrement remanié, et la grande nef et le transept repris.

Henri Revoil

Ce fut une réussite dont l'architecte Henri Revoil était responsable. Revoil est de ceux qui ont, comme Questel, modifié les allures de Nîmes au XIXe siècle, et que l'on ne connaît pas. C'est lui qui acheva de restaurer l'amphithéâtre, lui qui sauvegarda ce qui restait du Temple de Diane, lui encore qui dessina le square Antonin au sortir du quai de la Fontaine. Dans le seul département du Gard, il bâtit cinq églises et le temple d'Alès.

Dans la cathédrale, les choses se simplifient comme le regard monte. Le long de la nef, autour du chœur et de la chaire, une futaie de colonnes brunes brille doucement. C'est le lieu de l'ombre riche. On la connaissait bien l'histoire de ce sanctuaire : Revoil savait les nombreux évêques reposant là, les histoires médiévales de conciles, de papes, de rois de France, Philippe le Bel ou Louis IX, et de comtes de Toulouse. Il en voulut le faste mais aussi l'obscurité ; le luxe profond mais les profondeurs de l'Histoire. La force du marbre sombre, c'est le style des « il était une fois ». Le jeu, comme à Saint-Paul, entre un roman pas assez humble et gothique qui n'a plus la place de développer ses arcs-boutants. Peu importe la pureté : la voûte est belle, ample, immense. Pour dissimuler le fait qu'il n'a pas appuyé directement ses voussures sur les piliers préexistants, Revoil a trouvé la complicité des quatre évangélistes. Les raccords se font sous des chapiteaux avancés : le lion de saint Marc, le bœuf de saint

Luc, l'aigle de saint Jean et l'homme de saint Mathieu ; ainsi que sous un bélier et un agneau, symboles de l'Ancien Testament.

Ronde des saints

Cathédrale à présent hantée plus qu'habitée, elle peut contenir deux mille quatre cents personnes, trois mille en foule ; mais on n'y trouve presque plus jamais de grands rassemblements. Le temps de la paix est sans doute revenu pour elle, mais sans les foules du Moyen Age ni les puissances de l'évêque. Elle pèse cependant ; elle porte une charge d'histoire presque toujours douloureuse. Condamnée d'emblée à cause de ses mutilations, elle n'est pas sans beauté même de façade : le soir, par fin de soleil, quand vous débouchez sur la place aux Herbes, sa haute tour de trente-cinq mètres, mi-romane mi-gothique, ne manque pas de grandeur. Elle, elle a de quoi se souvenir.

Entrez une dernière fois ; une dernière fois faites le tour de la nef en regardant les vitraux : c'est l'imagerie de la ville catholique. Qu'importe qu'ils soient du XIXe siècle : ils racontent l'histoire sainte nîmoise, la légende dorée. En commençant à gauche, vous y verrez saint Baudile portant la hache de son supplice, le premier nîmois chrétien ; saint Félix, le premier évêque légendaire. Ce saint qui tient un bâtiment dans ses mains, c'est saint Léonce, frère de saint Castor, et comme lui, Nîmois ; l'édifice, c'est le célèbre monastère de l'île de Leirins dont il est le fondateur. Vient ensuite saint Castor assis sur une chaire épiscopale ornée de lions ailés ; voici un culte qui fit pendant un millénaire partie du patrimoine nîmois, et qui est aujourd'hui complètement oublié. La légende voulait que saint Castor soit né dans une maison de la place du Marché, sous l'arche ; ou, fable plus répandue encore, dans une maison des Arènes. Pendant des siècles, chaque année, pour la fête du saint, une procession allait rendre hommage à son lieu natal sans doute faux. On retrouve toute la fable nîmoise : voici saint Gilles et sa biche, et au-dessus du chœur du côté de l'Évangile, le pape Urbain V, qui possédait des terres dans le pays nîmois. Voici saint François de Régis, portant le bourdon des pèlerins, lui qui évangélisa les Cévennes ; et saint Louis, tête nue, manteau fleurdelysé, une épée au côté, sa couronne posée en terre et remplacée sur sa tête par une couronne d'épines : saint Louis qui est venu dans cette cathédrale avant de s'embarquer pour la croisade à son nouveau port d'Aigues-Mortes. On reconnaît ensuite Urbain II, qui consacra la basilique, et y tint concile. Dans la chapelle de l'Assomption de la Vierge, le vitrail a été dessiné par l'architecte Henri Revoil lui-même. On est en 1096 : Raymond IV de Saint-Gilles, comte de Toulouse et sans doute mécène de l'église, est venu « épouser » le sanctuaire. Couronné, en manteau pourpre frappé de la croix de Toulouse, il dépose devant le pontife un anneau d'or. Le vitrail suivant rejoint les temps modernes : voici Louis XIII et l'évêque Cohon, le premier à genoux, l'autre debout, célébrant la consécration de la France à la Vierge Marie en 1678.

Fouillant sous la façade, Revoil découvrit la première pierre de la cathédrale du XVIIe siècle ; celle qui avait été voulue par Cohon, précisément : l'inscription qu'elle portait ne laissait aucun doute sur ses intentions ; elle était dédiée à la Vierge « victorieuse des hérésies ». Vient ensuite une figure pittoresque de la région, l'abbé Bridaine : il était né dans un village des environs et consacra sa carrière ecclésiastique à raviver la foi parmi les populations : un vrai militant et une force, parfois brutale, de la nature. Il rameutait les villageois, les conduisait au cimetière pour les faire trembler sur la mort. Cheveux longs, bâton à la main, il mena deux cent cinquante-six missions de prêches et de conversions dans le Midi. La réalité du personnage dépasse de loin le jovial curé d'opérette. Bossuet du Pauvre, il fit trembler ces voûtes mêmes de sa voix tonitruante et de ses menaces d'enfer. Les derniers personnages de ces images d'Épinal sont saint Pierre de Luxembourg — sans que l'on sache trop pourquoi —, saint Vérédème, le saint du Gardon qui faillit en venir aux mains avec saint Gilles ; sur le vitrail, il porte un dessin, celui-ci a été relevé dans la grotte même où vivait le saint : la boucle est close. Le dernier ne plairait pas aux Occitans : c'est Pierre de Castelnau, le légat du pape dans la croisade contre les Albigeois en 1204. Du pied, il écrase l'hérésie, sous la forme d'un dragon. Comme elle revient l'hérésie, dans cette ronde d'images ! De saint Baudile à saint Félix, de saint Louis à Cohon, de Bridaine à Pierre de Castelnau. On dirait que la cathédrale se souvient de ses anciennes blessures, des maladies de l'âme qui prirent périodiquement ses paroissiens ; et de ceux qui l'ont défendue.

La « faute » de la ville

La blessure, elle est là encore, secrète, dans ses entrailles mêmes : pendant les travaux de la fin du XIXᵉ siècle, on fouilla un peu partout dans l'église. On retrouva des évêques ensevelis ; des pierres votives mais aussi... lorsqu'on creusa sous la tour, dans la petite chapelle romane, seul reste des grands temps catholiques, on tomba sur trois couches de cadavres. Il y en avait au moins quarante ; des hommes, presque tous visiblement morts par l'épée, le poignard ou la dague. Perplexité. Parmi les restes de vêtements, on aperçut un fragment écarlate de soie. On se souvint alors qu'au XVIᵉ siècle, les consuls portaient des chaperons de cette couleur. Et l'horreur de ce qu'on découvrait apparut : il s'agissait des victimes du massacre le plus connu de l'histoire nîmoise, celui qui avait immédiatement précédé la démolition de la cathédrale. Il s'était déroulé le jour de la Saint-Michel : Nîmois contre Nîmois, notables contre notables, familles contre familles, parfois d'un côté à l'autre de la rue. Ce qu'on déterrait là, c'était la Faute de la ville, son péché enfoui. Ce qui s'est passé ce mardi 30 septembre 1567 sur la place aux Herbes et dans la cour de l'évêché tout à côté, vous pouvez l'imaginer raconté par un jeune homme secoué de haine : « J'allais ce matin-là vers le Collège des arts. Ce dernier jour de septembre était blond comme le raisin. A peine dans la rue, je marchais entre des armes. Des hommes affairés que je connaissais tous, tous des frères. Avec des pistolets à la ceinture, et des piques, des hallebardes, des dagues, des épées comme s'ils avaient vidé leurs réserves. Et un pas déterminé, de ces pas qui savent où ils vont. Tout ceci sans un mot, dans le claquement des volets qui se fermaient. J'ai reconnu le président Clavières et notre ami Rozel ; ils avaient des visages sans regard. Et les ouvriers suivaient : cardeurs, teinturiers, et même les savetiers, portant des cottes de maille qu'ils avaient trouvées Dieu sait où. J'ai suivi. Ils sont arrivés près de la Trésorerie devant la maison de maître Jean Baudin, qui était second consul papiste. Quelques-uns sont entrés après avoir bousculé les domestiques. Ils sont revenus avec le consul et l'ont poussé jusqu'à la rue de Campneuf, chez maître Cellerier. Là étaient déjà enfermés quantité de gentilshommes papistes qui ordinairement nous insultaient ou tentaient de nous nuire. Tout le long de la rue, dame Baudu nous a suivis en pleurant. Je n'avais jamais vu une femme pleurer. Cela m'a courroucé. La rue des Greffes était pleine de nos frères et tout hérissée de piques et de lancegayes. On criait : Tue les papistes, et aussi : Monde Nouveau ! Vers le soir, nous fûmes tous sur la place aux Herbes, devant la cathédrale. Nos frères débouchaient de toutes les rues en criant et lançant des louanges aux cieux. Nous marchions sur des ornements d'église. Plusieurs bûchers brûlaient des bancs et boiseries. Personne n'avait bu et nous étions tous dans une étrange ivresse. Cette journée était la seule, la dernière, la vraie. Avec je ne sais quelle envie au fond de nous. Les premières torches nous firent bouger l'âme. On aperçut des groupes furtifs qui venaient par la rue de l'Espicerie. Dans la fumée et les flambeaux, je reconnus des manœuvriers qui amenaient les consuls papistes, et des moines, des abbés, maître Grégoire et le prieur des augustins. On les poussa dans la cour de l'évêché. J'entendais encore : Tue papistes ! J'avais la gorge dure. D'un coup, la place aux Herbes parut flamber ; on avait planté des torches sur le clocher et le beffroi. Les cris diminuaient. On avait formé un groupe vers le fond de la cour, autour des prisonniers catholiques. Le reste de la population restait au large. Un étrange désert de pavés brillait entre les deux. Moi, j'étais fasciné par ce labeur silencieux, là-bas, dans la lueur des torches. J'ai traversé la foule, passé l'espace des pavés. Quelqu'un a crié mon nom, m'a dit de ne pas approcher... Je suis entré dans le groupe des hommes : c'étaient des bouchers. On abattait ces gens, ils criaient à peine. Le pavé luisait de sang, des dagues se tiraient en arrière pour frapper au ventre. Cela se faisait à trois ou quatre ensemble, puis on laissait retomber le cadavre, on laissait gémir le mourant. Et cela a duré des heures, des heures. Ceux qui recevaient la mort, peut-être criaient-ils. Je ne me souviens pas. Je reconnaissais leurs visages ; leurs bouches ; mais ils me paraissaient très loin, comme derrière une vitre. Ils méritaient ce que Dieu leur envoyait. Et moi, je crois que ce soir-là, dans la fumée et les crachats rougeâtres des torches, j'ai ramassé une épée, et j'ai frappé aussi. »

Les quatre-vingts victimes de ce qu'on appelle encore la Michelade furent jetées dans le puits de l'évêché : consuls, chanoines, abbés et bourgeois ensemble. La légende noire veut qu'on entendît longtemps crier les blessés. Ce que découvrent les bâtisseurs du XIXe siècle, c'est que ces dépouilles furent ensuite, sans doute au moment des reconstructions, transportées à l'abri de la plus vieille partie du sanctuaire. Geste symbolique et secret qui les mettait à l'abri d'autres profanations. L'écarlate du chaperon du consul ne devait reparaître que trois cents ans plus tard. Les corps sont toujours là, sous la vieille tour, mieux protégés par une voûte de béton.

MAISONS

Saint Castor, Nîmois, patron de la cathédrale, a donné son nom à la ruelle voisine de la Tour : on l'a longtemps appelée rue du Clocher. A trente mètres, la plus belle façade renaissance de la ville : balcon soutenu par quatre colonnes ioniques ; frise de feuillages ; et au-dessus fenêtres encadrées de pilastres cannelées avec de beaux chapiteaux corinthiens et des ornements de feuillages. C'est le presbytère de la cathédrale. Ici, se montre ce qui est ailleurs caché dans des cours, derrière de grands vantaux bien clos. Mais ici aussi, dans cette rue étroite, sombre et humide, aussi vieille que la ville, une crasse multiséculaire s'est emparée de cette fine beauté. On voudrait s'arrêter là ; faire quelque chose ; repousser ces maisons trop ordinaires qui l'étouffent ; casser ces magasins miteux qui la bordent et surtout la débarbouiller, ôter de ce visage aimable la poussière, la suie et les grincements terribles de l'habitude.

La maison d'un certain bonheur

Que d'épaisseur, que de forces noires, que de morts, sereins ou terrorisés, libertins ou pieux dans ce quartier de la cathédrale : la vie amère et forte est là. Heureusement, à cinquante mètres, au fond de la claire cour de l'ancien évêché, la vie douce vous attend : l'art de vivre nîmois. On l'appelle le musée du vieux Nîmes ; c'est aussi la maison d'un certain bonheur. C'est le plus beau musée de la ville ; c'est-à-dire que ce n'est pas un musée. D'antichambre d'été en chambre d'hiver, de salon d'apparat en salon à manger, c'est plutôt une visite que l'on rend, une invitation à laquelle on répond. Vous parcourez les grandes pièces de l'ancien évêché entre les secrétaires, les grandes tables, les commodes, les lits, les armoires ; mais aussi les ustensiles de toilette ou de table, les jouets ou les faïences, les écritoires et les bibelots qui sont les mesures de la vie. C'est la mise en scène des XVIIe, XVIIIe et XIXe siècles : ces réceptions qui se donnaient dans les beaux immeubles de la rue Dorée, c'est dans de tels décors qu'elles se déroulaient. L'histoire, elle, s'est discutée, décidée, autour de telles tables ; les marchands textiles, ils vivaient entre ces lits et ces armoires. Les juristes et les intellectuels, ils écrivaient avec ces plumes d'oie qu'ils taillaient avec ces ciseaux spéciaux, trempaient dans ces encriers en faïence, ils séchaient ensuite leurs écritures avec ces sabliers, et ils scellaient avec ces cachets à manche de fer, d'agate ou d'ivoire. Les pots, les théières, les piluliers, les confituriers décorés de têtes exotiques... la vie belle est là. Le luxe aussi ; mais, à remonter le temps, autant traverser le roman de *La Princesse de Clèves*, que celui d'un tondeur de drap près de l'agau. D'autant que l'immeuble est magnifique, et que la réception se passe sur des marqueteries, entre des lambris et des tapisseries, et sous des plafonds magnifiques.

Le « musée », puisqu'il faut l'appeler ainsi, ne peut tout montrer : ses « réserves » sont importantes. En particulier celle des châles nîmois : le châle et les bas ont donné un second souffle à l'industrie textile nîmoise. Même au XIXe siècle, ils étaient exportés dans toute l'Europe, et Nîmes a eu une première « École de Nîmes » qui formait des dessinateurs en tissage. C'est d'ailleurs un ouvrier nîmois, Turion, qui améliora les métiers de Jacquard et permit une progression extraordinaire de la production. Les chiffres cités vont de 65 000 châles en 1838, à 350 000 en 1846. Les changements de modes, la disparition de la culotte au profit du pantalon — pour les bas —, les habitudes vestimentaires fournies et diffusées par les grands magasins parisiens et le chemin de fer, firent doucement diminuer la demande. Nîmes glissa vers la confection, la passementerie, la ganterie. Et puis, la vigne était là, qui tentait les investisseurs. Peu à peu, la grande industrie textile décrut.

Restent ces magnifiques objets raffinés : les châles de la fin du XVIIIe et du début du XIXe.

Il y a des émotions plus brutes dans ces enfilades de salons. Ce sont des armoires paysannes que l'on appelle « à figurations bibliques ». Imaginez les frises de la cathédrale sur les portes de votre vie quotidienne : scènes de la Genèse qui voient Adam et Ève chassés du Paradis, les mêmes cultivant la terre, Caïn tuant Abel ; scènes de la vie de Moïse ; histoire de Suzanne et les vieillards en six épisodes : tout ceci gravé dans un bois noir, épais, dru. Orné tout autour de guirlandes de fruits, d'oiseaux, de dauphins ou de satyres La plupart de ces meubles viennent des villages alentour, souvent des Cévennes. Qui sont ces artisans-artistes ? Les ateliers étaient-ils à Nîmes ou du côté du Gardon ? On ne le sait guère. On sait par contre que la plupart de ces armoires sont à dater des règnes de Henri IV ou Louis XIII, la grande époque du protestantisme : la Bible chez soi, et le linge dans la Bible. De l'art populaire brut, du traditionnel allié à une foi, une fonction familiale et sociale. Ces armoires sont les tabernacles du petit peuple.

Si les objets portent pour vous une charge de mystère, si le travail des artisans, que ce soit celui des temples gréco-romains ou des armoires bibliques, vous émeut comme autant de gestes prolongés à travers les siècles, vous passerez des heures dans ce palais d'évêque. Puis vous irez prendre le frais dans le jardin sur l'arrière qui est plutôt d'un curé que d'un prélat. Un bassin, des arbres bas, quelques ruines appellent Musset plus que Louis XV. C'est le coin des amoureux, des débats tranquilles sur le cinéma dans les crépuscules d'été.

La maison du comte

De là, vous n'avez qu'à sortir par l'arrière, traverser la rue — qui s'appelle du Chapitre car on est encore en territoire d'église —, et pénétrer dans la cour de l'hôtel d'en face, au numéro 17. Ceux que vous venez de quitter dans les salons et les antichambres du palais épiscopal, sont encore là à vous attendre : cette longue voûte, ces pavés dorés ou brunis, ces portes Louis XIII taillées en pointes de diamants, ces détails d'architecture et de sculptures infinis, ces raffinements du goût que l'on ne remarque qu'au bout d'un long moment, ces plaques romaines scellées dans les murs en même temps que les blasons des familles médiévales qui ont possédé ce lieu, font de cette cour la plus mesurée, la plus gracieuse aussi : un carrosse va franchir le porche ; des chevaux frappent du sabot dans les écuries ; des servantes vont caqueter aux fenêtres. La vie est là, prête à surgir ; et ce n'est pas celle du temps présent. Il n'est pas jusqu'au propriétaire de la maison qui n'appartiennent à cette fable : on peut encore voir le vieux comte traverser ses appartements, sortir par une porte dérobée de l'autre côté du bâtiment. Il n'a alors plus que la rue Dorée à traverser pour assister aux séances de l'Académie de Nîmes dont il est l'un des membres les plus anciens.

La maison des peintres

Peut-être a-t-il été un peu effrayé, le comte, par le tumulte qui pendant un an a coiffé sa cour suspendue dans le temps. Il ne reconnaissait plus le bâtiment voisin pourtant familier, mais devenu un grand spectre de voiles plastique bougeant sous tous les vents. Peut-être ne le reconnaît-il pas non plus, à présent : nettoyé, balustres nettes, fenêtres dégagées, harmonie des architectures retrouvée. C'est ce que l'on appelle l'hôtel Rivet ; et c'est aussi la plus belle restauration nîmoise de ces dernières années après la chapelle des jésuites qui est juste en face, dans la Grand-Rue. C'était un des plus beaux hôtels particuliers de la ville. Il avait été construit en 1786 par l'architecte chargé d'harmoniser la ville. Mais après la Révolution, tour à tour préfecture, œuvre charitable, premier lycée de filles, école primaire, il avait été tellement morcelé, modifié dans ses structures internes, négligé dans ses façades et ses ouvertures, qu'on avait oublié l'équilibre de ses proportions, l'ampleur de son atrium qui n'était plus qu'un hall de passage. La rampe même du grand escalier, la plus belle à Nîmes, ne se remarquait plus dans les cris des élèves, les affiches d'associations et les peintures en surcouches.

L'histoire du lieu était pourtant prestigieuse : avant la reconstruction du XVIIIe siècle, la maison appartenait à l'un des plus grands seigneurs de la ville, de la Rouvière. C'est chez lui que descendit, en septembre 1632, le roi Louis XIII. C'est là encore qu'en 1660 séjourna Louis XIV en route vers Saint-Jean-de-Luz où il devait épouser l'infante Marie-Thérèse.

Ce sont des roturiers, les Rivet, qui une fois cette première maison délabrée et les propriétaires en difficulté, la rachetèrent et la firent bâtir telle qu'elle est : quel parallélisme avec cette famille André qui fit construire l'hôtel à colonnes du 3, rue Dorée ! Joseph André était négociant à Gênes ; David Rivet est négociant en soieries et armateur à Cadix. Comme Joseph André, il charge son frère de surveiller la construction de l'hôtel, où il compte se retirer, et qui est le signe de sa réussite. Il est si riche, qu'il achète aussi un château dans un village voisin et que ses descendants seront propriétaires de trois autres castelets des environs. Les Rivet se lieront à toutes les grandes familles nîmoises du début du XIXe siècle, y compris, précisément, avec les André, devenus, eux, banquiers : c'est la nébuleuse des « marchands » nîmois.

Et pourtant ce sont les propres filles de l'armateur de Cadix qui vendront le bâtiment au Département : sa splendeur particulière n'aura duré que trente-six ans.

C'est celle-ci que la rénovation actuelle vise à restaurer pour y installer... l'École de Nîmes. Dans les volumes des grandes pièces retrouvées, et en pleine ville ancienne, c'est un pari qui va avec celui du musée d'art contemporain. Cent cinquante élèves, répartis sur un cursus de cinq ans, affrontent les problèmes de la création moderne, et les artistes qui sont leurs professeurs. Là, sont accueillis des visiteurs et des pensionnaires étrangers. Une salle d'exposition permanente, au premier étage, en haut de la belle rampe de David Rivet, maintient le contact entre la ville et les élèves : à tout moment, Nîmes traverse l'École et l'École est présente dans Nîmes ; comme un signe ou comme un test. Il faudra plusieurs années, plusieurs décennies sans doute, et à coup sûr le recul du siècle prochain, pour savoir si les formes nouvelles qui commencent à se reproduire ici seront l'art officiel du temps, comme le fut Bouguereau il y a cent ans ; ou si débute ici une nouvelle aventure esthétique.

Vous voici revenu, presque sans y penser, dans le quartier des intellectuels. A votre droite des centaines de manuscrits et d'incunables dorment dans des armoires de fer. Marguerite Long est née dans la maison d'en face. Des dizaines d'inscriptions romaines gisent sous des crépis. Il est temps d'échapper aux fantômes.

La Maison de Ville

Reste une dernière frontière subtile à franchir, une force encore à découvrir parmi toutes celles qui s'imbriquent et se croisent : c'est le pouvoir communal.

Il est là, au bout de la rue des Greffes et de la rue Dorée, dans l'ancien Hôtel de la Trésorerie, devenu Hôtel de Ville. Jusqu'en 1700, il dressait sa tour à cent cinquante mètres de celle de la cathédrale. Plus tôt, il occupait la Maison Carrée, devenue Capitole. Il s'agissait d'affirmer une autorité de la cité en tant que telle. Ne pas oublier : Nîmois avant d'être de France, avant d'être du comté de Toulouse, ou du royaume wisigoth. Nîmois, sans doute, avant d'être Romain.

J'erre autour du bâtiment ; je cherche le secret. La façade est belle ; elle a la sérénité tranquille des grands seigneurs qui n'ont plus à prouver leur noblesse. Je longe d'élégantes fenêtres renaissance : colonnes fières sous chapiteaux de mousse. Dans cette aile habita Marguerite de Navarre, la Marguerite des princesses, la libre fille des mots. Elle aimait la ville de Némausus ; sa belle-sœur y était clarisse. Mais une voûte m'avale ; une porte basse m'entraîne ; des ogives croisent leurs arcs au-dessus de ma tête. La lumière qui semble filtrer des voussures elles-mêmes me baigne. Je ne sais plus quel est le lieu ni l'heure : des femmes et des hommes tendent des papiers ; d'autres les tamponnent. « Accueil. » Ah, ce n'est pas le Moyen Age. Sait-on jamais ? Une cour m'appelle ; elle est largement ouverte sur le ciel ; ses arcades animent l'espace. La dure pierre blanche claque au soleil.

Un ascenseur de cristal m'emporte au premier étage. Ces salles étaient faites pour l'ambition des âmes non pour les réunions de l'administration. On y sent le goût des grandes décisions et des querelles majeures. Des hautes fenêtres, les dalles de la cour paraissent luire de sang ; les voûtes résonnent des applaudissements des soirs d'élections ; la rampe du grand escalier a été offerte par Napoléon : jeune officier, il louait une chambre près du Collège ; plus tard, il invita son hôte nîmois à son couronnement. Au-dessus de la rampe, quatre crocodiles pendent au plafond. Baroque, baroque...

Dans la maison municipale, les temps plus qu'ailleurs se superposent, et les styles. Depuis le Moyen Age, elle appartenait à l'autorité royale qui y mijotait les impôts et les y percevait. Chaque époque lui ajouta ses signes et ses architectures sans que l'unité n'en souffre. C'est que, contrairement à la cathédrale, il ne s'agissait pas ici de détruire, mais d'affirmer.

La modification essentielle et l'ampleur que prit le bâtiment datent de 1700, lorsque les consuls commandèrent à l'architecte-entrepreneur Cubizol de l'agrandir et de le moderniser. Ce constructeur venait d'achever le nouvel évêché — musée du vieux Nîmes. Pour l'administration royale, il avait construit un énorme fort aux limites nord de la ville : sa garnison, sans feinte aucune, devait faire peser sur la ville hérétique la menace de Louis XIV. Voilà donc, à travers un seul architecte, l'image de pierre des trois pouvoirs : l'Église, la Municipalité, le Roi. Et chacun, à travers le même entrepreneur, pose son bâtiment dans la ville, comme un joueur d'échecs avance sa tour.

Liberté chérie

Cette ambition municipale durait depuis sept siècles au moins : il n'avait pas fallu longtemps pour suivre le mouvement communal des villes italiennes au XIIe siècle. Le consulat nîmois est un des premiers du Midi ; et il semble bien qu'il ait été précédé de structures mal connues, mais qui perpétuaient l'identité de la ville. Les « consuls », c'est-à-dire les adjoints au maire d'alors, affrontent tous les pouvoirs : l'évêque et les chanoines d'abord, pour des droits sur le vin, l'eau, les octrois, les passages, les impôts, la grosse cloche, la chapelle des jésuites. L'une des explications de l'implantation privilégiée de la Réforme dans Nîmes tient sans doute à l'aide que lui apportèrent très rapidement les consuls. Dès que les premiers hérétiques furent flairés par les gens de l'évêque, on vit des gens de l'Hôtel de Ville défendre les suspects. Puis, lorsque les guerres de religion s'étendirent et devinrent politiques, ce n'est plus seulement à l'Église que la municipalité s'opposa mais au roi. Toute question de foi mise entre parenthèses, il semble bien que cette bourgeoisie éclairée trouvait là l'occasion d'affirmer une indépendance, de retrouver des marchés, d'échapper à certaines taxes, et de mener à son gré ses affaires.

Nîmes se pose en s'opposant; et le fait à travers sa « Maison de Ville ». Il est vrai que cette place pourrait avoir des pavés rouges de sang, si elle avait des pavés, et si les crimes ne s'effaçaient pas comme les saisons. Qu'elle ait été place de l'Horloge, ou à son emplacement actuel, on s'est beaucoup battu autour de la mairie; beaucoup tué. Pour la religion certes, mais aussi pour la frappe des monnaies, pour la répartition des chaperons de consuls, pour les idées révolutionnaires et pour le pain; en 1815, comme en 1830.

C'est au nom des avantages municipaux qu'on voit Nîmes jouer le comte de Toulouse contre les Français, et les Français contre le comte de Toulouse; les Bourguignons contre le roi de France; Rohan contre Louis XIII; et même les Anglais contre le pouvoir de Louis XIV. Une autonomie parfois si liée à l'ennemi héréditaire qu'on verra Cromwell intervenir en faveur des rebelles nîmois auprès du roi de France.

Voilà pourquoi, sans doute, Nîmes a toujours résisté aux candidats électoraux « parachutés ». Ceux-ci sont boudés, littéralement repoussés par une ville qui ne reconnaît que les siens. Ce n'est pas par hasard que les quatre personnalités politiques nîmoises les plus marquantes — maires, députés, ministres — des quarante dernières années ont été un juriste humaniste, un mineur du bassin d'Alès, la descendante d'une des grandes dynasties réformées de la ville et un patron textile parti à l'aventure fonder une grosse entreprise. Si on prend la liste des consuls aux XVIIe et XVIIIe siècles, on retrouve exactement les mêmes fonctions sociales et les mêmes castes : juristes de haut niveau, marchands textiles conquérants, représentants des familles anciennes, travailleurs de la terre.

De quelques sauriens

Les personnages qui combattent pour le pouvoir dans les années 1980 ressemblent beaucoup au quatuor de consuls qui, aux XVIe et XVIIe siècles, achètent les crocodiles suspendus dans l'escalier principal de la mairie. Crocodiles ! Évidents symboles de la pérennité nîmoise : dès l'instant où on trouve la pièce romaine représentant le crocodile et le palmier, aussitôt que François Ier accorde ces armes-là, les municipalités ont envie de concrétiser l'image. Et elles se mettent à acheter des crocodiles empaillés.

« Le premier d'iceux en l'année 1586 étant consuls messire Antoine Davin, docteur et avocat ; Jacques de Baudan, sieur de Vestric ; Jacques Guigou, marchand, et Louys Lombard, laboureur. Et le second en l'année 1597 étant consuls messire Louyis de Montcamp, seigneur de Saint-Véran, Antoine Duprix, bourgeois, Olivier Lateule, marchand, et Guillaume Rovergat, laboureur. Lesquels sieurs consuls desdites années auraient jugé à propos de recouvrer lesdits animaux pour faire entendre au peuple et habitants de ladite ville que les anciennes armoiries et enseignes de ceste ville ayant été une couleuvre enchaînée à une palme et un chapeau de laurier en icelle pensile en champ de gueule et davantage écrit en premières antiques majuscules ces deux mots : Col Nem. »

Ces sauriens empaillés, qu'on appelle alors bizarrement « couleuvres », peut-être parce qu'ils ressemblent aux reptiles et lézards qui hantent les garrigues, sont achetés à Marseille où s'est établi un trafic d'animaux exotiques. Parfois les conditions de vente sont plus pittoresques encore. Dans sa séance ordinaire du conseil de ville du 13 septembre 1692, « ledit sieur Du Noyer, premier consul, tant en son nom que de ses collègues, a proposé que le sieur Raymond Ménard de Marseille, ayant eu du Levant un crocodile d'une grosseur extraordinaire, l'aurait fait porter en la ville de Beaucaire pendant la tenue de la foire, où le sieur Dunoyer s'étant trouvé, ledit sieur Ménard le serait venu voir et après lui avoir fait voir ledit crocodile, il lui aurait proposé d'en faire l'acquisition par la ville... qu'il n'était pas d'un prix extraordinaire et qu'il se contenterait que la ville se chargeât de payer à une fille qu'il a religieuse dans le petit couvent Sainte-Ursule de cette ville une pension annuelle de quinze livres pour sa vie seulement »...

Le dernier des sauriens fut le cadeau de l'un de ces audacieux négociants partis faire fortune à l'étranger mais qui n'oubliaient jamais leur patrie. En 1702, le sieur Poussigne, établi à Malte, écrit aux consuls :

« Quoique mon commerce m'ait retenu depuis plusieurs années dans ce pays, l'éloignement ni les longueurs du temps n'ont fait aucune brêche sur l'amour que j'ai pour la patrie, et je ne désespère pas d'aller un jour jouir du plaisir d'y goûter un parfait repos : cependant, ayant été informé que vous avez construit une nouvelle Maison de Ville, je veux avoir l'honneur de contribuer autant que je puis à l'orner par un monument qui, selon ce que j'espère, ne vous désagréera pas, et pour cet effet je me suis avisé de faire venir d'Égypte un crocodile des plus grands qu'on a pu trouver... »

Maison de la lumière

L'Hôtel de Ville, marque de la puissance municipale : l'architecte-designer Villemotte vient de réduire à ses lignes essentielles la complexité disparate du bâtiment. Arêtes de voûtes retrouvées, pierre blonde nettoyée, murs débarrassés des chancres qui s'y étaient greffés en deux siècles, lumière ouvrant des espaces, et créant des volumes nouveaux : le rénovateur des salons de l'Élysée a réussi là l'une des plus remarquables créations méridionales, à partir d'une architecture préexistante. Il ne la trahit pas, il la magnifie. Désormais, l'Hôtel de Ville fait partie de ces lieux qui n'ont plus besoin des grandeurs de Rome pour avoir droit de noblesse dans « la ville des Antonins ».

De la place de l'Hôtel-de-Ville, on aperçoit le palmier de la place du Marché ; dans l'autre sens, l'ancien Collège des arts ; un peu en biais l'arrière du Prisunic devant lequel Apollinaire sirotait son anisette ; et cet arrière c'est... une façade XVIIIe siècle. Elle ne cache plus que caddies, néons et coupons de cretonne. Telle est l'insolence nîmoise.

La mairie au cœur de tous les siècles et de tous les problèmes. Et pourtant, même ce court périmètre de l'ancienne trésorerie a ses ambiances et ses heures : ses heures surtout, avec ce Jacquemart qui lui fait face et bat le temps du quartier sous un chapeau rond et une veste rouge. On le verrait mieux sur une place de Strasbourg ou de Bruxelles : il est perché là sur une des plus bizarres maisons nîmoises : la façade est truffée de têtes de loups, chiens et sangliers ; la porte est blasonnée de fusils et mousquets croisés. Rien de très beau ni de très ancien ; c'était la maison d'un armurier très connu. Mais on dit que Daudet, lorsqu'il écrivit *Tartarin de Tarascon*, se souvint de la boutique, et s'en servit de modèle pour décrire le lieu des réunions épiques de ses vaillants chasseurs...

Paradoxe et mystères de Nîmes : si on passe cette façade et cette porte bizarre, on se retrouve dans la plus ancienne architecture médiévale de la ville : la cour dans laquelle vous surgissez vous projette au XVe siècle — balcons gothiques en pierre ajourée, l'escalier à vis grimpe dans une tourelle. Si vous réussissez à monter, vous passerez sous des portes en gothique flamboyant, sous des écussons aux lettres tourmentées et encore sous un monstre prêt à vous sauter sur les épaules. Ce sont les restes d'un des plus anciens hôpitaux nîmois : Notre-Dame-de-Méjean. Je l'appelle la Maison de Merlin. Mais il y a longtemps que l'enchanteur est endormi. Peut-être un jour secouera-t-il les parasites et la crasse qui se sont posés sur lui. Peut-être ne sera-t-il plus traité comme la dernière des sentines. Pauvre Merlin...

Guerrier et design

Allez... débrouillez-vous : à partir de la mairie et jusqu'à l'Esplanade, un espace de belles rues est ouvert, bourré de maisons ambitieuses. L'hôtel particulier des XVIIe et XVIIIe mélangés est ici la plus ordinaire des choses : rue des Chapeliers, et surtout rue Régale. En passant devant un antiquaire qui montre en général de très beaux tableaux anciens, vous toiserez un guerrier, bras sur la tête, qui a l'air de se détendre : il est si usé qu'on a peine, même dans l'armée romaine, à lui donner un titre. En fait, il ne se détend pas, le pauvre : il devait porter sur la tête un bâtiment auquel il servait de cariatide. Un esclave persique, sans doute, à qui les Gallo-Romains rappelaient durement la défaite de son peuple.

Cette rue « Royale » dallée de belles pierres des carrières romaines est l'un des espaces choisis par le *designer* Stark pour y tenter des expériences de mobilier urbain : la statue persique baigne dans la lumière de lampadaires conçus pendant des voyages japonais ou vénitiens. Et les logos du look 90 voisinent avec les épitaphes à de jeunes morts romains. Mais comme toujours à Nîmes, le vrai secret n'est pas où on le pressent.

Lettres ouvertes

C'est en face de la statue, et un peu plus loin. Trop tard : vous êtes passé devant sans voir ce grand petit lieu nîmois. On vous avait pourtant bien dit que les meilleures boutiques nîmoises se cachent derrière des façades de bois qui ont un demi-siècle. Mais peut-être, après tout, vous êtes-vous tout de même arrêté ; retenu par une vitrine consacrée à des poètes rares, ou à des écrivains exigeants. Car c'est de librairie qu'il s'agit. Encore une.

La présence des écrivains à Nîmes est tout de même étonnante : non pas les oiseaux de passage comme Apollinaire ou Char ; mais les produits du cru : les Paulhan, les Marc Bernard, les Jean Carrière, les Giudicelli, déjà croisés dans les ruelles. Mais aussi Alphonse Daudet, né dans une belle demeure du boulevard Gambetta et dont le grand-père possédait une maison sous l'arceau de la place du Marché, à trente mètres d'ici. Quoique très malade, il voulut absolument assister à l'inauguration de la statue qu'on lui avait dressée à la place de la Couronne. Il fit le voyage en très mauvais état et ne put apercevoir la cérémonie que de la fenêtre de son hôtel. André Chamson est également né à Nîmes. Dans *Le Chiffre de nos jours*, il raconte comment la fabrique de son père brûla, obligeant la famille à l'exil... à quarante kilomètres. Nîmois aussi, Henri Bataille et le Sar Peladan : deux dramaturges point éloignés par l'époque, mais si divergents par l'œuvre et la mentalité. Nîmois, Léo Larguier, Francis Ponge, Carlo Rim et René Allio... Ils ne sont pas « restés au pays » comme disent les Occitans. Leur œuvre, ils l'ont bâtie ailleurs. Reste qu'on se demande si l'harmonie et les déchirements de la cité de leur première enfance n'ont pas provoqué des engagements définitifs dans l'ordre de la création.

Même Némausus a donné un écrivain à Rome ; ou plutôt un orateur célèbre, Cneius Domitius Afer. Il était né quinze ou seize ans avant l'ère chrétienne et fut, semble-t-il, instruit par les écoles nîmoises. Et puis... il partit pour la capitale : Rome, où il fut bientôt un maître du barreau. Tacite, Quintilien et Pline le

Jeune ont parlé de lui : le portrait est celui d'un homme brillant mais amoral. Il se distinguait des petits maîtres par la pureté de son style et la gravité de sa parole : « Je le place, écrit Quintilien, sur la même ligne que les anciens. » Dans la cruelle Rome, le petit Nîmois devint un avocat célèbre. Sa dépravation, dit-on, égalait son habileté. Il mourut d'intempérance à soixante-neuf ans.

De Séguier au marquis d'Aubais, du physicien Guiraud à l'ancien chapitre médiéval, les bibliothèques abondantes se sont succédées. La plus ancienne, la plus belle trace de la culture littéraire du pays nîmois est encore romaine. On était en 450, mais Rome résistait encore à la pression wisigothe. Les grands notables s'étaient retirés des cités, et vivaient dans de superbes résidences campagnardes fortifiées, mais dont l'intérieur et la vie que l'on y menait faisaient des îlots de haute civilisation. Celle de Ferréol, préfet des Gaules, était à une vingtaine de kilomètres au nord de Nîmes, sur le Gardon. L'un des neveux de ce grand seigneur, lui-même évêque et écrivain, Sidoine Apollinaire, a décrit la vie et l'état de la bibliothèque de ce lieu privilégié. Les livres y étaient classés en trois catégories sur des tablettes à portée des sièges. On y trouvait l'essentiel des lettres latines et grecques ; et les nombreux invités y passaient la majeure partie de la matinée. Elle était comparable, dit le commentateur, aux plus riches musées publics de Rome et d'Alexandrie ; et c'était la bibliothèque la plus riche des Gaules.

Dans cette librairie Teissier que vous alliez dépasser sans la voir, vous ne rencontrerez pas Ferréol, préfet des Gaules, ni Henri Bataille. Mais peut-être Laurence Durrell ou Robert Sabatier. Vous y croiserez l'écrivain Jack Thieuloy en train de tourner un film un singe sur l'épaule ; mais aussi un toréro y faisant sa campagne électorale, ou un manadier de Camargue en partance pour les îles Marquises. Cette allée de livres est aussi un carrefour des mots : de la droite à la gauche on y croise toutes sortes de « consuls » ; le gourou barbu maître des lieux sait tout sur tout le monde — ou tout au moins fait semblant. Il vous sortira de sa manche aussi bien le bouquin publié il y a trente ans que vous avez cherché partout, que quelque rumeur hilarante ou bien l'état d'avancement du dernier roman de l'un de ses amis.

Du seuil de la boutique, on aperçoit l'esplanade et la grande statue de Pradier — celle qui n'est pas Juliette Drouet — qui vous tourne le dos. S'il pleut, les dalles luisent d'un bel ocre roux. Mais il n'y a personne pour les voir : les Nîmois sont très sensibles au temps. Un centimètre de neige bloque la cité, une averse fait baisser de quatre-vingts pour cent le chiffre d'affaires des commerçants. Mais s'il se lève l'une de ces journées tièdes de printemps — qui ici commence fin février —, un grand bruissement monte de la vieille ville ; vous avez peine à avancer dans les ruelles, et vous y progressez lentement tant on se prend à flâner. L'air tendre se mâche comme une drogue douce. Ces jours-là, les Nîmois savent qu'Apollon, Vénus et Mercure veillent sur leur ville.

VII

RETOUR A LA SOURCE

Aujourd'hui, les cars de touristes s'arrêtent chaque semaine d'été par centaines dans Nîmes. Leurs bataillons paisibles, des Arènes, tendent le bras vers la Maison Carrée, et de la Maison Carrée vers les Arènes. Entraînés machinalement par les boulevards, ils en font parfois le tour. La Porte d'Auguste les retient un peu ; ils prennent Saint-Paul pour une vraie église romane, et ils ne s'engagent qu'avec méfiance dans la vieille ville. Ici, pourtant, hormis les cuisses trop rouges et les pans de chemise sur les shorts, la vulgarité se tempère. L'équilibre urbain apaise les caractères et amollit l'euphorie des voyages. L'alchimie de Nîmes sur les voyageurs est subtile : elle tient à ses qualités sereines.

Rien de trop : *Ne Quid Nimis*. Ni immeubles trop majestueux, ni avenues infinies : c'est la Grèce et Rome qui ici ont tout imposé, même aux créateurs contemporains. La hauteur des Arènes, les proportions de la Maison Carrée : ne pas les dépasser, ne pas les écraser. De là ces boulevards tranquilles et point trop larges, ces maisons dépassant difficilement le troisième étage. Il y a eu dans Nîmes la contagion de la mesure, comme celle du chapiteau et de la colonne.

On dit que Rome propageait à travers l'Empire les mêmes modèles architecturaux ; eh bien, il semble que la présence de ceux-ci aient à leur tour unifié Moyen Age et Renaissance, Classicisme et Haussmannisme, et même le verre, l'acier et le High Tech.

Et puis il y a la pierre : les carrières, on les connaît ; la plupart au nord de Nîmes, dans des combes de garrigue ; la même pierre souvent, en l'an I et en l'an 1700 : tantôt blanche et un peu poudreuse, tantôt carrément dorée. C'est elle aussi — pierre de Lens, pierre de Barutel, pierre de Roquemaillère — qui constitue l'unité de la ville. C'est elle qui en fait un grand ensemble cohérent, le temple de la promenade et de la réflexion. Avec par-dessus ces coups de lumière qui vous magnifient un clocher, une terrasse, une crête de mur, comme par fantaisie.

L'autoroute Paris-Barcelone, Nice-Bordeaux passe sur le flanc de Nîmes. Trois ou quatre vols journaliers la relient à la capitale. Le TGV vous pose sur la ligne Vincennes-Neuilly en quatre heures et demie. Le plus grand port de plaisance d'Europe est à trente kilomètres. Vous pouvez passer des bêtes primitives de Camargue galopant dans les marais à la pêche à la truite en Cévennes, en une centaine de kilomètres. On câble Nîmes, on sponsorise les toréros, on construit dans la plaine...

Les touristes ont tort...

Et pourtant, on l'aura compris, les mystères nîmois ne se laissent qu'effleurer. Les touristes ont tort : quelques monuments offerts sont des leurres. Le reste est à découvrir lentement... Le reste, c'est-à-dire les choses et les gens. Il faut guetter, fouiner — avec discrétion, car sinon vous verriez les portes se fermer, et les visages. Souvent, ce que la ville a de très beau, elle le cache, elle fait semblant. Les bâtiments valent autant par la profondeur des aventures humaines qui les ont habitées que par les fastes.

Sûre de ses beautés, Nîmes a de la pudeur à les montrer. Il faut y rester ou y revenir souvent pour laisser mûrir en soi le génie du lieu : vous avez encore des dizaines de cours, de portes à pousser, de magasins à explorer, de chemins de campagne où vous égarer, quelques collines à escalader, des pierres à déchiffrer. Nîmes ne vous mâchera pas le travail. Cette ville si jalouse de ses libertés, y compris celle de penser, se laissera librement découvrir ; sans faire trop d'efforts pour vous y aider. Il faut, pour la comprendre, une certaine qualité d'âme.

Il y a, à la Maison Carrée, une mosaïque qui porte en son centre un tout petit visage de méduse. On plaçait de telles figures au fond des piscines. A l'autre bout de la salle, la Vénus de Nîmes vous guette de son petit sourire penché. Cela devrait vous alerter. Levez les yeux : sur les corniches, plantés dans les murs, scellés sur les fenêtres, accrochés dans les coins de cour, des regards vous observent. Vous étiez venus pour regarder, pour photographier : c'est vous que l'on guette. Nîmes vous regarde, peut-être vous juge. Que vous soyez un journaliste en goguette, un archéologue prudent, un architecte, un *designer*, un peintre, une dame du troisième âge ou un *loser* de passage, la ville vous guette.

Vous allez repartir. Peut-être pour revenir ; peut-être assez chargé pour vous alimenter longtemps à votre cueillette. Mais c'est vous qui aurez été pesé. Ce que l'on trouve à Nîmes, comme dans toutes les villes profondes, c'est soi-même. Et l'image peut être terrible.

Vous penchant une dernière fois sur la source, c'est peut-être la méduse que vous allez trouver au fond de cette piscine d'un dieu : selon que vous aurez été vigilant ou léger, attentif ou pressé, elle vous donnera le souffle de la vie ou ne vous offrira que sa chevelure d'algues. Et ainsi du creux des Arènes ; et ainsi du creux de la ville ancienne... Tout suspendu dans une attente : comme la Source.

Ah ! Il n'est pas étonnant qu'une jeune fille s'y soit noyée et qu'un char y ait disparu avec son centurion et ses chevaux.

Les chaussettes mouillées des lycéennes

Lycée Daudet, le 3 octobre 1988 ; trois lycéennes arrivent dans leur salle de classe ; trempées. Il y a tellement d'eau dans les rues de Nîmes qu'elles sont mouillées jusqu'aux genoux, et qu'elles quittent chaussures et chaussettes. Insolite... d'autant qu'elles commencent à raconter que du côté de la gare, où les cars les ont déposées, on ne peut plus circuler ; et même que des gens ont disparu dans des bouches d'égouts dont la plaque a été soulevée par des courants souterrains. Ce jour-là, il ne viendra pas d'autre élève dans cette classe.

Au sud, sur le périphérique, des automobilistes essaient un moment encore de circuler sous la pluie battante ; ils attribuent à la violence de l'orage le fait que l'eau paraisse monter contre leurs roues. Puis, devant la force des éclaboussements et des ruisseaux transversaux, ils s'arrêtent.

A l'opposé, côté nord-ouest, sur la route d'Alès, les petites villas et maisonnettes se succèdent, presque toutes bâties sur les bords d'un inoffensif fossé, toujours à sec : un cadereau. Le nom, disent quelques érudits, viendrait du *cadere* latin : tomber... parce qu'il ne coule d'eau en cet endroit que par très fortes pluies. A travers des voiles opaques de déluge, ces petites gens, artisans, pompistes, épiciers, boulangers, employés, à peine sortis dans le petit matin noir, aperçoivent le cadereau roulant des eaux épaisses. Puis, presque sous leurs yeux, devenir ravine bouillonnante ; déborder au point de submerger la route et de monter vers les marches de leurs maisons. Le vallon, entre les deux chaînes de collines fantomatiques qui conduisent la route et le ruisseau, est devenu un grand torrent, boueux des terres qu'il a arrachées plus haut dans les garrigues. Les villas commencent à ressembler à des monolithes isolés sur une mouvante glue qui monte vers elles.

A vrai dire, si l'on est inquiet pour ses caves et ses tapis, on n'est pas tellement étonné : on sait bien que tous les dix ou quinze ans l'eau des garrigues et celle de la source de la Fontaine peuvent noyer sous quelques centimètres les quartiers nord. Les chauffeurs des cars, pleins d'écoliers et de lycéens qui montent et descendent encore sur la route d'Alès, se font signe : la circulation est difficile. Mais ils n'ont pas encore d'inquiétude. Des hommes reviennent parfois vers leur villa pour prévenir que tel ou tel chemin creux est devenu impraticable et qu'il vaut mieux faire un détour pour emmener les enfants à l'école.

A quelques kilomètres de là, sur l'extrémité nord-est, dans le quartier Richelieu, fait de rues rectilignes et de petites maisons laborieuses du XVIIIe siècle, toute une population de personnes âgées, d'immigrés et de petits employés se retrouve les pieds dans l'eau : la même eau jaunâtre qui commence à couler régulièrement sur la chaussée et à tâter les premières marches des rez-de-chaussée.

Reste que, de l'extrême nord de la ville à l'extrême sud, des collines de garrigue au périphérique et à l'autoroute, des vallons palestiniens de Camplanier aux rues ferroviaires autour de la gare des marchandises, chacun entame sans le savoir une aventure qui va devenir celle de la ville.

Le déluge

Depuis la veille, il pleut sur la région ; et depuis le milieu de la nuit, un énorme orage s'est arrêté sur Nîmes et ses garrigues : éclairs et tonnerre, comme l'annonce d'une tragédie antique, claquent sans faiblir dans un déluge qui durera huit heures.

L'eau boueuse continue de monter contre les jantes des voitures, sur les marches des villas, le long des murs des maisonnettes, sur les vitrines des magasins. On commence à s'affoler lorsque l'on voit passer d'énormes branches, des troncs, comme si, un peu plus haut, dans des garrigues sauvages auxquelles on ne peut plus accéder, quelque chose de formidable s'était mis en branle. Lorsque ce sont des planches, des bouteilles de gaz, des meubles qui descendent la route d'Uzès devenue rivière, lorsque ceux qui se sont calfeutrés dans leur rez-de-chaussée avec de l'eau jusqu'aux genoux voient le courant presser leurs portes et leurs baies, lorsque quelques voitures garées commencent de bouger, de flotter et de s'en aller au fil de l'eau, on sent un danger aigu. Le chauffeur du car qui emmenait les jeunes gens vers leur lycée d'Alès décide de rebrousser chemin ; il amorce une manœuvre. La tragédie de ces gens est déjà inscrite dans ce mouvement. Dans les quartiers du nord, à l'est comme à l'ouest, où grondent de véritables torrents de un mètre quatre-vingts de haut, on sait à présent que c'est grave. On pousse les meubles contre les portes et les fenêtres, on monte à l'étage, on met les animaux à l'abri. C'est l'heure, huit heures et demie environ, où les automobilistes sentent leur voiture se dérober à leur conduite, tourner sur elles-même, et les emporter dans les courants ; l'heure où les mères qui amènent leurs enfants à l'école les tirent vivement, parfois par les fenêtres, de véhicules à demi submergés. L'eau charrie les objets les plus divers, et les plus énormes : l'inventaire de Prévert submerge Nîmes. Car c'est la ville tout entière qui désormais est prise. Une vague supplémentaire semble s'être constituée plus haut et vient achever de détruire les murs, les vitrines, les barrages éphémères qui résistaient encore. Le long de ce qui était la route d'Alès, ce ne sont plus seulement des voitures à la dérive que l'on voit passer, mais des camions à benne, des cars et des engins de levage. Et lorsqu'un obstacle s'oppose, cela va s'écraser, s'entasser ; pour repartir lorsque l'entrave, arbre ou pylône, a cédé.

Au cœur de la ville, le cataclysme s'installe : l'eau des collines a rejoint celle de la source de la Fontaine, celle-là même du dieu Némausus, qui, relevant du même système hydraulique, crache à son tour de l'eau jaune. Flots qui retrouvent des parcours très anciens : rue Nationale, rue Traversière, rue Général-Perrier, boulevard Gambetta. Les courants bouillonnants font éclater les vitrines des magasins, ressortent de l'autre côté, emportant tout ce qui se trouvait à l'intérieur : bars éventrés, boutiques de fringues ruinées, banques cassées avec leurs ordinateurs flottant à des kilomètres, leurs coffres noyés et leurs données effacées. Toute la France verra, plus tard, ce piano flottant sur la place de la Cathédrale, à des centaines de mètres du magasin auquel il a été arraché.

Dans les rues étroites du centre ville, les voitures ont, à leur tour, joué aux autos-tamponneuses ; puis se sont encastrées les unes dans les autres, se chevauchant au point de créer de véritables barrages de tôle colorée sur trois mètres de haut. Les parkings creusés près de la Fontaine sont pleins comme des bols, et on ne sait trop combien de véhicules font mouillette au fond, ni si des personnes y ont été surprises. L'immense trou dans lequel l'architecte Foster est en train de bâtir une bibliothèque-musée, face à la Maison Carrée, s'est empli à ras bord de 500 000 m^3. Les grilles de cette même Maison Carrée ont été arrachées par les voitures en dérive qui ont capoté dans l'espace romain, roues en l'air. Le long du boulevard Jean-Jaurès, où vient de s'installer la fête foraine, les stands sont ravagés, les manèges noyés. Les diables dérisoires d'un train fantôme grimacent au-dessus d'une pyramide de gravats, d'autos et de détritus. La piste des Arènes, où l'on était en train d'installer l'appareillage sophistiqué qui va couvrir l'amphithéâtre pour la saison d'hiver, est devenue une piscine. Moins bousculés, les deux boulevards royaux de Nîmes, Victor-Hugo et Amiral-Courbet, sont de grandes rivières tranquilles qui coulent à ras bord vers la plaine. En une heure, l'essentiel du mal est fait : des milliers de petits propriétaires sinistrés, des centaines de commerçants ruinés. Le reste, on le découvrira une fois les eaux retirées.

La mort en ce torrent...

C'est avec cette dernière et plus forte vague, entre 8 heures et 9 heures, sous une pluie qui ne renonce pas, que la tragédie va s'accélérer. Et d'abord le bus de la route d'Alès, dont le chauffeur vient de s'apercevoir qu'il ne pourra pas passer. Le piège est tendu.

Les vagues, face au véhicule, sont de plus en plus hautes ; sur la droite, le cadereau est un torrent boueux qui charrie des gravats et balaie la route de vagues rapprochées. Les élèves, transportés vers Alès, commencent à plaisanter : ils savent qu'ils n'iront pas au lycée aujourd'hui. Mais, d'un coup, l'eau est si haute qu'elle bat les portes du car, s'infiltre. Une BMW descend en tournoyant comme une boîte vide. Le chauffeur du car, qui a commencé une manœuvre pour revenir vers la ville, craint de se faire percuter par tout ce que le fleuve impromptu a récolté au passage. Il desserre les freins et laisse le bus dériver pour le garer le long des villas. D'un coup, l'eau monte à hauteur des sièges, les lycéens ne plaisantent plus. Pris au piège. Impossible de sortir sans être emporté. Impossible de rester sans être noyé dans la carcasse de métal.

« Décrochez les rideaux et nouez-les », crie le chauffeur. Pardessus le mur d'une maison, un homme se montre ; on lui lance cette attache improvisée ; lui-même fait glisser horizontalement une échelle de fer. Et, moitié rampant sur cette passerelle, moitié suspendu à la corde de fortune, on commence à passer du car à la villa. Deux jeunes, puis une dame, puis un homme âgé. Certains prient, d'autres sont hébétés. Comme on se presse trop pour passer, l'échelle plie au-dessus du torrent de plus en plus encombré d'épaves. Et puis soudain, bien que les freins soient bloqués, le car commence à dériver. Le chauffeur essaie de l'arrimer avec les rideaux ; l'attache casse net. Et le bus s'en va dans le plus fort du courant, emportant une dizaine de personnes. Il débouche plusieurs centaines de mètres plus bas, dans la pire des situations : là où deux cadereaux et trois routes devenues rivières se rejoignent. Les vitres explosent ; des passagers sont éjectés ; d'autres se jettent à l'eau. Ils sont repêchés depuis des premiers étages de magasins ; trois s'accrochent à un acacia. Plus bas, des gens verront surgir sur leur balcon un sexagénaire trempé et choqué ; d'autres recevront un jeune homme qui ne sait que balbutier : « Je sors du car. »

Le chauffeur, lui, s'est cramponné à une grille de magasin. La grille est emportée, lui avec. On retrouvera son cadavre un kilomètre plus bas. Et ce n'est que le lendemain qu'on s'apercevra que trois lycéens manquent à l'appel. Leurs corps, perdus dans la rage boueuse, parmi les planches, les branchages et les ferrailles.

Dans un potager à tomates, un toit blanc dépasse du déluge : c'est le car, enfin arrêté là.

Plus bas, sur le boulevard Jean-Jaurès, immeuble « Champs-Élysées », deux sexagénaires descendent dans leur cave, malgré les objections de leurs voisins, pour y récupérer des objets. Ils viennent d'y entrer lorsque la plus forte vague referme la porte sur eux ; dans tout le sous-sol, l'eau monte. Le couple se trouve bloqué derrière un panneau. Les voisins les entendent appeler, descendent dans le vestibule, de l'eau jusqu'à la taille, puis jusqu'à la poitrine. Le couple crie dans son piège. L'eau boueuse et puante leur vient à la bouche. A la bouche aussi de ceux qui voudraient les sauver, qui ne peuvent enfoncer l'obstacle, et qui, désespérés, doivent remonter, abandonner ceux dont ils entendent les derniers cris.

La mort des choses

C'est à la même heure que des vieillards tout semblables, au quartier Richelieu, voient se noyer leur vie ancienne : appartements minuscules, mal éclairés, sans confort — mais c'était leur territoire —, meubles, linge, bibelots, correspondances, photos de mariage... sous 1,80 m d'eau et de boue ; irrécupérables. L'ancien bonheur effacé. On retrouvera de ces gens, hagards, à moitié immergés, s'accrochant à une porte, une grille, refusant qu'on les amène, ne serait-ce que pour les sécher. « Quand j'ai vu l'eau monter, raconte une "mamé", j'ai eu peur comme un animal qui ne pense qu'à se mettre à l'abri. Toute la nuit j'ai rêvé à la mort. Le lendemain, quand j'ai vu mon logement plein de boue, mon linge souillé, mes meubles détruits, j'ai pleuré toutes les larmes de mon corps. » Pourquoi n'y eut-il que neuf morts dans ce fleuve surprise ? Parce que presque partout où des gens sont emportés, dangereusement perchés, ou bloqués, d'autres gens, mieux arrimés, ou surélevés, risquent parfois leur vie, souvent l'accident, pour les secourir. Cela va créer, pendant des heures, des fraternités impromptues ; des gens bloqués dans les endroits les plus insolites avec d'autres dont ils partagent les angoisses, les ruines, et les interrogations. Dix autour d'un téléphone à essayer de rassurer les siens. Et puis un après-midi entier à se connaître, à se raconter... C'est vers 11 heures qu'arrive l'odeur. Odeur d'essence, de gas-oil, de fuel, de mazout. Celle des cuves éventrées dans les caves, des stations-service dévastées, des réservoirs des voitures renversées. Odeur qui imprègne la terre jaune des sols de garrigue charriés en ville, et qui en fait une redoutable boue jaunâtre. Elle va être la marque du malheur de la ville pendant des semaines.

Tous les réseaux souterrains ont été ravagés ; l'électricité commence à défaillir, le téléphone ne fonctionne plus que sporadiquement. Les coupures électriques provoquant la mise en fonction des alarmes de banques et de magasins, la ville retentit des appels inquiétants des sirènes : l'odeur, le jaune, les sirènes... et le silence. Car comme la pluie cesse de tomber et que la circulation, bien sûr, est annihilée, un énorme silence tombe sur les rues désertes.

L'après-midi du lundi 3 octobre est peut-être l'un des moments les plus étranges de l'histoire de Nîmes : le temps du K.-O. La pluie arrêtée, les courants stabilisés mais encore violents, les eaux en baisse, les Nîmois sortent. En bottes, et dans les accoutrements les plus étranges, ils commencent de silencieuses promenades. Ils vont voir, à tout seigneur tout honneur, le canal de la Fontaine : là, le dieu Némausus, dans sa folle colère, a fait sauter les rambardes de pierre de ses propres canaux. Il a retrouvé ensuite, à travers la ville, les circuits deux fois millénaires de ses eaux : l'agau, le ruisseau des teinturiers, est redevenu, à la place de la banale rue Nationale, un canal bouillonnant. L'eau qui longeait les remparts a repris ses droits sur le boulevard Victor-Hugo ; et, de l'autre côté, sur le boulevard Amiral-Courbet. Pour un peu, Nîmes retrouverait ses enceintes aquatiques médiévales. Plus à l'ouest, les cadereaux ont hautement revendiqué leurs cours à la place des larges avenues modernes qui prétendaient les étouffer. L'avenue Georges-Pompidou, en particulier, que tout le monde d'ailleurs continuait d'appeler avenue du Cadereau, est ravagée comme après une guerre. Plus un magasin intact, les banques crevées, les lampadaires tordus, les arbres emportés ; et surtout le sol crevassé, l'asphalte arraché, des tranchées de deux mètres de profondeur au fond desquelles les voitures se sont entassées et les cars ont capoté. Destructions profondes de voirie que l'on va retrouver partout dans la ville, et jusqu'aux ruelles du centre que l'on imaginait protégées.

A mesure que les eaux se retirent, des tonnes de cette boue jaune et malodorante restent sur des tonnes de détritus, qui vont des débris végétaux venus de la garrigue aux débris ménagers venus de l'intimité des êtres. La ville, cassée dans ses fonctions vitales, est en outre une grande poubelle puante. C'est cela que contemple, dans le premier temps de ce lundi après-midi, une population nîmoise frappée comme par le sort antique.

Le dieu et l'hydrologue

La fatalité est une composante de la réaction nîmoise : car au fond, tous les Nîmois connaissaient la menace de Némausus. Outre la prédiction de Nostradamus, il y avait la mémoire collective et un certain nombre de documents d'ordre historique : plus d'une vingtaine de récits d'inondations depuis le Moyen Âge, dont une dizaine redoutables. Et même la dernière, le 30 septembre 1958, presque aussi violente, et plus meurtrière pour le département du Gard. Quelques ingénieurs et bétonniers pétulants auraient sans doute pu consulter ces grimoires avant de creuser parkings et substrats de médiathèque sur les parcours millénaires d'une redoutable source vauclusienne. M. Guilhem Fabre, directeur de recherches au CNRS et qui avait plusieurs fois exploré les systèmes hydrauliques de la Fontaine de Nîmes, avait parfaitement analysé les circuits de l'eau sur les dix kilomètres de calcaire qui surplombent Nîmes au nord. Ses travaux, hélas ! n'attirent véritablement l'attention que la preuve apportée par les faits. Dans cette ville sans fleuve, sans rivière, sans port et sans barrage, la menace de l'inondation, pour sidérante qu'elle soit, était connue. Il y avait eu tout simplement la conjonction de trois facteurs : le dispositif souterrain du plateau calcaire qui surplombe Nîmes sur tout le nord ; la cuvette de réception que constitue Nîmes entre ce plateau et la plaine ; des conditions pluviales tout à fait exceptionnelles, dont le couronnement fut un énorme orage arrêté.

Le plateau calcaire, ce magnifique lieu de garrigues, de vallons sauvages et de flore secrète, est en même temps un dispositif complexe de fissures, galeries, diaclases, grottes et avens qui drainent les eaux pluviales, les contiennent pour une certaine mesure dans des réservoirs naturels, et les restituent sous forme de résurgences et de sources, sur les bords du dispositif. La source de la Fontaine en étant l'exemple le plus spectaculaire et mythique. Ce réseau recrache son eau, lorsqu'il est saturé, par toutes ses fissurations, dans des lits de ruisseaux ordinairement à sec, mais qui, comme des oueds, sont destinés à les recevoir et à les évacuer vers la plaine. Nîmes se trouve sur le passage de plusieurs de ces « cadereaux ».

Les jours précédant le 3 octobre, des masses d'air humide remontant de la Méditerranée avaient amené sur les garrigues des pluies déjà importantes, mais assez courantes en cette saison. Les sous-sols étaient combles. Dans la nuit du 2 au 3 octobre 1988, deux masses d'air antagonistes, l'une remontant d'Espagne vers la vallée du Rhône, l'autre venant d'Aquitaine vers la même vallée, se rencontrèrent là, et arrêtèrent au-dessus des garrigues du nord une colonne orageuse qui ne fit dès lors que s'accumuler. Dix kilomètres de hauteur pendant six ou sept heures. Si ce phénomène s'était stabilisé à vingt kilomètres de là, dans n'importe quel sens, l'inondation de la ville n'aurait pas eu lieu.

Cela donna, au bout du compte, 400 litres de pluie par mètre carré de plateau ; qui eurent tôt fait, sur un sol déjà engorgé, de faire jaillir des grottes, avens et fissures, puis le long des cadereaux, et vers leur réceptacle naturel au pied des collines, un fleuve redoutable. Vitesse du courant évaluée entre 3 et 7 m/seconde; débit supérieur à celui du Rhône à Beaucaire : 2 000 m^3/seconde.

Autrefois ce phénomène aurait pu être tout aussi violent, mais se serait répandu dans les vignes, olivettes, vergers et champs qui cernaient la vieille ville. En 1988, dès l'orée de la cité, les murs de béton, les rues asphaltées, les constructions-obstacles, puis, plus bas, les avenues, les rues, les canalisations trop étroites ont aggravé la violence, la densité et la force de l'eau. Comme en passage forcé. L'eau a violé la ville, mais c'est qu'on l'avait contrainte et enchaînée imprudemment. Enchaîne-t-on les déesses ? et les forces naturelles ?

Entre une vague intuition de ce sacrilège, et les données scientifiques qui finalement les corroborent, les Nîmois restent d'abord en état de contemplation. Lorsqu'ils voient leurs maisons imprudemment bâties dans des lits de cadereaux, et qui, fondations sciées, restent suspendues sur le vide; lorsqu'ils apprennent que cent ans avant, presque au même endroit où l'eau a tué quatre personnes, des enfants ont été emportés; lorsqu'ils s'aventurent près du cimetière protestant, ils sentent bien qu'« il y a plus de choses sur la terre et dans le ciel que dans toute notre philosophie ». Ce cimetière, territoire capital dans la « petite Genève », est taillé entre deux cadereaux, c'est-à-dire au pire des endroits : il apparaît comme un terrain ivre, labouré des voitures projetées. De loin, on voit ses croix penchées, ses frontons de guingois. De près, entre les pierres bousculées, bâillent des tombes entrouvertes. Le terrain est semé de cercueils épars. Plusieurs mois plus tard, on découvrira un corps, arraché ici, à des kilomètres dans la plaine. C'est la profanation absolue.

La rumeur

La rumeur naît dès ce 3 octobre au soir. Normal, dans la nuit qui vient sur ces rues meurtries, où l'on ne sait rien, et où l'électricité n'apportera pas de lumière.

Elle porte essentiellement sur les morts. Aucun bilan n'est fait ; elle en annonce déjà des dizaines. Déjà on prétend avoir des sources sûres : un gendarme, un commissaire, une mère en deuil — la caution de l'autorité ou de la douleur. Après que les premiers chiffres sont publiés, la rumeur les conteste : comment ? huit, neuf morts seulement ? alors que l'on a vu des cercueils par centaines ! et que les corbillards ont été mobilisés ! Et puis enfin, il y a des « faits » : on a vu des dizaines de personnes entraînées dans les égouts ; un car d'enfants gît encore au fond du grand bassin de la Fontaine ! Et ce car alimentera longtemps la fabulation : ne transporte-t-il pas deux mythes, le nombre et l'innocence ?

Le bassin de la Fontaine deviendra d'ailleurs l'un des réservoirs de la rumeur : là ont été effectivement précipitées une centaine de voitures que plongeurs et grues retirent méthodiquement de l'opacité des eaux. Et chaque jour qui suit, des centaines de personnes sont là pour assister au moment où l'on verra, dans les carcasses, un cadavre. En vain : les voitures sont vides. Qu'à cela ne tienne, la rumeur contourne l'évidence : les plongeurs, lorsqu'ils trouvent un cadavre, l'attachent au fond du bassin et on ne le retire que la nuit, en secret. Même impatience à attendre que les parkings souterrains inondés soient vidés : il doit y avoir des dizaines de morts là-dedans... On n'en trouvera aucun.

La rumeur a d'autres arguments : si l'on ne voit pas les morts, c'est qu'ils sont exportés... dans des morgues des alentours : à Caissargues, Garons, Remoulins. Autant de villages qui n'ont pas de morgue ! Lorsque les journalistes demandent à ces témoins quelles sont leurs sources, on se réfère toujours à un autre témoignage, mais celui-ci soi-disant direct. Lorsqu'on demande aux gens de venir au micro en parler, ils se récusent. Les journalistes, d'ailleurs, se font insulter comme complices de pouvoirs mystérieux qui cachent les morts. Le procureur de la République doit en personne venir confirmer le chiffre de neuf morts aux micros des radios locales. On est sceptique. N'est-il pas un agent du « pouvoir » ?

Fascinante référence à des puissances supérieures, qui sont tantôt la Mairie, tantôt l'État.

On ne veut rien entendre des arguments les plus simples : toute la presse nationale n'est-elle pas dans cette ville blessée ? Laisserait-elle une telle obstruction à l'information ? Les familles ne se seraient-elles pas manifestées ? Et quel intérêt un pouvoir quelconque aurait-il à cacher des morts ? Rien n'y fait. Et souvent, la contradiction et l'argumentation logique provoquent d'étranges colères. En même temps que la population fait preuve d'un courage opiniâtre et d'une volonté lucide de revanche sur la matière, elle génère ce fantasme de mort. Comme s'il fallait que l'événement ait un caractère sacré et terrible, couronné par un holocauste. Comme si l'on avait besoin d'une sorte de sacrifice général pour que l'événement pratiquement millénaire que l'on vient de vivre prenne toute sa dimension mythique : expiation chrétienne d'une ville qui s'y connaît en massacres et en haines spirituelles, ou renouveau du fatum romain ? Sans doute les deux, dans cette ville obscure parce que claire, violente parce que paisible.

Le pouvoir, il n'est d'ailleurs pas quitte avec la question des morts. Ne commence-t-on pas à dire que la catastrophe était prévisible ?

Que la météo avait tout prévu la veille et, par ordre supérieur, n'avait rien dit ? Ordre de qui ? Ah ! allez savoir, monsieur...

Et dans l'autre sens, ce nuage énorme qui s'arrête aussi longtemps au-dessus de la ville, n'est-ce pas anormal ? de l'ordre de l'irrationnel, de la métaphysique ? Qui devait être puni ? Quel homme, par exemple, qui aurait trop bouleversé cette ville et se serait pris pour César, aurait été ainsi visé par les puissances célestes ?

Ville aux grands fonds parpaillots, toujours prête à voir fondre sur Babel ou sur Gomorrhe les sept plaies...

Plus cocasses, et non sans fondement, seront les rumeurs racontant que des requins, délivrés par les flots de leurs aquariums de la fête foraine, nagent en liberté dans les égouts. Ou qu'un monsieur porté disparu a profité de la catastrophe pour changer de vie.

Plus redoutables, les rumeurs tardives, qui tenteront d'exploiter les douleurs sur le plan politique : annonce d'épidémies, d'invasions de rats. Exploitation de la peur des expropriations, et de la déstabilisation des populations.

Les phénomènes les plus primitifs et les plus bas apparaissent : tentatives de pillages, dès la première nuit ; marché noir ; escroqueries à l'expertise et à l'assurance : ne distribue-t-on pas dès le lendemain, aux malheureux encore hébétés sur le seuil de leurs maisons ruinées, des tracts imprimés dans des villes voisines et proposant des expertises éclairs contre versement immédiat d'une somme ?

Plus cynique encore, deux ou trois commerçants se font embrigader dans des associations caritatives, détournent des stocks de marchandises et les vendent dans leurs boutiques. Ceux-là, très rares il est vrai, se feront lourdement condamner.

La catastrophe révèle les gouffres et les forces des hommes.

Où le mal devient plus...

Mais l'essentiel est ailleurs. Tous les hommes ont une double face : celle de la fatalité que l'on subit et que l'on souffre ; et celle de l'énergie, des ressources inconnues, y compris de soi-même. On peut à tout moment basculer sur l'un ou l'autre versant. Il se trouve qu'au lendemain du cataclysme, le maire de Nîmes sut trouver les paroles et les actes qui dynamisèrent ses concitoyens.

En fixant des échéances à trois jours, à huit jours, à un mois ;

en médiatisant la catastrophe sur le plan national, créant ainsi une sorte d'idée de la ville, pour l'extérieur, mais aussi tendue à elle-même comme une image de force. En mettant enfin chacun devant ses responsabilités : restaurer une ville ou se sentir vaincu; la fatalité antique et l'expiation chrétienne renvoyées dos à dos comme d'anciennes légendes; l'action proposée comme devenir.

Il touchait là, ainsi, à une réalité nîmoise pas assez exploitée : sceptique mais accrocheur, partisan mais obstiné; et forcené à la tâche lorsqu'il s'agit de survivre. Et dès lors, le redressement de la cité, à ce point touchée et maculée, faisait partie de son histoire. Dans cette ville aux entrées ravagées et embouteillées, sans électricité, dans certains quartiers sans eau, aux communications incertaines, aux moyens de transport eux-mêmes endommagés, on commence à travailler. Dès la première nuit, électriciens, PTT, voirie, cheminots s'acharnent à rétablir l'essentiel. A cet instant, la ville est coupée du monde; on agit avec ses propres ressources. Très tôt, le préfet a demandé l'armée, qui met en branle les moyens lourds de la seconde ville de garnison française.

Le mardi 4 octobre, le président de la République passe quelques heures dans Nîmes; il visite les quartiers les plus outragés, où la population l'interpelle douloureusement. Là encore, la traversée émue du premier personnage de l'État va confirmer les énergies, fortifier l'envie d'effacer le désastre. Car c'est bien cette envie-là qui domine : effacer, chasser cette couche de boue qui pue comme une malédiction. Et, à la balayette et au bulldozer, on nettoie.

A présent, la France entière est alarmée : tous ceux pour qui Nîmes c'était la fête, et la joie violente des férias, ont envie de lutter contre l'insulte noire et jaune de l'eau.

Travail acharné des lycéens nîmois qui découvrent, en même temps que les ravages de la boue, la vie humble du petit peuple de Richelieu. Travail méthodique de l'armée qui pousse avec ses énormes engins des tonnes de voitures en ferraille, et de souvenirs perdus.

Dix jours après le cataclysme, les services municipaux peuvent annoncer le week-end de grand nettoyage qui déblaiera définitivement les rues. Sur les boulevards circulent à nouveau des bus prêtés par la France entière. Des pompiers venus de toutes les provinces achèvent de tirer l'eau du fond des dernières caves.

Certes, les commerces ne sont pas reconstitués, les appartements restent dévastés et leurs habitants à l'hôpital ou dans les ZUP ; et les villas détruites sont encore à expertiser.

Les chaussées, les canalisations, les services ne sont pas encore restitués. Mais ce ménage géant est le premier signe d'un redressement presque aussi étonnant que le cataclysme lui-même.

Étonnant comme la déclaration du maire, le même 12 octobre :

« Il y a environ trente kilomètres de réseau d'assainissement à reconstituer, autant de kilomètres de voiries et entre trois ou quatre mille appartements à refaire. Mais nous devons transformer ce mal en plus pour repartir de l'avant. Après tout, Chicago s'est reconstruite après un incendie et Nîmes aussi. »

Un an après, le pari sera en grande partie tenu : le programme des grands travaux a été maintenu. La couverture high-tech des arènes romaines fut inaugurée à Noël 1988, moins de trois mois après l'inondation. Le grand stade au mois de mars suivant. A la place même de la plaine inondée, une ville nouvelle d'entreprises et de commerces se développait et attirait les Nîmois vers ce qui n'était, il y a quinze ans, que jardins potagers, canaux et taillis.

Le réseau téléphonique et câblé est reconstitué selon des techniques et avec des matériaux de pointe. Et surtout, la mise au pas des cadereaux est en cours : bassins de retenue en garrigue pour ralentir et contrôler les épanchements du réseau souterrain, élargissement des lits naturels, agrandissement des conduites qui drainent les eaux sous la ville : pour la première fois de son histoire, Nîmes envisage rationnellement et scientifiquement son grand affrontement avec Némausus.

Retour à la source

Fin 1989. Dans la nuit claire d'un décembre encore clément, l'avion qui vient de décoller de l'aérodrome de Nîmes-Garons fait une vaste boucle au-dessus de la ville. Les anneaux successifs des arènes, des boulevards, du périphérique n'arrivent plus à maintenir les lumières de la cité. Elles éclaboussent en vert, jaune, bleu, bien au-delà des ambitions du siècle qui s'achève. Comme si le vieux cœur romain pulsait des ambitions nouvelles, de nouvelles aventures ; non sans pièges, chausse-trappes et foucades forcenées. Mais avec cet atout qui fut celui d'Auguste inventant une enceinte, ou des réformés inventant un idéal : l'énergie secrète d'un peuple singulier.

TABLE DES MATIÈRES

Cet ouvrage a été composé par Charente-photogravure
et imprimé par la S.E.P.C. (St-Amand-Montrond/Cher)
pour le compte des Éditions Seghers

Achevé d'imprimer le 21 février 1990.

Dépôt légal : mars 1990.
N° d'édition : 32439. N° d'impression : 392.

Imprimé en France

Cet ouvrage a été composé par Charente-photogravure
et imprimé par la S.E.P.C. (St-Amand-Montrond/Cher)
pour le compte des Éditions Seghers

Achevé d'imprimer le 21 février 1990.

Dépôt légal : mars 1990.
N° d'édition : 12439. N° d'impression : 374.

Imprimé en France